◎山东大学研究生核心课程教材

侵权责任法·总论

张平华　胡乃馨　石文静　著

山东大学出版社
SHANDONG UNIVERSITY PRESS
·济南·

图书在版编目(CIP)数据

侵权责任法:总论 / 张平华,胡乃馨,石文静著. 济南:山东大学出版社,2025.6. -- ISBN 978-7-5607-8816-6

Ⅰ. D923.74

中国国家版本馆 CIP 数据核字第 2025X0K623 号

责任编辑 刘晓燕

封面设计 王秋忆

侵权责任法·总论

QINQUAN ZERENFA · ZONGLUN

出版发行 山东大学出版社

社　　址 山东省济南市山大南路 20 号

邮政编码 250100

发行热线 (0531)88363008

经　　销 新华书店

印　　刷 济南乾丰云印刷科技有限公司

规　　格 720 毫米×1000 毫米　1/16

17.5 印张　300 千字

版　　次 2025 年 6 月第 1 版

印　　次 2025 年 6 月第 1 次印刷

定　　价 76.00 元

版权所有 侵权必究

目 录

第一章　侵权行为辨析

侵权责任在《民法典》上独立成编，并占据了足够篇幅，弥补了传统潘德克顿体系不注重规制违法行为的缺陷，从责任发生原因的角度极大丰富了“行为”的内涵和外延。[①] 如果说法律行为以合法行为为主，广泛涵摄民法各编，可以实现私法自治的主导地位，那么侵权行为则主要属于事实行为，可为各编规定的权利提供兜底性保护，最大限度地展示了国家强制占上风时的调整模式。法律行为和侵权行为合起来组成了“法律上的行为或人的行为”这一共同上位概念。接下来，本章将厘定侵权行为的内涵，辨析其与相关行为的关系。

第一节　侵权行为释义

一、侵权行为的语义

（一）外文“侵权行为”释义

侵权行为，英文为“tort”，中世纪拉丁语为 tortum。其源于拉丁文“tortus”（意为“扭曲”）和“torquere”（意为“弯曲”或“扭曲”）。在早期，这个词曾被用来描述将某人的手或脚砍掉的情形。随着时间的推移，该词逐渐演化为“错误”（wrong）的意思，并被用来描述因个人行为对他人权利造成的侵害。

在德语中，侵权行为被表达为“Deliktsrecht”，其中“Delikt”源于拉丁语的“delictum”（意为“私犯”）。而“delictum”则源自动词“delinquere”，意为“偏离正确道路的行为”，即违法、失误或错误的行为。值得注意的是，《德国民法典》并

---

① 参见张平华：《民法中的四种行为范畴关系探析——以侵权行为法在民法典中独立成编为中心》，《长江大学学报》（社会科学版）2005 年第 1 期。

未采用“Deliktsrecht”这一表述，而是使用了“unerlaubte Handlung”，意为“不被允许的行为”。[①] 在司法实践和理论研究中，这两种表述实际上传达了相同的概念。[②] 在此基础上需要明确侵权行为与相关概念的关系。一是侵权行为与权利。“侵权行为”与“权利”(Recht)并无直接关联，这意味着并非只有侵犯权利的行为才被视为侵权行为。二是侵权行为与归责。德国著名法学家拉伦茨对侵权法上的行为进行了分析。他认为，侵权法意义上的“行为”(Handlung)是指那些被认为是受个人意思(vom Willen)支配，并且在此意义上应“归”(zugerechnet)于该人的任何行为(Verhalten)。[③]

在日语中，侵权行为被称为“不法行为”，这一术语是对德语的转译。在日常用语中，“不法”通常给人一种道德上不可接受、应受谴责的行为的印象。在日本学说上，对侵权行为有两种不同的界定方式。[④] 第一种方式根据法律规定作出定义：所谓侵权行为就是当某人违法侵害他人的权利或利益给他人造成损害时，使加害者负担应当赔偿受害者损害的债务的制度。这种界定方式描述了完整的法律制度，并强调了侵权的法律构成与法律效果。第二种方式将违法的利益侵害行为本身称为侵权行为。这种界定方式仅涉及侵权的法律构成，而不涉及法律效果，更符合日语“不法行为”的由来。

可见，在比较法上，侵权行为是一个规范化概念[⑤]，具有下列特点：一是在法律构成上，侵权行为都有“扭曲”“不法”和“过错”的含义。其中，“不法”有多种表现形式，顺便提及，仅从词源上看，我们暂且无法明确区分侵权和违约这两种行为。二是在法律后果方面，侵权行为的后果主要是可归责和损害赔偿。这意味着，当一个人的权益受到他人的侵害时，法律会对侵权人进行归责，并对受害者进行相应的赔偿。

---

① 日本学者我妻荣认为，德瑞法上将“侵权行为”称为“不许行为”。参见[日]我妻荣：《中国民法债编总则论》，洪锡恒译，中国政法大学出版社 2003 年版，第 51 页。

② 参见[德]马克西米利安 • 福克斯：《侵权行为法》，齐晓琨译，法律出版社 2006 年版，译者前言。

③ 转引自尹志强：《论民事权利在私法中的救济》，中国政法大学博士学位论文，2004 年。

④ 参见于敏：《日本侵权行为法》，法律出版社 1998 年版，第 1～2 页。

⑤ 考夫曼指出：“吾人从来不认为法律概念是科学世界的，也不认为是日常用语的，法律必须在规范中定位、决定以及评价，亦即，法律必须以当为为基础，法律概念必须或多或少地表现出规范意义。”参见[德]考夫曼：《法律哲学》，刘幸义译，法律出版社 2011 年版，第 150 页。

(二)中文"侵权行为"释义

中文"侵权行为"是一个外来词,最早于清末编定《大清民律》草案时才开始应用[①]。这一法律术语在后来的民国以及新中国的立法中得到了继受。尽管清末修律时期大量的法律术语是从日语引入的,但"侵权行为"并非直接源于日语的"不法行为",而是与英文表达有着紧密的渊源。根据丘汉平教授的研究,作为债的发生原因,"侵权行为"在罗马法上被称为"Obligatio ex delicto"。其中,"delicto"一词被国人译为"私犯",这实际上是基于英文"private wrong"进行的转译。尽管罗马法上的"Delicto"与我国民法上的"侵权"在含义上未必完全一致,但大体上它们表达了相同的意义。而且,"侵权"这一术语与英文"private wrong"或"tort"在含义上更为接近,这也是我们用"侵权"二字来翻译罗马法上的"delicto"的原因。[②] "私犯"可以被看作是"私人(或私法上的)侵犯权利"的简缩语,其中权利是侵犯的客体,而"侵犯权利"则简称为"侵权"。在私法的语境中,"私人(或私法上的)"这一定语完全可以省略。

"侵权行为"由"侵害""权利"和"行为"三个词压缩组合而成,分别代表了"违法性""侵害的客体"和"法律属性"。然而,随着时间的推移,侵权行为所涵盖的范围已经远远超出了这三个方面的原始定义。如今,侵权行为不一定是形式上违法的;其侵害的客体不仅限于权利,利益也受到了侵权行为法的保护;至于法律属性,也不仅仅局限于"行为",例如动物或物件致害的情况也被纳入其中。这些变化使"侵权行为"的字面语义与法律意蕴之间出现了背离,从而引发了关于如何界定侵权行为的争议。

史尚宽先生认为我们只是用侵权行为的主要部分来概括全部内容,其实不独权利,即其他利益,亦为侵害之对象(台湾地区所谓"民法"184 条 1 项后段)。[③] 梅仲协先生在讨论侵权行为的定义时指出,旧中国(民国时期)《民法》第 184 条至第 189 条各条文中明确提到"权利"二字,似乎暗示侵权行为的客体必须是权利,但这种规定不尽合理,应将各该条文中的"之权利"三字删除,并将第

---

① 参见陈涛、高在敏:《中国古代侵权行为法例论要》,《法学研究》1995 年第 2 期。根据《睡虎地秦简》的记载,在秦代就有某些关于损害赔偿的法律规定。例如秦简《法律问答》篇中问:"甲小未盈六尺,有马一匹自牧之,今马为人败,食人稼一石,问当论不当? 不当论及尝(偿)稼。"唐律规定:"诸弃毁亡失及误毁官私器物者,各备偿。"明律规定:"其故烧人空闲房屋及田场积聚之物者,尽犯人财产折挫赔偿,还官给主。"但刑民合一的古代法并无独立的侵权行为法。

② 参见丘汉平:《罗马法》,中国方正出版社 2004 年版,第 367 页注 1。

③ 参见史尚宽:《债法总论》,中国政法大学出版社 2000 年版,第 105 页。类似的观点参见黄海峰:《违法性、过错与侵权责任的成立》,梁慧星主编:《民商法论丛》第 17 卷,(香港)金桥文化出版有限公司 2000 年版,第 57 页;张新宝:《侵权行为的一般条款》,《法学研究》2001 年第 4 期。

五章的标题“侵权行为”改为“侵害行为”，以更准确地反映立法的初衷。[①] 我妻荣先生在评价“中华民国民法典”时提到，使用“侵权行为”这一术语来描述德瑞法上的“不许行为”，虽然这是一个立法技术上的便利，但既然该法不以侵害权利为要件，那么这一术语的选用并不十分恰当。[②] 张新宝教授则主张对侵权行为进行扩张解释，以更全面地涵盖相关内容。他认为，侵害的“权”不仅包括民事权利，还包括受到法律保护的利益；而“行为”则不仅包括加害人的行为（作为或不作为），也包括“准行为”（他人之行为、动物致人损害）。[③]

二、侵权行为的内涵

我国《民法通则》第 106 条第 2 款规定：“公民、法人由于过错侵害国家的、集体的财产，侵害他人的财产、人身的，应当承担民事责任。”这一规定明确了侵权行为的定义和民事责任的范围。在《民法通则》之后，学者们对侵权行为的理解存在分歧。一些学者仍然将侵权行为解释为侵害权利的行为，而另一些学者则区分了广义和狭义的“侵权行为”，认为狭义的“侵权行为”仅限于侵害权利行为，而广义的“侵权行为”则包括侵害权利和利益行为。

《最高人民法院关于确定民事侵权精神损害赔偿责任若干问题的解释》（法释〔2001〕7 号，已失效，以下简称《精神损害赔偿司法解释》）的施行标志着在我国立法和司法实务中开始正式区分作为侵权行为客体的权利与利益。该解释第 1 条规定：“违反社会公共利益、社会公德侵害他人隐私或者其他人格利益，受害人以侵权为由向人民法院起诉请求赔偿精神损害的，人民法院应当依法予以受理。”利益被正式纳入侵权行为法的保护范围，这些利益受到侵害的责任构成要件与权利保护有所不同。《侵权责任法》第 2 条规定：“侵害民事权益，应当依照本法承担侵权责任。本法所称民事权益，包括生命权、健康权、姓名权、名誉权、荣誉权、肖像权、隐私权、婚姻自主权、监护权、所有权、用益物权、担保物权、著作权、专利权、商标专用权、发现权、股权、继承权等人身、财产权益。”由本条可见，侵权的客体是“民事权益”，这既包括权利也包括利益，具体可以分为人身和财产权益两类。《民法典》继受了《侵权责任法》的做法，在第七编“侵权责任”第 1165 条中规定：“行为人因过错侵害他人民事权益造成损害的，应当承担侵权责任。”

在侵权行为中，权利主要指的是私权利，单纯的公权利并不能成为侵权行

① 参见梅仲协：《民法要义》，中国政法大学出版社 1998 年版，第 185～186 页。

② 参见[日]我妻荣：《中国民法债编总则论》，洪锡恒译，中国政法大学出版社 2003 年版，第 51 页。

③ 参见张新宝：《侵权行为的一般条款》，《法学研究》2001 年第 4 期。

为的客体,除非侵害公权利的同时侵害私权利。[1] 这是为了维护公法与私法的明确划分,确保侵害公权利的行为只能按照公法的规定进行处理和救济。一般来说,侵权行为的客体主要是绝对权。但在某些特殊情形下,相对权即债权也可以成为侵权行为法的客体。[2] 侵权责任法旨在保护民事主体的人身权益和财产权益,确保其合法权益不受侵犯。依法成立并生效的债权属于债权人的合法财产权益,受到法律的保护,任何人都无权随意侵犯。值得注意的是,债权是在特定的当事人之间产生的,缺乏公示性。因此,在一般情况下,债权人应通过合同救济来主张自己的权利。为了认定合同当事人以外的第三人是否应承担侵权赔偿责任,我们需要从严把握相关证据和法律规定。只有当债权人的权利救济途径已经穷尽,且无法获得满意的解决方案时,我们才会考虑追究债权债务关系之外的第三人的责任。在这种情况下,如果第三人知道或应当知道债权债务关系的存在,但仍然违反了旨在保护该债权的法律、法规及其他规范性法律文件,或者其行为违背公序良俗,导致债权人的合法权益受到损害,那么该第三人也应当承担相应的赔偿责任。

【案例 1-1-1】最高人民法院曾判决,某担保公司配合某公司逃废债务行为违反了法律和规范性文件规定,违背公序良俗,具有侵犯他人财产权的主观过错,其行为侵害了某资产公司的合法财产权益,应当承担民事责任。虑及某担保公司接收案涉股权具有一定的被动性等因素,法院酌定其在无偿接收案涉股权 80%的范围内承担相应的赔偿责任。[3]

现代侵权行为法通过判例来创设新型权利,从而更加有效地保护人们的合法利益,其中最典型的例子就是德国判例法上的营业权。此外,纯粹经济上的损失也逐渐呈现出权利化的趋势。所谓"纯粹经济上的损失",是指那些并非直接侵害权利,而是侵害了权利之外的利益所造成的损失。故意造成的纯粹经济上损失应当被认定为侵权行为。这样的认定并不是为了惩罚,而是因为损害赔偿的范围在事先已经有所预见,或者因为故意行为而不应适用预见性原则。纯粹经济上的损失涵盖了多种类型,例如因车祸导致的营业损失、因油污造成的营业损失、电缆案件、商品自伤案件(product injuries only itself)等。

---

① 参见林诚二:《民法债编总论——体系化解说》,中国人民大学出版社 2003 年版,第 154 页。

② 其实,基于权利的不可侵性,这里要讨论的不是债权能否成为侵权行为的客体的问题,而是如何判断行为违法性的问题。参见邱聪智:《新订民法债编通则》(上),中国人民大学出版社 2003 年版,第 101～102 页。

③ 参见吉林市中小企业某某担保集团有限公司诉中国某某资产管理股份有限公司吉林省分公司等公司债权人利益责任纠纷案,最高人民法院(2017)最高法民终 181 号民事判决书。

【案例 1-1-2】当甲从乙处购买由丙制造的汽车，如果这辆车因为机械故障导致甲在车祸中受伤，那么这种情况下主要是甲的权利受到了侵害。然而，在纯粹经济上损失的情境中，损失可能包括以下几个方面：汽车因为存在瑕疵而贬值、为修复汽车瑕疵而产生的费用、因汽车瑕疵导致无法使用而造成的营业利益损失等。

【案例 1-1-3】甲从乙处购买了其生产制造的塑料布，并转售给丙。如果丙因为产品存在瑕疵而退货并拒绝付款，那么甲将因此遭受损害，并可能需要对丙承担损害赔偿责任。

【案例 1-1-4】甲银行提供了关于乙的不准确信用资料，导致丙向乙提供了贷款，这种不实陈述也可能引发纯粹经济上的损失。

三、侵权行为与侵权责任的关系

（一）侵权行为的法律事实属性

学者们在界定侵权行为时主要有以下两种观点：第一，仅从法律构成的角度来界定侵权行为。该说指出："侵权行为属于开放型的概念，难为一般定义，只能从其法律要件上加以把握。"[①]例如，史尚宽认为，"侵权行为者，因故意或过失不法侵害他人之权利或故意以悖于善良风俗之方法损害于他人之行为也。简言之，为侵害他人权利或利益之违法行为"[②]。第二，从法律构成与法律效果两个角度联合定义侵权行为。他们认为，侵权行为不仅是侵害他人合法权益的不法行为，而且这种行为依法应当对他人造成的损害负有赔偿责任。王泽鉴、王利明、张新宝和杨立新等学者都持有类似的观点。王泽鉴认为："侵权行为，指不法侵害他人的权益，依法律规定，应对所生损害负赔偿责任的行为。"[③]王利明认为：侵权行为就是指行为人由于过错侵害他人的人身和财产并造成损害，违反法定义务，依法应当承担民事责任的行为。[④] 张新宝认为：侵权行为是指民事主体非法侵害他人法定的民事权利和利益，依民法规定应当承担民事责任的行为。[⑤] 杨立新认为：侵权行为是指行为人由于过错或在法律特别规定的场合不问过错，违反法律规定的义务，以作为或不作为的方式，侵害他人人身权利和

① 张俊浩主编：《民法学原理》，中国政法大学出版社 2000 年版，第 902 页。

② 史尚宽：《债法总论》，（台湾）荣泰印书馆 1978 年版，第 101 页。

③ 王泽鉴：《侵权行为法第一册：基本理论·一般侵权行为》，中国政法大学出版社 2001 年版，第 59 页。

④ 参见王利明：《侵权行为法研究》，中国人民大学出版社 2004 年版，第 8～9 页。

⑤ 参见张新宝：《中国侵权行为法》，中国社会科学出版社 1995 年版，第 27 页。

财产权利及利益,依法应当承担损害赔偿等法律后果的行为。[①] 由于法律构成、法律效果联合起来可形成完整的法律规范,这一学说的实质是将侵权行为的一般条款直接书写为侵权行为的定义。例如,林诚二教授认为,"《民法》第184条规定'因故意或过失不法侵害他人之权利者,负损害赔偿责任。故意以背于善良风俗加损害于他人者,亦同'。《民法》上法条有所谓完全法条、不完全法条、解释法条等三种,第184条即属要件与效果均规定之完全法条。由此可将侵权行为定义为:因故意或过失或依法律规定侵害他人权利(或其他法律上所保护之利益),而应负损害赔偿责任之违法行为"[②]。本书支持第一种观点。

首先,从形式上看,第一种学说更为简练。它仅从法律构成的角度来定义侵权行为,而第二种学说则同时考虑了法律构成和法律效果。全面并不一定等同于先进,但追求简练可以丰富概念的内涵,激发人们的想象力。第一种学说并非不注重侵权行为的法律效果,而是将法律效果留给法律加以规定。在民法中,法律效果取决于当事人的意志或法律规定。当我们说法律行为是一种效果意思表示行为时,意味着这种效果意思会产生相应的法律效果。当我们说侵权行为是违法行为时,也就意味着侵权行为的法律效果须由法律明确规定。由于损害赔偿或其他责任是题中应有之义,因此从责任角度界定侵权行为并非必要。[③]

其次,从法律事实角度定义法律也是我国的立法传统。在民法理论中,权利及反映权利结构形态的法律关系占据核心地位,也是民事立法的基本依据。而引起民事权利变动的根本原因是民事法律事实,其中最主要的法律事实就是法律行为。例如,合同法以"合同"为基础,其中"合同"既可以被视为合同行为,也可以被视为合同关系,其中又包含着合同债权。人的行为分为民事行为与事实行为。民事行为以意思表示为要素,旨在设立、变更、终止民事权利义务关系。而事实行为虽然也是当事人意志起作用的行为,但不以意思表示为要素。行为人实施行为也不以发生民事法律后果为目的。民事行为可发生当事人预期的法律后果,而事实行为发生的法律后果则由法律直接规定,不由行为人的意思决定。因此,侵权行为作为行为的一种,且效果不取决于当事人的意思表

---

① 参见杨立新:《侵权责任法》(第4版),法律出版社2020年版,第35页。

② 林诚二:《民法债编总论——体系化解说》,中国人民大学出版社2003年版,第140~141页。

③ 对于判断一项行为是否"侵权"(或违法),系以如下观点为准,即法律制度要保护一个人所取得的权利及其应受保护的利益不受他人损害。因此,每一个人都有义务尊重所有其他人的这些权利和利益,也即为他们作出可合理期待的努力,以遵守特定的"游戏规则"。谁若违背这种义务,就是作出违法行为;所以违法也就是违反义务。侵权行为与损害赔偿义务这一法律后果联系在一起。参见[德]迪特尔·施瓦布:《民法导论》,郑冲译,法律出版社2006年版,第189页。

示，属于事实行为。[①] 侵权行为作为事实行为、自然人的行为、民事法律事实，与侵权责任存在本质区别。侵权责任并不是法律事实，而是国家强制力保障实施的债的关系。如果将侵权责任视为法律事实，会导致该法律事实引发民事法律关系的变动，而新产生的民事法律关系又不能独立获得执行，从而陷入无穷递推的过程。

最后，以侵权责任界定侵权行为难免循环定义，如所谓侵权行为就是指"依法需要承担法律责任的行为"；而侵权责任是主体因为侵权行为而承担的，解释起来就是"主体因为实施了依法需要承担法律责任的行为，而需要承担的责任"。这样下来，不仅不能体现"侵权责任"的重要性，反而使之成为一个空洞的、可有可无的概念。

随着风险社会的发展，侵权行为的法律效果已经突破了民法固有的领域。现代侵权行为法的功能由单纯的损害转移转化为损害转移与损害分散并重。与保险事业的发展相伴，无过失责任逐渐具备与过失责任相抗衡的实力。为了更有效地惩治恶性侵权行为，现代民法中引入了惩罚性赔偿制度。此外，在现实社会中，侵权行为法的适用面临着一系列问题：受害者救济的实效性有待提高；受害救济范围的扩大带来了一定的社会负效应；各种法律制度之间的协调存在差异，导致救济的不平衡情况时有发生。考虑到这些因素，日本名古屋大学加藤雅信教授提出了综合救济体制的理论。该理论主张设立"综合救济体制救济基金"，以基金的积累来对社会中所有受到侵权行为侵害的受害人进行救济。在基金的使用上，加藤教授主张设立一定的标准，实施一体化的给付。对于该体制的功效，加藤教授列举了以下几项：有效地实施救济，消除各种制度运用上的不平衡；分散损害的负担。[②]《民法典》之所以可以容纳综合救济体系，不是因为其法律后果是民事性质，而主要是因为其法律构成上属于民事性质。

（二）"行为"在侵权法体系中的重要地位

尽管一些学者试图用"侵权""侵权责任"等词汇来替代"侵权行为"，但我们无法否认"行为"在侵权法中的主导地位。行为不仅是侵权制度的起点，更是其构成要件的重要载体。没有行为，就没有责任。行为不仅是导致损害的原因，也是判断主体内心过错和因果关系的依据。此外，行为也是法律评价的对象。

① 参见黄茂荣：《债法总论》第 1 册，中国政法大学出版社 2003 年版，第 26 页；黄茂荣：《法学方法与现代民法》，中国政法大学出版社 2001 年版，第 91 页。

② 参见渠涛：《从损害赔偿走向社会保障性的救济——加藤雅信教授对侵权行为法的构想》，梁慧星主编：《民商法论丛》第 2 卷，法律出版社 1994 年版，第 317 页。

合法行为可以成为引导人们行为的典范，而违法行为则可能导致侵权责任。

现代侵权法已经超越了将“侵权行为”仅限于有意识的人体动作的范畴。除了自然人外，法人在某些情况下也需要承担侵权责任。此外，个人不仅需要为自己的行为负责，还可能需要为他人或应负责的物件导致的损害承担责任。有学者指出，民法中之侵权行为，有“行为”之字汇，加强误导，符合民法在于规范一般人“行为”之假象。[①] 其实在人的行为之外还有物件致害、意外事件致害等均可导致侵权责任。因此，一些学者提议用“肇事事实”来替代侵权行为法中的“行为”。[②]

法国法将民事侵权责任制度细分为四种不同的情况：因个人行为产生的法律责任、因他人行为产生的法律责任、因物的行为产生的法律责任以及因交通事故产生的责任。[③] 在日本法学界，侵权行为被视为含义广泛的法律事实，其行为既包括人的行为也包括事件。对于侵权行为的法律要件性质，存在两种情况：一种是以人的行为为原因，这与债务不履行一样属于“违法行为”；另一种是以其他情况为原因，例如在不以加害者的行为为媒介的土地工作物所有者责任中，由于所有者这一情况本身无法称为“行为”，所以其法律性质被视为“事件”。被称为“非法律行为”的违法行为意味着不适用民法总则中的行为能力制度，而被称为“事件”则意味着不适用侵权行为法中的责任能力规定。[④] 我国《民法典》也专设“侵权责任”一编，明确其责任的兜底功能。

尽管如此，我们仍不能忽视侵权法中“行为”的主线地位，这是因为：

首先，侵权法上的行为本身即有应负责任的意思。而责任势必扩张行为的外延，行为也就当然不限于人的行为，还可以包括所谓“物的行为”；不限于自己的行为，还应该包括他人的行为。

其次，“侵权行为”构成侵权法的基本价值判断。侵权行为需要在行为自由（被告）和权益保护的冲突中寻求平衡。在近现代社会中，为了促进经济发展，实现社会效益，侵权法在上述冲突中选择优先保护行为自由。曾世雄指出，民法之行为本位，不从保护被害人着手，反从保护债务人之一贯立场，着重保护行为人即加害人：侵权行为规定之模式，乃侵权行为人之行为符合侵权行为构成要件即负民事侵权责任。[⑤] 在此模式下，即使侵权行为已经对被害人造成了损

① 参见曾世雄：《从“资源本位”检视侵权行为之传统思维》，《河北法学》2005 年第 8 期。

② 参见曾世雄：《损害赔偿法原理》，中国政法大学出版社 2001 年版，第 63 页。

③ 参见张民安：《现代法国侵权责任制度研究》，法律出版社 2007 年版，第 7 页。

④ 参见于敏：《日本侵权行为法》，法律出版社 1998 年版，第 3 页。

⑤ 参见曾世雄：《从“资源本位”检视侵权行为之传统思维》，《河北法学》2005 年第 8 期。

害，并且事实已经确认，被害人仍然需要证明侵权行为人有故意或过失才能要求赔偿。另外，侵权行为人也可以通过提供证据证明自己没有过失来免除责任。这意味着，如果被害人无法证明侵权行为人有故意或过失，侵权行为人就可以免除责任。同样，如果侵权行为人能够证明自己没有过失，他也可以免除责任。这种规定实际上给予了侵权行为人两层保护：一层是受害者需要承担举证责任，另一层是侵权行为人可以通过反证来免除责任。这种规定对受害者非常不利，因为即使他们能够证明侵权行为人的责任，也很难获得足够的赔偿。①

私法自治原则将整个民法秩序都建立在个人意思基础上。侵权行为法体系同样以个人意思（过错）为基石。在消极方面，私法自治体现为"过失责任原则"。即使在当今社会，随着危险责任的增加，日常生活中发生的不法行为仍然以过失责任为处理原则。此外，承认侵权行为的后果是债而不是责任，可能导致司法实践中法官以不同的视角对待当事人：强调侵权责任会使加害人处于被惩治的地位，而强调侵权行为之债则使双方当事人处于平等的地位并受到保护。这是因为"在损害赔偿之债，与一般之债不同"，债权人同时也是受害人，因此需要对两者的利益进行综合考虑，不能偏重于任何一方。②

最后，"侵权行为"符合立法技术的要求。立法需要明确主次关系、一般规定与特殊规定。立法的重点在于，通过一般规定来体现法律的基本价值追求，而通过特殊规定来平衡不同情况下的权益。这正是导致一般侵权行为与特殊侵权行为区分的根本原因。关于一般侵权行为与特殊侵权行为的范围，学界存在不同观点：第一种观点认为，特殊侵权责任仅指无过错责任；第二种观点认为，特殊侵权责任包括过错推定责任、公平责任、无过错责任；第三种观点认为，特殊侵权责任包括公平责任、无过错责任；第四种观点认为，特殊侵权行为就是法律上有特殊规定的侵权行为，亦即类型化侵权行为，其责任构成要件上有特殊性，有的是不以过错为构成要件，有的是在主体上有特殊要求；等等。

特殊侵权行为的划分标准不统一，导致理论界存在一定程度的混乱。有学者提出，一般侵权行为和特殊侵权行为的划分是大陆法系侵权行为法的基础。

---

① 参见曾世雄：《民法总则之现在与未来》，中国政法大学出版社 2001 年版，第 14 页。尽管立法例上可以见到不少条文规定多种类型之侵权行为，亦可见到其不断修补增添，依然有黔驴技穷之感。其实，一个条文，似已可道尽侵权行为应有之规定：因自己之行为或自己可以监督之第三人行为或管领之物，违法侵害他人之权利或法益者，负损害赔偿之责任，但对于损害之发生，已尽应尽之注意义务者，得减轻其赔偿责任。同一事件，有二人以上负损害赔偿责任时，同时连带债务人。应予赔偿之损害，包括财产上及非财产上之损害，但非财产上损害之赔偿，以情节重大为限。前项损害，依一般人在同一事件中，所可蒙受之生活资源不利益计算之。轻微案件之损害，不予赔偿。

② 参见郑玉波：《民法债编总论》，中国政法大学出版社 2004 年版，第 343 页。

然而,随着时代的发展,这种区分已经无法满足现实需求。特殊侵权行为内涵的不确定性阻碍了进一步的理论研究,并在实践中造成了侵权法理论体系的混乱。因此,我们应当在立法和理论上摒弃这种区分,转而采用更加科学的侵权行为类型化技术。① 本书不赞成这一观点,一般侵权行为与特殊侵权行为的区分标准是侵权责任的构成要件。一般侵权行为是指基于"个人对自己的过错行为负责"的原则而承担侵权责任的侵权行为。这种侵权行为需要具备一般侵权责任的构成要件才能产生相应的法律责任。而适用过错责任原则的侵权行为就是一般侵权行为。特殊侵权行为则是指依据法律的特别规定,不需具备一般侵权行为的要件或者需要额外具备其他要件才能产生相应的侵权责任的侵权行为。这种侵权行为突破了"自己对自己的过错行为负责"的原则。适用无过错责任原则的侵权行为属于特殊侵权行为的一种,但值得注意的是,在特殊侵权行为中,也有以过错为归责原则的情形,例如学校对于未成年学生受侵害的责任。

第二节 侵权行为与相关行为的关系

"只有理解了其周边领域对侵权行为法的影响力,才能对这一领域的法律有一个全面的认识。"②违法行为包括犯罪行为、侵权行为、违约行为等多种形式。在判断某一行为是否属于侵权行为时,我们需要将其与犯罪行为和违约行为进行区分。甚至有观点主张,应该采用排除法来定义侵权行为的概念。例如,英国学者约翰·弗莱明(John G. Fleming)认为,侵权行为是一种过错,而不是违反合同。对此过错,法院将在一种损害赔偿诉讼形式中提供补救。③ 根据《牛津法律大辞典》的解释,侵权行为表示可以引起民事诉讼的伤害或不法行为。④ 侵权行为规则要求不得加害于他人的义务,以及加害了他人则应对之进行补救或赔偿的义务。这种义务不是由当事人的协议而设定的,而是根据一般法律的实施产生的,与当事人的协议无关。美国《侵权法重述》的主要撰稿人弗雷德里克·D. 普罗塞(Frederick D. Prosser)认为,刑法中的犯罪行为、合同中

① 参见刘信业:《特殊侵权行为概念之存废》,《法学杂志》2006 年第 4 期。

② [德]克雷斯蒂安·冯·巴尔:《欧洲比较侵权行为法》上卷,张新宝译,法律出版社 2004 年版,第 504 页。

③ 参见[英]约翰·弗莱明:《侵权行为法》(第 4 版),牛津大学出版社 1971 年英文版,第 1 页。

④ 参见[英]戴维·M. 沃克:《牛津法律大辞典》,北京社会与科技发展研究所组织翻译,光明日报出版社 1988 年版,第 886 页。

的毁约行为、财产中的产权纠纷等都不是侵权行为。然而,尽管有人试图通过排除法来明确侵权行为的概念,但至今仍未有明确的定义。

英美法系在探讨侵权行为时,由于缺乏绝对权利观念,不擅长从法律构成角度深入探讨,而更倾向于从外延角度进行框定。这种做法不利于人们准确理解侵权行为的内涵。有人批评英美学者有关侵权行为的定义时指出:“从未有一个概念能如此妨碍对事物的正确理解。使我们陷入这种困境的原因在于,人们对侵权行为下定义时最钟爱的方法是仅仅断言它不是违反合同,就如一个人给化学下定义时,仅仅指出它不是物理学或数学一样。”[①]

但无论如何,研究侵权行为与犯罪行为、违约行为之间的关系对于进一步明确侵权行为的边界、确定民事和刑事案件的受理和主管范围,以及对案件进行准确定性都是有益的。同时,也有助于从宏观角度把握部门法的关系,促进立法上的协调合作,实现社会治理目标。

一、侵权行为与犯罪行为

众所周知,古代法上侵权行为与犯罪行为的界限并不清晰。罗马法中的私犯(delictum)实际上是当时社会中的轻微犯罪行为。[②] 对私犯的制裁最初是为了取代报复行为而出现的,因此它本质上仍然保留着惩罚的特点,尽管其表现形式有所不同。[③] 在《法学阶梯》中列举了四种私犯——“盗窃、抢劫、损害、侵辱”,在私刑外出现了公共刑罚,而且后者出现取代前者的发展趋势。[④] 在罗马法中,私犯和侵权(tort)之间存在明显的区别。根据优士丁尼法,盗窃可以提起三种诉讼:一种是刑事诉讼;另一种是关于私犯的诉讼,要求向受害人支付一笔罚金;还有一种是要求返还被盗窃物的对物之诉或者要求返还物的价款的对人之诉。与关于侵权的诉讼相对应的是最后一种救济手段而不是关于私犯的诉讼。私犯诉讼被归类为罚金诉讼,与要求赔偿损失的诉讼相区别。

与公、私法二元体系相对应,现代法分别设立了刑事诉讼、民事诉讼程序。长期以来,犯罪与侵权分别形成了独立的理论体系和不同的发展路径。侵权行为与犯罪行为在法律构成、法律效果、法律技术上都存在明显的区别。

---

① 尹志强:《侵权行为概念分析》,《比较法研究》2005年第4期。

② 也有学者有不同的观点,梅因认为,古代社会的刑法不是“犯罪”法;这是“不法行为”法,或用英国的术语,就是“侵权行为法”。参见[英]梅因:《古代法》,沈景一译,商务印书馆1959年版,第208页。

③ 参见[英]巴里·尼古拉斯:《罗马法概论》,黄风译,法律出版社2000年版,第218～220页。

④ 参见[意]彼得罗·彭梵得:《罗马法教科书》,黄风译,中国政法大学出版社2005年版,第401页。

(一)侵权行为与犯罪行为在法律构成上的区别

在侵害客体方面,侵权行为主要针对民事权益,包括人身权和财产权。侵权行为的客体具有开放性特点,旨在保护当事人的合法权益。随着社会的发展,民法不断扩大权利范围,通过侵权行为法创设或确认新型权利,如隐私权、一般人格权等。此外,单纯的利益,如纯粹经济利益,也可以受到侵权行为法的保护。相比之下,犯罪行为的客体则是刑法所保护的社会关系,涵盖私人权益、社会利益、国家利益。但即便是私人权益受到侵害,也需要从社会和国家的角度进行考量,才能判断是否构成犯罪。犯罪行为的客体具有收敛性特点,这主要受到罪刑法定原则的影响。

在违法程度上,侵权行为属于民事违法行为,而犯罪行为则是具有严重社会危害性的行为。从归责事由来看,一般侵权责任的归责事由包括故意和过失,且行为人只需具备轻过失就要承担责任。犯罪行为的归责原则是故意,过失为例外情况。

总之,从法律构成角度来看,构成犯罪行为的要求标准较高,而侵权行为的标准相对较低。倾向于从严认定犯罪,实际上是对犯罪行为所可能带来的严苛法律效果的制度提防。这样做旨在防止刑罚的滥用,从而更好地保护犯罪嫌疑人的权利不受侵害。

(二)侵权行为与犯罪行为在法律效果上的区别

在法律效果方面,侵权行为与犯罪行为存在显著差异。犯罪行为的后果是刑罚,包括自由刑和财产刑,其中以自由刑为主。无论是限制还是剥夺人身自由,甚至生命,这些刑罚措施都具有强烈的报复性色彩。相反,以“填补损失、恢复原状”为宗旨的侵权行为法主要采取赔偿损失这一温和的救济手段。刑事诉讼程序的展开通常依赖于公权力机关,如公安机关的侦查、检察机关的公诉和法院的审判。在这一过程中,国家权力的运用是为了压制犯罪嫌疑人。而侵权行为则由受害人主动提起诉讼,启动索赔维权的流程。民事诉讼强调当事人自治,遵循“不告不理”的原则。

(三)侵权行为与犯罪行为在法律技术上的区别

从立法技术角度看,侵权行为中的过错责任采用了一般条款式的立法模式,而无过错责任原则遵循法定主义立法模式。与此相反,刑法始终坚持罪刑法定原则,并严格遵循法定主义立法模式。

在法律解释方法上,法官在适用侵权行为法时享有一定的自由裁量权,可以采用类推适用、扩张解释等解释方法。然而,在适用刑法时,法官的自由裁量权受到较大的限制，不得对刑法进行类推适用或扩张解释。

侵权行为与犯罪行为的区别见表 1-1。

表 1-1 侵权行为与犯罪行为的区别

	侵权行为	犯罪行为
侵害对象	民事权益	刑法所保护的社会关系
违法程度	民事违法行为	具备严重社会危害性的行为
归责事由	过错(轻过失)＋过错推定＋无过错	以故意为原则，过失为例外
法律后果	民事责任，且主要是财产责任并以损害赔偿为主，特别情况下的非财产责任	刑事责任，且以人身责任为主，财产责任为辅
立法技术	过错责任(一般条款)＋无过错责任(法定主义)	法定主义(罪刑法定原则)
解释方法	法官享有较高的自由裁量权，可以采用类推适用、扩张解释等解释方法	法官的自由裁量权受到较大的限制，不得类推适用或者扩张解释刑法

然而，在现代社会中，各个部门法的主流价值相互影响，公私法交融等现象日益明显。作为历史上的“同母异型体”，侵权法和刑法需要再次携手共同应对法律难题。人们开始积极推动法律制度创新，而此时的“民”“刑”不分已不再是法律自发形成的原始状态，而是立法者主动适应时代发展的体现。

首先，尽管侵权行为与犯罪行为在法律构成和法律效果上存在差异，但当事人的行为完全可能同时构成侵权行为和犯罪行为。在这种情况下，应当承认各种责任可以同时存在(责任聚合)，而不是择一责任(责任竞合)。例如，强奸行为既构成犯罪行为，也侵犯了受害人的民事权利；侵害物权的行为可能同时承担民事责任、行政责任和刑事责任。依据《民法典》第 187 条，因同一行为应当承担侵权责任和行政责任、刑事责任，侵权人的财产不足以支付的，先承担侵权责任。

其次，侵权法和刑法之间的制度相互影响。这种影响出现的主要原因是这两个法律在追求的价值目标上存在重合之处。在过去，人们认为侵权法的价值目标是填补损失，而不太关注制度运行的惩戒或遏制效果；而刑法的价值目标则是惩戒或遏制，而不考虑当事人的损失填补或当事人的意愿。然而，在现代社会，随着社会的多元化发展，法律追求的价值目标也日益多元和重合。在侵权法领域，出现了惩罚性赔偿这一制度，这与补偿性赔偿存在很大的差异，已经与刑罚措施有些相似。而在刑法领域，为了更好地保护人权、充分实现补偿损失，刑法不断完善刑事附带民事诉讼制度，并逐步推行当事人协议放弃自诉等制度，以在刑法或刑事诉讼法领域发挥意思自治的作用。甚至出现了一些根据损害赔偿的履行情况来减轻刑罚的倾向。在某些必要的情形下，法律应当适度承认刑事责任与民事责任之间的互相转化机制。例如，对于非故意侵害生命权致死的情形，可以考虑将损害赔偿的额度及执行情况作为减轻刑罚的情节。

最后，侵权法和刑法在法律技术上亦相互影响。在立法方面，大陆法系的侵权法开始普遍采用列举的方式规范各种典型侵权行为，并设计符合各种侵权行为的责任方式，从而淡化了侵权行为一般条款的作用。这在一定程度上使侵权行为法出现了类似于刑法上的罪刑法定原则的责任法定原则。在法律解释方面，以德国和日本为代表的大陆法系刑法实务界和学界日益主张采用目的扩张解释等方法，以缓解罪刑法定原则所造成的僵化局面。这可以被视为刑法借鉴了侵权行为法的结果。

二、侵权行为与违约行为

侵权行为和合同均为债的发生原因。侵权行为、违约行为的法律后果主要是损害赔偿，这使侵权行为与违约行为在法律构成和法律效果方面具有相似之处。从历史角度看，二者有共同的源头。一些基本概念，如“损害”“过错(故意、过失)”和“不可抗力”，也可以在两个领域中同时适用。

(一)侵权行为与违约行为的共同源头

在现代民法中，契约的本质被理解为双方之间的合意，而违反这种合意则需要承担相应的法律责任，这一法理在理论和实践中都得到了广泛的认同和应用。但是在以罗马法为代表的古代民法中，法律技术和思想尚未发达到现代民法的程度，人们也不习惯于抽象思考。因此，违约责任并不是源于契约必须信守的原则，而是肇端于“当事人受到侵害，对损害进行补救”等朴素而实用的理念。因此，尽管人们认为，“债或者产生于契约，或者产生于私犯”，但是“债的真正唯一渊源是犯罪”，契约之债可以从属于侵权之债。这是因为，“债”的历史起源于对私犯(ex delicto)的罚金责任，契约责任在初期从属于这一概念。[①]

被称为“救济之法”而不是“权利之法”的英美法更长于从救济或损害赔偿

---

① 但是也有不同的观点，朱塞佩·格罗索认为：“在债的最初形式问题上(无论涉及‘债务协议’的形式，还是以‘誓约’为根据的形式)，债的产生均同那种后来发展为契约之债的债形式交织在一起。只是到了第二个发展时期，从另一个角度发展起来的私犯才被归结为债的渊源。”([意]朱塞佩·格罗索：《罗马法史》，黄风译，中国政法大学出版社 1994 年版，第 116 页)

的角度寻求解决问题的路径。契约法也是建立在救济的基础上，是一种倒置的推理。正因此，英美契约法将契约的本质归于“约因”，即契约的效力来源于当事人一方为了获得对方的履行义务而事先付出的对价（无论是积极的费用或支出还是消极的可得受益的放弃）。如果我们追溯到古老的令状制度，就会更清晰地发现契约和侵权之间的关系。[①]

在英美法中，违约之诉可以追溯到被称为“一切侵权行为之母”的侵害之诉(trespass)。它适用于直接侵犯原告的人身或财产并因此破坏了国王和平(king's peace)的情况。侵害之诉(trespass)可以借助于“间接侵害之诉(trespass on case)”制度扩大适用范围，通过法官的变通解释得以适用于不同类型的侵权行为。这其中就孕育着违约损害赔偿之诉的萌芽：原告宣称被告与其之间存在非正式契约，而被告未按契约的规定，实施了不当行为，进而导致原告受到了损害。被告的这种不当行为也被纳入非暴力行为的范围之内，并发展成为“因违约而生损害得以提起的违约赔偿之诉(Assumpsit)”[②]。

（二）现代民法中侵权行为与违约行为的差异

在现代民法中，违约行为被视为对债权的侵害，因此可以被归类为一种宽泛的侵权行为。随着债法制度的抽象化和统一化，人们逐渐形成了这样的观念：虽然侵权行为和合同都是债的发生原因，但它们的法律性质截然不同。从原生意义上看，侵权行为之债与合同之债对应，侵权行为是法定之债、违法行为之债的典型，而合同之债则代表着意定之债、合法行为之债。从救济意义上看，侵权损害赔偿之债与违约损害赔偿之债相对应，侵权损害赔偿之债既有救济功能，也是侵权行为之债的原型；而违约损害赔偿之债则是合同之债转化而来的第二性债，是坚持债的同一性原则的结果。

在《民法典》的具体制度设计上，契约之债的发生除了可以适用合同编通则的规定外，还可以适用总则编法律行为的基本内容；契约之债的具体内容或效力则更多地被规定于合同编中“典型合同”部分，对各种契约进行类型化，为市场交易活动提供可供参考的样板。另外，侵权行为之债的发生不能适用《民法典》总则编法律行为的内容，不过，侵权行为作为一种事实行为，同样可以成为债的发生原因之一。同时，由于其具备救济的兜底功能，在体例设计上，《民法

① 梅特兰指出：“我们虽然废除了诉讼形式，但是它们却从坟墓中伸出手统治着我们。”（[英]梅特兰：《普通法的诉讼形式》，王云霞、马海峰、彭蕾译，商务印书馆2009年版，第156页）

② 姜栋、李彤：《英国契约法上违约损害赔偿之诉的历史发展》，《山东警察学院学报》2007年第1期。

典》将其规定于最后一编。

在内容方面,侵权行为和违约行为存在以下差别:从侵害的客体看,侵权行为主要侵害的是绝对权;违约行为侵害的是相对权,即合同债权。从所违反的义务上看,侵权行为违反的是法定义务,是绝对义务;违约行为违反的是合同义务,是相对义务。从法律后果上看,侵权行为可造成受害人财产损害或非财产损害;违约行为通常只产生财产损失。从归责原则上看,侵权行为以过错责任为原则,无过错责任为例外;违约行为以无过错责任为原则,过错责任为例外。从诉讼时效上看,二者通常情形下的诉讼时效皆为 3 年。特别的是,侵权行为中,提出工伤认定申请期限一般为 1 年;违约行为中,因国际货物买卖合同和技术进出口合同争议提起诉讼或者申请仲裁的时效期间为 4 年。从责任性质上看,侵权责任是法定责任,不能由当事人事先约定;而违约责任可以由当事人事先约定。从责任承担方式上看,侵权责任的承担方式可以是财产责任或非财产责任(例如赔礼道歉),违约责任的承担方式一般仅为财产责任。从诉讼管辖上看,侵权行为纠纷由侵权行为地(包括侵权行为实施地或侵权结果发生地)或被告住所地人民法院管辖,违约行为纠纷由被告住所地或合同履行地或合同约定的人民法院管辖。

侵权行为与违约行为的区别见表 1-2。

表 1-2 侵权行为与违约行为的区别

	侵权行为	违约行为
侵害客体	绝对权(主要包括人格权、身份权、物权、知识产权等)和合法利益,只有在特别情况下债权可成为侵害客体	相对权即合同债权
违反义务	法定义务,属于绝对义务(一般义务)	约定义务,属于相对义务
法律后果	财产损害、非财产损害	主要是财产损害
归责原则	过错责任为原则,无过错责任为例外(《民法典》1165 条)	无过错责任为原则(《民法典》577 条),过错责任为例外(784 条承揽、824 条运输旅客物品、714 条租赁、897 条保管)

续表

	侵权行为	违约行为
诉讼时效	一般为 3 年。提出工伤认定申请期限为 1 年(该期限的性质主要有除斥期间说、诉讼时效说、行政期限说等)	一般为 3 年。《民法典》第 594 条规定:因国际货物买卖合同和技术进出口合同争议提起诉讼或者申请仲裁的时效期间为 4 年
责任性质	法定责任	可以是约定责任
责任方式	财产责任、非财产责任	财产责任
诉讼管辖	由侵权行为地(包括侵权行为实施地或侵权结果发生地)或被告住所地人民法院管辖	由被告住所地或合同履行地或合同约定的人民法院管辖

(三)侵权责任与违约责任的并存

虽然侵权行为和违约行为存在差异,但当事人的行为可能同时构成侵权行为和违约行为。同一生活事实或类似的生活事实可以同时满足侵权损害赔偿请求权和违约损害赔偿请求权的规范要求。具体可以分为以下五种情形:

1.法条竞合

法条竞合,也称为“规范排除的竞合”,指某项请求权因具有特别性而排除其他请求权规范的适用。在我国现行法律中,有许多法条竞合的实例。例如,《民法典》第 500 条规定的“缔约过失责任”可以被视为对侵权责任的排除。① 再比如,原《合同法》第 113 条关注合同义务的履行与违约所造成的损失承担问题。② 当经营者对消费者提供商品或服务存在欺诈行为时,这一情形属于“规范排除的竞合”。在这种情况下,《合同法》第 113 条不再适用,而应适用《消费者权益保护法》第 49 条。

---

① 《民法典》第 500 条规定:“当事人在订立合同过程中有下列情形之一,造成对方损失的,应当承担赔偿责任:(一)假借订立合同,恶意进行磋商;(二)故意隐瞒与订立合同有关的重要事实或者提供虚假情况;(三)有其他违背诚实信用原则的行为。”

② 《合同法》第 113 条规定:“当事人一方不履行合同义务或者履行合同义务不符合约定,给对方造成损失的,损失赔偿额应当相当于因违约所造成的损失,包括合同履行后可以获得的利益,但不得超过违反合同一方订立合同时预见到或者应当预见到的因违反合同可能造成的损失。经营者对消费者提供商品或者服务有欺诈行为的,依照《中华人民共和国消费者权益保护法》的规定承担损害赔偿责任。”

2.选择性竞合

选择性竞合，也称为“择一竞合”或“替代竞合”，指的是权利人在某些情况下拥有两种权利，但这些请求权的法律后果不能同时生效。在两个以上的请求权（包括形成权）中，当事人可以选择其中一个来行使。一旦已经行使了其中一种，就不能再主张其他的请求权。

3.请求权的聚合

请求权的聚合，也称为“累积的规范竞合”，是指基于同一事实或基本相同的事实，可以根据不同的法律规定产生不同的请求权。这些请求权是针对不同的给付的，并且都是有效的。权利人可以同时拥有这些请求权，并且相互之间没有冲突。请求权人可以对多个以不同给付为内容的请求权同时或先后主张，或者对全部或部分主张。这些请求权可以单独转让。当事人可以选择单独起诉，也可以选择合并起诉，后者被称为“客观的诉合并”或“请求的合并”。每一种以诉提起的请求在诉讼程序中都构成一个单独的诉讼标的。《民法典》第 179 条第 3 款规定，各种“承担民事责任的方式，可以单独适用，也可以合并适用”①。其中，“合并适用”就是“请求权的聚合”。《民法典》第 239 条也对此进行了继受。②

4.请求权竞合

请求权竞合，是指基于同一生活事实，可能同时符合多个不同的作为请求权基础的规范，从而产生多个请求权，但这些请求权的内容是相同的。例如，《民法典》第 186 条明确规定：“因当事人一方的违约行为，损害对方人身权益、财产权益的，受损害方有权选择请求其承担违约责任或者侵权责任。”根据这一规定，因违约行为而侵害对方人身、财产权益的，受害人可以选择行使违约损害赔偿请求权或侵权损害赔偿请求权。特别的是，《民法典》第 996 条规定，因当事人一方的违约行为，损害对方人格权并造成严重精神损害，受损害方选择请求其承担违约责任的，不影响受损害方请求精神损害赔偿。这里的违约责任请求权和精神损害赔偿请求权则构成请求权聚合，该条款是《民法典》第 186 条的特别法。又如，《物业管理条例（2018 年）》第 35 条第 2 款规定：“物业服务企业

---

① 《民法典》第 179 条规定：“承担民事责任的方式主要有：（一）停止侵害；（二）排除妨碍；（三）消除危险；（四）返还财产；（五）恢复原状；（六）修理、重作、更换；（七）继续履行；（八）赔偿损失；（九）支付违约金；（十）消除影响、恢复名誉；（十一）赔礼道歉。法律规定惩罚性赔偿的，依照其规定。本条规定的承担民事责任的方式，可以单独适用，也可以合并适用。”

② 《民法典》第 239 条规定：“本章规定的物权保护方式，可以单独适用，也可以根据权利被侵害的情形合并适用。”

未能履行物业服务合同的约定,导致业主人身、财产安全受到损害的,应当依法承担相应的法律责任。"此时,如果物业公司和业主间约定了保安义务,而物业公司不履行或不完全履行保安义务,导致住户被外来人闯入住所抢劫或者伤害,物业公司的行为既构成违约,也构成侵权责任。这种侵权责任和违约责任的竞合是正常且常见的法律现象,甚至被认为是法律体系发达的标志:正是因为法律体系提供了多样化的救济措施,才可能出现针对同一案件事实产生的多种法律对策。然而,这种竞合也给当事人和法官带来了选择难题,增加了法律运作的不确定性。因此,一个完善的法律体系必须提供处理竞合的法律对策。这些法律对策彰显立法者的宏观政策,而后者又受法律传统和经济社会实际情况的制约,从而导致不同国家或地区的法律对策存在差异。

在实体法上,关于如何处理请求权竞合问题存在两种主要学说:请求权自由竞合说与请求权相互影响说。请求权自由竞合说认为,当同一个事实关系引发多个请求权,并且这些请求权的给付目的相同时,这些请求权可以并存。在成立要件、举证责任、赔偿范围、时效以及抵销等方面,各个请求权是相互独立的。对于这些竞合的请求权,当事人可以选择其中一个进行主张,也可以同时主张所有请求权,或者先后主张不同的请求权。权利人还可以将其中一个请求权转让给他人,自己保留其他的请求权,或者将请求权转让给不同的人。这意味着权利人可以自由地处理各个竞合的请求权。当其中一个请求权遇到障碍无法行使时,其他请求权可以继续行使;当一个请求权因时效问题而消灭时,其他未过时效的请求权仍然存在。如果当事人行使其中一个请求权未得到满足,他可以继续行使其他请求权。然而,如果其中一个请求权得到满足,其他请求权随之消灭。请求权相互影响说主张,在请求权竞合的情况下,当事人只能选择主张一个请求权,而不能重复或同时主张多个请求权。然而,为了克服不同请求权在管辖法院、诉讼时效、证明负担、证明标准、赔偿范围等方面的差异可能给原告带来的不便和不公,允许不同的请求权之间可以相互影响。这意味着在主张契约上的请求权时,可以适用侵权法上的相关规定;在主张侵权法上的请求权时,也可以适用契约法上的相关规定。①

5.由请求权竞合到请求权规范基础竞合

请求权竞合的关键问题在于,既要承认当事人的救济手段,又要防止当事人因多重救济手段而获得非正当的利益。因此,与其承认基于不同规范的多个

---

① 参见[德]卡尔·拉伦茨:《德国民法通论》(上),王晓晔等译,法律出版社2003年版,第348～351页;王泽鉴:《法律思维与民法实例》,中国政法大学出版社2001年版,第166～167页。

请求权同时存在，进而在调和折冲这些请求权的关系中寻求中庸之道，不如在此情形下只承认一个请求权，即当事人在“诉的请求”上没有选择余地。但在“诉的理由”上，他们可以选择不同的请求权规范基础。这种思路避免了在请求权相互影响还是自由竞合的问题上纠结，直接触及问题的核心：竞合的本质是请求权还是请求权的规范。不论结论是否合理，这种思考问题的深度和论证方式都令人耳目一新。德国著名法学家拉伦茨教授是这一学说的首倡者和力主者。他认为，当同一事实同时符合侵权责任和债务不履行责任的规定时，被害人的实体请求权只有一个。竞合的不是请求权，而是请求权的基础。①

请求权规范基础竞合论也对先前的法规竞合论提出了批判。其认为，法规竞合论所说的一般义务（不得侵害他人利益的义务）与特别的契约义务的区别是错误的。在法律规定的背后，只有一个义务的存在，只是因为学理上的需要，这个义务才被作了不同的安排。因此，只要违反了义务，实际上只有一个违反义务的状况，所以其法律效果也只有一个。这样，以同一给付为目的，而有数个规范作为基础的请求权，权利人只能请求一次，债务人也只须履行一次。该请求权经裁判后，权利人不得对同一事实以其他的法律观点再行提起新的诉讼。②

请求权规范基础竞合说最大的贡献是“有助于统一实体法与诉讼上的请求权概念”。然而，实际上请求权规范基础竞合论也是一种不够彻底的理论。它在批判法规竞合说的同时，对请求权竞合说进行了一定程度的保留，这导致理论上存在不一致性和体系冲突。所谓的“统一实体法与诉讼上的请求权概念”只能在某些特定领域或具体案例中得以实现。为了实现唯一请求权的理想，将两个在构成要件和法律效果上存在显著差异的请求权强行融合在一起，这在“实体法的范围内遇到显著困难”。梅迪库斯教授指出，“合同上的请求权与侵权行为的请求权在若干方面具有不同的特点。例如，时效、举证责任分配、履行辅助人的责任等方面。由此，难以根据请求权规范基础认定单一的请求权的性质”。因此，其对影响力如日中天的请求权基础竞合说不以为然，反而坚持传统的见解，认为在竞合时，任何已经具备要件的请求权基础，都可以产生自己的实体法上的请求权。③

---

① 参见[德]卡尔·拉伦茨：《德国民法通论》，法律出版社 2013 年版，第 354 页。

② 参见段厚省：《请求权竞合研究》，《法学评论》2005 年第 2 期。

③ 参见[德]迪特尔·梅迪库斯：《德国债法总论》，杜景林、卢谌译，法律出版社 2004 年版，第 273～274 页。

第二章　侵权责任法的历史、渊源和功能

侵权责任独立成编使《民法典》兼顾权利的确认和权利的保护，建立了原权利被侵害后的“救济权—侵权责任”关系，使责任成为一个基本要素，丰富了民事法律关系的层次和体系。[①]

第一节　侵权法的历史与发展

一、古代的侵权法

（一）希腊社会中的侵权法

尽管希腊社会对现代法律制度的贡献不如古罗马显著，但其哲学思想中却孕育着现代制度的雏形，这在侵权行为的概念上也有所体现。亚里士多德在其正义观理论体系中，将法律关系划分为“自由之债”和“不自由之债”两大类。前者基于双方自愿的合意产生，是债的重要来源之一，即因契约而产生的债；后者则是在非自愿基础上形成的交往，由此产生的损害赔偿便构成了债的另一个关键来源，即因侵权行为（或不法行为）而产生的债。古希腊人这种基于自由意志对行为进行的分类，为债的关系理论奠定了两大基石：契约之债和侵权行为之债。这些理论经过罗马法的进一步整理与发展，为大陆法系私法中的契约之债和侵权行为之债的区分提供了重要基础。[②]

---

①　相应地，请求权也有“原权性请求权、救济权的请求权”或“基础性请求权、救济性请求权”之区分。参见魏振瀛：《论请求权的性质与体系——未来我国民法典中的请求权》，《中外法学》2003 年第 4 期；宋旭明：《请求权分类的理论证成与实效分析》，《政治与法律》2007 年第 1 期。

②　参见易继明：《论古希腊法对大陆法私法传统形成的贡献》，《中外法学》1999 年第 6 期。

(二)罗马法上的侵权法

侵权制度的形成伴随着侵权与刑法的分立,这种分立最终促成了公私法的明确区分。起初,在罗马法上,侵权行为与犯罪行为在法律构成上并未展现出本质和明显的差异。然而,二者在法律后果上的区别却日渐显著。特别是当损害赔偿成为侵权行为的主要法律后果时,作为私法意义上的侵权行为法才真正得以确立。随着刑法与侵权行为法的分立,私法与公法之间的界限变得清晰分明。[①] 其中,古罗马共和国时期的《十二表法》和帝国时期的《阿奎利亚法》《法学阶梯》代表着其侵权行为法的最高成就。

公元前 454 至前 451 年制定的《十二表法》[②]中将侵权行为称为"私犯"(ex delicto),与之相对的是"公犯"。起初,"私犯"这一概念还涵盖了契约责任,因此在那个时代存在"犯罪是产生债的真正和唯一渊源"的说法。私犯在《十二表法》中占据了举足轻重的地位。该法典总计 110 条,其中第八表"私犯"的条文数量最多,共有 29 条,占据了整个法典条文数的近 30%。在《十二表法》时期,私犯的法律后果可以是复仇。最初的复仇方式并无明确限制,但后来逐渐发展为同态复仇,即"以牙还牙,以眼还眼"。例如,该表的第 2 条规定:"毁伤他人肢体而不能和解的,他人亦得依同态复仇而'毁伤其形体'(memberum rupsit)。"此外,法律后果还可以表现为刑事处罚。例如,第 25 条规定:"施魔法或以毒药杀人的,处死刑。"而第 26 条则规定:"夜间在城市举行扰乱治安的集会的,处死刑。"

私犯是一种绝对的结果责任,它并不考虑行为人的主观过错。例如,《十二表法》的第 5 条规定:"对他人的偶然侵害,应负赔偿责任。"虽然复仇可以满足受害人及其家庭的报复心理,但它却破坏了社会的和平,因此最终被罚金所取

---

① 参见[德]克雷斯蒂安·冯·巴尔:《欧洲比较侵权行为法》上卷,张新宝译,(台湾)元照出版公司 2002 年版,第 858～863 页。

② 公元前 454 年,罗马元老院被迫承认人民大会制定法典的决议,设置法典编纂委员 10 人,并派人赴希腊考察法制,至公元前 451 年制定法律十表,第二年又补充二表,这就是著名的《十二表法》。因各表系由青铜铸成,故习惯上称作《十二铜表法》。这些法律条文后经森图里亚会议批准,公布于罗马广场。这是古罗马第一部成文法典。公元前 390 年,高卢人入侵罗马,在战火中铜表全部被毁,原文散佚,现在只能从其他古代著作中略见梗概。《十二铜表法》的内容分别为:传唤、审判、求偿、家父权、继承及监护、所有权及占有、房屋及土地、私犯、公法、宗教法、前五表之补充、后五表之补充等十二篇。《十二铜表法》颁布之后,就成为共和时期罗马法律的主要渊源。

代。其中,向国家支付的罚金被视为刑罚,而向受害人支付的则被视为损害赔偿。[①] 当然,“私犯部分法的历史可以被看作是一种从对侵害的报复性惩罚向损害赔偿过渡的运动,这一运动在罗马时期根本没完成”[②],因此,罗马法上并没有完全形成现代意义上的损害赔偿制度。

公元 287 年制定的《阿奎利亚法》在关于物的侵害方面已经创设了一个相对一般化的原则,被称为“actio legis Aquiliae”。其中,最为核心的概念是“iniuria”,意指“不法”,即不具有正当防卫或法所容许自助行为等的违法阻却事由。按照其原始字义,“iniuria”原本专指故意侵害。然而,随着罗马疆域的扩张和人口的增加,危害事故逐渐增多,罗马法学家开始认为过失侵害行为同样构成 iniuria。[③] 起初,“actio legis Aquiliae”仅适用于物的侵害情形,但随后其适用范围扩展至对身体完整性的侵害。[④] 总的来说,若想按照《阿奎利亚法》提起诉讼,造成损害的行为必须具有过错。人们普遍认为,这种过错应达到一定的最低限度。[⑤] 相关文献表明,这里的最低限度过错相当于“未能预见到一个谨慎的人本应预见的情况”。[⑥] 将过错作为可归责事由,改变了原始法律上纯粹基于结果的归责传统,为后世过错责任原则的兴起奠定了坚实基础。

罗马法上私犯(ex delicto)与准私犯(Quasi ex delicto)的区分构成了大陆

---

① 参见王泽鉴:《侵权行为法》,北京大学出版社 2016 年版,第 38～39 页。一般而言,尽管古代法普遍具有“刑民不分”的特点,但是,早期法中刑事制裁比侵权制裁(在实行私人报复或其替代做法的意义上)发展得要晚些。例外的是,《十二表法》中某些严重犯罪例如杀人、叛逆、放火所招致的制裁就可以直接称为刑事制裁,公共权力机关直接对他科处刑罚(死刑)。在共和国最后 100 年时,关于私犯的法律已经在很大程度上发挥着刑事法律的功能。到共和国末期的混乱环境中,私人制裁不再适宜,因此出现了刑事法律的迅速扩张,出现了对相同行为的两种惩罚性制裁。后来又在私犯法则中引起重心转移,例如对于盗窃可能很少使用私犯法则规定的制裁,而对于其他的私犯,法律却越来越多地从赔偿的角度来考虑问题。参见[英]巴里·尼古拉斯:《罗马法概论》,黄风译,法律出版社 2000 年版,第 218 页。

② [英]巴里·尼古拉斯:《罗马法概论》,黄风译,法律出版社 2000 年版,第 217 页。

③ 参见王泽鉴:《侵权行为法》,北京大学出版社 2016 年版,第 40～41 页;丘汉平:《罗马法》,中国方正出版社 2004 年版,第 372 页。

④ Reinhard Zimmermann, *The Law of Obligations*: *Roman Foundation of the Civilian Tradition*, Oxford: Oxford University Press, 1996, pp.953, 998; Reinhard Zimmermann, *Roman Law*, *Contemporary Law*, *European Law*: *The Civilian Tradition Today*, Oxford: Oxford University Press, 2001, p.57.

⑤ 周枏教授认为,《十二表法》时期针对杀人等故意犯罪和烧毁房屋等过失犯罪的私犯已经采取轻重不同的处罚。参见周枏:《罗马法原论》(下),商务印书馆 2014 年版,第 857 页。

⑥ 参见[意]彼德罗·彭梵得:《罗马法教科书》,黄风译,中国政法大学出版社 1992 年版,第 404 页;[英]巴里·尼古拉斯:《罗马法概论》,黄风译,法律出版社 2000 年版,第 232 页。

法系近现代侵权行为法的核心框架。《法学阶梯》[①]详细记载了四类私犯，包括盗窃（furtum）、抢劫（rapina）、非法损害（damnum iniuria datum）和侵辱（iniuria）。[②] 同时，还列举了四类准私犯，它们分别是：承审员的渎职行为致人损害、投掷物等致人损害、公共场所悬挂物等致人损害以及旅馆等雇员的侵害行为致人损害。[③] 准私犯与私犯的主要区别体现在两个方面：一是主观要件上，准私犯通常采用严格责任或无过失责任（除承审员责任外），而私犯则基于过错责任原则；二是责任承担方式上，准私犯多表现为替代性责任，这通常涉及由行为人管理的人或物所引发的侵权行为，而私犯则直接关联到行为人本人的不法行为。

私犯与准私犯的划分对现代侵权行为体系产生了深远影响。现代侵权行为的概念存在狭义和广义之分。狭义上，侵权行为仅限于加害人自己实施的侵权行为；而广义上，侵权行为还包括由他人行为或物导致他人损害所产生的侵权行为（准侵权行为）。一些民法典，如《法国民法典》（1804 年）和《智利民法典》（1857 年），明确接受了侵权行为与准侵权行为的区分，并在法典中进行了相应编排。例如，《法国民法典》第三编第四章"非因合意而发生的债"第二节就以"侵权行为与准侵权行为"为标题，《智利民法典》第四编第 35 条为"侵权行为和准侵权行为"。其他民法典后来统一了契约外的不法行为的范畴，不区分侵权行为与准侵权行为，如 1900 年的《德国民法典》和 1942 年的《意大利民法典》。[④]

---

① 《法学阶梯》，又名《查士丁尼法学总论》（The Institutes of Justinian），是东罗马帝国拜占庭皇帝查士丁尼（Flavius Anicius Justinianus，公元 483～565 年）在位期间（527～565 年）下令编写的一部法学教科书。"法学阶梯"一名取自罗马帝国鼎盛时期大法学家盖尤斯（Gaius，公元 117～180 年）、保罗（Paulus，公元 121～180 年）、乌尔比安（Ulpianus，公元 170～228 年）以及其他法学家弗洛伦丁（Florentinus）和马其安（Marcienus）的同名著作，并以它们为蓝本，其中特别是以盖尤斯的《法学阶梯》和《日常事件法律实践》为蓝本，于 533 年年底编写而成。

② 有的学者将"侵辱"和"损害"分别译为"对人私犯"和"对物私犯"；有的学者（如丘汉平）则认为，除了《法学阶梯》外，《学说汇纂》中有不少其他侵权类型，概括言之，有胁迫、诈欺、虐待奴隶、诈欺债权人、诈欺主人五种。尼古拉斯指出，《法学阶梯》这一分类并不令人满意，不仅是在它所包含的内容方面，尤其是在它所漏掉的情况方面。一方面，抢劫只不过是一种变相的盗窃，不值得在这么简短的名单中单独列举。另一方面，虽然省略掉大量不重要的罚金诉讼是有道理的，但是，将两种分别针对诈欺（dolus）和胁迫（metus）的、重要的针对裁判官法的诉讼遗漏，会使学生对法律救济手段产生很不正确的印象。查士丁尼的《法学阶梯》是在简单地仿效盖尤斯。盖尤斯为什么这样列举，搞懂这一点比较困难。参见[英]巴里·尼古拉斯：《罗马法概论》，黄风译，法律出版社 2000 年版，第 220 页。

③ 关于《法学阶梯》为何确定这四种典型"准私犯"的范畴，这个问题已经争论了几个世纪，但没有找到完全令人满意的答案。相关争论参见[英]巴里·尼古拉斯：《罗马法概论》，黄风译，法律出版社 2000 年版，第 235～236 页。

④ 参见[意]桑德罗·斯奇巴尼选编：《债·私犯之债（Ⅱ）和犯罪》，徐国栋译，中国政法大学出版社 1998 年版，"说明"第 1～2 页。

我国在制定《民法典》的过程中，学者建议稿普遍采纳了侵权行为与准侵权行为的分类方法。这种方法主要是将那些虽然自己没有实施加害行为，但因特定法律关系存在而应承担责任的情形归纳为“准侵权行为”。[①] 然而，最终颁布的《民法典》并未严格遵循这一分类。相反，它沿用了《侵权责任法》中的一般侵权行为与特殊侵权行为的划分方式。这种选择可能是基于立法实践和司法适用的实际需要，也可能是在综合考虑了各种法律因素和实际情况后作出的决策。尽管如此，学者建议稿的分类方法仍为我们提供了一个更细致、更全面的侵权行为法体系参考。

（三）日耳曼法上的侵权法

与罗马法类似，日耳曼法上的侵权行为也是从犯罪中独立分化出来的。在日耳曼古法中，“犯行”的法律关系被称为“私斗”(Fehde)，受害者有权进行复仇。其中私斗的适法必须满足公示的要件，即必须公告于众或在众人目击的场所进行。然而，随着时间的推移，出于经济考虑，人们开始采用赎金(Sühnegeld)来替代复仇。被害人及其氏族有权选择复仇或请求赎金。最终，这种制度逐渐演变为赎金契约(Sühnevertrag)。对于诸如杀人、放火等重大犯罪行为，虽然直接受害者是个人，但这些行为也对社会生活的公共秩序构成了威胁。因此，公共团体对侵权行为人处以一定的罚金，即平和金(Friedensgeld)。平和金的性质属于公法上的刑罚。由于只对某些“犯行”课以平和金，私法上的损害赔偿与公法上的刑罚制度逐渐分化，并形成了不同的成立要件。

日耳曼法上的侵权行为是基于统一的结果责任原则。与罗马法不同，古代日耳曼法中的私法侵权行为与刑法上的犯罪都被统称为“犯行”(Missetat)，在观念上没有明确的区别。相较而言，日耳曼法的法律统一性程度较高。例如，尽管《阿奎利亚法》提出了以过错作为归责事由，但并没有发展成为一般性的过错责任原则。关于过失的认定，虽然有文献提出以谨慎人的可预见性作为判断标准，但罗马法学家更倾向于通过典型案例的裁决来限定其含义。[②] 有学者提出，历代各国法制之所以设有侵权行为之统一的规定，尚属继承日耳曼法之观念。然而，这种观点并不完全准确。日耳曼法上统一的侵权行为制度是基于结果责任原则，注重加害行为的结果，而不以犯意的有无为要件。因此，只要存在损害结果，加害人就应承担侵权责任，无论其是否有过错。这导致日耳曼法中

---

① 参见张新宝：《侵权责任构成要件研究》，法律出版社2007年版，第11页。

② 参见［英］巴里·尼古拉斯：《罗马法概论》，黄风译，法律出版社2000年版，第232页。

的无责任能力人也有侵权责任，家长无论是否有监管过失也需承担绝对责任。同理，雇佣人须对受雇人实施的加害行为负绝对责任，动物及物体加害之侵权行为，动物占有人或建筑物、工作物的所有人、占有人也需承担绝对责任。[①]

日耳曼侵权行为法坚持结果责任原则，带来了两个显著影响。首先，刑法在归责时强调主观过错，而侵权行为法则无此要求，这使刑法与私法之间的界限逐渐变得明确。其次，罗马法在区分侵权行为与准侵权行为时，重要依据为是否以过错作为归责事由。然而，日耳曼法坚持统一的结果责任，因此侵权行为与准侵权行为之间的区分在日耳曼法中显得并不那么重要。显然，近代以来的侵权行为法多倾向于坚持过错责任原则，并区分侵权行为与准侵权行为，这并不是对日耳曼法的直接继承。

无论是罗马法还是日耳曼法，都不具备制定统一侵权行为法的条件。首先，古代法缺乏抽象的权利观念。尽管罗马法和日耳曼法拥有相对完善的法律制度，但它们并没有形成现代社会所熟悉的“人身权、财产权”等绝对权分类体系。这导致难以建立起发达的侵权行为法作为权利救济手段。罗马侵权行为法的初衷与现代侵权法不同，它更像是一种诉讼程式的集合，旨在通过诉讼程式来确认权利，而不是先确定权利再进行保护。其次，古代法缺乏统一的归责原则。要制定统一的侵权行为法，必须以统一的法律原则为前提。虽然罗马法已经产生了过错责任，但这种责任形态尚未与理性法相结合，发展成为占据主导地位的过错责任原则。从这一角度看，真正继承了古代法上侵权行为制度的应该是英美侵权行为法。[②] 古代法还缺乏一般理论。在罗马法中，各个制度的规范群或概念都是严格剥离的，即使在漫长的岁月中，也没有走向综合或合成一体的趋势。这意味着“罗马法从未发展出契约的一般理论”，而只是创造了

---

① 参见李宜琛：《日耳曼法概说》，胡旭晟、夏新华勘校，中国政法大学出版社 2003 年版，第 131～135 页。

② 参见[法]勒内・达维：《英国法与法国法：一种实质性比较》，潘华仿、高鸿钧、贺卫方泽，清华大学出版社 2003 年版，第 180 页。英美法系的侵权行为法是一个独立的法律部门，这一法律部门是由各种具体的侵权行为类型组成的，而没有形成结构严整的体系。“补救先于权利”是普通法的基本准则。有许多诉讼形式，凭借这些形式才能向王室法院提起和进行诉讼。在判决作出以前，没有谁能够预测案件的结果如何，会适用什么法律规则（如果有规则的话），会确认什么权利；法院中法官的感觉（和无所不在的陪审员的裁决）比任何恰当的“法律”考虑都更加重要。在英国，侵权行为法是除违约之外其他所有可以获得损害赔偿情况的大杂烩。法律科学已经放弃了将各种侵权行为整合为一个体系的任务；英国法中有若干具体的侵权行为，但没有统领侵权行为法的一般原则。《美国侵权行为法重述》规定的是 13 种侵权行为类型，英国是 7 种侵权行为类型。

“契约的个别形式”。对于不法行为的情况也同样如此。[①]

（四）中国古代侵权法

“侵权行为”一词并非中国本土概念，而是在清末编定《大清民律》草案时才开始使用的。在实质意义上，古代中国的侵权行为法的发展历程如下：

第一个阶段为建立期。唐代以前，以秦代的侵权行为法为标志。在这一阶段，许多制度已经相当成熟。例如，西周时期就有了侵权责任制度，这在《曶鼎》的铭文中得到了体现。铭文记载了一个关于匡季抢去贵族禾的案例，通过东宫的裁决和被告方基于裁决提出的和解方案，双方最终协商一致解决了纠纷。[②]此外，《睡虎地秦简·封诊式·出子》的简文中还有关于“胎儿权益保护”的案例：单纯互殴尚难以直接判令被告承担责任，但丙女（被告）导致甲女所怀六个月的胎儿胎死腹中的事实，决定了甲女可至官府提出自诉。

第二个阶段为发展期。到了唐代，侵权行为法律制度（包含在《唐律》中）得以确立。唐律以前，坚持“罚而不赔”的原则。《唐律》中设立了诸多具体的法律制度，明确区分了侵害人身行为和侵害财产行为。对于毁损财产，适用“备偿”的原则；而对于人身侵害，在不适用真刑的情况下，可以适用赎刑。[③] 赎铜制可相当于民事后果。

第三个阶段为完善期。宋代至清代，其中清代侵权行为法达到顶峰。在这一阶段，基本上以唐为宗，法律上所谓的“创造”不多，但元代有一项重要的规定——征收“烧埋银”。[④] 烧埋银实际上是蒙古族、鲜卑族等民族与汉族固有的“杀人偿命”法律传统冲突的产物，它既保留了偿命之制，又融入了赔偿茔葬之

---

① 参见［美］艾伦·沃森：《民法法系的演变及形成》，李静冰、姚新华译，中国政法大学出版社1992年版，第24～25页。

② 《曶鼎》铭文记载：匡季因抢去贵族的禾十秭（一秭为六百四十），东宫裁决：“偿禾十秭，遗十秭，来岁不偿，则付四十秭。”最后双方经和解协商一致，匡季愿赔偿七田、五夫和十秭，免去三十秭的孳息，解决了纠纷。

③ 《唐律疏义》的名例律篇一开始就介绍了刑罚制度——笞、杖、徒、流、死。这五刑分为二十等，其中每一个刑等都规定了“赎铜”这一代替实刑的制度。其中笞一十赎铜一斤，笞二十赎铜二斤……依此类推至杖一百赎铜十斤。而后从徒刑开始，每加一等则赎铜增加十斤，每越一刑种则赎铜增加二十斤，直至死刑中的绞、斩为赎铜一百二十斤。这一制度是否就能说明古代中国通过金钱罚来代替实刑的情况呢？本书并不如此认为。范仲淹在《答窃议》中说：“既下法寺，则宗谅合赎铜，而不当去官。”《元典章·刑部六·诸殴》：“殴打职官，似难赎铜。”

④ 烧埋银或称“烧埋钱”，是元朝开始出现的法律制度，后来又为明清两朝在不同程度上所继承。它的具体内容指的是对枉死者的尸首经官验明，行凶者除按罪判刑外，其家属须出烧埋钱予苦主，作为烧埋尸体的费用。这是中国法律史上第一个要求在追究行凶者的刑事责任的同时还要其承担民事赔偿责任的法律制度，具有十分重要的进步意义。

费的元素。

基于此，中国古代侵权行为法具有如下特点：

第一，侵权行为法缺乏统一体系。在中国古代的法律体系中，侵权行为法并未形成独立的法律部门。尽管存在具体而详尽的侵权行为法规范，如《唐律·杂律》中的“诸弃毁亡失及误损官私器物者，各备偿”等规定，但这些规定在体系上并未形成如罗马法般严整的框架。此外，古代中国的侵权行为法并未明确区分私犯和准私犯，责任方式多样，但更多地强调侵权损害赔偿的惩罚性质，而非单纯以补偿损失为目的。

第二，民刑交织的法律实践。在古代中国，常用刑事手段解决民事纠纷。理论上虽有“狱讼之分”，但在实际操作中，刑事手段和民事手段往往相互渗透。诸法合体，刑事责任有时可以通过如赎铜制度等方式进行替代。随着财产私有制度的建立，侵权行为法在社会生活中的重要性日益凸显。例如，出土的《曶鼎》铭文所记载的西周时期案例①，表明当时已经存在通过损害赔偿方式解决侵权纠纷的实践。在该案中，匡季的劫掠行为已构成“寇攘”，按照西周法律，此罪应当处死刑，但最终双方当事人却以损害赔偿的方式达成和解。其原因在于，贵族（匡季）尤其是王室之人犯罪，有权以赔偿损失免受刑罚处罚，甚至双方当事人可以不依裁决而私自协议解决纠纷。可以推断，至晚于西周时期，在中国古代社会中便已经出现了涉及侵权行为的民间纠纷，并且古代的司法官也对此类纠纷案件作出了具体的裁决；裁决所遵循的基本原则之一便是，通过损害赔偿的方式补偿受害人所遭受的实际财产损失，并且同时实现对致害人之损害行为的惩罚功能。从某种意义上讲，这应是中国古代侵权行为法之起源。②

第三，无讼理念对侵权法发展的制约。古代中国社会无讼厌诉思想制约了正式法律制度的建立，重义轻利的价值观使旨在实现金钱赔偿的侵权法难以获得足够的生长力。在儒家思想的控制下，法律制度呈现出高度的“儒家化”，重礼治教化而轻法律惩治。在这种背景下，“无讼”成为法治的理想状态。历代朝纲虽有所不同，但人们普遍认为打官司既耗费金钱又充满危险和不确定性，“政府本身也大力鼓励在出现纠纷时采用调解和斡旋办法……只要不涉及人命案

① 《曶鼎》铭文记载，在西周时期某荒年，匡季指使其奴仆“寇（抢劫）曶禾十秭”，曶将其诉至司法官——东宫。东宫告知匡季可先与曶进行和解，如果无法达成和解，那么匡季便只能准备接受惩罚了。于是，匡季向曶赔礼，并承诺愿意用五田、四夫赔偿给曶，以弥补对其造成的损失。但由于曶不肯接受和解而坚持要其赔偿被抢之禾，因此，东宫便作出如下裁决：匡季赔偿曶二十秭禾；若至第二年仍未赔偿，则赔偿四十秭禾。然而，实际结果却是，双方均未遵循并履行“东宫”之裁决，而是私自达成了和解协议，即匡季赔偿给曶七田、五夫，曶则免除匡季三十秭禾的赔偿责任。

② 参见明辉：《看我国侵权行为法的渊源》，《人民法院报》2007年6月15日。

或一桩'可恶的'罪行,其他皆不必闹到衙门去。在家庭之内或在乡里之间避免及自行解决冲突的压力非常之大。在大多数告到衙门来的案件中,县令都会反复敦促原告和被告私了。所有乡里都很熟悉大量不同的调解纠纷的巧妙办法"[①]。因此,在出现纠纷时,人们更倾向于采用调解和斡旋的方式解决。这种倾向使侵权行为法在古代中国的发展受到了一定的制约。当侵权法的发展受到阻碍时,公法与私法之间的界限变得模糊,刑罚手段便成为制裁民事违法行为的主要方式。尽管如此,在中国古代,侵权行为法在公法的夹缝中仍然成为中华法系中不可或缺的一部分,其内容丰富多样,独具特色。

二、近代以来侵权法的发展

实质意义的侵权法不仅包含狭义上在法典中独立且集中的侵权法规范,同时也涵盖了法典之外所有调整侵权行为责任关系的法律规范。各国在侵权行为法的立法例上展现了不同的形式。

(一)英美法

在18世纪之前,英美普通法学家并未采用"侵权行为"的概念进行抽象式思考,而是依据具体的诉讼形式来解决问题。[②] 这些诉讼形式大致可分为对人之诉与对物之诉两大类。[③] 诉讼令状具有决定性作用:能否获得赔偿主要取决于是否在传统的诉讼形式范围内提起诉讼。梅特兰曾明确指出:"诉讼令状的统治即法律的统治。"[④]尽管英国在1873年通过《司法法》废除了令状制度,但它作为发展和整理实体法的方法的功能却被保留下来。正如梅特兰所言:"尽管令状方式已被废除,但它仍然从坟墓中支配着我们。"[⑤]

在侵权法领域,这种区分表现为两种独立的侵权诉讼,即直接侵权之诉(trespass)和间接侵权之诉(case)。直接侵权诉讼,根据暴力指向对象的不同,可以进一步分为:侵害土地的侵权诉讼(trespass quare clausum fregit)、侵害人

① [美]吉尔伯特·罗兹曼主编:《中国的现代化》,国家社会科学基金"比较现代化"课题组译,江苏人民出版社2003年版,第87页。

② 参见[美]詹姆斯·戈德雷:《私法的基础:财产、侵权、合同和不当得利》,张家勇译,法律出版社2007年版,第260页。

③ 首先是对人之诉与对物之诉的区分。在对人之诉中,按照布莱克斯通的观点,要么以合同为基础,要么以侵权或不法行为为基础。参见[美]詹姆斯·戈德雷:《私法的基础:财产、侵权、合同和不当得利》,张家勇译,法律出版社2007年版,第261页。

④ 转引自[美]伯尔曼:《法律与革命——西方法律传统的形成》,贺卫方等译,中国大百科全书出版社1993年版,第554页。

⑤ [英]梅特兰:《普通法的诉讼形式》,王云霞、马海峰、彭蕾译,商务印书馆2009年版,第5页。

身的侵权诉讼(assaults and batteries)和侵害动产的侵权诉讼(trespass de bonis asportatis)。这三类诉讼分别对应了不动产、人身和动产三种不同类型的权益保护。其中,侵害动产的侵权诉讼的赔偿形式仅限于金钱,无法返还原物。间接侵权诉讼的发展则可以追溯到爱德华三世统治时期。[①] 间接而非直接损害的赔偿之诉,包括了过失、妨害及商业侵权行为在内的各种现代侵权请求权的前身。在早期,直接侵权与间接侵权的区别并不明显,直到"斯科特诉谢菲尔德"一案(Scott v. Shepherd)两者的区别才正式凸显。[②] 在程序上,直接侵权源于刑事法观念,旨在处罚被告人,因此被告可能会受到惩罚性赔偿;而间接侵权则主要关注补偿被害人的损失,只能以主张实际损失为限。

在英美法系中,法官地位的崇高及判例法的历史传统是侵权行为法采取列举式规范模式的实质原因。[③] 密尔松和菲福特指出,在传统上,普通法实务专家并没有明确区分以过错为基础的责任和严格责任。[④] 这意味着,直接侵权与间接侵权的区别主要在于动作的顺序和方式,与被告的主观意志无关。无论被告的行为是故意的还是过失的,都可能受到法律的处罚。例如,在直接侵权(trespass)中,即使没有过错也并不意味着免责,所有的问题只是取决于程序:让陪审团作出判定。

自18世纪布莱克斯通时代起,普通法学术论著开始借鉴大陆法的思路对侵权法进行改造,使侵权法的系统化水平逐渐提升。1852年,《普通法诉讼程序条例》颁布,废除了诉讼形式,并在间接的侵害诉讼的基础上产生了一系列新的侵权行为,包括强暴、殴打、侵占、妨害、欺诈、诽谤、不正当竞争、干涉合同自由等。[⑤] 直接侵权和间接侵权的划分也失去了其存在的价值,取而代之的是"故意"与"过失"的概念。自20世纪初开始,随着工业革命的推进,侵权类型进一步增多。学说论述和判例发展成为英美侵权法的两个主要增长点。

学说方面,18世纪中后期,英国法官布莱克斯通在《英国法释义》中将侵权视为"非因合同而产生的非刑事侵害"(noncriminal wrongs not arising out of

---

① [英]梅特兰:《普通法的诉讼形式》,王云霞、马海峰、彭蕾译,商务印书馆2009年版,第120页。

② [英]梅特兰:《普通法的诉讼形式》,王云霞、马海峰、彭蕾译,商务印书馆2009年版,第122页。

③ 参见曾江波:《侵权行为法规范模式比较研究》,《私法》2005年第2期。

④ 参见[英]S. F. C.密尔松:《普通法的历史基础》,李显冬、高翔、刘智慧、马呈元译,中国大百科全书出版社1999年版,第331页。

⑤ 英格兰法中传统的"有名"侵权包括:非法侵入、恶意告发、欺诈、加害性欺骗和冒充、其他经济侵权、私人侵扰、公共侵扰,及对名誉和各种人格权的保护。同时,美国侵权法采用完全列举的逻辑方法将侵权行为列举为非法侵害、过失、严格责任、不实说明、诽谤、加害性虚伪陈述、侵犯隐私权、不当控告、干扰家庭关系、干扰经营等具体侵权类型。每一种侵权行为都有自己的法律规定。

contract)的次要范畴。1859 年，学者希拉尔德出版了美国首部侵权法专著《侵权法，或私人过错》，指出要想获得赔偿，必须遭受了某种侵害。同时，实用主义法学家霍尔姆斯在其 1873 年发表的《侵权法理论》一文中试图以过失(negligence)作为侵权法的一项普遍原则来概括某些侵权法案例，又在其 1881 年出版的《普通法》一书中提出过错历来是施加侵权责任的前提。1870 年，美国哈佛大学的兰德尔开设了首门侵权法课程，而詹姆斯 · 艾姆斯于 1874 年出版了首部侵权法案例选编。相比之下，英国直到 1887 年才出版首部侵权法专著。随后，英美侵权法学说从概念主义向现实主义转型。饶有兴趣的是，英美侵权法的发展借鉴了大陆法、罗马法：布莱克斯通借鉴盖尤斯的分类，英美法学家借鉴格劳休斯、普芬道夫、波蒂埃、多马等人的理论成果。

经典判例方面分两类：

1.过失责任

【案例 2-1-1】啤酒里的蜗牛案(Donoghue v. Stevenson[1932])

1928 年 8 月，英国的多诺霍女士与朋友在一家咖啡厅相聚，朋友为她买了一瓶姜啤酒。然而，当多诺霍女士喝完啤酒后，她惊讶地发现这个不透明的瓶子里居然有一只未完全腐烂的蜗牛。面对这突如其来的发现，她感到极度不安，甚至出现了身体不适的症状。因此，她决定起诉制造商，认为他们有责任在生产过程中发现并避免蜗牛进入啤酒瓶。

在这个案件中，上议院的简单多数判决认为制造商确实应该承担一定的责任，即采取合理的预防措施。而法官阿特金勋爵进一步阐述了“你要爱你的邻居”这一古老原则在法律上的应用。他解释说，这一原则实际上要求我们在行为上不能损害他人。律师随之要面临“谁是我的邻居”的问题。阿特金勋爵说这个问题有严格的含义：你必须采取合理的注意去避免某种作为或不作为，你能合理地预见可能损害你邻居的行为。在法律上，“谁是我的邻居”这个问题的答案是，这些人受我行为的影响是如此紧密和直接，以至于我应该合理地考虑：当我打算去做或不做某件事情的时候，这种行为的结果会如何。

麦克米兰勋爵也提出了自己的观点。他认为，“过失”侵权行为的分类并不是固定不变的。在这种侵权行为中，被主张权利的人需要对主张权利的人承担某种注意责任。主张权利的人应该能证明，被告未能履行这种注意责任，并因此导致了主张权利人的损害，那么被告就应该承担相应的责任。[①]

这一著名案例，被认为是英国“过失侵权行为”、“产品责任”、“危险物责任”[②]的源头。

过失方面，在这个案件中，阿特金勋爵提出了他著名的“邻居公式”，这是以后所有过失侵权行为案件的基础。

在产品责任方面，这个案例最终取消了消费者和制造者之间必须存在“合同的相互关系”的限制。在此案之前，像多诺霍女士这样的消费者，如果不是购买产品的直接当事人，通常无法获得赔偿。即便她的朋友因污染的瓶子受到损害，也只能对咖啡厅主人提起合同诉讼。然而，根据合同法的规定，第三方不能基于其他双方之间的合同提起诉讼或被起诉，这就是所谓的“合同的相互关系规则”。[③] 因此，多诺霍女士既不能对咖啡厅主人提起诉讼，也不能对制造商提起赔偿诉讼，因为制造商的责任通常仅限于合同范围内。此案的重大突破在于，它使产品的制造商在人身伤害方面成为其产品的保证人。这也是此案有时被视为英国产品责任法起源的原因。当然，深入分析此案，我们会涉及产品责任的基础究竟是合同瑕疵担保义务还是侵权行为损害赔偿义务这一核心问题。此外，此案还涉及原告对被告的信赖问题，即被告的信赖责任。这些方面都是产品责任法领域中重要的议题，此案为这些议题的讨论和发展奠定了基石。

【案例 2-1-2】布朗诉肯德尔案(Brown v. Kendall [1850])

被告目睹两只狗在打斗，于是拿起一根棍子试图分开它们。然而，这一行为却激怒了这两只狗，导致它们转而攻击被告。在挥舞棍子驱赶狗的过程中，被告不慎打伤了站在身后的一个陌生人的眼睛。随后，这名陌生人将被告告上了法庭。终审法院最终判决原告败诉，理由是被告在行为时不能预见到会造成这一伤害，因此没有过失。

这个案件在美国侵权法中具有里程碑式的意义，它标志着美国从原先的结果责任原则转变为过失责任原则。在此之前，此类案件在美国侵权法上被称为“殴打”或者“殴击”，只要在身体接触时构成攻击，就被认定为侵权行为。严格责任原则的问题在于，它没有考虑到行为人的主观状态。根据这一原则，只要

---

① 在本案中，两个相对的法律原则发现了交合之处，每一个原则都想要优先。一方面，已经确立的原则是：非合同当事人在任何时候都不能对合同提出权利要求。另一方面，同样已经确立的原则是，因为合同之外的过失，受害人具有诉讼并得到法律救济的权利。如果存在合同关系，那么在当事人之间会发生合同纠纷的诉讼。但是，即使如此，也不能排除同时存在合同的诉讼和侵权行为的诉讼。

② 这个案件扩展了“危险物”的概念。一件物，只要它可能发生一种危险，它都可以成为一种危险物，被告因此要承担危险物的严格责任。

③ 参见徐爱国：《解读侵权法的政治学理论》，《中外法学》2009 年第 3 期。

造成了损害,就必须承担赔偿责任。而如果审查行为人的主观状态,就必须考证他对自己的行为有没有一种可预见性,行为人只对其可预见的损害结果承担责任。①

2.严格责任

【案例 2-1-3】赖兰兹诉弗莱彻案(Raylands v. Fletcher[1866])

在英国的赖兰兹诉弗莱彻案中,被上诉人(一审原告)弗莱彻(Fletcher)拥有一家矿场,其地下作业与上诉人(一审被告)赖兰兹(Rylands)的土地相邻。双方均未意识到,他们的地下作业之间存在着一些废弃且不再使用的采矿竖井。作为水磨坊业主的被告,在其土地上建造了一个水库,并雇用了专业的承包商进行施工。在施工过程中,承包商发现了这些废弃的采矿竖井,但并未进行适当的填充处理。当水库建成并蓄水时,水流冲入了竖井,进而淹没了原告的矿场,导致原告遭受了损失。原告因此提起了诉讼。

然而,根据当时已存在的侵权行为法,此案并未能完全匹配任何一种已有的侵权行为形式。首先,被告的行为并不构成"对土地的不法侵害",因为他是在自己的土地上施工,并未直接侵犯他人土地。其次,"侵扰"也不适用,因为流入邻居土地的是有形物而非无形物,且被告主观上并无恶意。最后,"过失"也不完全吻合,因为在此案的具体情境下,被告无法合理预见损害结果。因此,此案一直争议不断,最终上诉至上议院。判定被告承担责任似乎缺乏合理的法律依据,然而不判定被告承担责任又似乎显失公平。

最终,上议院通过此案确立了一种新的独立侵权行为形式,即严格责任,它在英国被直接称为"赖兰兹诉弗莱彻案"(Rylands v. Fletcher)规则。这一规则成为法律的重要渊源,为法官处理类似问题提供了标准和尺度。其原始陈述如下:被告作为土地的占用者或控制土地上物品的所有人,将某物"带入其土地并聚集、维持在那里",即"非自然使用土地";如果该物有泄漏可能并造成损害,即构成危险;当实际泄漏发生并导致损害时,被告需承担责任。此案成为确立独

---

① 由客观归罪到考察行为人的主观状态,归责原则也就相应地由严格责任过渡到了过错责任。无论美国法、英国法还是法国法,其过错责任原则在法庭上是如何遵循的呢?实际上就是每一个人都对自己的行为负责。每个人都是一个独立、平等、自治的个体,他能够预测自己行为的结果;他可以为实现自己的目标设定一套行为方式,并经由自己的努力实现这一目标。如果在实现这个目标的过程中其行为对他人造成了损害,那他就应该承担由此产生的责任。这种哲学来源于近代西方的自然法学,来源于洛克、约翰·密尔、孟德斯鸠的理论,这套理论在法哲学上我们称之为自由主义或者资本主义的启蒙思想。法国民法典的哲学根基就在于西方 17~18 世纪的自然法学理论,而这种自然法学理论实际上就是道德哲学。这种道德哲学强调的是一种个人主义与自由主义,强调每个人对自己的行为负责。民法的三大原则、刑法的三大原则,都来源于个人主义与自由主义这一根基。

立侵权行为形式的标志性案例。

在初审中,法院曾否定被告的责任,但上诉法院后来推翻了这一判决。布莱克伯恩(Henry Blackburn)法官认为:被告负有责任,因为当一个人为了自己的目的将可能一旦溢出就造成损害的物质放置、聚集、保存于其土地上时,他必须为此承担风险。如果他没有这样做,且有证据表明损害是物质溢出的自然结果,那么他就必须承担责任。此案最终上诉至英国上议院,即最高上诉法院。在判决中,布莱克伯恩法官的观点被采纳,但进行了重大删减。最高上诉法院凯恩斯(Lord Cairns)大法官认为被告承担责任的原因在于其对土地进行了"非自然使用"。这一判决对美国严格责任理念的发展产生了深远影响,后来被称为"赖兰兹诉弗莱彻规则"或"赖兰兹规则"。如今,严格责任的理念已广泛应用于大多数异常危险和产品责任案例中。尽管已过去 100 多年,但美国法院在判决严格责任案件时仍将其奉为经典。

(二)法国法

稍作历史回顾,我们不难发现,过错侵权责任的一般原则在法国并非自古便存在。这一原则实际上是 1789 年法国大革命的产儿。在大革命之前,法国习惯法主要沿袭了罗马法的传统,采用具体列举式(casuistique)来规范过错侵权责任。[①] 这种具体列举式的规范方法后来逐渐演变为一般原则式的表述,这不仅是学术界长期积累的结晶,更离不开教会法学派和自然法学派的推动。尤其是自然法学派,对拿破仑民法典的编纂者产生了深远的影响。在自然法理念的熏陶下,法国民法中的侵权行为得以建立在概括而抽象的一般原则之上。这一过失责任主义的宣示,无疑是法制史上的一项卓越成就。[②]

《法国民法典》将侵权行为法纳入第三卷(取得财产的各种方法)第三编(债的渊源)的第二分编(非合同责任),法国债法修订后,非合同责任之一般规定部分不再以"侵权行为与准侵权行为"为题进行规定,但是其内含的 5 个条文文字表述完全相同,仍区分了侵权行为和准侵权行为。侵权行为指的是对自己的行为所造成的损害承担责任,而准侵权行为则是指对自己应负责的他人致人损害或物件致人损害的责任。第 1382 条(现为第 1240 条)和第 1383 条(现为第 1241 条)分别是对自己行为致人损害责任的一般条款规定。第 1384 条(现为第 1242 条)第 1 款是关于"准侵权行为"(即对自己应负责的他人致人损害和物件

---

① 参见[法]热娜维耶芙·威内:《论过错侵权责任的一般原则》,罗瑶译,《比较法研究》2016 年第 4 期。

② 参见王泽鉴:《侵权行为法》第 1 册,中国政法大学出版社 2001 年版,第 40～41 页。

致人损害)责任的一般条款规定。[①] 第1384条(现为第1242条)第2款(1922年11月7日法律追加)及其后续各款(均为后来的法律追加)则是对准侵权行为各种具体情况的详细列举,这包括动产和不动产监管(占有)者的责任、父母亲作为监护人对被监护人致人损害的责任、主人和雇主对仆人和雇员致人损害的责任,以及教师和师傅对学生和学徒致人损害的责任等。第1385条(现为第1243条)明确规定了动物致人损害的责任,而第1386条(现为第1244条)则专门针对建筑物所有人的责任进行了规定。[②] 特别指出的是,法国2016年2月出台了《关于合同法、债法一般规则与证明的改革法令》,全面修改了法国债法(第1100条到第1386-1条)。将原来民事责任法的条文整体搬迁到第三卷中新设的第三编"债之渊源"的第二分编"非合同责任"之中,为未来改革做好了准备。

法国侵权法的特点在于其文字简洁、含义深远且充满浪漫主义色彩。它以一般条款为逻辑起点,体系构造相当便捷。总体而言,法国侵权法将侵权责任划分为人的行为责任与物的行为责任两类。[③] 人的行为责任又可以细分为自己行为责任与为他人行为责任,物的行为责任则可包含无生物责任、动物占有人责任以及建筑物所有人责任。值得注意的是,与德国有所不同,法国立法者并未将危险责任加以特别规定[④],因此道路交通事故责任等仍然游离于民法典之外。为了弥补这一不足,现在逐步通过制定法来补充和完善。

这一简约的侵权法体系为法解释预留了宽广的空间,为判例制度的发展创造了有利条件。因此,法国侵权法赢得了"法官法"的称号(judge-made, loi prétorienne)[⑤],这一特点在法国法上的危险责任(如无过错责任、无生物责任)的发展上尤为突出。19世纪的法国已经转型为一个工业化社会,工业副产品不断增多,社会危机四伏。在这样的背景下,按照过错责任原则进行举证变得异常困难,人们的生存因此受到了严重影响,急需得到法律保护,无生物责任于1896年应运而生。

【案例2-1-4】1896年6月16日,法国最高法院判决了著名的"吉赛斯、卡森

---

① 《埃塞俄比亚民法典》比法国民法更进一步,其第2027条是关于全部侵权责任的一般条款。

② 参见张新宝:《侵权行为法立法体系研究》,《私法研究》2003年第1期。

③ 集中由《法国民法典》第1382条(现为第1240条)体现,参见张民安:《现代法国侵权责任制度研究》,法律出版社2007年版,第6页。有的学者则认为侵权行为全是人的行为而不包括事件,参见张俊浩主编:《民法学原理》,中国政法大学出版社2000年版,第902页。

④ 参见邱聪智:《从侵权行为归责原理之变动论危险责任之构成》,中国人民大学出版社2006年版,第148页。

⑤ 法国判例在侵权法解释适用与制度创新上的作用还请参见《法国民法典》下册,罗结珍译,法律出版社2005年版,第1074页。

和奥利奥诉特法因案”(Guissez, Cousin et Oriolle v. Teffaine),其案情为:1894年6月4日,在玛丽号(Marie)蒸汽拖轮上发生了一场爆炸,受害人特法因(Teffaine)由于这一爆炸而死亡,其遗孀向法院起诉被告,法院认为,依据第1384条(现为第1242条)的规定,该条排除了意外事件与不可抗力,确立了蒸汽机所有人的责任,并且所有人不能通过证明机器建造者的过错或者系争的过错具有隐蔽的特性而免除责任。因此,判决吉赛斯、卡森和奥利奥(Guissez, Cousin et Oriolle)承担赔偿责任。

该判决被称为法国侵权行为法史上具有里程碑意义的判决,因为它取得了以下重大突破:第一,传统的观点认为,《民法典》第1384条(现为第1242条)关于物的责任的规定是没有什么独立规范地位的,更非具有普适性的法律原则。该判决突破了这一传统见解,确立了该条在侵权行为法体系上的独立规范地位,从而避免了因运用雇佣合同等规则而导致的侵权责任问题向合同法的转移。第二,法国最高法院在处理此案时,放弃了类推适用《民法典》第1386条(现为第1244条)关于建筑物所有人责任的做法,这实际上意味着在法国法中,对于物件造成的损害适用无生物责任并不需要物件本身具有易于造成损害的缺陷。第三,“法院在法国法中确立了一项新的适用范围广泛的严格责任原则”[①],这就是著名的无生物责任法则,无过错责任的“责任推定法理”。[②] 而且此后随着社会的发展,该法则的适用范围在不断扩大。第四,该判决有效制止了对建筑物概念的任意扩张性解释(把船舶上的蒸汽锅炉视为建筑物的一部分),使法律解释得更加合理。第五,这一判决颁布的直接影响是促使法国在1898年4月颁布了劳工赔偿法,该法引入了一种独立的对工业事故的无过错赔偿请求权,并排除了《民法典》第1382条(现为第1240条)和第1384条(现为第1242条)的适用。这意味着法国法运用《法国民法典》第1384条(现为第1242条)第1款解决工业事故的任务正式终结,无生物责任开始真正承担起事故处理机制的角色,标志着法国法开始向“合同外危险责任”的方向发展。

随着时间的推移,无生物责任在1930年达到了发展的顶峰,集中体现于法国最高法院民事审判庭作出的“詹德虎诉贝尔福特公司案”。

【案例2-1-5】詹德虎诉贝尔福特公司案(Jand'heur v. Les galleries belfortaises)

---

① [法]勒内·达维:《英国法与法国法:一种实质性比较》,潘华仿、高鸿钧、贺卫方译,清华大学出版社2002年版,第189页。

② 参见邱聪智:《从侵权行为归责原理之变动论危险责任之构成》,中国人民大学出版社2006年版,第155页。

该案的案情为：1925年4月22日，贝尔福特公司（Les galleries belfortaises）的司机斯坦雷特（Stanlet）在执行职务时驾驶的一辆卡车将横穿马路的未成年女孩詹德虎（Lise Jand'heur）撞成重伤。

受害人的母亲以受害人的名义在地方法院提起诉讼，法院适用第1384条（现为第1242条）对案件进行裁判。被告认为，该院错误地运用了第1384条（现为第1242条），因为本案涉及的汽车当时正处于被告的雇员的驾驶之中，因此需要适用的是第1382条（现为第1240条），申言之，原告必须承担证明被告的司机在驾驶中具有过错的责任。因此，被告向里昂上诉法院提起上诉。该院认为，不能适用第1384条（现为第1242条），而应当适用第1382条（现为第1240条），原告无法证明被告具有过错，因此驳回原告的起诉。原告向法国最高法院提起上诉，最高法院于1930年2月13日作出了支持原告请求的终审判决，该判决的说理以后一直被当作法律来加以对待。

判决书写道："民法典第1384条（现为第1242条）第1款确立了对于那些处于其监管之下的导致他人损害的无生物的人的责任推定，该推定只能通过证明意外事件、不可抗力或者存在一个不可归责于他的外来原因加以推翻，仅仅证明他没有实施有过错的行为或者损害行为的原因未查明是不够的……为了适用该条所确立的推定，法律并没有区分造成损害的物品是否被某人所使用；物品是否具有能够造成损害的瑕疵是无关紧要的，第1384条（现为第1242条）是将责任与物的监管相联系，而非与物品本身相联系。"因此，判决原告胜诉。该案判决被克里斯蒂安·冯·巴尔教授称为"欧洲私法史上最重要的判决之一"。该判决明确废除了以往法院对于物件本身的瑕疵与监管人的行为之间的区分，认为第1384条（现为第1242条）第1款确立的只是物件管理人的责任而非物件的责任，所以物件本身是否具有瑕疵无关紧要。在该判决之前，法院认为第1384条（现为第1242条）第1款确立的是过错推定，因此当缺乏对被告的过错的证明或者损害的原因无法查清时都不能适用过错推定。而且被告可以通过证明损害是由于意外事件、不可抗力或者不可归责于他的外来原因所推翻。但是，在该判决中最高法院明确指出，第1384条（现为第1242条）第1款确立的是责任推定而非过错推定，免责的事由只有三种：意外事件、不可抗力以及不可归责于被告的外来原因的介入。例如，受害人的自杀行为或者造成损害的物根本就不是被告管理的物。除了这些免责事由之外，即使被告证明自己没有任何过错或者导致损害的真正原因不明都不能免除自身的责任。该判决在法国法中真正地确立了严格责任，从此在法国严格责任不再是一个有争议的问题，而为法官在各种情形中所广泛承认。[①]

（三）德国法

《德国民法典》起草之初，立法者试图学习《法国民法典》通过制定一条“大概括性条款”使过错原则在侵权行为法中得以体现。《德国民法典》第一草案的第704条第1款规定：“因故意或过失的违法的行为或不作为给他人造成损失的人，应承担赔偿损失的责任。”但最终，受到历史法学派影响，考虑到一般条款中隐藏着法解释上的困难，立法者在最终定稿时采取了所谓“中间道路”[②]，即采取折中于个别列举方式与一般概括原则之间[③]的三个基本一般侵权类型的立法体例。《德国民法典》第823～826条通过列举自己加害行为的诉因，包括侵害生命、身体、所有权或其他权利、违反保护性法律以及故意违反善良风俗，形成了区别性法益保护制度。[④] 这一规定模式限制了法官自由裁量权，其实际上就是通过构成要件（加害行为、损害后果及因果关系）的满足而推定（Vermutung）加害行为具有违法性，唯一能够去除违法性的就是具有违法阻却事由。

三个小一般条款的立法模式在《德国民法典》中也存在缺漏。特别是在第823条中，尽管生命、身体、健康、自由、所有权等权利之外的缺漏用“其他权利”补充，但具体范围无法确定。例如，关于人身权的保护，《德国民法典》并未设立专门的人格权章节，因此相关规定显得不够全面。性自决权仅在特定条款中有所涉及，而婚姻的忠实性则未被明确纳入侵权法的保护范畴。此外，姓名权、肖像权以及探望权等也未得到充分的法律保障。而在物权保护方面，虽然限制物权受到保护，但如何理顺与所有权保护以及与主权利之间的关系，仍是一个待解决的问题。

2002年，《德国民法典》经历了两次重大修改。第一次修改是根据2002年1月1日生效的《债法现代化法》，对《民法典》中的时效、债法总则、买卖合同法以及承揽合同法进行了调整。紧接着，第二次修改则根据2002年8月1日实施的《修改损害赔偿规定第二法》，对《民法典》中的损害赔偿规定特别是侵权损

---

① Richard Azarina, “Tort Law in France: A Cultural and Comparative Overview”, *Wisconsin International Law*, Vol.13, No.2, 1994-1995, p.481.

② 参见[德]马克西米利安·福克斯：《侵权行为法》，齐晓琨译，法律出版社2006年版，第3页。据说，德国法律起草委员会以10∶8的比例否定了法国模式。参见 Reinhard Zimmermann, *Roman Law, Contemporary Law, European Law: The Civilian Tradition Today*, Oxford: Oxford University Press, 2001, p.58。

③ 参见王泽鉴：《侵权行为法》，北京大学出版社2016年版，第45页。

④ 德国侵权法没有一般条款而不得不对自己的加害行为之责任进行递进式的列举，这种列举建立了区别性法益保护原则，通过权利、法益保护要件之差异，体现立法上不同的价值判断。

害赔偿部分进行了修订。在这次修改中，一个显著的变化是取消了原法中关于“痛苦抚慰金”的第847条，并将其内容合并到了第253条。新法的第253条以“非物质损害”为主题，明确指出：“(1)只有在法律规定的情况下，才能因财产损害以外的损害而要求金钱赔偿。(2)因侵害身体、健康、自由或者性的自我决定而应当进行损害赔偿的，也可以因财产损害以外的损害而要求公平的损害赔偿。”这一调整虽然未改变原有内容的实质，但原第847条的位置却发生了重大变动，从原本的侵权法部分提前至债法总则，体现了立法者希望将非物质损害的金钱赔偿这一救济手段扩展至合同责任和危险责任等领域的意图。

2002年的债法修正带来了四个旨在保护受害者的本质变化。首先，在侵害某些至高无上的人格法益时，原则上无须考虑责任基础，即可要求赔偿适当的精神抚慰金。其次，提高了存在于责任事实构成中的最高责任额，进一步保障了受害者的权益。此外，依据《德国道路交通法》第7条，机动车所有人在“无法避免的事件”中仍需承担责任，仅在“不可抗力”下才得免责。再次，在道路交通和有轨交通领域，儿童的侵权能力起始年龄从6周岁提高至10周岁，尤其是在可能存在共同过错时，这一修改尤有意义。最后，依据《德国药品法》第84条及相关规定，以不利于药品制造人的方式适用因果关系推定，从而加重了药品制造人的责任，同时赋予了受害人对制药企业及政府监管部门的知情权，进一步保障了消费者的权益。①

近年来，德国一般侵权法的发展集中体现在几个方面：其一，对“权利”的扩张解释，借此通过判例创设一般人格权与营业权等框架性权利；其二，发展了安全保障义务，提高了社会交往的注意标准，并改变了侵权法的思考方法。其三，通过扩展契约责任或者对《德国民法典》第31条进行超越立法本意的扩张解释弥补侵权法上的缺陷。② 尽管如此，仍有观点认为《德国民法典》在限制过错责任原则方面的企图已经失败，并且德国法院在此方面的态度已逐渐接近现代法国法。③

（四）中国法

近现代时期，中国的民事立法始于清末。1908年，沈家本奏请聘请日本法

---

① [德]沃尔夫冈·多伊布勒：《德国损害赔偿法的改革》，朱岩译，《中德法学论坛》2002年第1辑，第19～20页。

② Reinhard Zimmermann, *Roman Law, Contemporary Law, European Law: The Civilian Tradition Today*, Oxford: Oxford University Press, 2001, p.79.

③ 参见[法]勒内·达维：《英国法与法国法：一种实质性比较》，潘华仿、高鸿钧、贺卫方译，清华大学出版社2002年版，第182页。

学家参与编纂民法，并得到了批准。经过四年的努力，1912 年《大清民律草案》完成了编纂工作。然而，由于清朝的迅速覆亡，这部中国历史上第一部民法典未能得到实施。

1928 年，南京国民政府结束了长达十几年的军阀混战，在名义上统一全国后，为了迅速建立以宪法、民法、刑法、民事诉讼法、刑事诉讼法、行政法六大类法律为主体的六法体系，再次全面开始了《民法典》的编纂工作。到了 1931 年 5 月 5 日，《民法典》的总则编、债编、物权编、亲属编及继承编相继完成并颁布施行。其中，债编的第二编第一节“债的发生”的第 5 款“侵权行为”，从第 184 条到第 198 条，主要参照了德国法制定。

中华人民共和国成立初期，未能建立起包括侵权责任法在内的成熟的私权体系。当时，私权保护并未受到足够的重视，国家也尚未进行专门的侵权责任法立法工作。尽管国家在 1954 年和 1962 年两度启动民法典的编纂工作，但由于当时政治和经济环境存在诸多限制，始终未能出台一部完整的民事法律。在这一阶段，侵权责任法的主要实践经验来源于法院的司法实务。法院依据当时的民事政策，对与侵权有关的民事案件进行了审理，为后来的侵权责任立法工作的开展提供了宝贵的经验借鉴。

改革开放后，经历了数十年的曲折历程，中国共产党深刻认识到社会主义必须依靠法制来保障和推进。健全的社会主义法制自然离不开民法典，新中国第三次民法典的起草工作被提上日程。1979 年 11 月，在当时的全国人大常委会法制委员会之下成立了民法起草小组，至 1982 年 5 月共完成了民法典草案一至四稿的起草工作。然而，考虑到当时经济体制改革刚刚起步，社会生活处于不断变动之中，一时难以制定出一部全面完善的民法典。因此，立法机关审时度势，决定采取先分别制定民事单行法的策略，待条件成熟时再制定民法典。在党的十一届三中全会后，我国相继制定了《经济合同法》《继承法》等单行法，为民事关系的调整提供了法律依据。1986 年通过的《民法通则》作为我国第一部民事基本法，更是标志着民事立法进入了新的阶段。

《民法通则》不仅第一次以基本法的形式确立了民事责任制度，更是在民事责任章中较为全面地规定了侵权责任制度，为后来的侵权责任法立法工作奠定了坚实的基础。《民法通则》在仅有的 156 个条文中直接规定侵权责任的有 18

个条文[①]，还有4个条文也可以认为是侵权责任法的重要组成部分[②]。《民法通则》中侵权责任法的立法体系结构如下：首先，它建立了全面的侵权责任一般条款，即《民法通则》第106条第2、3款的规定。这一条款涵盖了一般侵权与特殊侵权，而其他规定则是在不同层面上对这一一般条款的展开。其次，第117～120条列举了侵害财产权、知识产权、生命健康权、姓名权、肖像权、名誉权和荣誉权的模式责任，这可以理解为对"一般侵权行为"的例示性规定。再次，第121～127条列举了国家机关及其工作人员违反行使职务侵权的责任、产品责任、高度危险作业致人损害的责任、环境致害责任、地面施工致人损害的责任、物件致人损害的责任以及饲养动物致人损害的责任等，这可以理解为对"特殊侵权行为"的列举性规定。这些特殊侵权行为的归责原则体现在无过错或适用过错责任的推定上。最后，第128～133条关于免责事由、共同侵权、公平分担损害后果、无行为能力和限制行为能力人的侵权责任的规定也是该法体系结构的重要组成部分。在立法模式上，《民法通则》采用了"一般条款＋列举式"的模式。然而，关于一般条款应如何规定仍需要进一步研究。同时，《民法通则》民事责任方式多元化(如第134条的规定)，免责事由区分为一般的免责事由和特别的免责事由等，这些特点也值得借鉴。

《侵权责任法》经过七年的制定，历经四次审议而获得通过，于2010年7月1日生效。《侵权责任法》是在《民法通则》和其他规范性文件中侵权行为规范的基础之上制定的。比如，《合同法》中的第43条关于商业秘密赔偿责任、第113条关于欺诈双倍赔偿问题、第122条关于违约责任与侵权责任的竞合以及第282条关于建设工程造成人身和财产损害的赔偿责任等。再如，《婚姻法》(第46条)、《物权法》(第21条的登记错误责任[③]、第37条的侵害物权损害赔偿责任[④])、《农村土地承包法》(侵害物权责任)、《知识产权法》(侵害著作权、专利权、

① 王泽鉴认为有17个条文。参见王泽鉴：《民法学说与判例研究》第6册，中国政法大学出版社1997年版，第23页。

② 第六章中关于侵权责任的其他规定，包括第134条责任方式的规定、第107条关于不可抗力的规定(第153条对不可抗力的界定)、第110条关于侵权责任与其他法律责任重合的规定等。

③ 《物权法》第21条第2款规定："因登记错误，给他人造成损害的，登记机构应当承担赔偿责任。登记机构赔偿后，可以向造成登记错误的人追偿。"

④ 《物权法》第37条规定："侵害物权，造成权利人损害的，权利人可以请求损害赔偿，也可以请求承担其他民事责任。"

商标权时的责任承担方式)[①]等法律中也有关于侵权问题的规定。又如,《律师法》《公证法》和《注册会计师法》中关于专家责任的规定[②],《消费者权益保障法》《产品质量法》《食品卫生法》和《食品安全法》中关于产品责任的规定,《铁路法》《航空法》和《道路交通安全法》中关于高度危险作业侵权的规定,《环境保护法》《海洋环境保护法》《水污染防治法》和《大气污染防治法》中关于环境污染侵权的规定,以及《国家赔偿法》中关于职务侵权的规定等。吸取已有经验,将制定法律与法律汇编结合起来,符合节约法制成本的要求。认真对待已有的立法和审判经验,对规范性文件进行汇编,将法律汇编与法典编纂结合起来是又好又快地立法的"不二法门"。

自中共十八届四中全会决定启动民法典编纂工作以来,中国的侵权责任立法工作也步入了全新的发展阶段。在民法典编纂的过程中,立法机关紧密围绕中央的决策部署,以现有的民事法律为基础,对侵权责任法进行了系统性的修订和完善。最终,侵权责任法独立成编,被规定为《民法典》的第七编。这不仅是对原有法律体系的整合,更是对侵权责任法理论和实践经验的深入总结与提升。《民法典》"侵权责任"编共计 10 章 95 条,相较于原《侵权责任法》,在具体制度上取得了发展和完善,其确立了自助行为制度、"自甘风险"规则,完善了精神损害赔偿和公平分担损失规则,同时充分尊重实践需求,通过增加惩罚性赔偿的适用情形,加大对侵害知识产权、环境污染和生态破坏等行为的打击力度。此外,民法典还新增了委托监护的侵权责任规定,完善了网络侵权责任制度、产品生产者和销售者召回缺陷产品的责任、交通事故损害赔偿顺序、好意同乘的责任制度、挂靠机动车交通事故的连带责任、患者知情权保护制度、生态环境损害的惩罚性赔偿制度、高度危险责任以及高空抛物致人损害责任等方面的规

---

① 《著作权法》(2020 修正)第 54 条第 1 款规定:"侵犯著作权或者与著作权有关的权利的,侵权人应当按照权利人因此受到的实际损失或者侵权人的违法所得给予赔偿;权利人的实际损失或者侵权人的违法所得难以计算的,可以参照该权利使用费给予赔偿。对故意侵犯著作权或者与著作权有关的权利,情节严重的,可以在按照上述方法确定数额的一倍以上五倍以下给予赔偿。"第 2 款规定:"权利人的实际损失、侵权人的违法所得、权利使用费难以计算的,由人民法院根据侵权行为的情节,判决给予五百元以上五百万元以下的赔偿。"第 56 条规定:"著作权人或者与著作权有关的权利人有证据证明他人正在实施或者即将实施侵犯其权利、妨碍其实现权利的行为,如不及时制止将会使其合法权益受到难以弥补的损害的,可以在起诉前依法向人民法院申请采取财产保全、责令作出一定行为或者禁止作出一定行为等措施。"

② 《律师法》第 54 条规定:"律师违法执业或者因过错给当事人造成损失的,由其所在的律师事务所承担赔偿责任。律师事务所赔偿后,可以向有故意或者重大过失行为的律师追偿。"《公证法》第 43 条第 1 款规定:"公证机构及其公证员因过错给当事人、公证事项的利害关系人造成损失的,由公证机构承担相应的赔偿责任;公证机构赔偿后,可以向有故意或者重大过失的公证员追偿。"

定。这些新增和完善的内容，不仅丰富了《侵权责任法》的内涵，也为其在实践中的应用提供了更为明确和全面的指导。《民法典》的编纂和实施，是中国法治建设的重大成果。其中侵权责任制度的发展和完善，不仅体现了对公民权利的全面保护，也反映了中国法治建设的进步和成熟。

第二节 侵权责任法的渊源

一、宪法

首先，民法不得违反宪法：宪法是金字塔尖的明珠。《民法典》第 1 条规定："为了保护民事主体的合法权益，调整民事关系，维护社会和经济秩序，适应中国特色社会主义发展要求，弘扬社会主义核心价值观，根据宪法，制定本法。"

其次，民事审判是否可直接引用宪法？试以以下两例经典案件作出说明。

【案例 2-2-1】在天津塘沽区人民法院的"工伤概不负责"案中，雇主承包拆除厂房工程，因违章施工发生事故，致雇工受伤，感染败血症死亡。死者亲属要求雇主支付赔偿金。被告雇主以招工登记表规定"工伤概不负责"为抗辩。关键是"工伤概不负责"的约款是否有效？

最高法院于 1988 年 10 月 14 日作出《最高人民法院关于雇工合同应当严格执行劳动保护法规问题的批复》(〔1988〕民他字第 1 号)："经研究认为，对劳动者实行劳动保护，在我国宪法中已有明文规定，这是劳动者所享有的权利，受国家法律保护，任何个人和组织都不得任意侵犯。被告身为雇主，对雇员理应依法给予劳动保护，但被告却在招工登记表中注明'工伤概不负责任'，这是违反宪法和有关劳动保护法规的，也严重违反了社会主义公德，对这种行为应认定为无效。"

【案例 2-2-2】在冒名顶替上学案中，齐某某与陈某某均系滕州八中 1990 届应届初中毕业生。齐某某考取了济宁某校财会专业委培生。在陈某某之父策划下，陈某某从滕州八中领取了齐某某的通知书，冒名进入济宁某校就读，毕业后被分配到中国银行某某支行。目前，陈某某人事档案中的姓名、工资单名字仍为"齐某某"。齐某某则是另一番命运：1990 年 8 月，她到中学复读；1993 年 6 月，在交纳了一大笔城市增容费后，她转为非农业户口，并于同年 8 月到邹城市劳动技校就读；三年后，她被分配到山东某某铁合金总厂工作；1998 年 7 月以来，有相当一段时间下岗待业。

《最高人民法院关于以侵犯姓名权的手段侵犯宪法保护的公民受教育的基

本权利是否应承担民事责任的批复》(法释〔2001〕25号)明确:"根据本案事实,陈某某等以侵犯姓名权的手段,侵犯了齐某某依据宪法规定所享有的受教育的基本权利,并造成了具体的损害后果,应承担相应的民事责任。"

根据最高人民法院《关于废止2007年底以前发布的有关司法解释(第七批)的决定》(法释〔2008〕15号),以上批复被废止。

2001年最高人民法院的批复使"宪法司法化"的概念与理念进入了司法实践,诞生了被称为"宪法司法化第一案"的齐某某案,宪法司法化的理论与实践逐渐进入高潮。2008年齐某某案批复在争议中被最高人民法院低调废止,"宪法司法化第一案"所体现的宪法适用方式被认为已经"宣告死亡","宪法司法化"的提法也逐渐淡出了人们的视野,中国的宪法司法化甚至被认为已经"寿终正寝"。

但理论上仍存在争议,有学者认为:应当对三个层次宪法司法化与现行宪法的兼容性区别对待,即广义宪法司法化与现行宪法不兼容,狭义宪法司法化与现行宪法兼容,中义宪法司法化与现行宪法兼容性最大的阻碍来自最高人民法院的两个文件,但这两个文件可能因涉及行使宪法解释权而存在合宪性问题。在我国,宪法司法化不仅仍然有着充分的生命力,而且在当今推进合宪性审查工作的背景下,其能够为合宪性审查工作提供重要的制度支撑。①

二、《民法典》

《侵权责任法》的渊源并非仅局限于《民法典》侵权责任编,而且还与《民法典》中其他各编相关。相较《侵权责任法》,《民法典》侵权责任编不再列举所保护民事权益之类型②,于第1164条概括规定"本编调整因侵害民事权益产生的民事关系",界定了调整对象,覆盖范围包括了民事权利、利益而不涉及侵害公权力(例如国家征税权)的情形,原则上限缩于绝对权益,例外地可及于相对权益。调整对象条款具有承上启下的作用。向上呼应了总则编第118条、第120条、第176条,明确了侵权行为是债的发生原因,民事权益受到侵害可以依法主

① 参见谢宇:《宪法司法化理论与制度生命力的重塑——齐玉苓案批复废止10周年的反思》,《政治与法律》2018年第7期。

② 《侵权责任法》第2条第2款规定:"本法所称民事权益,包括生命权、健康权、姓名权、名誉权、荣誉权、肖像权、隐私权、婚姻自主权、监护权、所有权、用益物权、担保物权、著作权、专利权、商标专用权、发现权、股权、继承权等人身、财产权益。"

张民事责任。向下可以导向广泛的侵权责任方式,包含损害赔偿和禁令式救济。[①] 在此基础上,可以进一步理顺侵权责任编和各编的关系。

(一)总则编

第一,侵权责任编按照总则编调整制度安排。按民法典"总—分"立法技术,以"侵权责任"而非"侵权行为"统摄侵权法,使《民法典》获得了另一"公因式"——"法律责任"。[②] 总则编设民事责任一章,统一债务不履行、侵权两大类民事责任。按照这一要求,侵权责任编删除了《侵权责任法》与总则编重复的规定,包括立法目的,侵权责任对公法责任的优先性,民事责任方式,不可抗力、正当防卫、紧急避险免责事由,侵权连带责任的外部效力、内部效力,见义勇为条款,等等。

第二,侵权责任编按照总则编调整法律术语,使表达更为专业、准确,进而保证体系的融洽一致。例如,将"可以请求"改为"有权请求",明确了绝对权请求权的法律属性(第 1167 条);将"被侵权人是单位的"改为"被侵权人是组织的",符合总则对非法人组织的界定(第 1181 条);类似的还有,在监护人侵权责任中,将"监护人尽到监护责任的"改为"监护人尽到监护职责的"(第 1188 条)。

第三,侵权责任编对总则编的细化或补充。例如,总则编明确了践行社会主义核心价值观,侵权责任编规定了保护遏制扰乱医疗秩序,保护医务人员的合法权益;要求饲养动物须遵守法律法规、社会公德;全面规制建筑物抛掷物致害责任。总则编确立了绿色原则,侵权责任编将原污染环境损害责任改为污染环境和破坏生态责任,并规定了修复生态和惩罚性赔偿等。总则编中承认委托监护,侵权责任编则明确委托监护情形中被监护人造成侵权的,监护人承担侵权责任;受托人有过错的,承担相应的责任。

第四,侵权责任编对总则编的适用。关于诉讼时效的规定直接适用于侵权责任编。侵权损害赔偿诉讼时效的起算点适用"诉讼时效期间自权利人知道或者应当知道权利受到损害以及义务人之日起计算",关于"知道义务人之日"在存在潜在损害、共同危险行为、高空抛物致害、环境污染或破坏生态的情形中可

---

① 程啸认为,这就明确了侵权责任编中规定的就是损害赔偿责任即侵权赔偿责任,至于作为绝对权请求权的其他侵权责任承担方式,则分别由《民法典》的人格权编与物权编加以规定,如第 335 条、第 336 条和第 995 条第 2 款,从而为《民法典》物权编、人格权编的独立奠定了更坚实的基础。参见程啸:《中国民法典侵权责任编的创新与发展》,《中国法律评论》2020 年第 3 期。

② 可见,中文文献对"行为"采取了从十分强调(侵权行为或侵权行为法)到模糊处理(侵权法),进而不予表明行为要素(侵权责任或侵权责任法)的发展过程。参见张新宝:《侵权责任构成要件研究》,法律出版社 2007 年版,第 10 页。

发挥重要的作用。总则编建立了“胎儿就其利益视为已出生”原则，这一原则明确列举的适用情形是“遗产继承、接受赠与”，而通说承认该原则同样适用于侵权损害赔偿，侵权责任编第 1181 条规定：被侵权人死亡的，其近亲属有权请求侵权人承担侵权责任。其中的近亲属应该包括胎儿。总则编建立了完善的法人侵权制度，基于体系便利，法人侵权制度被置于总则编，而其内容既属于法人制度不可分割的组成部分，也是侵权法的重要内容。其中，“法定代表人”基于代表权因执行职务造成他人损害的，由法人承担侵权责任（第 62 条）；其他工作人员基于职务代理实施民事法律行为造成他人损害的，由法人承担责任（第 170 条）。营利法人的出资人滥用出资人权利的，须对法人或者其他出资人承担侵权责任。出资人滥用法人独立地位和有限责任的，应“刺穿法人面纱”，由其对法人债务承担连带责任（第 83 条）。[①] 总则编规定了违约和侵权责任竞合的一般条款，该条款自然适用于侵权责任编。

知情同意、通知、转通知、反通知等侵权责任编的准法律行为可以准用总则相关民事法律行为的有关规定。

（二）合同编

第一，侵权责任关系对合同编的适用。侵权法独立成编在形式上导致合同编与侵权编的分离，然分离之实质程度应如何并非无争议。[②] 其实，侵权责任独立成编绝不意味着侵权责任关系不能适用合同编，相反，依据《民法典》第 468 条，非因合同产生的债权债务关系也可以适用合同编。例如，侵权按份责任、连带责任可以适用合同编关于按份债务、连带债务的一般规定（第 517、519、520 条）。

第二，侵权编中的合同。其一，许多侵权责任建立在合同的基础上。例如，医疗损害赔偿以医疗合同为基础，安全保障义务可以源自合同约定，雇主责任、网络侵权责任、定作人责任、产品责任、委托监护致害责任等都以合同为前提。其二，侵权责任关系可产生特殊合同。例如，侵权损害赔偿和解协议、与侵权连带责任人签订的免责协议、分期支付及分期支付担保协议等。

---

① 参见张平华：《〈民法典侵权责任编〉应处理好的三对关系》，《财经法学》2018 年第 6 期。

② 相对独立说认为，侵权法只是在债法范围内的相对独立，而非脱离债法独立。参见梁慧星：《为什么不能取消债权概念和债权总则》，《民商法论丛》第 26 卷（序言），（香港）金桥文化出版有限公司 2003 年版。绝对独立说主张，侵权行为法并不隶属于债法，其独立成编也就势所必然，侵权行为法应该独立于债法之外，而不是在债法体系内的独立。参见覃有土、麻昌华：《我国民法典中债法总则的存废》，《法学》2003 年第 5 期；魏振瀛：《论债与责任的融合与分离——兼论民法典体系之革新》，《中国法学》1998 年第 1 期。

第三,合同编中规定的侵权制度。其一,违反合同附随义务产生侵权责任。例如,泄露或不正当使用订立合同过程中知悉的商业秘密或应当保密的其他信息,应承担赔偿责任(第501条)。其二,违反后合同义务的侵权责任。例如,物业服务合同终止,原物业服务人未及时退出物业服务区域、交还相关资料、如实告知相关信息,应赔偿损失(第949条)。其三,同时违反了合同义务、法定义务,构成责任竞合。例如,承运人应当对运输过程中旅客的伤亡、物品毁损承担赔偿责任(第823、824条);供电人因供电设施检修等需中断供电,但未事先通知用电人,应赔偿用电人损失(第652条);在技术开发合同履行过程中遇到难以克服的技术困难,可能导致技术研发失败或部分失败时,未尽到及时通知义务并采取必要措施的,应当就扩大的损失承担责任(第850条第2款)。

(三)人格权编

第一,人格权编不能直接调整侵权责任关系。原征求意见稿第773条规定:本编调整因人格权产生的民事关系。"因人格权产生的民事关系"范围过广,将包括侵权责任关系。"享有和行使人格权产生的民事关系"可以克服这一缺陷,"享有和行使人格权"内涵是最基本的人格权法律事实,是引起人格权发生的重要原因,体现了人格权法的动态逻辑。而最后《民法典》第989条规定:本编调整因人格权的享有和保护产生的民事关系。这就忽视了人格权行使,不利于涵盖人格权商品化在内的法律关系,突出强调保护,又容易和侵权责任混淆。

第二,人格权编是侵权责任编的上位法。对人格权的保护可以直接适用侵权责任编,侵权责任编成为人格权编的兜底性制度。第995条第1款规定:"人格权受到侵害的,受害人有权依照本法和其他法律的规定请求行为人承担民事责任。"这里的"本法和其他法律"可以指侵权责任编。

第三,人格权编构成侵权责任编的特别法。有的凸显对人格权的特别保护。第996条直接规定了违约责任中的精神损害赔偿请求权。第995条第2款规定了停止侵害、排除妨碍、消除危险、消除影响、恢复名誉、赔礼道歉请求权,不适用诉讼时效的规定。第997条规定了正在或即将遭受人格权侵害的民事主体的禁令保护。有的是对侵权责任编合乎人格权编目的细化规定。第998条规定了认定行为人承担侵害除生命权、身体权和健康权以外的人格权的民事责任所应当考虑的因素。第999条规定,为公共利益实施新闻报道、舆论监督等行为的,对民事主体的姓名、名称、肖像、个人信息等不合理使用进而侵害其人格权时,应当依法承担民事责任。第1000条规定,行为人因侵害人格权而承担消除影响、恢复名誉、赔礼道歉等民事责任的,应当与行为的具体方式和造成的影响范围相当；并且详尽规定了行为人拒不承担上述民事责任时人民法院的执行方式。

三、民事单行法和其他法律

具体指向全国人大常委会制定的民事法律——非民事基本法律、特别法，包括商法、知识产权法、经济法和行政管理法。

商事侵权主要发生在商事领域，经常与交易行为相伴而生，其的确与民事侵权存在一定的差异：一是商法重视保护商业利益，建立多样化的纯经济损失侵权责任类型；二是加重商事主体的注意义务，广泛适用过错推定原则和连带责任。[①] 针对第一点，由于我国侵权法对利益保护采取一般条款式立法模式，即便侵权责任编不作特别规定，商业利益或纯粹经济损失也可获其保护。至于侵害期货交易利益、虚假陈述侵害投资者利益等侵权责任类型，可以在商事特别法中予以规定完善。第二点，由于过错推定和连带责任均须坚持法定原则，如果侵权责任编不针对商事活动予以特别承认，容易出现混淆民商事侵权的差别、过于绝对的立法。

国家常有通过特别法干预私法、管理经济之必要，而这些特别法往往具有明显的公法色彩。为维持侵权一般法的私法性格，相关管理内容不可能被侵权法照单全收，仍有在一般法之外维系特别法体系的必要。这尤其体现在知识产权、交通事故、医疗事故、国家赔偿、产品质量法、消费者保护法等法律部门。这就经常产生依据经济管理法判断行为违法性的必要，在这一过程中应注意区分管理性规定（例如产品质量管理规则、环境噪声管理规则）和保护性规定，其中符合管理性规定的行为未必满足保护民事主体合法权益的要求；只要侵害合法权益违反保护性规定，无论是否符合管理性规定，均须承担侵权责任。此外，基于现代管理理念，一方面，侵权责任是经济管理的重要手段；另一方面，因管理行为造成损害的也须承担国家赔偿责任，基于管理需要也可能产生连带责任（例如环境影响评价机构、环境监测机构等与环境污染者的连带责任）。

四、行政法规和地方性法规

（一）行政法规

一是国务院职权范围内的法规，如《医疗事故处理条例》《旅行社条例》等，其间规定民事责任的法律规范可以成为侵权责任法的法源。

---

① 参见张平华：《商事侵权与民事侵权的“形似神异”：以连带责任为中心》，《法学》2016 年第 11 期。

二是授权立法。按照《立法法(2023修正)》第12条规定,本应制定基本法或单行法,全国人民代表大会及其常务委员会有权作出决定,授权国务院根据实际需要,对其中的部分事项先制定行政法规,但是有关犯罪和刑罚、对公民政治权利的剥夺和限制人身自由的强制措施和处罚、司法制度等事项除外。《不动产登记暂行条例》即为授权立法的产物,其间规定了诸多民事责任承担的相关规则,构成侵权责任法的渊源。

(二)地方性法规

地方性法规指地方人大及其常委会制定的规范性文件,包括地方性法规、自治条例、单行条例。

其一,地方性法规制定的限定条件。《立法法》(2023修正)第81条第1款规定:"设区的市的人民代表大会及其常务委员会根据本市的具体情况和实际需要,在不同宪法、法律、行政法规和本省、自治区的地方性法规相抵触的前提下,可以对城乡建设与管理、生态文明建设、历史文化保护、基层治理等方面的事项制定地方性法规,法律对设区的市制定地方性法规的事项另有规定的,从其规定。设区的市的地方性法规须报省、自治区的人民代表大会常务委员会批准后施行。省、自治区的人民代表大会常务委员会对报请批准的地方性法规,应当对其合法性进行审查,认为同宪法、法律、行政法规和本省、自治区的地方性法规不抵触的,应当在四个月内予以批准。"

其二,地方性法规适用的前提。法院审理当事人双方属于本行政区域内的民事纠纷案件时,可予引用。

其三,环境侵权不得以地方排放标准为免责标准。《最高人民法院关于审理生态环境侵权责任纠纷案件适用法律若干问题的解释》(法释〔2020〕17号,已失效)第1条第2款规定,侵权人以排污符合国家或者地方污染物排放标准为由主张不承担责任的,人民法院不予支持。[①]

五、规章

规章指国务院各部委的部门规章和地方性规章。首先,规章也有授权立法,比如,《最高人民法院关于审理生态环境损害赔偿案件的若干规定(试行)》(法释〔2020〕17号)第15条规定,人民法院判决被告承担的生态环境服务功能损失赔偿资金、生态环境功能永久性损害造成的损失赔偿资金,以及被告不履

---

① 尽管《最高人民法院关于审理生态环境侵权责任纠纷案件适用法律若干问题的解释》(法释〔2023〕5号)中不再存在相关规定,但该条规定仍符合基本法理,可资参考。

行生态环境修复义务时所应承担的修复费用，应当依照法律、法规、规章予以缴纳、管理和使用。相关环保部门可以制定规章进行具体规制。其次，对符合法律、行政法规规定的规章，法院要参照审理。所谓“参照审理”，意味着司法审查。法律没有规定，规章内容不违反法律原则的，可以适用；规章违反法律原则的，不能适用。

六、判例与法理

（一）判例

判例可成为审判同类案件的依据，是具有法律效力的判决。英美法系国家承认判例作为法律渊源，而我国并不承认判例。但一方面，最高人民法院公报中的典型案例有参照效力；另一方面，指导性案例也具备参照效力。

《最高人民法院关于案例指导工作的规定》（法发〔2010〕51号）第2条规定：“本规定所称指导性案例，是指裁判已经发生法律效力，并符合以下条件的案例：（1）社会广泛关注的；（2）法律规定比较原则的；（3）具有典型性的；（4）疑难复杂或者新类型的；（5）其他具有指导作用的案例。”《〈最高人民法院关于案例指导工作的规定〉实施细则》（法〔2015〕130号）第9条规定：“各级人民法院正在审理的案件，在基本案情和法律适用方面，与最高人民法院发布的指导性案例相类似的，应当参照相关指导性案例的裁判要点作出裁判。”第10条规定：“各级人民法院审理类似案件参照指导性案例的，应当将指导性案例作为裁判理由引述，但不作为裁判依据引用。”第12条规定：“指导性案例有下列情形之一的，不再具有指导作用：（1）与新的法律、行政法规或者司法解释相冲突的；（2）为新的指导性案例所取代的。”

《关于规范上下级人民法院审判业务关系的若干意见》（法发〔2010〕61号）第8条规定：“最高人民法院通过审理案件、制定司法解释或者规范性文件、发布指导性案例、召开审判业务会议、组织法官培训等形式，对地方各级人民法院和专门人民法院的审判业务工作进行指导。”第9条规定：“高级人民法院通过审理案件、制定审判业务文件、发布参考性案例、召开审判业务会议、组织法官培训等形式，对辖区内各级人民法院和专门人民法院的审判业务工作进行指导。高级人民法院制定审判业务文件，应当经审判委员会讨论通过。最高人民法院发现高级人民法院制定的审判业务文件与现行法律、司法解释相抵触的，应当责令其纠正。”第10条规定：“中级人民法院通过审理案件、总结审判经验、组织法官培训等形式，对基层人民法院的审判业务工作进行指导。”

《最高人民检察院关于印发〈最高人民检察院关于案例指导工作的规定〉的

通知》(高检发办字〔2019〕42 号)、《国家知识产权局关于开展知识产权行政执法案例指导工作的通知》(国知发保字〔2019〕24 号)等皆对案例指导作出相关规定。

(二)法理

所谓法理即依据民法之基本原则所应具有的原理。一方面,基本原则具有抽象性,其含义由法学家阐述,因此法理又可表现为法学家的学说。另一方面,在部分国家和地区,法理被法律明确规定为法源,比如,我国台湾地区所谓“民法”第 1 条明定:“民事法律无规定者,依习惯,无习惯者依法理。”

【案例 2-2-3】在某 1 县酒厂诉某 2 酿酒厂不正当竞争案[①]中,山东省高级人民法院认为:上诉人的行为不仅违反了《民法通则》第 4 条规定的公民、法人在民事活动中应当遵循诚实信用的原则,而且违反了第 5 条的规定,侵害了被上诉人合法的民事权益,依照《民法通则》第 7 条的规定,上诉人的这种行为还损害了社会公共利益,扰乱了社会经济秩序,是不正当的竞争行为,必须予以制止。被上诉人由此遭受的经济损失必须由上诉人赔偿。

这是我国司法机构直接适用民法基本原则作出的开创性的判决。

七、最高人民法院的司法解释

法律解释分为正式解释、非正式解释。非正式解释是法律适用中的解释,不具备法律效力。正式解释包括立法解释、行政解释、司法解释。司法解释源于 1981 年,与侵权责任紧密相关的司法解释有《最高人民法院关于适用〈中华人民共和国民法典〉侵权责任编的解释(一)》(法释〔2024〕12 号)(以下简称《民法典侵权责任编司法解释》)、《精神损害赔偿司法解释》(法释〔2020〕17 号)、《最高人民法院关于审理人身损害赔偿案件适用法律若干问题的解释》(法释〔2022〕14 号,以下简称《人身损害赔偿司法解释》)、《最高人民法院关于审理生态环境侵权责任纠纷案件适用法律若干问题的解释》(法释〔2023〕5 号,以下简称《生态环境侵权司法解释》)等。

《最高人民法院关于司法解释工作的规定》(法发〔2021〕20 号)第 5 条规定:“最高人民法院发布的司法解释,具有法律效力。”《立法法》(2023 修正)第 119 条规定:“最高人民法院、最高人民检察院作出的属于审判、检察工作中具体应用法律的解释,应当主要针对具体的法律条文,并符合立法的目的、原则和原意。遇有本法第四十八条第二款规定情况的,应当向全国人民代表大会常务委

① 参见《某 1 县酒厂诉某 2 酿酒厂不正当竞争案》,《最高人民法院公报》1990 年第 3 期。

员会提出法律解释的要求或者提出制定、修改有关法律的议案。最高人民法院、最高人民检察院作出的属于审判、检察工作中具体应用法律的解释，应当自公布之日起三十日内报全国人民代表大会常务委员会备案。最高人民法院、最高人民检察院以外的审判机关和检察机关，不得作出具体应用法律的解释。”

第三节 侵权责任法的功能

侵权法的功能主要体现于它在社会生活中的作用及其对社会关系的影响。作为民法功能的具体展现，侵权法的功能深受立法目的的影响，进而引导和制约着包括归责原则、构成要件、免责事由等在内的侵权法基本内容。这些基本内容在侵权法的实施中发挥着至关重要的作用，它们既是判断侵权行为是否成立的标准，也是确定侵权责任归属的依据。因此，侵权法的功能不仅决定了其立法目的的实现方式，也深刻影响着社会关系的调整和社会秩序的维护。

侵权法的功能并非一成不变，而是随着历史发展阶段和立法背景的变化而渐次演变。从初民社会至今，其社会功能经历了显著变化，其重心从最初的制裁与惩罚逐渐转变为以损害填补为基本，并日益关注损失的分散和预防。现代侵权行为法的核心目的是平衡受害人的权益保护和行为人的行为自由这两种相互冲突的法益。立法者对这两种法益的价值判断不同，导致不同侵权责任的构成要件与举证责任也有所不同。在近代社会，侵权责任法主要遵循过错责任原则。在这一原则下，行为人承担责任的构成要件包括损害、因果关系、行为的违法性以及过错，且举证责任完全由原告承担，这反映了立法者在价值判断上更倾向于保护行为人的行为自由。随着工业化的推进，为保护无辜受害人，无过失责任逐渐兴起，这使原本以过错为基础的侵权行为法体系不再单一，而是向多元化发展。在无过错侵权责任中，行为人承担责任的构成要件主要包括损害、因果关系和行为的违法性。此时，原告无须对行为人的过错承担举证责任，且在许多情况下，因果关系和损害都是基于推定来确定的。这种制度设计反映了立法者优先保护受害人合法权益的价值取向，以确保无辜受害人能够得到充分的救济和赔偿。同时，这也体现了对工业化进程中潜在风险的关注和预防，通过分散损失和强化责任主体的责任感，来维护社会的公平和正义。

我国学术界普遍认同侵权责任法的多重功能，但对于具体功能的内容尚未达成共识。例如，王泽鉴教授认为侵权法除了填补损害（补偿）外，还具有预防损害或惩罚侵权行为的功能。[①] 李永军教授则强调侵权法具有填补损害、遏制预防以及惩罚功能。[②] 张新宝教授提出侵权责任法的功能包括补偿受害人权益、平衡社会利益、警示侵权行为人和公众以及维护社会道德。[③] 要正确认识侵权责任法的功能，必须明确侵权法作为权益保障法的法律地位及其立法目的。《侵权责任法》第 1 条规定："为保护民事主体的合法权益，明确侵权责任，预防并制裁侵权行为，促进社会和谐稳定，制定本法。"尽管《民法典》侵权责任编删除了这一立法目的规定，但《民法典》总的立法目的中同样规定："为了保护民事主体的合法权益，调整民事关系，维护社会和经济秩序，适应中国特色社会主义发展要求，弘扬社会主义核心价值观，根据宪法，制定本法。"这一立法目的中同样采纳了多功能说，不过其试图从保护合法权益的传统功能出发，结合风险社会的现实情况强化侵权法的预防与制裁功能，同时兼顾我国特色，形成多层次的功能表达。

一、传统功能：保护合法权益＋实现利益平衡

侵权责任法，作为民事法律体系的重要组成部分，其核心宗旨和基本功能在于保护民事主体的合法权益，"无救济即无权利"，尽管并非所有私权都受其保护，但绝大多数民事权益都在其保障范围之内。侵权责任法对民事权益的保护是通过为受侵害的权益提供救济来实现的。具体而言，侵权责任法详细规定了民事主体各项权益的保护方式，旨在为遭受侵害的受害人提供全面、充分的救济途径。因此，与物权法、人格权法、婚姻家庭法等其他民法部门法重在确认权利不同，侵权责任法的主要功能在于保护遭受侵害的民事权益。当民事主体的权益受到不法侵害时，侵权责任法通过侵权责任的承担，确保受害者能够获得相应的赔偿或补偿，从而有效地恢复其受损的权益。

侵权责任法所保护的民事权益范围是洞察一国侵权法基本运行特征的窗口。以《德国民法典》为例，其第 823 条明确列举了受保护的权利范围（生命、身体、健康、自由、所有权等，其中的"等"也不代表毫无限制），旗帜鲜明地将"支配权"置于优先地位，请求权虽然是权利，但其须依据第 823 条第 2 款或第 826 条，按照利益给予保护。基于此，德国侵权法形成了三个小一般条款式的"权益保护差序结构"。相比之下，《法国民法典》第 1382 条（现为第 1240 条）并未对保护范围进行明确界定，给人一种保护范围似乎没有限制的印象，从而构建了

① 参见王泽鉴：《侵权行为法》第 1 册，中国政法大学出版社 2001 年版，第 7～10 页。

② 参见李永军：《债权法》，北京大学出版社 2016 年版，第 280 页。

③ 参见张新宝：《中国侵权行为法》，中国社会科学出版社 1995 年版，第 14～17 页。

一个全面覆盖的"侵权责任法的一般条款"。在司法实践中,由于德国法的保护范围既定且有限,因此法院判例主要通过"加法式"的工作方式,即寻求如何扩大保护范围。这在一定程度上推动了德国法上以一般人格权和营业权为代表的"框架权"理论的发展。而在法国,尽管法律条文并未明确限定保护范围,但法官在审判实践中不得不进行一定的限制解释,这使法国侵权法呈现出明显的法官法或判例法特色。

侵权法所保护的民事权益范围变化可以动态揭示出侵权法的运行轨迹。以公元 287 年制定的《阿奎利亚法》为例,该法以物的侵害为中心,逐渐发展出一般化的原则(action legis Aquiliae)。其中,"iniuria"概念的提出尤为关键,它指的是"不法",即不具备正当防卫或法所容许自助行为等违法阻却事由的行为。起初,"iniuria"主要指的是故意侵害,但随着罗马疆域的扩张和人口的增加,危害事故日益严重,罗马法学家开始认为过失侵害行为也应构成 iniuria。[①] 同样,"action legis Aquiliae"最初仅适用于物的侵害,后来扩展适用于对身体完整性的侵害。[②]《日本民法典》第 709 条也体现了侵权法的保护范围的变迁。该条规定,"因故意或过失侵害他人权利者,应赔偿由此产生的损害"。2004 年,《日本民法典》对该条进行修正,变更为"因故意或过失侵害他人权利或法律上受保护利益者,负赔偿因此所生损害的责任"。修订后的条款明确了保护范围包括权利和法律上受保护的利益。

(一)合法权益范围广泛

1.全面列举、开放规定民事权益

在我国,侵权责任法的保护对象包括民事权利和民事利益。原《侵权责任法》在立法过程中借鉴了《德国民法典》的经验,对侵权责任法保护对象采取了不完全列举的方式。其以民事基本法的地位承认了侵权法对 18 种主要民事权利以及其他民事权益的保护。

《民法典》改变了原《侵权责任法》具体列举式的立法模式,其第 1164 条规定:"本编调整因侵害民事权益产生的民事关系。"不过,《民法典》第一编第五章中已经通过全面列举、开放规定的模式架构了民事权利体系。

---

① 参见王泽鉴:《侵权行为法》第 1 册,中国政法大学出版社 2001 年版,第 40～41 页;丘汉平:《罗马法》,中国方正出版社 2004 年版,第 372 页。

② Reinhard Zimmermann, *The Law of Obligations: Roman Foundation of the Civilian Tradition*, Oxford: Oxford University Press, 1996, pp.953, 998; Reinhard Zimmermann, *Roman Law, Contemporary Law, European Law: The Civilian Tradition Today*, Oxford: Oxford University Press, 2001, p.57.

首先，我国侵权责任法保护民事权利。民事权利可以被划分为人身权利和财产权利两大类。其中人身权利是法律基于一定的人格利益、身份利益而设定的权利，涵盖了生命权、身体权和健康权、姓名权和名称权、名誉权和荣誉权、肖像权、隐私权、婚姻自主权等人格权，以及因婚姻家庭关系而产生的亲属权、因社会团体成员身份而产生的社员权等身份权。而财产权利作为法律规定的以财产利益为内容的权利，包括所有权、用益物权、担保物权、著作权、专利权、商标专用权、发现权、股权、继承权等。尽管合同债权也是一种财产权利，但它原则上不属于侵权责任编的保护范围，而是由合同编调整。这是因为，作为相对权，债权发生在特定的当事人之间，需通过特定义务人为或者不为一定行为才能实现，不具有社会公开性，第三人往往无从知悉。适用侵权责任会使加害人的责任无限扩大，不利于保护行为人的行为自由。此外，尽管担保物权是侵权法的保护对象，但由于其作为从物权，与作为主权利的债权存在逻辑上的关联和价值上的补充关系，这使担保物权的侵权法保护在实践中常常面临可行性和操作规则上的挑战。

上述人身权利和财产权利并非简单列举，其间还蕴含着丰富多元的价值选择和政策考量。一是，《民法典》第 128 条确保了对未成年人、老年人、残疾人、妇女、消费者的特别保护，是侵权法在兼顾社会本位的具体表现。二是，《民法典》将自然人和组织人格权相区分。依据《民法典》第 109 条，自然人享有一般人格权，同时，《民法典》第 110 条还确立了其类型开放的具体人格权；而法人、非法人组织则只能依据《民法典》第 110 条享有有限的具体人格权。三是，依据《民法典》第 112 条，身份权往往仅存在于婚姻家庭关系之中。四是，民事权利整体形成物债二分的格局，同时存在知识产权、继承权、股权、投资性权利等复合型权利。五是，为顺应数字时代发展，《民法典》承认了数据、网络虚拟财产之上的新兴权利。

其次，我国侵权责任法保护民事利益。民事利益独立于民事权利，但受到民事法律的明确保护。我国侵权法的保护对象不仅限于人身权和财产权，还涵盖了合法的民事利益。侵权法发展呈现出权益保障范围不断扩张的趋势，这主要体现在其保护利益范围的日益广泛。《民法典》对于人身利益的保护是全面而细致的，具体而言，它涵盖了个人信息利益、胎儿的人格利益、死者的人格利益，以及其他由一般人格权所保护的人格利益。同时，在财产人格利益方面，《民法典》也给予了充分的关注，主要包括虚拟财产利益、占有利益，以及某些纯粹的经济损失等。

一是死者人格利益。在欧洲，一些较近代的民法典已经明确规定了死者人格权的保护问题，例如希腊、葡萄牙和荷兰的民法典。然而，在德国、法国、比利时、奥地利和意大利等国家，死后人格权通常被视为人格权的一部分，在符合特定条件下，死者的近亲属有权提起侵权诉讼。而在我国台湾地区，法院则采用间接保护方法，认为对死者人格的侵权行为实际上是对其近亲属权利的侵害。我国《民法典》从民事基本法的层面，为死者人格利益的保护制定了明确的规则。其第 994 条规定："死者的姓名、肖像、名誉、荣誉、隐私、遗体等受到侵害的，其配偶、子女、父母有权依法请求行为人承担民事责任；死者没有配偶、子女且父母已经死亡的，其他近亲属有权依法请求行为人承担民事责任。"这一规定对加强死者人格利益的保护具有重要意义。死者的人格法益，作为侵权法的保护对象，首先具有私益性、对世性和可救济性等特点。虽然这一法益不能归属于死者本人，但对其的侵害通常会对死者的近亲属以及社会公共利益造成不利影响，因此，这一法益仍然具有可归属性。《民法典》第 994 条主要将死者人格利益的保护范围限定在私益层面，与此对应，将请求权的主体限制为因侵权行为而遭受损害的死者近亲属。然而，在特定情境中，对死者人格利益的侵害也可能同时造成社会公共利益的损害。实践中的"邱少云案"和"狼牙山五壮士案"等案例皆为适例。《民法典》第 185 条特别针对侵害英雄烈士人格利益的行为作出了规定："侵害英雄烈士等的姓名、肖像、名誉、荣誉，损害社会公共利益的，应当承担民事责任。"这一规定不仅保护了英雄烈士的人格利益，还有助于弘扬社会主义核心价值观和维护社会公共利益。同时，该规范中使用了"等"这一兜底性表述，为保护除英雄烈士之外的死者人格利益留下了制度空间。

二是优生优育选择利益。在"错误出生"的案件中，婴儿的残疾并非直接由医师的过失导致，儿童本身也并未遭受额外的损害，因此他们并不享有损害赔偿请求权。然而，当医疗检查存在过失，导致肢体残缺的婴儿出生，父母因此丧失了优生优育的选择权。[①] 面对并接受残疾子女的现实，对任何父母来说都是一场不幸，他们必将承受巨大的精神痛苦。鉴于这种情况，给予父母一定的精神损害赔偿抚慰金不仅是必要的，而且是合理的。[②]

三是配偶权益。法律规定了夫妻间的忠实义务，但配偶权却并未得到明确

① 《母婴保健法》第 17 条规定："经产前检查，医师发现或者怀疑胎儿异常的，应当对孕妇进行产前诊断。"第 18 条规定，经产前诊断，胎儿有严重缺陷的，医师应当向夫妻双方说明情况，并提出终止妊娠的医学意见。《母婴保健法实施办法》第 20 条规定："孕妇有下列情形之一的，医师应当对其进行产前诊断：……(二)胎儿发育异常或者胎儿有可疑畸形的……"卫生部《产前诊断技术管理办法》第 17 条第 2 项也规定，胎儿发育异常或者胎儿有可疑畸形的，医师应当建议其进行产前诊断。

② 参见江中帆：《"错误出生"引发百万巨额索赔》，http://news.sina.com.cn/c/2010-03-05/100619796306.shtml。

的法律承认。本书认为，配偶权构成一项民事权益而非民事权利。第一，从实证法规范的角度来看，不管是自然天赋还是实定法赋予，典型权利都必须为制定法所明确承认，存在相对明确的内涵和外延。若某项权利未被制定法明确承认，即便其内涵和外延明确且利益保护界限清晰，也不能被归类为典型权利。以占有为例，尽管其权益内容相对明确，但由于制定法并未将其明确列为权利，因此它并不属于典型权利范畴。同样，配偶权在我国现行法律中的境遇也类似于占有，尽管其内涵和外延相对清晰，但制定法并未承认其为权利的一种，因此将其纳入典型权利类型缺乏实证法规范基础。第二，从司法实践的角度观察，典型权利因其明确的内涵和外延及其在法律保护中的核心地位，原则上并不会因利益权衡规则的适用而被牺牲。利益的保护则恰好与之相反。从当前司法实践所坚持的普遍立场来看，配偶权在受到侵害时，审理法院在权衡各方利益时往往会通过控制侵权责任的成立要件，如过错要件中的过错程度、因果关系上的近因标准、侵害行为的次数或持续时间、社会影响的大小以及损害后果的严重程度等，来适当限制侵权损害的救济范围与强度。这种做法显然与典型权利的法律保护立场并不一致。第三，从法律所坚守的基本价值出发，人格尊严以及人格自由发展是权利承认和法律保护所追求的最高价值。配偶权虽然旨在保护婚姻家庭，但也在一定程度上规范和限制了人格的自由发展。虽然在当前社会背景下承认配偶权受侵权法保护有其正当性，但从社会发展的长远趋势和比较法的实践来看，严格限制配偶权的保护范围并扩大基于人格尊严和人格自由发展的行为自由，更符合现代法律的基本价值。如果将配偶权典型权利化，势必会影响甚至阻碍司法实践通过自由裁量权的运用而逐步顺应上述历史趋势，不利于实现法律所追求的基本价值。因此，承认配偶权是受侵权责任法保护的对象，并不意味着配偶权当然为该法所保护的典型权利类型，配偶权仅是一般侵权条款所保护的具有绝对权属性的民事利益。[①]

四是占有利益。《民法典》明确保护占有利益，其第 462 条第 1 款规定，“占有的不动产或者动产被侵占的，占有人有权请求返还原物；对妨害占有的行为，占有人有权请求排除妨害或者消除危险；因侵占或者妨害造成损害的，占有人有权依法请求损害赔偿”。

违章建筑虽然不能构成所有权，但属于占有，除了有关行政部门依法拆除

---

① 参见朱晓峰：《配偶权侵害的赔偿责任及正当性基础》，《浙江大学学报》（人文社会科学版）2017 年第 6 期。

外,他人不得任意侵害。[①]《城市房屋拆迁管理条例》第22条第2款规定:"拆除违章建筑和超过批准期限的临时建筑,不予补偿;拆除未超过批准期限的临时建筑,应当给予适当补偿。"《城乡规划法》第64条明确规定,"未取得建设工程规划许可证或者未按照建设工程规划许可证的规定进行建设的,由县级以上地方人民政府城乡规划主管部门责令停止建设"。关于无权占有人因占有被侵害而遭受的"使用收益"损害是否可以请求损害赔偿,学界存在不同观点。王泽鉴先生持否定观点,他认为无权占有人虽然受到民法关于占有规定的保护,可以请求返还占有物、排除妨害和防止妨害,但无权占有人对占有物并无使用收益权能,因此无权请求损害赔偿。[②] 相反,谢在全先生持肯定态度,他认为我国台湾地区所谓"民法"第592条的规定不仅排除了不当得利,还赋予了善意占有人使用收益权。如果第三人不法侵害善意占有人的使用收益,善意占有人应当有权请求损害赔偿。[③] 这种观点在我国台湾地区的主流观点中得到支持。台湾地区高等法院1983年度法律座谈会也曾提出一则法律问题,即某甲无权占有了某乙的土地并在土地上种植树木,而某丙擅自砍伐并出售了这些树木。关于某甲能否依侵权行为之规定请求某丙赔偿其损害,存在两种不同意见。肯定说认为,无权占有他人之土地使用收益者,仅该他人可以依法排除其侵害,但第三人仍无权对其使用收益进行干涉,因此某甲有权请求某丙赔偿其损害。[④] 否定说认为,某甲种植的树木并非其所有,因此某甲不得基于侵权行为请求某丙赔偿其损害。[⑤] 最终,结论采纳了甲说的观点,认为占有应受法律保护,无权占有人也有权请求损害赔偿。[⑥]

五是债权。基于合同相对性原则,通常情况下,教唆他人违约的责任应由违约的当事人承担,而教唆者则不承担违约责任。然而,如果教唆行为构成了"引诱违约",即第三人通过说服、劝告、提供回扣、商业贿赂等方式,使合同一方当事人违约,那么该第三人则需要承担侵权责任。这种引诱违约的行为并未直接作用于债权,而是作用于债务人,因此被视为对债权的间接侵害。

【案例2-3-1】*在卢姆雷诉盖伊(Lumley v. Gye)一案中,原告雇用了女明星*

① 《物权法》第245条规定:"占有的不动产或者动产被侵占的,占有人有权请求返还原物;对妨害占有的行为,占有人有权请求排除妨害或者消除危险;因侵占或者妨害造成损害的,占有人有权请求损害赔偿。占有人返还原物的请求权,自侵占发生之日起一年内未行使的,该请求权消灭。"

② 参见王泽鉴:《民法物权》,北京大学出版社2009年版,第547页。

③ 参见谢在全:《民法物权论》下册,中国政法大学出版社1999年版,第997~999页。

④ 参见1981年台上字第83号判决。

⑤ 参见1980年台上字第3114号判决。

⑥ 参见1983年2月22日(1983)厅民一字第0119号函复台高院。

约翰娜·瓦格纳(Johanna Wagner)在一部歌剧里担任主角,而被告明知这一协议的存在,却恶意引诱约翰娜·瓦格纳拒绝演出。原告因此起诉被告侵权并获得了胜诉。

在德国法中,债权被视为相对权,不具备典型社会公开性(Sozialtypische Offenkundigkeit),只有当第三人的行为"故意以悖于善良风俗之方法加损害于他人"时才构成侵权,在确定是否构成侵权时需要平衡"债权人之保护"和"第三人社会经济活动自由"这两个相互冲突的利益。[①] 王泽鉴教授指出,如果第三人在介入合同关系时对受影响的人表现出极大的肆无忌惮,尤其是当他与合同债务人勾结,其目的就是阻挠合同债权人的请求权得以实现,这种行为"反映出了他的观念违背忠实于法律的基本要求",属于应被谴责的"违反善良风俗"的行为。[②] 1995 年,最高人民法院在其《关于信用社非法移转人民法院冻结款项应如何承担法律责任的复函》(法函〔1995〕51 号)中首次对侵害债权的行为及其民事责任作出了明确规定,但该规定现已废止。《劳动合同法》第 91 条规定:"用人单位招用与其他用人单位尚未解除或者终止劳动合同的劳动者,给其他用人单位造成损失的,应当承担连带赔偿责任。"在引诱网络主播跳槽等情境中,这种行为可被认定为侵害债权。有学者建议将引诱违约行为归类为不正当竞争行为,并通过反不正当竞争法来规范。[③]

债权是在特定当事人之间产生的,并不具备公示性,因此债权人通常应通过合同救济来主张其权利。当涉及合同当事人以外的第三人承担侵权赔偿责任时,应谨慎判断。当债权人的权利救济途径已穷尽,且债权债务关系之外的第三人明知或应知该债权债务关系的存在,并违反了旨在保护该债权的法律、法规或其他规范性文件,或违背了公序良俗,导致债权人合法权益受损时,该行为人应承担相应的赔偿责任。

【案例 2-3-2】吉林市某某担保集团有限公司诉中国某某资产管理股份有限公司吉林省分公司等公司债权人利益责任纠纷案中[④],法院肯定了债权侵权的存在。而在【案例 2-3-3】武汉某某网络科技有限公司与上海某某网络科技有限公司、上海脉森信息科技有限公司等著作权权属、侵权纠纷案中[⑤],法院认定上

---

① 参见[德]福克斯:《侵权行为法》,齐晓琨译,法律出版社 2006 年版,第 168 页。

② 参见王泽鉴:《民法学说与判例研究》第 5 册,中国政法大学出版社 1997 年版,第 201～206 页。

③ 参见李扬、蓝小燕:《引诱违约行为的反不正当竞争法评价》,《知识产权》2018 年第 7 期。

④ 吉林市某某担保集团有限公司诉中国某某资产管理股份有限公司吉林省分公司等公司债权人利益责任纠纷案,参见最高人民法院(2017)最高法民终 181 号民事判决书。

⑤ 武汉某某网络科技有限公司与上海某某网络科技有限公司、上海某某信息科技有限公司等著作权权属、侵权纠纷案,参见湖北省武汉市中级人民法院(2017)鄂 01 民终 4950 号民事判决书。

海某某网络科技有限公司和上海某某信息科技有限公司在明知朱某与武汉某某网络科技有限公司存在合同关系的情况下,仍以高价与朱某签订合同,并在全民 TV 上安排朱某进行游戏直播的行为构成不正当竞争。

值得注意的是,引诱违约并不以第三人和债务人恶意串通为前提。恶意串通相较于教唆违约有更为严格的主观构成要件。但无论是恶意串通构成的共同侵权还是基于教唆的引诱违约,行为人都需承担连带责任。[①] 在我国理论和实务中,这两种情形往往被混淆。例如,江某某与孙某某债权转让合同纠纷上诉案[②]和沈阳某某宾馆与沈阳某某广告有限公司广告服务合同纠纷上诉案[③]等案例都涉及这一问题。此外,在"一物二卖"的情境中,除非后买者与卖方存在恶意串通,否则两个买卖合同都是有效的。因此,单纯基于教唆产生的"一物二卖"并不产生侵权责任。不过,行使代理权时存在教唆或帮助他人侵权的风险。《民法典》第 167 条明确规定,"代理人知道或者应当知道代理事项违法仍然实施代理行为,或者被代理人知道或者应当知道代理人的代理行为违法未作反对表示的,被代理人和代理人应当承担连带责任"。实务上认为,被代理人和代理人可以构成教唆帮助的违法代理[④],对外承担侵权连带责任。其中,代理人明知违法而开展代理活动帮助被代理人,被代理人知道代理人的代理行为违法而不表示反对的,可以构成教唆或者精神上的帮助。

六是纯粹经济损失。当被害人直接遭受财产上的损失,且这种损失并非由人身或物被侵害而发生,我们称之为"纯粹经济上损失"。[⑤] 在这些法益阶梯的最底层是经济福利上的利益,这些利益受到侵犯时会导致纯粹经济上损失。简言之,在法益价值序列中,纯粹经济上(金钱上)利益是一种次于人身或物(所有权或他物权的客体)的利益。这种损失的范围具有不确定性,正如美国著名法

---

① 有的学者认为,如果是恶意串通的承担连带责任,如果是引诱违约的承担不真正连带责任。

② 江某某与孙某某债权转让合同纠纷上诉案,参见新疆维吾尔自治区乌鲁木齐市中级人民法院(2010)乌中民一终字第 1014 号民事判决书。

③ 沈阳某某宾馆与沈阳某某广告有限公司广告服务合同纠纷上诉案,参见辽宁省沈阳市中级人民法院(2005)沈中民(3)权终 59 号民事判决书。

④ 参见黎某与广州某某家居用品有限公司等买卖合同纠纷上诉案,广东省广州市中级人民法院(2017)粤 01 民终 19120 号民事判决书。

⑤ 从外延上看,纯粹经济上损失通常有两种表现形式:第一,直接引致的纯粹经济上损失(directly caused pure economic harm),比如,因突然中断缔约或合同被宣告无效所引起的缔约上损失,第三人故意引诱债务人不履行合同给债权人造成的损失等;第二,相因而生的纯粹经济上损失(consequential pure economic harm),这是一种伴随人身权或财产权的受损所产生的损失,这种损失在因果序列上呈现为不同的样态,人身伤害是此种损失的典型案件,因治疗所花费的费用、因误工而减少的收入以及护理费、交通费损失等,无一不构成纯粹经济上损失。

官卡多佐所言:"对不确定的人,于不确定期间,而负不确定数额的责任。"[①]纯粹经济上损失涉及侵权行为法与合同法的规范机能。因此,如何处理纯粹经济上损失因各国法律而不同,具体可参见表 2-1。

表 2-1 不同国家处理纯粹经济损失的做法

	传统态度	目前的态度	主要救济途径
保守模式[②]	不赔	选择性赔偿	契约法,附保护第三人义务的契约
			侵权法,纯粹经济损失的权利化
实用模式[③]	不赔	选择性赔偿	侵权法,过失侵权行为的认定
谨慎模式[④]	不赔	选择性赔偿	侵权法,过失侵权行为的认定
			契约法,利益第三人担保责任
放任模式[⑤]	赔偿	赔偿	侵权法,宽松的一般条款
			契约法,直接诉讼、契约群

学者大多主张纯粹经济损失应有条件地得到侵权法保护。不能当然承认其可赔偿性,例外情形下应予以承认。纯粹经济上损失的主要类型包括电缆案件、交通堵塞案件、不实表示案件和遗嘱案件等。

其一,电缆案件。

【案例 2-3-4】甲挖掘地道,不慎毁坏了乙的电缆,导致了电力供应中断,从而致使丙的餐厅不能营业。[⑥]

其二,交通堵塞案件。

【案例 2-3-5】被告所有的船舶由于过失撞毁了桥梁,致使原告的船无法通过造成经济损失。法院认为,对于桥梁所有人来讲存在一般损失,对于原告来

---

① Utramares Corporation v. Touche, Niven & Co.,(1931)255 N.Y. 170,174 N.E. 411.

② 保守模式,有德国、奥地利、葡萄牙、芬兰、瑞典。王泽鉴先生认为,在我国台湾地区,纯粹经济损失可适用所谓"民法"第 184 条第 1 款及第 2 款得到侵权法保护。

③ 实用模式,有英国、荷兰。英国法中侵权责任以"negligence"及"duty of care"为核心,因此英国法大可以放心地在过失侵权范围内将纯粹经济损失定义为一切非因物的损坏引起的损失,因为由此而导致的法律保护之漏洞可以通过其他侵权行为法的规定加以弥补。

④ 谨慎模式,有美国。

⑤ 放任模式,有法国、比利时、意大利、西班牙、希腊。

⑥ 参见王泽鉴:《民法学说与判例研究》第 8 册,中国政法大学出版社 1997 年版,第 214 页。

讲存在纯粹经济损失。①

其三，不实表示案件。不实表示，也称"虚假陈述"，是指行为人（特指专门职业者，如会计师、银行等）所表示的意思不实，致他人因信赖该意思表示而产生损害结果。②

【案例 2-3-6】会计师事务所应公司的请求进行验资，公司以外的第三人基于该验资报告进行投资，此后该验资报告被证明为虚假，导致该第三人投资受损，该损失为纯经济损失。③ 在该案中，海南某某会计师事务所须对其因虚假验资而导致海南某某航空旅游公司的纯粹经济损失负责。

其四，遗嘱案件。遗嘱案件是针对律师而言，由于律师在提供服务时没有尽到注意义务导致他人的损害。如父亲委托律师起草遗嘱，由于律师存在过失导致遗嘱无效，因此特定子女的财产继承受到阻碍，导致损失。

【案例 2-3-7】在王某富诉某某律师所财产损害赔偿纠纷案④中，法院认为由于某某律师所在"代为见证"王某智（王某富之父）立遗嘱的过程中，没有给王某智提供完善的法律服务，以致王某智所立的遗嘱被人民法院生效判决确认为无效。某某律师所履行自己职责中的过错，侵害了王某富依遗嘱继承王某智遗产的权利，由此给王某富造成了损失，该损失即为纯经济损失。

在我国法上，律师、注册会计师等专业人员或专业机构因过错造成他人纯经济损失的情形主要包括：(1)注册会计师因过错给委托人或其他利害关系人（如因合理信赖或者使用会计师事务所出具的不实报告的单位或个人）造成损失的赔偿责任[《注册会计师法》第 42 条、最高人民法院《关于审理涉及会计师事务所在审计业务活动中民事侵权赔偿案件的若干规定》(法释〔2007〕12 号)第 2 条、第 4 条]。(2)公证机构及其公证员因过错给当事人或公证事项的利害关系人造成损失的赔偿责任（《公证法》第 43 条）。(3)律师在执业中因过错造成他人经济损失的赔偿责任（《律师法》第 54 条）。(4)产品质量检验机构、认证机构出具的检验结果或者证明不实，造成经济损失的赔偿责任（《产品质量法》第 57 条）。

对于因律师执业过错致遗嘱无效案进而造成第三人经济损失而言，遗嘱无

---

① Canada National Railway Co. v. Norsk Pacific Steamship Co. (1992), 91DLR (4th) 289, 11 CCLT (2d) 1(SCC).

② 参见潘维大：《中美侵权行为法中不实表示民事侵权责任之比较》，(台湾)瑞兴图书公司 1995 年版，第 3 页。

③ 参见《海南某某航空旅游公司诉海南某某旅行社、海南某某工贸实业公司、某某银行海南省分行直属海府支行、海南某某会计师事务所机票销售代理合同纠纷案》，《最高人民法院公报》2000 年第 2 期。

④ 参见《王某富诉某某律师所财产损害赔偿纠纷案》，《最高人民法院公报》2005 年第 10 期。

效，遗嘱继承人虽无法依照遗嘱内容而享受利益，但其仍可基于法定继承继承被继承人之遗产，因此并无权利（继承权）被侵害之情形。所以，在遗嘱无效案，受害人（遗嘱受益人）所受到的损害为纯粹经济损失。然而律师仅对其委托人（立遗嘱人）负合同法上的注意义务，而对第三人并无责任，同时我国理论界与实务界对于合同相对性原则的突破一直持谨慎态度，故第三人通常无法请求律师承担合同上的责任。但倘若律师具有过错，且该过错行为通常于被继承人死后始被发现，如遗嘱受益人无法请求赔偿，则因律师的过错行为所生的损害将无任何救济方法。因此，我国学说与实务均认为律师等专家对第三人的赔偿责任采侵权责任模式。最高人民法院在诸多司法解释中也明确专家对第三人责任属于侵权责任（如《会计师事务所侵权赔偿的规定》）。并且，我国民法学通说认为，立法并未将侵权责任法保护的民事权益的范围限定为绝对权。因此，纯经济损失在我国民法上也可以纳入侵权责任法的保护范围。

其五，商品自伤案件（product injuries only itself）。缺陷产品导致受害人或他人人身损害或缺陷产品之外的其他财产损害，如按照侵权责任进行救济，则商品自身损害构成纯粹经济损失。

【案例 2-3-8】甲向乙购买丙制造的汽车，该车机件具有瑕疵，甲因车祸受伤、手表等随身物品毁损，系权利受到侵害。至于纯粹经济上损失，主要有五：(1)汽车因具有瑕疵而减少价值。(2)为修缮汽车瑕疵而支出费用。(3)汽车因瑕疵不能使用，丧失营业利益。(4)汽车本身因车祸而毁损灭失。(5)甲转售该车于丁，须对丁所受损害负赔偿责任。甲向乙购买其制造生产的塑料布，转售于丙。丙以货品具有瑕疵而退货，并拒绝付款，甲因而受有损害（甲对丙承担损害赔偿责任）。

其六，车辆营运损失。例如，《最高人民法院关于审理道路交通事故损害赔偿案件适用法律若干问题的解释》（法释〔2020〕17 号，以下简称《道路交通事故损害赔偿司法解释》）第 12 条规定："因道路交通事故造成下列财产损失，当事人请求侵权人赔偿的，人民法院应予支持：(一)维修被损坏车辆所支出的费用、车辆所载物品的损失、车辆施救费用；(二)因车辆灭失或者无法修复，为购买交通事故发生时与被损坏车辆价值相当的车辆重置费用；(三)依法从事货物运输、旅客运输等经营性活动的车辆，因无法从事相应经营活动所产生的合理停运损失；(四)非经营性车辆因无法继续使用，所产生的通常替代性交通工具的合理费用。"

2.保护方式多样

侵权责任独立成编使《民法典》兼顾权利的确认和权利的保护，建立了原权利被侵害后的“救济权—侵权责任”关系，使责任成为一个基本要素，丰富了民事法律关系的层次与体系。[①]

其一，损害赔偿。侵权责任编中第二章即为“损害赔偿”，损害赔偿是侵权责任的主要承担方式，相应地，填补损害则成为侵权责任法的主要功能。填补损害功能，也被称为“补偿功能”或“救济功能”，指侵权责任法具有对受侵害的民事权益予以补偿，以使之恢复到没有发生侵害以前的状态的作用。在现代侵权法中，使加害人对其侵权行为所造成的损害承担赔偿责任的目的并非在于惩罚，而是填补损害，使加害人得到救济。权利的救济，即在权利受到侵害时，法律赋予的使权利人利益得以恢复的手段或者措施。对于民事主体的合法民事权益，任何人均负有不得侵害的义务。权利的实现有赖于义务的履行，在义务人不履行义务而使权利受到侵害时，法律的救济措施主要是追究违反义务而侵害权利的人的民事责任。违反义务而侵害权利的情形可分为两种：一是特定的义务人负有特定的义务而未履行义务，使权利人的权利受到侵害或者说不能实现；二是不特定的义务人违反义务而侵害他人的权利。在前一种情形下，义务人应承担债务不履行的民事责任，此种关系由债法规制；而在后一种情形下，义务人应承担侵权的民事责任，此种关系即由侵权行为法规制。有权利即有救济，侵权法本质上是民事权益保护法、救济法。所以，损害填补功能是现代侵权法最主要和基本的功能，具有重要的地位。在一定意义上可以说，侵权责任法制度都是围绕补偿功能设计的。即使惩罚性赔偿也是以补偿性赔偿为基点的，不确定补偿性赔偿数额，也就不能确定惩罚性赔偿数额。[②]

现代社会是一个充满风险的社会，这种风险社会（Risikogesellschaft）的形成与科技进步、资讯发达、企业竞争以及消费活动的日益活跃有着密切的关系。[③] 在这样的背景下，为了体现公平性，因危险行为引发的损害通常应由引发损害的行为人承担责任，而非由受害人自行承担。然而，如果每次发生损害都要求行为人承担责任，无疑会极大地限制行为自由，进而对社会经济活动产生负面影响。因此，侵权行为法的主要任务在于规定将损害归由加害人负责的“特殊理由”，即确定归责原则。基于侵权行为法的填补损害功能，侵权归责原则需具备以下内涵：首先，损害是构成侵权责任的构成条件，无损害则无救济；

---

① 相应地，请求权也有“原权性请求权与救济权的请求权”或“基础性请求权与救济性请求权”之区分。参见魏振瀛：《论请求权的性质与体系——未来我国民法典中的请求权》，《中外法学》2003 年第 4 期；宋旭明：《请求权分类的理论证成与实效分析》，《政治与法律》2007 年第 1 期。

② 参见郭明瑞：《侵权责任法通义》，商务印书馆 2022 年版，第 201 页。

③ 参见王泽鉴：《危险社会、保护国家与损害赔偿法》，（台湾）《月旦法学杂志》2005 年第 2 期。

其次，侵权责任的承担方式以赔偿损失为主，这使得侵权行为法与以惩戒为主要目的的刑法相区分；最后，侵权行为法在确定责任时，通常不需要根据加害人的主观过错程度来区分责任方式。这意味着，在侵权行为法中，故意与过失的区分往往并不具有实质性的意义。通过明确归责原则，侵权行为法旨在确保被害人的损害能够得到全面且实际的补偿，使受损的权益得以恢复。

现代侵权行为法在制度设计上采取了过失客观化的观念，这一变革使得被害人不必承担无法举证加害人主观上违反注意义务的不利益，从而确保了被害人能够顺利请求赔偿，以实现填补损害的目的。此外，随着责任保险等机制的发展，无过错责任的适用范围逐渐扩大。这导致填补损害的方式发生了转变，不再仅仅是从原告（被害人）转移给被告（加害人）的单一损害移转方式，而是更多地通过保险人或社会大众来分担损害。这种损害分散的方式增强了填补损害功能的实现效果。[①] 这些制度设计都是基于充分填补受害人损害的原则而设立的，其出发点是更好地保护受害人的权益。无论是过失责任的客观化、举证责任的倒置，还是无过失责任的建立以及责任保险等机制的引入，都是从受害人的角度出发，以确保他们能够得到及时、有效的救济。

其二，禁令式救济。侵权责任编在单独承认绝对权请求权的同时，将第二章设为“损害赔偿”，凸显了损害赔偿于侵权救济的基础地位，但这不意味着侵权责任仅限于损害赔偿，相反其责任方式是多样化的，形成禁令式救济模式。《民法典》第 997 条确立了人身安全保护禁令规则。《民法典》第 1167 条规定：“侵权行为危及他人人身、财产安全的，被侵权人有权请求侵权人承担停止侵害、排除妨碍、消除危险等侵权责任。”本条源于《侵权责任法》第 21 条，是禁令式救济的一般规定。所谓“危及他人人身、财产安全”，包括了正在妨害他人绝对权和有妨害他人绝对权之虞，前者对应于停止侵害和排除妨碍，后者对应于消除危险。[②] 具体而言，停止侵害、排除妨碍、消除危险等都有着独特而具体的构成要件，因此统一规定主要起着宣示价值。由于人格权、物权都规定了绝对权请求权，这里的禁令式救济可视为绝对权请求权的一般法，用于弥补身份权、继承权没有规定绝对权请求权之不足。在具体的侵权类型中，《民法典》亦规定了禁令式的救济方式。对于缺陷产品危及他人人身安全、财产安全的情形，《民法典》第 1205 条也专门规定了被侵权人可以请求生产者、销售者承担停止侵害、排除妨碍、消除危险等侵权责任；对于网络侵权，《民法典》第 1195 条规定了

---

① 参见王泽鉴：《侵权行为法》第 1 册，中国政法大学出版社 2001 年版，第 8～9 页。

② 参见周友军：《我国〈侵权责任法〉修订入典的初步构想》，《政治与法律》2018 年第 5 期。

网络用户的“通知—删除”请求权;等等。

由于损害赔偿责任或绝对权请求权成立要件不同,二者既可构成排斥或竞合关系,亦可互相补缺,相互构成聚合关系。

(二)利益平衡

1.归责原则

在归责原则方面,《民法典》侵权责任编坚持过错责任原则,以过错为归责要件(《民法典》第1165条第1款)。过错推定在形式上表现为对过失证明责任分配的独特性,因而常被认定为过错责任的一种变态形式(《民法典》第1165条第2款)。无过错责任是无论行为人有无过错均应承担责任,其与保险制度紧密关联。鉴于无过错责任与责任自负的一般原理相悖,其设定采用法定主义立法技术,以严格限定适用范围(《民法典》第1166条)。损失分担(公平责任)规则是否构成我国侵权法上的归责原则存在理论争议,其指涉在法律未规定适用无过错责任规则,而适用过错责任又显然不公平的情况下所采取的一种责任承担或损失分担方式(《民法典》第1186条)。

社会价值的多元性决定了侵权法的归责原则也必须是多元的,而非单一的。然而,这并不意味着这些多元的归责原则在法律上的地位是完全相同的。在不同的社会发展阶段,多元价值之间的优先级会发生变化,因此各归责原则在侵权法中的地位也会有所差异。在古代社会,分配正义和结果责任占据了主导地位,以优先保护受害人的权益。随着社会的进步,到了近代社会,平均正义和过错责任开始占据主导地位,更加注重保护个人的行为自由。而到了现代社会,我们需要在分配正义和平均正义之间取得平衡,既要保护受害人的权益,又要尊重和保护个人的行为自由。因此,过错责任和无过错责任二元体系在现代社会中相互交织,共同发挥作用。此外,随着大工业生产的发展,危险事故发生的频率增加,产品缺陷、环境污染等问题日益严重。这使得无过错责任在侵权法中的地位越来越重要。暂且不予讨论损失分担规则是否构成一项归责原则,其规则设定本身即体现了民法对特定场景下弱势主体利益的特殊保护,实际上承担了保险和社会保障制度的任务,有效地解决了社会弱者承担“不幸”能力不足的问题。随着我国经济的不断发展和保险业、社会保障制度的逐步完善,公平责任的适用范围将会逐渐缩小。这可以被视为一种自然的回归,因为公平责任的本质就是在特定情况下对损失进行公平分担的一种方式。[①]

---

① 参见翟羽艳、吕秀军:《公平责任三论》,《求是学刊》2000年第2期。

2.责任认定

一是动态系统论之方法灵活认定损害赔偿范围。维尔伯格在比较法的基础上提出了动态系统论的思想，其基本观点是：调整特定领域法律关系的法律规范包含诸多构成因素，但在具体的法律关系中，相应规范所需因素的数量和强度有所不同。[①] 动态系统论中“要素”的弹性评价功效成为理论上关注的重点，却忽略了其应有的规范特质，其应建基在“针对特定问题的规则旨趣”“解决特定问题的法令的基本目的”等具体法原理之上[②]，而非只关注影响具体利益衡量的“因子”，后者充其量是一种对各种要素的综合考量，而未到达动态系统论的规范性要求，构成对动态系统理论的误解和滥用，反而使法律遭受不确定性之诘难。据此，我国《民法典》第1231条基于侵权行为的有责性和受侵害权益的程度确定了污染环境和破坏生态侵权损害赔偿范围的认定标准，该则条款对确定其他具体类型的侵权损害赔偿范围具备借鉴意义。[③]

二是停止侵害型责任与损害赔偿责任的多元救济方式。侵权责任编专章设定“损害赔偿”的做法凸显了损害赔偿于侵权救济的基础地位，但这不意味着侵权责任仅限于损害赔偿，其责任承担方式多元。《民法典》第1167条规定：“侵权行为危及他人人身、财产安全的，被侵权人有权请求侵权人承担停止侵害、排除妨碍、消除危险等侵权责任。”其构成禁令式救济的一般规定。所谓“危及他人人身、财产安全”，包括了正在妨害他人绝对权和有妨害他人绝对权之虞，前者对应停止侵害和排除妨碍，后者对应消除危险。[④] 损害赔偿责任和绝对权请求权既可构成排斥或竞合关系，亦可互相补缺，相互构成聚合关系。多元的责任承担方式体现了侵权责任法对民事权益的全面保护，发挥了侵权责任对损害预防与救济兼顾的功能。

二、现代目的：强化预防及惩罚

经过贝克、吉登斯、卢曼、拉什等西方社会学家的持续努力，人们认识到风

---

① 参见[奥地利]瓦尔特·维尔伯格：《私法领域内动态体系的发展》，李昊译，《苏州大学学报》（法学版）2015年第4期。

② 参见王磊：《动态体系论：迈向规范形态的“中间道路”》，《法制与社会发展》2021年第4期。该文主张，法原理是介于规则和原则之间的规范形态。比如《民法典》第151条“一方利用对方处于危困状态、缺乏判断能力等情形”的表述，将意思自治原则具体化为意思瑕疵度与有责性的具体规范原理。该文认为，通常情形下动态体系论中要素的确定依托于法原理，但有时也可以直接依托于基本原则而设定。

③ 参见王磊：《侵权损害赔偿范围的确定机制》，《法学》2021年第4期。该文认为，侵权损害赔偿范围的确定有赖于对可归责性与被侵害权益重大性的动态评价。

④ 参见周友军：《我国〈侵权责任法〉修订入典的初步构想》，《政治与法律》2018年第5期。

险社会是因为技术发达、工业繁荣、交通快捷使社会处于高风险的状态,是危险加剧,“除了冒险别无选择的社会”[①];不同于传统见解的社会认识进路,风险社会要求我们从现代化的困境、传统因素的消减、制度运行机理本身去反思社会风险。

(一)预防功能

预防功能,指侵权行为法具有吓阻侵权行为、预防侵权发生的作用。现代社会是一个风险社会,民事主体的合法权益面临着越来越多的侵害风险。一旦发生侵权行为,往往会给受害人带来巨大的损失。尽管传统侵权责任法通过损害赔偿制度为受害人提供了救济途径,但有些损失是侵权责任人也难以承受的。更重要的是,从社会整体利益出发,因侵权行为造成的损害是无法完全补偿的。无论损失由谁承担,它都是整个社会财富的减少,而且是不可弥补或逆转的。因此,现代侵权法愈发注重“防患于未然”,将预防功能提升到了前所未有的重要地位。

预防损害功能在各国侵权法中普遍存在,并且获得了学界广泛的认可。预防功能可以进一步分为特殊预防和一般预防。特殊预防是直接针对特定民事主体的预防作用,主要是通过对侵权责任人课以侵权责任,从而纠正其行为并且避免类似行为的再次发生;一般预防则是针对社会一般人的预防作用,通过对侵权人责任的追究,向社会传递出明确的法律信号,对社会其他人起到警示和惩戒的作用。

在各国侵权法中,预防功能的实现通常并非依赖于专门的预防制度,而是通过诸如危险责任、安全保障义务等其他制度的实施,形成法律威慑,进而影响和引导个人及社会大众的行为选择,旨在减少和避免侵权行为的发生。我国《民法典》在侵权责任法的制度设计中,也充分体现了对预防功能的重视。首先,《民法典》侵权责任编专章规定了高度危险作业或危险物造成他人损害的无过错责任。依据危险控制理论,控制事物的能力本身并不是承担法律责任的基础。有能力阻止灾难的发生而不运用此种能力之人对所产生的损害应承担责任。从事高度危险作业的经营者、高度危险物的占用者或使用者,即便对损害的发生无过错,但作为危险源的控制人,他们最了解所从事的活动及其潜在危险,也最有能力控制这些危险,从而避免危险实际发生。因此,赋予他们无过错责任,可以激励他们采取各种措施、提高技术水平,以防止和减少损害的发生。这种预防性的投入相较于避免赔偿损失的收益来说,成本更低,也更符合效率

① Niklas Luhmann, *Risk: A Sociological Theory*, New York: Aldine de Gruyter Press, 1994, p.24.

原则。其次,《民法典》还针对建筑物和其他设施致人损害、物件致人损害等情形规定了过错推定责任。这一规定有助于确保相关单位和个人履行自身职责,增强质量意识,保障建筑工程质量,从而防止可能给个人和公众带来的损害。此外,《民法典》第1167条规定:“侵权行为危及他人人身、财产安全的,被侵权人有权请求侵权人承担停止侵害、排除妨碍、消除危险等侵权责任。”这一规定除了赔偿损失外,还将停止侵害、排除妨碍、消除危险等传统大陆法上的预防性救济措施纳入侵权责任体系,从而丰富了侵权责任方式的类型。这些责任方式具有明显的预防损害发生或扩大的功能,有助于防止更严重的侵权后果,避免造成更大的损害。值得一提的是,《民法典》第1206条规定了生产者、销售者对缺陷产品采取补救措施的义务与责任:“产品投入流通后发现存在缺陷的,生产者、销售者应当及时采取停止销售、警示、召回等补救措施;未及时采取补救措施或者补救措施不力造成损害扩大的,对扩大的损害也应当承担侵权责任。依据前款规定采取召回措施的,生产者、销售者应当负担被侵权人因此支出的必要费用。”这一规定意味着,即使缺陷产品尚未造成实际损害,生产者或销售者也有义务及时采取补救措施,如停止销售、警示和召回等。这样做可以避免将来可能发生的损害,从而消除缺陷产品对公众人身和财产安全的潜在威胁。

(二)制裁功能

制裁功能,也称为“威慑功能”或“惩罚功能”,指通过由实施不法行为的侵权行为人承担侵权责任,以制裁、教育侵权行为人,以使其接受教训,不再实施侵权行为。侵权责任同其他法律责任一样,都承担着制裁和教育违法行为人的重要职能。由侵权行为人承担侵权民事责任,也就是由其承担侵权行为所造成的不利后果,这本身就体现法律对侵权行为的否定评价,是对不法行为人的“教训”。同时,通过对违法行为人的制裁和教育,能够引导公众明确行为边界,树立法律意识,促进社会的和谐稳定。

除了侵权法自身所具有的惩罚性特征外,我国侵权责任立法还明确规定了惩罚性赔偿制度,即加害人需要向受害人支付超过其实际损害数额的金钱赔偿。相较于传统的补偿性损害赔偿,惩罚性赔偿彰显了侵权责任法对特定违法行为的严厉打击和制裁,凸显了侵权法在制裁违法行为方面的功能。例如,《民法典》第1207条规定了产品责任中的惩罚性赔偿:“明知产品存在缺陷仍然生产、销售,或者没有依据前条规定采取有效补救措施,造成他人死亡或者健康严重损害的,被侵权人有权请求相应的惩罚性赔偿。”这一规定旨在应对食品、药品等产品的安全需求,对恶意侵害人身权益的侵权行为人进行严厉惩戒。又如,《民法典》第1185条为打击恶意侵害知识产权的不法行为,规定“故意侵害他人知识产权,情节严重的,被侵权人有权请求相应的惩罚性赔偿”;《民法典》第1232条针对故意污染环境和破坏生态的严重侵权行为,通过惩罚性赔偿制度进一步加大对环境违法行为的制裁力度。再如,《消费者权益保护法》(2013修正)第55条也规定:“经营者提供商品或者服务有欺诈行为的,应当按照消费者的要求增加赔偿其受到的损失,增加赔偿的金额为消费者购买商品的价款或者接受服务的费用的三倍;增加赔偿的金额不足五百元的,为五百元。法律另有规定的,依照其规定。经营者明知商品或者服务存在缺陷,仍然向消费者提供,造成消费者或者其他受害人死亡或者健康严重损害的,受害人有权要求经营者依照本法第四十九条、第五十一条等法律规定赔偿损失,并有权要求所受损失二倍以下的惩罚性赔偿。”这一规定针对经营者的欺诈行为,通过惩罚性赔偿保护消费者的合法权益,维护市场秩序和公平竞争。惩罚性赔偿制度的实施,不仅是对受害者损失的补偿,更是对侵权行为的制裁和教育。这些加重责任的规定,不仅有助于维护受害人的合法权益,更能在全社会范围内形成对侵权行为的强大震慑,进而发挥侵权责任法的预防功能。

此外,侵权行为法的制裁功能在非财产损害赔偿制度的构建上也得到了充分体现。相较于财产损害,人身损害往往具有不可逆转性,因此,侵权责任法特别重视强化侵害人身权益的精神损害赔偿制度。《民法典》第1183条规定:“侵害自然人人身权益造成严重精神损害的,被侵权人有权请求精神损害赔偿。因故意或者重大过失侵害自然人具有人身意义的特定物造成严重精神损害的,被侵权人有权请求精神损害赔偿。”这一规定确保了当人身权益受到侵害时受害者可以获得相应的精神损害赔偿,从而体现了侵权法对人身权益的高度重视和保护。不仅如此,《民法典》第996条还进一步明确了在违约行为导致人格权受损并造成严重精神损害的情况下,受害者仍有权请求精神损害赔偿。这进一步加强了侵权行为法在制裁不法行为、保护人格权方面的功能。非财产损害赔偿制度不仅旨在填补受害人的精神损失,随着其日益广泛的应用,其制裁功能也愈发凸显。正如日本学者戒能通孝教授所指出的,通常人们所谓的补偿性的精神抚慰金不过是“披上了损害赔偿色彩的刑罚”,实质上是带有制裁功能的“私罚”。①

① 参见刘荣军:《日本民法百年中的侵权行为法》,《环球法律评论》2001年第3期。

三、中国特色:促进社会和谐稳定

(一)有利于维护社会和经济秩序

目的是法的灵魂。立法目的源于法律的基本属性,揭示了立法者的主观意图或法律的客观功能,对进一步立法和司法具有重要指导作用。如果说"保护民事主体的合法权益"是侵权法的起点,而"明确侵权责任""预防或制裁侵权"无非是实现该起点的手段,最终的落脚点应该是"维护社会和经济秩序"。侵权责任法在以下几个方面"维护社会和经济秩序"。

其一,坚持社会本位。社会本位不同于权利本位,须超越个体权益注重维护或塑造良性的秩序,为此,侵权责任法直接回应了社会热点,规定了产品责任、机动车交通事故、医疗损害、环境污染、网络侵权、动物致人损害等特殊侵权,有利于形成和谐稳定的社会秩序;规定了停止侵害、排除妨害、消除危险等预防性责任,使之广泛适用于网络侵权、产品侵权、环境污染侵权等场合,可有效地防患于未然。除针对现实侵害的法律救济外,《民法典》侵权责任编还设立了一些倡导性条款,以引导形成良性社会秩序。其第 1251 条规定:"饲养动物应当遵守法律法规,尊重社会公德,不得妨害他人生活。"第 1227 条规定了"医疗机构及其医务人员不得违反诊疗规范实施不必要的检查",以回应现实生活中的看病贵、过度医疗问题。针对频发的"医闹"现象,于第 1228 条特别规定,"干扰医疗秩序,妨碍医务人员工作、生活,侵害医务人员合法权益的,应当依法承担法律责任"。可见,法律也并未因优越保护弱者(患者)权益而忽视保护强者(医疗机构)的利益。

权利本位要求以过错为归责要件,法律具有强烈的道德非难性,而社会本位要求降低侵权法的道德非难性,发挥其分散社会风险的价值。适应立法本位之转换,《民法典》侵权责任编一是扩张无过错责任和过错推定责任的范围,规定了高度危险责任的一般条款(《民法典》第 1236 条),以应对层出不穷的新型危险责任。二是降低受害人举证责任、简化侵权的责任构成。普遍依据注意义务之违反判断过错,实现了责任构成的客观化。三是对弱者给予优越保护,其典型有:《民法典》不区分缺陷产品自身和缺陷产品之外的损害,以对消费者进行全面救济;规定了产品的警示、召回制度(《民法典》第 1206 条),以遏制假冒伪劣产品泛滥的趋势。

其二,责任集体化。维护社会和经济秩序要求侵权法回应风险社会的挑战,修正"一对一"的传统侵权解决模式,直面受害人或加害人为多数的侵权,明显体现责任集体化的倾向。

对于受害人为多数的侵权，其中很多可列为“大规模群体性事件”，具有加害人的资产不足以承担全部责任、实现责任的成本较高等特征。为此，《民法典》第 1180 条改变了“同命不同价”的格局，创立“同命同价”制度，对“因同一侵权行为造成多人死亡的”，“以相同数额确定死亡赔偿金”。借此，既可满足平等的伦理诉求，又可建立简明的损害赔偿计算模型，以方便快捷地理赔。

受害人为多数的侵权与加害人为多数的侵权刚好处于责任集体化的两端。其共同话题是如何整体对待多数当事人，妥善处理内外部关系。为此，前者发展出基金救济、损害赔偿计算模型等特殊制度，后者则着力构建以连带责任为主线的多数人侵权责任体系。在多数人侵权中，本来只有构成要件具有整体性者才须承担连带责任，而为“维护社会和经济秩序”，法律可以打破上述原则，如每个行为都足以导致全部损害的发生的，不具有整体性者也可承担连带责任。根据一般法理，建筑物倒塌致害的，本应由建设单位单独承担责任，而为促进社会和谐稳定，遏制建筑物质量严重下滑的趋势，法律特创设建设单位与施工单位的连带责任(《民法典》第 1252 条)。“维护社会和经济秩序”也可成为限缩连带责任适用范围的依据。例如，《环境保护法》中规定数人污染环境的须承担连带责任，而《侵权责任法》将之改为按份责任(《民法典》第 1231 条)，以避免企业承担过重的责任，实现责任承担之均衡。通常状态下，承担侵权责任以存在符合日常生活经验法则、具有较高概率程度的因果关系为前提，满足了构成要件的常规责任主体应承担全部责任。然而，基于促进社会和谐稳定的要求，法律可打破日常生活经验，让概率程度较低的非常规主体承担补充责任。以违反安全保障义务的补充责任为例，按照日常生活经验或者致害概率，当第三人的行为足以导致全部损害的，本应由第三人承担全部责任，安全保障义务人可因为因果关系中断而免责，但由此会使受害人无法获得全面赔偿，进而破坏社会和谐稳定。基于此，法律不得不要求安全保障义务人作为非常规主体承担补充责任。

其三，责任效果综合化。权利本位立足于私权本质，拘泥于单纯的民事责任进行救济；而社会本位从社会角度观察权利，综合运用各种公私法责任对受害人进行全面救济。第一，面对侵害后果严重的侵权，加害人须同时承担民事、行政、刑事责任，也会被课以惩罚性赔偿这种公私交融的救济措施。第二，在机动车道路交通事故责任中，由强制责任保险、商业保险、侵权损害赔偿、社会救助基金先后承担责任；如机动车驾驶人逃逸，或者受害人无力支付抢救费用，可由社会救助基金垫付抢救费用，这些措施足以对受害人提供及时、全面的救济。需要指出的是，现有综合性救济体系中的社会救助基金仅限于机动车道路交通事故，明显存在不足，未来应逐步扩大其覆盖领域，使之起码可涵盖环境污染、产品致害、高度危险责任等无过错责任。第三，为弥补社会救济的不足，《民法典》第1186条仍承认公平责任，与《侵权责任法》第24条相比，《民法典》第1186条坚持公平责任法定原则，一是只有“依照法律规定”才能适用公平责任，这里的“法律”指狭义的法律，包括民法典和其他单行法律。二是取消了根据实际情况分担损失，防止“因裁判标准不明导致的滥用裁量权”。依此，第1254条即为法定公平责任的类型之一，其全面规制抛弃物致害行为，设定了可能加害的建筑物使用人的补偿义务和物业服务企业等建筑物管理人的安全保障义务。

应该指出，社会本位以权利本位为基础，集体责任只是个体责任的例外。因此，立法上应避免背离权利本位、个体责任而过度适用社会本位、集体责任。不应该为保护弱者利益而忽视对强者的保护；也不能片面强调责任的集体化，凡是存在多数人侵权的场合，无论是否存在整体性，一概让数人承担连带责任或补充责任。

（二）有利于弘扬社会主义核心价值观

侵权责任法为民事权益保护兜底，有利于弘扬社会主义核心价值观。

《民法典》第183条明确了见义勇为者权益受损时受益人可以补偿与应当补偿的情形，《民法典》第184条明确了自愿紧急救助行为中救助人造成他人损害时免除责任承担，践行紧急情形下无法律的原则。补偿责任和责任免除的制度设计皆有利于弘扬社会正气，形成助人的良好风气。

在英烈保护条款中，《民法典》第185条明确，侵害英雄烈士等的姓名、肖像、名誉、荣誉，损害社会公共利益的，应当承担民事责任。与一般死者人格利益保护不同的是，英雄烈士的姓名、肖像、名誉和荣誉遭受侵害时，往往会同时造成公共利益损害，影响社会风气。为此，单独规定英雄烈士的侵权保护，有利于弘扬社会主义核心价值观。

第三章　侵权归责原则

第一节　归责原则的性质

在研究归责原则时，我们首先要清晰地理解"归责"的含义。对于侵权法中的归责，学者们的观点各异。例如，张新宝教授认为，归责是确认和追究侵权行为人的民事责任。[①] 而潘同龙等学者则提出，归责是指责任的归属，这是一个复杂的责任判断过程。[②] 德国学者拉伦茨的观点是，归责意味着负担行为的结果，对受害人而言，即是为了填补其所受的损害。另外，我国台湾地区学者邱聪智强调，归责的核心在于转嫁损害，也就是将损害转嫁给造成这种损害的原因者承担。[③] 借鉴上述学者对于归责的界定，本书认为，归责是指通过应用特定的法律价值判断因素，来确定责任归属的过程。归责原则则是这一过程的基本准则，它指导我们在损害发生的情况下，如何判断侵权人是否应对其行为或其管领的物件所造成的损害承担侵权责任。侵权责任归责原则在侵权法中起着至关重要的作用，它不仅贯穿于整个侵权法的体系和内容，更是构建侵权法制度的基石。[④]

在侵权法的立法过程中，明确且精准地确立侵权责任归责原则，对于保持法律内外体系的和谐统一至关重要。法律外部体系主要是通过抽象概念，依据形式逻辑构建起的法律规则体系；而内部体系则是由法律原则和规定功能的法概念共同构成的法律价值体系。只有当归责原则清晰明确，侵权立法才能提供

---

① 参见张新宝：《中国侵权行为法》(第 2 版)，中国社会科学出版社 1998 年版，第 42 页。

② 参见潘同龙、程开源主编：《侵权行为法》，天津人民出版社 1995 年版，第 48 页。

③ 参见邱聪智：《庞德民事归责理论之评介》，(台湾)《台大法学论丛》1982 年第 2 期。

④ 参见王利明：《侵权行为法研究》，中国人民大学出版社 2004 年版，第 195 页。

合理、一致的裁判准则和行为规范。[①] 否则，或叠床架屋，或上下错乱，会构成法律效力体系矛盾，徒增法律适用之烦琐。以我国台湾地区所谓"民法"和"消保法"为例，它们在商品责任方面规定了不同的归责原则，形成了多层次的一般与特殊关系。这种安排是否妥适，应有研究余地。[②]

关于侵权责任归责原则的性质，即其究竟属于外部体系还是内部体系，学界存在不同的观点。原则说将其视为法律的一般原则，属于内部体系；标准说则将其称为归责的抽象"标准"(criterion of liability)，属于外部体系[③]；折中说则提出，"侵权法的归责原则实际上是归责的规则，它是确定行为人的侵权民事责任的根据和标准，也是贯彻于整个侵权行为法之中，并对各个侵权法规范起着统帅作用的立法指导方针"，这个原则不仅直接体现了统治阶级的侵权立法政策，还集中展现了侵权法的规范功能。[④] 本书认为，侵权法的归责原则具有"原则"和"规则"的双重属性，它是贯通侵权法内部体系和外部体系的枢纽。

一、归责原则的"原则"属性

侵权责任的归责原则是侵权法内部体系的核心组成部分，它深刻影响着外部体系的形成。整个侵权法的规则体系都建立在归责原则的基础之上，这一原则不仅决定了侵权行为的分类，还进一步决定了责任构成要件、举证责任的分配、免责条件、损害赔偿的原则和方法以及减轻责任的依据等多个方面。[⑤] 因此，为了构建一个合理且有效的归责原则体系，我们必须从归责原则的"原则"属性出发，确立明确的归责原则识别标准。

归责原则的确立不应仅仅基于其适用频率，我们不能仅凭过错责任原则在审判实践中适用频率超过 50%而无过错责任原则的适用频率不足 50%，就草率地认定前者是归责原则而后者不是。归责原则的确立同样不应受其在法典中位置的影响，尽管一项归责原则可能位于侵权法规范群之首以凸显其重要性，但即使它处于规范群的中间甚至末尾，只要它是用来确立归责的规范，就同样应该被视为归责原则。

归责原则的确立，取决于其蕴含的价值含量、规范功能的重要性以及在体

---

① 参见[德]拉伦茨：《法学方法论》，陈爱娥译，(台湾)五南图书出版公司 1996 年版，第 355～390 页。

② 参见王泽鉴：《特殊侵权行为(一)：特殊侵权行为的类型构成及规范体系》，(台湾)《台湾本土法学》2004 年第 5 期；邱聪智：《新订民法债编通则》(上)，中国人民大学出版社 2003 年版，第 141 页。

③ 参见张新宝：《中国侵权行为法》(第 2 版)，中国社会科学出版社 1998 年版，第 43 页。

④ 参见王利明：《侵权行为法归责原则研究》(修订第 2 版)，中国政法大学出版社 2004 年版，第 17 页。

⑤ 参见王利明：《侵权行为法归责原则研究》(修订第 2 版)，中国政法大学出版社 2004 年版，第 19 页。

系中确立归责规范的必要性。法律的内部体系旨在表达法律的价值，而侵权法中的归责原则则将这一使命赋予各个构成要件，并通过最具价值含量的归责事由来标示。从逻辑关系上看，损害、因果关系、违法性的存在是构成侵权行为的必要条件，而归责事由则是更为重要的充分必要条件。[①] 在传统侵权责任的三阶层构造理论中，过错是最后一个阶层的构造要件，因此才有了“过错责任”的说法。然而，从价值表达的角度来看，一些学者认为“无过错责任原则”的称谓并不恰当，因为它采用否定式的定义，将规范目的各异的危险责任、担保责任、结果责任、信赖责任等统统包括在内。而从构成要件来看，它并不要求只有无过失才能归责。因此，无过错责任原则只具备法律的形式价值，而缺乏实质价值。[②]

价值是对社会生活目标的深入概括和归纳。在现代社会，多种价值目标并存，如效率与公平、自由与安全，它们之间不可避免地存在冲突。这种多元化的价值格局决定了侵权归责原则也必须是多元化的，以化解价值冲突，实现各种价值的和谐共生。如果过于偏袒某一价值而忽视其他价值，必然会导致“价值专制”，进而损害相关群体的利益。因此，在确定归责原则时，我们必须全面考量道德、效率、公共利益以及社会变迁等因素，构建一个多元化的体系，“其核心问题在于如何实践侵权法上的正义，即在分配正义上，须合理决定个人得享有之行为自由的自主性，在平均正义上，使被害人就其所受损害能获得应有赔偿”[③]。

许多学者积极倡导制定“侵权行为法一般条款”，并期望其在法律条文中占据核心地位，成为所有侵权请求权的基础。然而，作为一般条款，它不仅要充当侵权请求权的规范基础，更应全面揭示侵权法的价值。归责原则所承载的社会价值的多元性和冲突性，使得立法者难以通过一个单一的一般条款来全面体现侵权法的价值。在面对这样的挑战时，立法者有两种可能的选择：一是减弱一般条款的价值表达，使其价值中立甚至变得空洞[④]；二是设立多个条款，每个条

---

① 参见邱聪智：《从侵权行为归责原理之变动论危险责任之构成》，中国人民大学出版社 2006 年版，第 33 页。

② 参见黄茂荣：《法学方法与现代民法》，中国政法大学出版社 2001 年版，第 99 页。

③ 王泽鉴：《损害赔偿法的体系、请求权基础、归责原则及发展趋势》，（台湾）《月旦法学杂志》2005 年第 4 期。

④ 中国社会科学院法学研究所主持的《中国民法典侵权行为编草案建议稿》第 1 条规定：“民事主体的人身或财产受到损害的，有权依照本编的规定请求可归责的加害人或者对负有赔偿或其他义务的人承担民事责任。”

款承载一项特定的价值[①]。显然,第二种选择可能更为合理和有意义,因为它能够更好地体现侵权法的多元价值体系,并在实际操作中更具指导意义。

关于我国法律中的侵权责任归责原则体系,学界一直存在不同的观点。有一元说、二元说、三元说等多种学说。一元说主张,侵权责任的归责原则仅有过错原则。二元说则认为,侵权责任的归责原则应包括过错责任原则和无过错责任原则。而三元说的学者们对于具体应包含哪三项原则存在分歧:有的认为是过错责任原则、无过错责任原则和公平责任原则,有的则认为是过错责任原则、过错推定原则和公平责任原则,还有的认为是过错责任原则、危险责任原则和公平责任原则,或者是过错责任原则、过错推定责任原则和无过错责任原则。[②]

过错责任原则是近代私法的基本原则之一。它有助于净化社会风气,将法律责任与道德责任紧密结合在一起。同时,过错责任原则也体现了意思自治的精神,要求个人对自己的过错承担相应的责任,这是形成独立完整人格的必然要求。此外,该原则还要求尽交易上一切必要之注意者无须担心负担损害赔偿义务,充分保护了行为自由,促进了经济发展,实现了矫正正义。[③] 因此,无过错责任、过错推定责任虽日渐兴盛却绝不能替代过错责任的基础地位。

无过错责任的社会基础根植于大工业体制及福利国家之中,它已成为现代私法体系中一项重要的归责原则。相较于过错责任原则,无过错责任原则对行为人的行为自由(尤其是营业自由)施加了更大的限制,同时更充分地保护了社会弱势群体的权益。通过这一原则,社会风险得以合理转嫁,从而实现了分配正义的目标。因此,无过错责任原则应当成为侵权责任法的归责原则。在侵权责任法中,过错责任与无过错责任在适用上的根本区别体现在对意外事件可否免责上。如果行为人能够证明损害的发生属于意外事件并因此得以免责,那么其承担的就是过错责任。然而,如果行为人仅证明损害的发生属于意外事件但尚不能免责,则其承担的责任就属于无过错责任。这是因为,在意外事件导致损害的情况下,损害结果是行为人意料之外的,行为人对此并没有过错。因此,在过错责任框架下,行为人不应承担责任。但在无过错责任框架下,由于不以行为人的过错为构成要件,意外事件也就不能成为免责的理由。因此,从某种意义上说,意外事件是承担过错责任的界限。[④]

---

① 例如,《埃塞俄比亚民法典》第 2027 条即为三个一般条款。

② 参见刘心稳:《中国民法学研究述评》,中国政法大学出版社 1996 年版,第 628～629 页;杨立新:《中华人民共和国侵权责任法草案建议稿及说明》,法律出版社 2007 年版,第 6～7 页。

③ 参见[德]迪特尔·梅迪库斯:《德国债法总论》,杜景林、卢谌译,法律出版社 2004 年版,第 236 页。

④ 参见郭明瑞等:《民事责任论》,中国社会科学出版社 1991 年版,第 100 页。

过失推定责任在形式上表现为对过失证明责任分配的独特性，因此常被看作是过错责任的一种变态形式。然而，从实质上来看，过失推定中所蕴含的价值判断已经与一般的过错责任原则有所不同。在过错推定责任中，被告须对其主观上无过错承担举证责任，且过错推定责任的适用范围一般遵循法定主义。这使得过失推定责任兼具过错责任与无过错责任的特点，且不能被过错责任与无过错责任所完全替代。

二、归责原则的“规则”属性

侵权责任归责原则作为法律规则，也是法律外部体系的重要组成部分。它兼具模糊性和具体性双重特点，这些特性均会对法律适用性产生影响，立法者应予以重视。

(一)作为法律规则的归责原则的模糊性

首先，过失责任与无过失责任虽属不同的归责原则，但二者并非泾渭分明，而是存在一定的灰色地带。这主要体现在过失的客观化、举证责任倒置以及衡平责任的创设等方面，这些修正使得在某些情况下即使加害人没有过失也可能需要承担赔偿责任。[①] 在某些疑难侵权案件或权利冲突案件(例如英美法上的“侵扰”、言论自由权与名誉权的冲突等)中，行为违法性之判断或免责事由之有无成为法律规制的重点，归责原则反而是模糊的。[②]

其次，规定归责原则的法律条文可以是完全法条，也可以是不完全法条。以《民法典》第1165条第1款为例，它就是一个完全法条，因为它包含了完整的构成要件和法律效果，可以直接作为裁判的依据或请求权规范的基础。然而，尽管这些构成要件和法律效果在表面上看起来完整，但它们实际上并不明确，多由一些不确定性概念组成，如“过错”“损害”等。这些概念只能提供一般性的评价标准，法官在个案中需要结合社会价值和制度原则来具体解释和应用。另外，归责原则也可以以不完全法条的形式存在。这些法条需要与其他法条结合使用，才能得出正确的法律结论。例如，《民法典》第1166条可以被视为无过错责任的一般条款。这一条款突出了无过错责任的法定主义立法特点，因此，仅仅依据该条款，而不结合法律的特殊规定，是无法准确进行归责的。

再次，归责原则的模糊性意味着在确定侵权责任构成要件时，不能仅局限

---

① 参见王泽鉴:《侵权行为》,北京大学出版社2016年版,第419页;[德]迪特尔·梅迪库斯:《德国债法总论》,杜景林、卢谌译,法律出版社版2004年版,第264~265页。

② Louise A. Halper, “Untangling the Nuisance Knot”, *Boston College Environmental Affairs Law Review*, Vol.26, No.1, 1998, p.89.

于法条的明文规定。以《民法典》第 1165 条第 1 款为例,我们不能仅凭此条款来判断“行为之违法性”不是侵权责任的一般构成要件。

最后,归责原则的模糊性对其法律实用性构成了一定的制约,且这种模糊性随着其调整范围的扩大而变得更加明显。学者们期望所谓的“侵权行为法一般条款”能发挥两大功能:一是作为民法典调整的所有侵权责任的请求权基础,确保在此条款之外不存在其他民法典条文作为侵权责任的请求权基础;二是决定侵权行为法的整体框架和基本内容,使侵权行为法的其他部分都围绕这一一般条款进行解释、展开和适用规定,或对其调整内容的列举性规定。[①] 依据这一理论构建的一般条款,如“民事主体的人身或财产受到损害的,有权依照本编的规定请求可归责的加害人或者对负有赔偿或其他义务的人承担民事责任”(中国社会科学院法学研究《中国民法典侵权行为编草案建议稿》第 1 条),若未进行深入的类型化作业,其法律实用性将受到严重限制。尽管这一条款具备体系编撰的功能,能够构建一般条款衍生的塔形结构,并宣扬“责任法定”的理念,但因其构成要件过于模糊,为了保持表达上的完整性而牺牲了逻辑性,导致无法提供准确的法律判断。

(二)作为法律规则的归责原则的具体性

归责原则,作为每个侵权请求权基础规范的核心要素,其必须具体明确。由于侵权责任类型的多样性和构成要件的差异性,归责原则的具体化显得尤为重要。这种具体化实现了从抽象价值判断到具体规范要件的转化,使得侵权责任的配置更加公平和合理。在我国侵权立法中,需要特别注意以下几点:

第一,因请求权或责任方式不同而归责原则不同。在同一个侵权案件中,原告可能同时享有多种请求权,而被告则可能承担多种责任。每种请求权的规范基础不同,归责原则也因此而异。例如,损害赔偿请求权通常基于过错责任原则(其中惩罚性赔偿一般仅适用于故意侵权),而绝对权请求权则主要遵循无过错责任原则。在知识产权法中,当确认是否侵犯了知识产权并要求侵权人停止相关活动时,我们适用无过错责任原则;但在确定赔偿或赔偿额度时,则采用过错责任原则。

第二,因责任主体不同而归责原则不同。现代民法越来越注重对具体人格的保护,因此在侵权法中,由于责任主体在注意义务、制造危险程度、承担责任与分散风险能力等方面的差异,归责原则也会有所不同。例如,专家责任通常要高于一般责任,因为专家在其领域内拥有更专业的知识和技能,应当承担更

① 参见张新宝:《侵权行为法的一般条款》,《法学研究》2001 年第 4 期。

高的注意义务。在机动车事故责任中，根据行人、非机动车、机动车以及保险公司的不同角色，其承担的责任逐渐严格。其中保险公司承担的是“无过错补偿责任”(no-fault compensation)或“非侵权行为补偿”，这并非“无过错责任”(no-fault liability)制度。除强制保险法的特别规定外，不能适用一般的免责事由。而对于机动车与非机动车驾驶人、行人之间的交通事故，机动车一方承担无过错责任，这意味着即使机动车一方没有过错，也需要承担赔偿责任。同时，这种责任可适用特殊侵权中的免责事由，也可与过失相抵。而在机动车之间的交通事故中则采用过错责任原则，即双方都有过错的按照各自过错的比例分担责任。

第三，因侵害客体不同而归责原则存在差异。侵权法根据主体对客体的价值需求差异，对不同的客体提供不同程度的保护。这种保护程度的差异也体现在归责原则上。对于权利的侵害，通常适用过错归责原则；而对于法益的侵害，则需要符合违反保护法律或故意背俗型侵权等条件才可主张损害赔偿[①]；对于财产权益的侵害，侵害所有权的归责原则与纯粹经济损失赔偿规则并不相同。此外，由于客体属性和侵害方式的不同，归责原则也会有所不同。例如，同是侵害人格权，侵害姓名权只能是故意侵权[②]；而对于其他人格权的侵害，可能存在过失责任或无过错责任的情况。

第四，归责原则存在程度上的差异。同为过错责任原则，其“过错”的含义在不同情境下并不相同：在通常情况下，过错责任实际上是指抽象轻过失责任；在特殊情形下(如故意背俗型侵权)，过错则是指存在故意或重大过失责任。在无过错责任原则或危险原则中，归责的严格程度及免责事由也有所不同。其中核损害赔偿最为严格，也被称为“不可抗力之无过失责任”，只有“损害是因战争、武装冲突、暴乱等情形或者受害人故意造成的”，营运者才不承担赔偿责任。[③]

第五，归责原则的竞合性。同一类侵权案件可能存在多个规范基础，适用多项归责原则，从而形成了归责原则的竞合。特殊侵权行为通常适用无过错责任或过错推定责任，这是法律为了特别保护原告并减轻其举证负担所作出的制度安排。然而，无过错责任或过错推定责任往往伴随着有限赔偿制度的实施。相对而言，一般侵权损害赔偿则实行过错责任，原告举证负担较重。然而，一旦举证成功，原告有权获得全面赔偿。值得注意的是，“衡诸法律规范目的”，特殊

---

① 《德国民法典》则采用区别性权益保护的方式(又称“将各种诉因类型化”)，其构成要件因权益性质或种类不同而异。

② 《民法典》第1014条规定，任何组织或者个人不得以干涉、盗用、假冒等方式侵害他人的姓名权或者名称权。

③ 参见《民法典》第1237条。

侵权规定与一般侵权规定并不具有"特别法排除普通法"的效力,成立请求权竞合关系。[①] 这意味着在特殊侵权情况下,原告有权选择适用更有利于自己的归责原则,即放弃立法者的特别照顾,而选择适用过错责任。

归责原则在侵权法中兼具模糊性与具体性,这意味着它并不能总是绝对或彻底地应用于所有情况。因此,我们不必过分拘泥于对归责原则的精确界定,而应更多地关注构建具体且实用的规则。与其以固定的归责原则为唯一依据,单方面地将责任归咎于被告,不如打破这种局限,实现原被告双方权利的平衡考量。案件裁决的核心应在于化解双方的权利冲突,而不仅仅是简单地根据归责原则作出决定。这样一来,关于归责原则的争议就能融入更为具体、综合性的利益衡量中。[②]

第二节　过错责任原则

一、过错责任原则的法律特征

过错责任原则,又称"过失责任原则",指行为人仅对由于自己的过错产生的损害承担民事责任的法律原则。这一原则是在对古代法中的结果责任原则进行否定的基础上形成的。古罗马法和日耳曼法最初均坚持侵权归责的结果主义,即无论行为人主观上是否有过错,只要出现了损害后果,行为人就必须依法承担责任。公元前 287 年的《阿奎利亚法》确立了过错责任原则,它规定,为主张损害赔偿之诉,造成损害者必须具有过错,而过错的程度则在所不论。罗马法上的过错责任原则被《法国民法典》所继承和发展,从而形成了侵权行为法的一般条款。在现代各国民法体系中,过错责任原则都占据了重要地位。我国《民法典》第 1065 条第 1 款也明确规定了过错责任原则为侵权的归责原则。

过错责任原则主要具有以下法律特征:

(一)最为一般性的归责原则

1.过错责任的兜底、补充性

《民法典》第 1165 条第 1 款首先规定了过错归责原则为侵权归责的一般原

① 参见王泽鉴:《特殊侵权行为(一):特殊侵权行为的类型构成及规范体系》,(台湾)《台湾本土法学》2004 年第 5 期。反对观点参见王利明:《我国侵权法起草中的主要疑难问题——在第二届中欧侵权法国际研讨会上的发言》,《人民法院报》2007 年 8 月 5 日。

② Henry E. Smith, "Exclusion and Property Rules in the Law of Nuisance", *Virginia Law Review*, Vol.90, No.4, 2004, p.1005.

则,其可以与具体侵权类型进行体系解释,发挥兜底与补充功能。例如,在网络侵权中,《民法典》第 1194 条规定:"网络用户、网络服务提供者利用网络侵害他人民事权益的,应当承担侵权责任。法律另有规定的,依照其规定。"尽管该条款并未明确网络侵权是否以侵权人过错为要件,但结合《民法典》第 1165 条第 1 款,可以将其解释为过错责任而非无过错责任。

立法上不应随意背离过错责任,否则,导致诸多体系不安定、冲突。例如,《个人信息保护法》第 69 条第 1 款规定,处理个人信息侵害个人信息权益造成损害,个人信息处理者不能证明自己没有过错的,应当承担损害赔偿等侵权责任。其为了优越保护处于弱势一方的信息主体的合法权益,而将个人信息侵权适用过错推定责任。如此,隐私信息侵权案件中,适用隐私权侵权规则时应满足过错责任原则,而适用个人信息保护规则则应满足过错推定责任原则,二者相冲突时应如何选择归责原则有待讨论;隐私信息侵权相较未构成隐私信息的隐私侵权适用的归责原则不一致时应如何解释等,皆有待回应。

2.过错责任派生出一般构成要件

《民法典》第 1165 条规定,行为人因过错侵害他人民事权益造成损害的,应当承担侵权责任。直接规定的要件为过错与损害。《侵权责任法》第 6 条第 1 款规定,"行为人因过错侵害他人民事权益,应当承担侵权责任",而《民法典》第 1165 条规定的是,"行为人因过错侵害他人民事权益造成损害的……",在无过错责任中"损害"也回归了名词属性。[①]《侵权责任法》中只有"侵害"的概念,而《民法典》同时出现了"侵害"与"损害"两个概念,也为侵权责任编第二章改为"损害赔偿"奠定了基础。至于人格权的特殊保护、物权的特殊保护,自然可以适用人格权编、物权编。[②] 如果还须课加其他责任方式,则适用总则编的"民事责任"一章。[③] 关于"损害"的含义,有的认为是现实损害,有的认为包括了妨害、危险。从现行法对禁令式救济的单独规定看,应该是现实损害。这样就厘清了归责原则和构成要件,突出强调了损害的意义。《民法典》第 1165 条第 1 款、第 1166 条对《侵权责任法》第 6 条第 1 款和第 7 条作出的这些修改具有重要意义,

---

① 《民法典》第 1166 条规定,行为人造成他人民事权益损害,不论行为人有无过错,法律规定应当承担侵权责任的,依照其规定。

② 《侵权责任法》第二章的章名为"责任构成和责任方式",《民法典》侵权责任编第二章改为"损害赔偿",这就明确了侵权责任编中规定的就是损害赔偿责任即侵权赔偿责任,至于作为绝对权请求权的其他侵权责任承担方式,则分别由《民法典》的人格权编与物权编加以规定,如第 335 条、第 336 条和第 995 条第 2 款,从而为《民法典》物权编、人格权编的独立奠定了更坚实的基础。

③ 本条规定与人格权编中的人格权请求权条款、物权编中的物权请求权条款,属于一般法和特别法的关系。参见周友军:《我国〈侵权责任法〉修订入典的初步构想》,《政治与法律》2018 年第 5 期。

因为通过这些修改,《民法典》侵权责任编区分了侵害与损害、绝对权请求权与侵权损害赔偿请求权,进而明确了无论是过错责任原则还是无过错责任原则都只是损害赔偿责任的归责原则。[①] 此外,隐含的要件为因果关系,"造成"衔接行为与结果;推导出来的要件即行为的违法性,一般认为,"侵害他人民事权益"即违法。

(二)过错是过错责任的必要条件或归责事由

1.以过失归责为原则

根据过错责任归责原则,行为人的主观过错是导致其承担责任的决定性因素。如果行为人对于损害的发生没有过错,或者损害完全是由受害人和第三人的过错造成的,那么行为人就不需要承担责任。

一般而言,只要行为人存在过错,不论其过错程度如何,都会导致过错侵权责任的产生。过错责任归责原则是侵权责任的基本归责原则,具备普遍适用性。除非法律有特别规定,否则无论是自然人还是法人,所有民事主体的一般侵权责任都属于过错责任范畴。同样,无论受侵害的是人身权、财产权、知识产权还是其他类型权益,所产生的一般侵权责任也都属于过错责任。但特殊情形下则以故意或重大过失为归责要件。

首先,故意违反善良风俗型侵权是过错责任原则下的一种特殊情形。以侵害债权为例,故意或过错程度在权利和利益的区分保护中扮演着重要角色。即便是在一般条款下,权利和利益以及不同权利之间的保护强度也存在差异。因此,那些不具备社会典型公开性的权益只能在故意侵权的情况下获得救济。在法国,尽管侵权法对权利和利益采取了同等保护的政策,但法国法院也不得不承认,其侵权行为法不可能对所有保护对象都进行无差别的平等保护。因此,在过去的两百年里,法国判例主要通过运用"过错、因果关系、损害"等概念工具来对案件进行价值判断,确定是否给予保护以及保护的力度。在纯粹经济利益受到侵害的情况下,这种判断标准更为严格。[②]

其次,过错程度是决定是否适用惩罚性赔偿的重要因素。只有当加害人主观上存在故意或重大过失时,才会考虑适用惩罚性赔偿。例如,《民法典》第1207条明确规定,如果生产者或销售者明知产品存在缺陷却仍然生产、销售,或者未采取有效措施进行补救,导致他人死亡或健康受到严重损害,被侵权人有权请求相应的惩罚性赔偿。同样,《民法典》第1185条和第1232条也分别规定

---

① 参见程啸:《中国民法典侵权责任编的创新与发展》,《中国法律评论》2020年第3期。

② 参见阳庚德:《侵权法对权利和利益区别保护论》,《政法论坛》2013年第1期。

了在故意侵害他人知识产权和故意污染环境、破坏生态造成严重后果的情况下，被侵权人有权请求相应的惩罚性赔偿。此外，《消费者权益保护法》第 55 条也规定了惩罚性赔偿的适用情况："经营者提供商品或者服务有欺诈行为的，应当按照消费者的要求增加赔偿其受到的损失，增加赔偿的金额为消费者购买商品的价款或者接受服务的费用的三倍；增加赔偿的金额不足五百元的，为五百元。法律另有规定的，依照其规定。经营者明知商品或者服务存在缺陷，仍然向消费者提供，造成消费者或者其他受害人死亡或者健康严重损害的，受害人有权要求经营者依照本法第四十九条、第五十一条等法律规定赔偿损失，并有权要求所受损失二倍以下的惩罚性赔偿。"

2.以过错程度不影响损害赔偿范围为原则

过错主要分为故意和过失两种形态，其中过失又可分为重大过失和轻微过失。虽然从主观恶性来看，故意通常比轻微过失更为严重，但在过错责任原则下，过错程度通常不是决定损害赔偿范围的关键因素。其主要目的是补偿受害人的损失。

然而，在特定情况下，过错程度确实会对侵权损害赔偿责任的范围产生影响。例如，在确定精神损害赔偿范围时，过错程度是一个重要的考量因素。为了防止滥用精神损害赔偿和约束法官的裁量权，法律规定了一系列衡量要素，其中过错程度是首要考虑的因素。根据《精神损害赔偿司法解释》(法释〔2020〕17 号)第 5 条的规定，精神损害的赔偿数额是根据侵权人的过错程度、侵权行为的具体情节、后果、获利情况、经济能力以及法院所在地平均生活水平等因素来确定的。

在共同侵权的情况下，共同加害人对外需要共同承担连带赔偿责任，但在内部，责任是根据各自的过错程度按比例分担的。这意味着过错程度的轻重会直接影响每个人的责任范围。《民法典》第 178 条第 2 款明确规定，连带责任人的责任份额根据各自责任大小确定；难以确定责任大小的，平均承担责任。实际承担责任超过自己责任份额的连带责任人，有权向其他连带责任人追偿。

在过失相抵中，根据《民法典》第 1173 条和第 1174 条的规定，如果被侵权人对同一损害的发生或扩大有过错，可以减轻侵权人的责任；如果损害完全是由受害人故意造成的，则行为人不承担责任。这些规定体现了过错程度在过失相抵制度中也具有重要意义。

(三)受害人对侵害人的过错负举证责任

根据过错责任归责原则，当受害人要求行为人承担侵权责任时，不仅须证明其损害是由行为人的行为造成的，还必须进一步证明行为人存在过错。如果受害人无法证明行为人有过错，那么行为人将不承担任何责任。这意味着，受害人对侵害人的过错负举证责任，只有当受害人能够充分证明行为人有过错时，行为人才可能承担相应的责任。

二、过错责任原则的功能

过错责任原则之所以能够成为基本归责原则并长久不衰，主要得益于其具备以下几方面的功能。[①]

第一，道德训诫与醇化风气。过错责任原则巧妙地统一了法律责任与道德责任，以行为人的主观过错作为最终归责要件。由于主观过错在道德层面上应受非难，过错责任原则便依据行为人道德上的可非难性来指引法律责任的判断，使法律责任的归属与道德评价保持一致。因此，过错责任原则获得了道德舆论的广泛支持，并在社会中发挥了净化风气、引导公众行为的重要作用。

第二，倡导自由与鼓励竞争。过错责任原则为个体的行为自由提供了坚实的法律保障。这一原则鼓励人们在经济和社会活动中充分发挥自己的才能和创造力，因为它明确指出，只要行为人尽到了必要的注意义务，就无须担心因意外事件而承担不必要的损害赔偿责任。[②] 这种从消极方面保障行为自由的做法，不仅体现了对个人意思自治的尊重，还成为独立完整人格不可或缺的组成部分。[③] 同时，过错责任原则在平衡行为自由与权利保护之间给予了行为自由优先地位。它鼓励人们在法律允许的范围内自由地进行经济活动，从而促进了经济的繁荣和发展。从一定意义上看，过错责任原则是一种自由竞争法则。[④] 它消除了绝对责任所带来的无限责任风险，从而确保工业发展引发的资本增长不会受到各种侵权责任所带来的不合理经济负担的制约。[⑤]

第三，最低保护与创新机制。过错侵权责任的一般原则在特定情况下可以作为特殊侵权责任的有效补充。当特殊侵权责任法无法为受害人提供充分的保护时，过错侵权责任的一般原则就能发挥其补充作用，为受害人提供必要的救济。这种最低限度的保护功能确保了受害人在无法通过其他途径获得救济时，仍能得到法律的庇护。例如，法国 1998 年的《产品责任法》中明确规定，当

---

① 王泽鉴教授认为，过失责任之所以被奉为金科玉律，视同自然法则，归纳言之，计有逻辑力量、道德观念、社会价值及人类尊严四个因素。参见王泽鉴：《侵权行为法之危机及其发展趋势》，王泽鉴：《民法学说与判例研究》（重排合订本），北京大学出版社 2015 年版，第 481～482 页。

② 参见[德]迪特尔·梅迪库斯：《德国债法总论》，杜景林、卢谌译，，法律出版社 2004 年版，第 236 页。

③ 参见[日]小口，彦太：《日中侵权行为法的比较》，丁相顺译，《法制与社会发展》1999 年第 3 期。

④ 参见吕彦：《关于过错的若干问题探讨》，《现代法学》1999 年第 2 期。

⑤ 参见[美]伯纳德·施瓦茨：《美国法律史》，王军等译，中国政法大学出版社 1990 年版，第 67 页。

产品流通期限达到10年后，就不能再适用基于"产品缺陷"的特殊侵权责任规则。然而，为了救济受害人，可以继续采用过错侵权责任的一般原则。此外，过错侵权责任的一般原则还具有创新机制的作用。例如，《法国民法典》第1382条(现为第1240条)为一般人格权理论的发展提供了法律基础，同时也为缔约过失责任、知情权保护等新型权利的保护提供了发展空间。[①]

第四，有效预防损害发生与社会成本内部化。卡拉布雷西提出，侵权责任原则的构成应该能使预防费用、事故费用(损失)和行政费用减低到最低限度。[②]法定预防标准应在使社会成本最小化的标准上确立。由此，社会成本成为加害人的私人成本，完成社会成本内部化的转化。

三、过错责任原则的缺陷

第一，权利保护不足。一方面，过错责任原则在融合道德责任与法律责任时，并未实现完美的统一。虽然它重视保护行为自由，但在一定程度上忽视了对受害人权利的保护，这背离了权利绝对性原则。虽然它能促进经济发展，但也可能导致一定程度或者一定范围的社会不公正。另一方面，过错责任原则上不保护相对权。

第二，举证负担较重。过错责任原则使原告在寻求法律救济时承担了较重的举证责任。根据这一原则，受害人需对"损害、因果关系、行为的违法性、过错"等要件进行举证。如举证不能，将承担败诉的法律后果。由于过错本质上是行为人的主观意志状态，原告往往难以充分把握，加之加害行为一旦发生便难以复原，这使得原告在举证时面临较大困难。

第三，外部成本高昂。作为一般性抑制手段，过错责任原则的效果并不理想。法经济学家卡拉布雷西指出，其原因在于：一是容易导致费用外部化；二是制度成本高昂；三是在判断谁应负担事故费用时，若最低价格损害回避者的判断出现错误，纠正错误的情况未得到充分考虑；四是责任的有无往往通过个案方式独断地进行判断，这种方式并不是以最低成本选择最低价格损害回避者的最佳方法。[③]

---

① "正如我的同事图尔诺教授所言，'即使是那些因技术发展而出现的新型损害，民法典第1382条(现为第1240条)和第1383条(现为第1241条)也能为受害人提供保护……主观责任具有万能作用：只要没有其他司法途径，它就可供援用'。"[法]热娜维耶芙·威内：《论过错侵权责任的一般原则》，罗瑶译，《比较法研究》2016年第4期。

② 参见[美]卡拉布雷西：《风险分配与侵权法的若干考》，李强、张凌鹰等译，《耶鲁法律杂志》1961年第70卷，第505页。

③ 参见于敏：《日本侵权行为法》，法律出版社1998年版，第47页。

第四,责任具体化程度不足。过错责任原则在赔偿时并未充分考虑过错程度和损害的具体类型,其基于过错而不论过错程度全面赔偿,基于损害却不顾及损害的具体类型。[①] 这种做法不利于具体衡量当事人的利益,也不利于实现个案均衡和制度公正。此外,它还无法提供充分的责任限制手段,削弱了损害赔偿的具体化发展。有法国学者曾对此提出质疑,建议区分人身损害、财产损害以及精神损害,并分别赋予不同的民事责任后果。这些学者建议建立一个基于社会需要的等级制损害赔偿体系。然而,尽管这一观点得到了部分学者的支持,但至今在法国理论界的影响仍然有限。[②]

四、过错责任原则的发展趋势

为了应对过错责任原则的不足,该原则本身也呈现出以下发展趋势:

首先是过失的客观化。尽管过失是主观意志状态之体现,但需外化为行为始能认定。《德国民法典》第 276 条规定,在判断行为人是否存在过失时,原告无须直接证明被告主观意志上是否存在可非难性,而是将具体加害人的"现实行为(Ist-Verhalten)"与善良管理人在同一情况下的"当为行为(Soll-Verhalten)"进行比较。若加害人的行为低于其应有的注意标准,即可认定其存在过失。[③] 在我国《民法典》中,第 1190 条中"完全民事行为能力人因醉酒、滥用麻醉药品或者精神药品对自己的行为暂时没有意识或者失去控制造成他人损害的,应当承担侵权责任"、第 1198 条中"未尽到安全保障义务,造成他人损害的,应当承担侵权责任"等规定皆为过失客观化的具体表现。

其次是违法牵连过失。违法牵连,指当行为违法并造成损害事实时,这成为认定过失的表见证据。这种牵连并不等同于过失推定,后者已成为独立的归责原则,需要法律明文规定。前者仍属于过错责任的范畴,但在证据规则上有所调整,法官可以根据社会经验灵活运用。例如,我国《文物保护法》第 65 条第 1 款规定:"违反本法规定造成文物灭失、损毁的,依法承担民事责任。"

再次是过失推定的发展。根据当事人间的社会地位和能力差异,立法者将过错(主要是过失)的证明责任转嫁给行为人(或被告),从而减轻了原告的举证

---

① 法国达赫·贝勒委员(Tarrible)在向议会汇报时,如此阐释《民法典》第 1382 条(现为第 1240 条)中的"损害"概念:"这一条款适用范围广泛,它包括所有类型的损害,并且所有类型的损害都应予以同样的赔偿。从杀人到最轻的伤害,从建筑物纵火到毁坏破旧不堪的房屋,都由同一法律予以调整。无论是何种损害,都可能会被评估并要求予以赔偿。"

② 参见[法]热娜维耶芙·威内:《论过错侵权责任的一般原则》,罗瑶译,《比较法研究》2016 年第 4 期。

③ 参见王泽鉴:《侵权行为法》第 1 册,中国政法大学出版社 2001 年版,第 259 页。

负担。为避免法官滥用这一原则，过失推定必须由法律明确规定，而不能由法官随意采用。尽管过失推定在形式上表现为对过失证明责任的独特分配，但实质上它所蕴含的价值判断与一般过错责任原则有所不同。因此，严格来说，过失推定并非过错责任原则的变态或发展，而是一项独立的归责原则。在过错推定中，被告必须承担证明自己主观无过错的举证责任。

最后，法官可以通过严格定义"可赔偿的损害"概念、严格评估因果关系，甚至在特定领域严格定义"过错"概念，来纠正上述趋势中的潜在缺陷。[①]

第三节 过错推定责任原则

过错推定责任，又称"过失推定责任"，因其属于从过错责任向无过失责任过渡的一种责任形态，故又被称为"中间责任"。其核心在于，当行为人的行为导致他人损害时，若行为人无法证明自己无过错，则需承担相应的民事责任。在法律条文中，过错推定责任通常表述为："……应承担民事责任，但能够证明自己没有过错的除外。"[②]这一规定旨在通过加重行为人的举证责任，合理分配诉讼风险，从而优先保护受害人的权益。

一、过错推定责任原则的法律特征

（一）过错推定责任是一种独立的责任

关于过错责任原则与过错推定责任原则的关系，学者间存在不同观点。

否定说认为，过错责任原则并不包含过错推定责任原则。因为过错推定责任原则的产生主要是为了保护受害人的利益，它在很大程度上对加害人施加了严格责任。从法律构成上看，过错推定责任要求被告对过错承担举证责任，这使得过错的等级不易确定，双方过错的比较也变得困难。因此，过错推定责任应被视为一项独立的归责原则。

然而，肯定说则认为，过错责任原则包含过错推定责任。因为过错推定仍然以过错作为归责的要件，只是举证责任由被告承担。这与一般的过错责任在本质上并无不同，因此过错推定责任原则不应与过错责任原则并列作为归责原则。

---

① 参见[法]热娜维耶芙·威内：《论过错侵权责任的一般原则》，罗瑶译，《比较法研究》2016 年第 4 期。

② 有学者主张应表述为："……应负损害赔偿责任，但能证明无过失者，不在此限。"参见林诚二：《民法债编总论——体系化解说》，中国人民大学出版社 2003 年版，第 142～143 页。

至于过错推定责任原则与无过错责任原则的关系，存在以下三种观点：

第一种观点认为，过错推定责任与无过错责任是两种不同的原则。过错推定责任是过错责任的特殊形式，尽管它可以作为一种独立的归责原则，但过错仍然是其侵权责任的构成要件。而无过错责任则不以过错为构成要件，即使被告能够证明自己没有过错，也仍需承担责任，除非能证明存在法定的免责事由。

第二种观点则认为，过错推定责任和无过错责任在本质上没有差别。它们都推定加害人的行为不能归因于不可抗力或他人，即加害行为的原因在“身内”而不在“身外”。为了免责，加害人根据过错推定责任原则必须证明自己无过错，而根据无过错责任原则则必须证明存在法定免责事由。但无论是证明无过错还是证明存在法定免责事由，都是证明加害行为的原因在“身外”而不在“身内”。因此，无过错责任原则实际上是过错推定责任原则的一种特殊形式。

第三种观点提出，过错推定责任可分为一般过错推定责任和特殊过错推定责任。前者是指当行为人侵害他人人身、财产并造成损害时应负民事责任，但如果行为人能证明自己无过错，则可以推翻对其过错的推定并免除责任。而后者则是指在某些侵权行为中，法律规定行为人必须证明有法定免责事由的存在以表明自己无过错，才能对损害不承担责任。这种分类有助于更好地理解过错推定责任在不同情况下的应用。

（二）过错推定责任中被告须对其主观上无过错承担举证责任

所谓“推定”，是从已知事实推导出未知事实。过错推定指只要原告证明自己的合法权益受到损害，且这种损害与被告的违法行为之间存在因果关系时，则推定被告主观上存在过错，从而需承担侵权责任。在这种情况下，被告要免除自己的责任，必须提供充分的证据来证明自己主观上并没有过错，而不是通过提出其他法定的免责事由来免责。在过错推定责任中，被告的免责事由与过错责任通常并无差别，法律无须另行规定。这种责任形态通过加重被告的举证责任，实现了诉讼风险的合理分配，从而达到了优先保护受害人权益的目的。同时，过错推定也保留了过错责任原则的核心特点，即以过错作为最终的归责依据，这使得它在法律实践中相较于无过错责任更为温和。

（三）过错推定责任原则之适用采法定主义

过错推定责任原则，作为特殊侵权行为的归责原则，其适用必须严格遵循法律规定。在法律没有明文规定的情况下，法官不得擅自适用过错推定责任原则，而应坚守过错责任原则。滥用过错推定责任原则，人为简化侵权责任的构成要件，不仅违背法律的基本精神，更可能侵害当事人的合法权益，特别是被告的权益。由于过错推定责任通常采用法定主义，各国法律对其适用范围的规定存在差异。例如，监护责任和雇主责任在某些国家被明确规定为过错推定责任，但在我国民法中则被视为无过错责任。

过错推定责任原则与过错责任原则、无过错责任原则之间存在显著区别。具体可参见表 3-1。

表 3-1 不同归责原则之间的差异

	过错责任原则	过错推定责任原则	无过错责任原则
价值判断	优先保护行为自由	优先保护受害人权益	优先保护受害人权益
归责事由	过错	推定过错	不需要过错
免责事由	一般免责事由	一般免责事由	特殊免责事由
立法技术	一般条款式	法定主义	法定主义
责任类型	主观责任	主观责任	客观责任
我国《民法典》规范	第 1165 条第 1 款	第 1165 条第 2 款、第 1199 条、第 1222 条、第 1242 条、第 1248 条、第 1252 条、第 1253 条等	第 1166 条、第 1188 条、第 1189 条、第 1191 条、第 1202 条、第 1229 条、第 1236 条、第 1245 条等

二、过错推定责任原则的适用范围

过错推定责任，作为民法中的一项重要归责原则，适用于多种情况。在我国《民法典》中，过错推定责任主要涉及建筑物、构筑物和其他设施致人损害、物件致人损害、医疗损害责任以及动物园动物致害责任等类型。

（一）建筑物、构筑物和其他设施致人损害责任

对于建筑物致害责任，各国民法典均有明确的规定。例如，《法国民法典》第 1386 条（现为第 1244 条）明确指出，建筑物的所有人应对因缺乏维护或建筑缺陷而引发的坍塌所造成的损害承担赔偿责任。《德国民法典》第 836 条有关土地占有人的责任中同样规定：“(1)因建筑物或其他附着于土地的工作物倒塌，或因建筑物或工作物的部分脱落，致使某人死亡，或某人的身体或健康受到伤害，或某物被损坏的，只要倒塌或脱落系因建造有瑕疵或维护不足所致，土地占有人就有义务向受害人赔偿因此而发生的损害。占有人已以避开危险为目的而尽了在交易中必要的注意的，不发生赔偿义务。(2)倒塌或脱落系在土地

的前占有人的占有终止后1年以内发生的，土地的前占有人对损害负责任，但前占有人已在其占有期间尽了在交易中必要的注意，或后占有人本可因尽此注意而避开危险的除外。(3)前两款规定意义上的占有人，是自主占有人。"[①]此外，《日本民法典》第717条对土地工作物等占有人及所有权人的责任作出如下规定："(一)因土地工作物的设置或者保存的瑕疵，对他人造成损害时，该工作物的占有人对受害人负损害赔偿责任。但是，占有人为避免损害的发生已尽必要注意时，所有权人须赔偿该损害。(二)前款规定，准用于竹木栽培或者维持有瑕疵的情形。(三)在前两款的情形，对损害的原因还有其他责任人时，占有人或者所有权人可对该人行使求偿权。"[②]《瑞士债务法》第58条规定："建筑物或其他工作物之所有人，对于因设计建造或保管有瑕疵所产生之损害，负赔偿责任。所有人对于因此应负责任之他人，得行使求偿权。"《埃塞俄比亚民法典》第2077条规定：对建筑物所致损害，即使该损害是不可预见的，建筑物的所有人亦得承担责任。从这些规定来看，建筑物致人损害的责任在域外国家通常遵循过错推定责任原则。

关于构筑物，通常指道路、桥梁、隧道等人工建造物。由于这些设施通常属于国家所有，因此构筑物通常指公共构筑物。关于公共构筑物的定义和范围，学者们存在不同的看法。有的观点认为，公共构筑物仅限于供公共使用的不动产，即仅包括土地上的固定建筑物，而不包括动产。另一些学者则主张，公共构筑物应涵盖所有供公共使用的动产和不动产，例如警备车、消防车、警犬、手枪等也应被纳入其中。还有一种观点是，公共构筑物的定义不应区分动产和不动产，而应以是否用于公共目的为标准。因此，并非所有不动产都是公共构筑物，也并非所有动产都不属于公共构筑物。[③] 本书倾向于认为，公共构筑物是指国家为了公共利益而提供的、供公众使用的建筑等实体设施和设备，包括道路、桥梁、隧道、堤防渠堰、上下水道、纪念碑馆、运动场馆、公园、名胜古迹等。当这些构筑物因维护或管理不当导致损害时，其所有人或管理者应承担相应的赔偿责任。如果损害是由于设计或施工缺陷造成的，那么所有人、管理者以及设计、施工者都需要承担连带责任。构成构筑物致害责任的要件包括：首先，致害物必须是构筑物，如道路、桥梁等人工建造的设施；其次，这些构筑物须为特定的人

① 陈卫佐译注：《德国民法典》(第5版)，法律出版社2020年版，第385页。

② 《日本民法典》，刘士国、牟宪魁、杨瑞贺译，中国法制出版社2018年版，第175页。

③ 参见曹竞辉：《国家赔偿立法与案例研究》，(台湾)三民书局1986年版，第147～154页。

所维护、管理、设计或施工；再次，这些构筑物的维护或管理必须存在瑕疵[①]，即其维护和管理状态不完全、不完备，导致其缺乏应有的安全性；最后，必须有自然人因这些瑕疵或缺陷而遭受损害。这四个要件共同构成了构筑物致害责任的损害赔偿责任。

由于道路、桥梁、隧道等人工建造的构筑物大多由政府拥有，关于这些构筑物致害责任是否应纳入国家赔偿责任的范畴，一直存在争议。然而，从各国立法实践来看，构筑物致害责任往往被视为国家赔偿的一部分。例如，法国早在1799年的法律中就明确规定，国家行政部门应对公共建筑工程所致损害承担赔偿责任。[②] 此外，日本在《国家赔偿法》第2条中明确指出，当因道路、河川或其他公共构筑物的设置或管理瑕疵导致他人受损时，国家或公共团体应承担赔偿责任。类似的规定也出现在韩国《国家赔偿法》第5条、德国《国家赔偿法》草案第1条第2项以及我国台湾地区所谓"国家赔偿法"第3条中。这些法律条款都明确规定，公有公共构筑物因设置或管理上的缺陷导致他人受损时，国家应承担相应的赔偿责任。因此，从上述比较法来看，道路、桥梁等公共设施因维护或管理不当造成的损害确实属于国家赔偿的范畴。这也意味着，在处理这类案件时，其适用的是无过错责任原则，即无论道路管理者是否有过失，只要其管理的道路存在瑕疵并导致损害发生，都应承担相应的赔偿责任。例如，如果因街道阴沟未加盖而导致夜间行人受伤，即使负责设置和管理的单位没有过失，也不能免除其赔偿责任。

在我国，公有公用设施致害责任的立法发展经历了几个阶段。最初，这类责任主要适用《民法通则》第126条的规定。这主要是因为在当时的《国家赔偿法》中国家赔偿的范围被严格限定，而公有公共设施致害并不包含在内。在1994年《国家赔偿法》立法之时，全国人大法工委对于《国家赔偿法》草案作了如下说明："桥梁、道路等国有公共设施，因设置管理欠缺发生的赔偿问题不属于违法行使职权的问题，不纳入国家赔偿的范围，受害人可以依照民法通则的有关规定，向负责管理的企业、事业单位请求赔偿。"[③]之所以未将公有公共构筑物纳入《国家赔偿法》的调整范畴，是因为《国家赔偿法》主要关注"违法行为"导致的损害，而道路、桥梁等构筑物的损害并不直接由违法行为引起。然而，随着法

---

① 维护瑕疵，是指构筑物在维护中存在不完备的问题，致使公共构筑物的维护存在缺陷。管理瑕疵，是指构筑物存在维护不周、保护不当、疏于修缮检修等不完善的问题，使构筑物不具备通常应当具备的安全性。

② 参见梁慧星：《道路管理瑕疵的赔偿责任》，《法学研究》1991年第5期。

③ 马怀德：《国家赔偿问题研究》，法律出版社2006年版，第137页。

律的发展和完善，对于这类责任的认定和处理也在逐渐变化。《人身损害赔偿司法解释》(法释〔2003〕20 号)[①]第 16 条明确规定，道路、桥梁、隧道等人工建造的构筑物因维护、管理瑕疵致人损害的，适用《民法通则》第 126 条的规定，由所有人或者管理人承担赔偿责任，但能够证明自己没有过错的除外。这一规定体现了对于构筑物致人损害适用过错推定责任原则。而《侵权责任法》则对构筑物致人损害的情形进行了细分：若是构筑物脱落、坠落致人损害的，所有人、管理人或者使用人承担过错推定责任；而若是构筑物倒塌致人损害的，建设单位、施工单位承担连带责任，至于其归责原则则并未明确。随着《民法典》的颁布，区分规定的做法得到了继受，并进一步明确了在构筑物倒塌情形下，建设单位和施工单位如果能够证明该构筑物不存在质量缺陷的，则无须承担责任，明确了特定免责事由下的过错推定。同时，《民法典》还明确了因第三人过错(如恶意破坏或盗窃等行为)导致建筑物、构筑物或其他设施倒塌、脱落、坠落的，责任主体在赔偿受害者后，有权向该第三人追偿。这体现了《民法典》中对于责任分担和追偿机制的明确规定，确保了责任的公平分配和损害的及时补偿。

(二)物件致人损害责任

1.堆放物品致害责任

堆放物品致人损害的赔偿责任，是指由于堆放物品滚落、滑落或者堆放物倒塌，致使他人生命权、健康权、身体权受到损害，由堆放人承担的赔偿责任。特别指出的是，若是在公共道路上堆放、倾倒、遗撒妨碍通行的物品致人损害的，由行为人承担侵权责任；公共道路管理人若不能证明已经尽到清理、防护、警示等义务的，则应当承担相应的责任。

关于堆放物品致人损害赔偿责任的归责原则，我国立法在确立过程中经历了逐步摸索和变迁。最高人民法院在《关于贯彻执行〈中华人民共和国民法通则〉若干问题的意见(试行)》[法(办)发〔1988〕6 号]第 155 条中曾规定："因堆放物品倒塌造成他人损害的，如果当事人均无过错，应根据公平原则处理。"然而，《人身损害赔偿司法解释》(法释〔2003〕20 号，已修改)对此进行了调整，明确堆放物品滚落、滑落或倒塌致人损害的，应适用《民法通则》第 126 条，由堆放物的所有人或管理人承担赔偿责任，除非能证明自己无过错。这一规定确立了过错推定责任原则为堆放物品致人损害赔偿责任的归责原则。在实行过错推定的时候，受害人请求赔偿，无须举证证明堆放物品的所有人或者管理人对致害有过错，只须举证证明自己的人身损害事实，该人身损害事实为物件所有人或者

① 该司法解释现已失效，相关内容更新至《民法典》中。

管理人的堆放物品所致，且所有人或者管理人对该物件的支配关系即可。所有人或者管理人主张自己无过错者，应当举证证明；不能证明或者证明不足，推定过错存在，所有人或者管理人即应承担损害赔偿责任。《侵权责任法》第 88 条则在继受过错推定原则的同时，将侵害行为限定在倒塌，将责任人从所有人和管理人修改为堆放人；第 89 条则明确，公共道路上堆放、倾倒、遗撒妨碍通行的物品造成他人损害的，有关单位或者个人应当承担侵权责任，区分于第 88 条堆放物倒塌致害的过错推定责任。

《民法典》承继了《侵权责任法》区分规定的做法，并作出了进一步的修改和细化。首先，其在第 1255 条明确了堆放物致害行为不仅包括倒塌，还包括滚落和滑落；其次，其在第 1256 条中对公共道路上的堆放物致害责任进行了进一步的细分，行为人须对其堆放、倾倒、遗撒妨碍通行物品的行为承担无过错责任，而公共管理人则承担过错推定责任，即若其不能证明自己已经尽到清理、防护、警示等义务的，才须承担相应的责任。

2.树木果实致害责任

树木果实致人损害的赔偿责任，是指因树木倾倒、折断或果实坠落等导致他人生命权、健康权、身体权受到损害，依法应由树木或果实的所有人或管理人承担的赔偿责任。此类赔偿责任具备以下法律特征：其一，它是一种物件致害责任，区别于行为致害责任，无明确的积极加害行为人。其二，相比于《侵权责任法》第 90 条，《民法典》中规定的致害类型增加并保持开放，不再局限于林木折断行为，而是采取非穷尽式列举的方式明确了树木的倾倒、折断或果实的坠落等行为皆属于致害行为。其三，其客体并未特定化为林木生长地域。其四，赔偿义务人明确，仅限于致害树木或果实的所有人或管理人。具体而言，依据《森林法(2019 年修订)》第 20 条规定："国有企业事业单位、机关、团体、部队营造的林木，由营造单位管护并按照国家规定支配林木收益。农村居民在房前屋后、自留地、自留山种植的林木，归个人所有。城镇居民在自有房屋的庭院内种植的林木，归个人所有。集体或者个人承包国家所有和集体所有的宜林荒山荒地荒滩营造的林木，归承包的集体或者个人所有；合同另有约定的从其约定。其他组织或者个人营造的林木，依法由营造者所有并享有林木收益；合同另有约定的从其约定。"

对于树木果实致人损害的赔偿责任，《越南民法典》第 626 条规定：树木因倒伏或折断造成他人损害的，树木的所有人必须赔偿损害；若损害完全由于受害人自己的过错造成，或因不可抗力造成，则树木的所有人不承担责任。这体现了无过错责任原则在树木果实致人损害中的应用。相较之下，我国《人身损害赔偿司法解释》(法释〔2003〕20 号,已修改)第 16 条对此有不同的规定,根据该条规定,树木倾倒、折断或果实坠落致人损害的,适用《民法通则》第 126 条,由所有人或者管理人承担赔偿责任,除非他们能证明自己无过错。可见,在我国过错推定责任原则开始在此类责任中适用。在过错推定的情境下,受害人请求赔偿时,无须证明树木果实的所有人或管理人存在过错,仅需证明自己的损害事实、该损害由所有人或管理人的树木果实所致,以及所有人或管理人对该物件的支配关系。若所有人或管理人主张自己无过错,则需提供相应证据,若无法证明或证据不足,则推定其有过错,并承担相应的损害赔偿责任。这一原则在《民法典》中得到了进一步的确认。依据《民法典》第 1257 条,林木折断、倾倒或果实坠落等造成的损害,若林木的所有人或管理人不能证明自己无过错,应承担相应的侵权责任。这一规定为处理树木果实致人损害赔偿责任提供了更为明确和有力的法律依据,确保了受害者的权益得到有效保障,同时也对林木的所有人或管理人提出了明确的责任要求。

3.地面施工与地下设施致害责任

地面施工致害责任是指施工人在公共场所或道路上进行挖掘、修缮和安装地下设施等施工活动时,如造成他人损害,依法需承担的侵权责任。根据相关法律规定,从事如架设电线、铺设管道、维修公路和下水道等地面施工活动的施工人,有义务设置明显的警示标志并采取相应的安全措施。例如,《道路交通安全法》第 105 条明确规定:"道路施工作业或者道路出现损毁,未及时设置警示标志、未采取防护措施,或者应当设置交通信号灯、交通标志、交通标线而没有设置或者应当及时变更交通信号灯、交通标志、交通标线而没有及时变更,致使通行的人员、车辆及其他财产遭受损失的,负有相关职责的单位应当依法承担赔偿责任。"在设置标志和采取安全措施时,施工人应注意以下几点:首先,警示标志必须明显,足以引起他人的注意;其次,施工人应确保警示标志的稳固性,并负责维护,使其在整个施工期间持续存在;最后,如果仅设置警示标志不足以保障他人安全,施工人还应采取其他有效的安全措施。

对于地面施工致害责任,我国《民法典》第 1258 条第 1 款明确规定,若施工人在公共场所或道路上挖掘、修缮和安装地下设施等造成他人损害,且不能证明已设置明显标志并采取了安全措施,则应承担侵权责任。这意味着,如果施工人无法证明自己无过错,即未能证明"已经设置明显标志和采取安全措施",则会被推定为有过错,并需承担过错推定的侵权责任。"施工人"通常指那些在公共场所或道路上进行挖掘、修缮和安装地下设施等施工活动的单位或个人,他们可能是承包或承揽他人工程的施工单位或个人,有时也可能是为自己的工程进行施工的单位或个人。

在我国,对于地下设施致害责任同样适用过错推定责任原则。地下设施指的是在地面以下通过人力方式修建的窨井、水井、下水道、地下坑道等构造物。窨井特指为了检查或疏通上下水道及其他地下管线而建造的井状构造物。城市地下设施种类繁多,包括输水、输油、输气、输电等设施,这些设施在严格意义上都属于构筑物,通常不需要单独规定其责任归属。但由于《民法典》中相关条款的局限性,为确保法律适用的全面性和严谨性,《民法典》第1258条第2款特别针对地下设施致害责任进行了专门规定:“窨井等地下设施造成他人损害,管理人不能证明尽到管理职责的,应当承担侵权责任。”这里的“管理人”指的是负责地下设施管理和维护的单位或个人,他们可以通过证明已经履行了相应的管理职责来免除责任。关于管理人应尽的维护与管理职责程度,需根据地下设施的具体位置等因素进行综合考量。例如,对于位于道路和公共通道上的地下设施,由于其直接关系到公共安全,管理人需承担高度注意义务。而对于位于私人封闭院落内的地下设施,如院内水井、粪池等,管理人则只需对合法进入该区域的人员承担一定程度的注意义务。

(三)医疗损害责任及其他

我国《民法典》第1222条明确规定了医疗损害责任中的过错推定情形。当患者在诊疗活动中受到损害,且(1)存在医疗机构违反相关法规或诊疗规范的行为,或(2)医疗机构隐匿、拒绝提供病历资料,或(3)遗失、伪造、篡改、违法销毁病历资料时,法律推定医疗机构有过错。这一规定旨在保护患者的合法权益。其中,第1项违法视为过错中的“诊疗规范”范围广泛。2006年,卫生部、国家中医药管理局、解放军总后卫生部三家联合委托中华医学会,由其各医学分会制定了相关的学科《临床诊疗指南》。同时,上述三家又联合下发通知要求:“各级各类医疗卫生机构和学术团体要组织医务人员认真学习《临床诊疗指南》,医疗卫生机构及其医务人员要在执业过程中参照执行。”2006年,卫生部委托中华医学会由其各医学分会制定了《临床技术操作规范》。《民法典》第1222条第3项相较《侵权责任法》第58条第3项增加规定了遗失病历资料的情形,同时将“销毁病历资料”改为“违法销毁病历资料”,更为准确合理。

此外,我国《民法典》还在抛弃物致害(《民法典》第1254条)、非法占有高度危险物中所有人责任(《民法典》第1242条)、动物园动物致害(《民法典》第1248条)、无民事行为能力人在教育机构遭受人身损害(《民法典》第1199条)以及出版物侵害他人著作权[《最高人民法院关于审理著作权民事纠纷案件适用法律若干问题的解释》(法释〔2020〕19 号)第 20 条〕[①]等场景中规定了过错推定责任。这些规定体现了民法对受害人权益的保护,以及对行为人谨慎义务的强调。通过要求行为人证明自己的无过错才能免责,过错推定责任在《民法典》中发挥了重要的作用。

第四节 无过错责任原则

一、无过错责任原则的释义

(一)无过错责任原则的概念

无过错责任与过错责任相对,过错责任要求加害人主观有过错,而无过错责任则不考虑加害人主观是否有过错,只要其行为造成他人损害就要承担法律责任,除非存在法定的免责事由。关于无过错责任的规定主要体现在《民法典》第 1166 条,该条规定"行为人造成他人民事权益损害,不论行为人有无过错,法律规定应当承担侵权责任的,依照其规定"。

无过错责任的法律设定,其核心目的在于强化对受害人的保护,减轻其举证负担,特别是在加害人与受害人实力悬殊的情况下。在侵权法中,无过错责任意味着,无论行为人是否存在过错,只要法律规定其应承担责任,该行为人就必须对其行为或其管领的物造成的损害承担民事责任。对于这一概念,我们可以从以下几个方面进行深入分析:

首先,"无论行为人有无过错"这一表述包含了两层含义。一方面,它免除了受害人对行为人过错的举证责任,这意味着受害人无须证明行为人是否有过错,只需证明损害事实和因果关系即可。另一方面,它限制了行为人通过证明自己没有过错来请求免责的权利,即使行为人能够证明自己在造成损害时没有过错,也不能免除其承担责任的法律义务。

其次,受害人的过错并不影响侵权责任的归责原则。在侵权法中,过错主要分为两种类型:一是加害人的过错,即行为人违反了不得侵害他人权利的义务所产生的过错;二是受害人的过错,指行为人对自己利益的维护有所松懈所产生的过错。所谓无过错责任不需考虑"过错"的存在,是仅指加害人的过错还

---

① 《最高人民法院关于审理著作权民事纠纷案件适用法律若干问题的解释》(法释〔2020〕19 号)第 20 条规定:"出版物侵害他人著作权的,出版者应当根据其过错、侵权程度及损害后果等承担赔偿损失的责任。出版者对其出版行为的授权、稿件来源和署名、所编辑出版物的内容等未尽到合理注意义务的,依据著作权法第四十九条的规定,承担赔偿损失的责任。出版者应对其已尽合理注意义务承担举证责任。"

是兼顾加害人和受害人的过错，学者间存在争议。有学者认为，只有在确定责任时完全不考虑这两种过错的情况，才能称为“无过错责任”。如果仅不考虑加害人的过错而要考虑受害人的过错，那么这并未超出过错责任的范围。[①] 然而，也有学者持不同观点，他们认为所谓的“无过错”或者不考虑过错，主要是指不考虑加害人的过错，但这并不意味着不考虑受害人的过错。[②] 在实际案件中，考虑受害人过错的结果通常是，如果受害人存在过错，加害人的责任会相应减轻。特别是在受害人过错程度较高的情况下，例如受害人故意造成损害，加害人可能会因此完全免责。这种规定在个案中常常作为保持公平的有效手段。一般情况下，无论受害人是否有过错，都不会改变行为人因无过错责任而应承担的责任。然而，这并不意味着也不考虑受害人的过错，相反，按照受害人过错程度不同，可以产生免责或过失相抵等不同的法律效果。

再次，一方面，为平衡当事人利益，减轻加害人的责任，法律往往对无过错责任的损害赔偿最高限额作出规定。比如，《民法典》第 1244 条即规定：“承担高度危险责任，法律规定赔偿限额的，依照其规定，但是行为人有故意或者重大过失的除外。”相较《侵权责任法》第 77 条规定，增加了但书限制适用最高限额。另一方面，当法律规定行为人承担无过错责任，但同时又实行限额赔偿时，如果受害人能够证明加害人有过错，那么应当实行全额赔偿，而不再适用限额赔偿原则。这是因为，在全额赔偿的情况下，加害人的过错程度较高，其应承担的责任也相应增加。此时，如果仍然适用限额赔偿原则，将无法实现对受害人的充分保护。对于一些侵权损害，如果实行全额赔偿会导致赔偿数额过于巨大，使侵权人承担过重的负担，从而妨碍其以社会利益为目的的活动。因此，法律往往会对某些侵权责任的损害赔偿设定最高限额。当损害超过这一限额时，责任人不再承担赔偿责任。这一原则就是限额赔偿原则。如果当事人为了获得更多的赔偿金额，愿意承担较重的举证责任，那么根据意思自治原则，法律应当尊重当事人的选择。

最后，无过错责任不同于无过错补偿。后者指对一定范围之人因意外事故而生的损害予以补偿，不须具备侵权责任要件。《民法典》第 1213 条规定：“机动车发生交通事故造成损害，属于该机动车一方责任的，先由承保机动车强制保险的保险人在强制保险责任限额范围内予以赔偿；不足部分，由承保机动车商业保险的保险人按照保险合同的约定予以赔偿；仍然不足或者没有投保机动

---

① 参见王利明：《侵权行为法归责原则研究》，中国政法大学出版社 1992 年版，第 129 页。

② 参见张新宝：《中国侵权行为法》(第 2 版)，中国社会科学出版社 1998 年版，第 57 页。

车商业保险的，由侵权人赔偿。”依这条规定，机动车与行人发生交通事故时，存在以下两种救济：一是无过错补偿责任，即保险人依机动车强制责任险承担的责任；二是无过错责任，即机动车对非机动车驾驶人、行人承担的交通事故责任。无过错补偿责任在交通事故救济制度中居于第一位，只有超出责任限额的部分才由侵权损害赔偿解决。

（二）无过错责任原则的性质

无过错责任的性质在法学界一直是一个备受争议的话题。传统的观点认为，无过错责任是一种法律责任，因为它涉及对损害的赔偿或补偿。然而，近年来越来越多的学者开始质疑这种观点，他们认为无过错责任并不具备法律责任的本质特征。关于法律责任，当代学者对其认识不一。一些学者认为法律责任应当与法律制裁相联系[①]，形成了处罚论和责任论。而另一些学者则认为法律责任应当与法律制裁区分开[②]，更多地关注损害后果和恢复权利，从而产生了后果论和义务论。然而，无论对法律责任持何种观点者，均承认法律责任与违法行为密不可分[③]，违法行为是承担法律责任的根据，不违法不承担法律责任。

否认无过错责任为法律责任的观点主要有以下几点：首先，法律责任与“反社会的行为”相联系，体现了国家对加害人行为的否定。而无过错责任的行为人从事的行为通常不具有反社会性，是现代社会必要的经济活动。因此，无过错责任并不符合法律责任的传统定义，它更多地具有“恢复权利的性质”[④]。其次，法律责任体现法的制裁性，体现了国家对违法行为的制裁。而无过错责任的基本思想“不在于对具有反社会性行为之制裁”，而是“在于对不幸损害之合理分配”。[⑤] 因此，无过错责任体现不出法律责任的制裁性和教育性。最后，“义务是第一性法定义务，法律责任是违反第一性义务而招致的第二性义务”[⑥]，“而

---

① 参见韩忠谟：《法学绪论》，北京大学出版社 2009 年版，第 65 页；管欧：《法学绪论》，（台湾）蓝星打字排版有限公司印，1982 年第 44 版增订本，第 191 页。

② 参见沈宗灵主编：《法理学》，高等教育出版社 1994 年版，第 404～405 页。

③ 韩忠谟认为：“法之有效推行亦必以实力为其后盾，当法规范的内容受到违反时，它就要借重实力，对于违反者实施处罚或强制，这种处罚或强制，统称为制裁。”[韩忠谟：《法学绪论》，（台湾）雨利美术印刷有限公司 1991 年增订版，第 69 页]管欧认为：“法律的制裁，乃指国家对于违反法律者所予的惩罚。”[管欧：《法学绪论》，（台湾）蓝星打字排版有限公司 1982 年第 44 版增订本，第 191 页]沈宗灵认为：“法律责任指有违法行为或违约行为，也即未履行合同义务或法定义务，或仅因法律规定，而应承受某种不利的法律后果”；法律制裁则“泛指特定国家机关对违法者实行某种惩罚措施。”[沈宗灵主编：《法理学》，高等教育出版社 1994 年版，第 404～405 页]

④ 王利明：《侵权行为法研究》，中国人民大学出版社 2004 年版，第 316 页。

⑤ 参见王泽鉴：《民法学说与判例研究》第 2 册，中国政法大学出版社 1998 年版，第 162 页。

⑥ 张文显：《法哲学范畴研究》，中国政法大学出版社 2001 年版，第 122 页。

所谓的'无过错责任'不是第二性义务，而是第一性义务"[①]，因此，"'无过错责任'不属于本来意义上的法律责任"[②]，而是一种道德上或法律上的补偿义务[③]。特别是当责任保险以及社会保险成为侵权损害的事后救济机制时，无过错责任可能会逐渐被取代。在这种情况下，法律责任的概念可能会逐渐淡化，而更多地关注如何有效地保障受害人的权益。[④]

(三)无过错责任与相关责任的关系辨析

关于无过错责任与结果责任的关系，学者们存在不同的看法。有观点认为"无过错责任"与"结果责任"是同义词，都是指在没有过错的情况下行为人需要对损害结果承担责任。[⑤] 但也有观点认为，尽管两者在形式上相似，但本质上存在区别。史尚宽先生曾指出古代法律倾向于采用原因主义，即认为只要存在因果关系，就应承担损害赔偿责任。"就因极端无责任之负担，反促使责任心之薄弱，不适合实际生活之需求"，因此，罗马法开始采用过失主义。然而，"就近如火车、飞机及其他大企业之发达，危险大为增加，古代无过失责任渐有复活之势"，这种责任被称为"无过失赔偿责任"，亦可称为"结果责任"或"危险责任"。[⑥]王泽鉴先生认为，无过错责任和结果责任的理念完全不同，无过失责任是为了弥补过失主义制度的弊端而设立的，而结果责任则起源于初民时代，当时人类社会尚未能明确区分故意和过失。[⑦]

无过错责任与结果责任虽然都不考虑行为人的过错，但它们在多个方面存在明显的不同，主要体现在：第一，二者产生的时期不同。结果责任形成于法律不发达时期，早已被现代民法所抛弃；无过错责任则是现代法制发展的产物，其在侵权法中的地位日渐提高。第二，二者的适用范围不同。结果责任在古代法律体系中占据主导地位，是主要的法律责任形式；无过错责任作为过错责任的补充，其适用范围受到严格的限制。第三，二者的价值取向不同。无过错责任的核心在于对损害的合理补偿，体现了法律的补偿功能；而结果责任更多地反

---

① 张文显：《法哲学范畴研究》，中国政法大学出版社 2001 年版，第 123 页。

② 张文显：《法哲学范畴研究》，中国政法大学出版社 2001 年版，第 123 页。

③ 参见赵红梅、李修棋：《无过错污染受害者补偿救济的理论与制度选择——一种社会法的观察视角》，《环境资源法论丛》2005 年第 5 卷，第 41～79 页。

④ 参见赵红梅、李修棋：《无过错污染受害者补偿救济的理论与制度选择——一种社会法的观察视角》，《环境资源法论丛》2005 年第 5 卷，第 41～79 页。

⑤ 参见王家福主编：《中国民法学·民法债权》，法律出版社 1991 年版，第 554 页。

⑥ 参见史尚宽：《债法总论》，中国政法大学出版社 2000 版，第 109 页。

⑦ 参见王泽鉴：《侵权行为法之危机及其发展趋势》，王泽鉴：《民法学说与判例研究》（重排合订本），北京大学出版社 2015 年版，第 485～491 页。

映出传统的同态复仇原则,强调法的制裁和威慑作用。第四,二者在不考虑过错的原因上存在不同。无过错责任之所以不考虑加害人的过错,是因为在加害人与受害人之间存在地位不对等的情况。如果要求受害人证明加害人的过错,或者允许加害人通过证明自己无过错而免责,那么受害人可能无法得到应有的赔偿。与此相反,结果责任在其产生和发展的过程中,完全没有意识到过错在法律责任中的重要价值,而是更多地关注损害结果的归责。

无过错责任与严格责任在侵权法中的关系也是一个值得深入探讨的话题。严格责任多在英美侵权行为法中适用。① 根据《牛津法律大辞典》的解释,严格责任是"侵权法中有关责任标准的术语,它比通常的未尽合理注意之普通标准更为严格,但也不是绝对的,它有时是特定标准。在此情况下,如果禁止之损害发生,则不论损害人尽了何种注意,采取了任何预防措施都须承担责任。在承担责任的场合仍有一些抗辩事由,只是很有限,合理注意义务不在其中"②。同样,《布莱克法律辞典》将"严格责任"描述为基于安全的绝对义务的违反,经常适用于异常危险活动或产品责任案件中,并不考虑是过失还是故意损害。该辞典对于"无过错责任""绝对责任"的解释均指引读者"参见严格责任"。③ 美国《侵权法重述(第二次)》第 519 条对"严格责任"的定义如下:第一,从事异常危险活动的人,即使他们已经尽到了最大程度的谨慎以防止损害的发生,仍然需要对因这些活动导致的他人人身、土地和财产损害承担责任;第二,严格责任的适用范围仅限于那些因具有不寻常危险性的行为所导致的损害。④ 从上述定义中,我们可以总结出英美侵权法中严格责任的几个核心特征:首先,严格责任等同于无过错责任⑤,它不考虑当事人尽到何种注意义务,采取何种预防措施,只要损害发生就必须承担责任。其次,严格责任"虽然严格,但非绝对",各国立法实践中,通常允许加害人提出特定的抗辩或免责事由。⑥ 最后,严格责任在多数情况下特指具体的侵权行为类型,如动物侵权、危险活动侵权以及产品责任等。

---

① 参见徐爱国:《英美侵权行为法》,法律出版社 1999 年版,第 110 页。

② [英]戴维 • 沃克:《牛津法律大辞典》,李双元等译,法律出版社 2003 年版,第 1080 页。

③ Bryan A. Garner, *Black's Law Dictionary*, 8 th ed., New York: West, Thomson Business Press, 2004, pp.934, 932.

④ 参见《美国法律整编——侵权行为法》,台湾政治大学法律研究所等译,(台湾)司法周刊杂志社 1986 年印行,第 423 页。

⑤ 《牛津法律大辞典》对"绝对责任"的解释为:在侵权行为和不法行为法上,根据某些制定法的规定,只要发生了某种被禁止的事件就应当承担损害赔偿责任,既不考虑注意的程度及预防措施,也无须举证证明存在疏忽或过错。有时人们把绝对赔偿责任和严格责任混为一谈,但后者的责任标准较低。参见[英]戴维 • 沃克:《牛津法律大辞典》,李双元等译,法律出版社 2003 年版,第 6~7 页。

⑥ 参见王泽鉴:《民法学说与判例研究》第 2 册,中国政法大学出版社 1998 年版,第 22 页。

在我国，学者对于严格责任的理解存在差异，有的学者将其等同于无过错责任[①]，或者等同于过错推定责任[②]；有的则将其视为危险责任[③]，或者将其视为过错推定责任的一部分和无过错责任的大部分[④]；还有的认为它自己独立[⑤]。本书认为，无过错责任和严格责任在本质上并无显著区别，二者具备以下共同特征：第一，因果关系是确定责任归属的最终依据，而行为人的过错并非决定其承担责任的标准。行为人无论是否尽到合理注意，只要他的行为是损害他人的近因，就要承担责任。[⑥] 第二，严格责任和无过错责任都与行为的危险性紧密相连，这种行为的危险性正是二者承担责任的基础。第三，论证严格责任和无过错责任合理性的依据在于它们都是为了维护社会一般的安全义务。第四，严格责任和无过错责任都设有严格的抗辩事由，行为人不能仅凭自己没有过错就请求免责。根据美国《侵权法重述》（第二次）的相关规定，严格责任的免责事由主要包括行为人履行公共职责和受害人故意。[⑦]

"无过错责任"与"危险责任"是两个常被提及但容易混淆的概念。"危险责任"[⑧]主要在德国法中适用，但其定义在德国法中并未明确界定，导致不同学者对其理解存在分歧。[⑨] 有学者认为，德国法上的"危险责任"是指"特定企业、物品或装置的所有人在一定条件下，不问其有无过失，对于此特定企业、物品或装置本身所具有的危险性所负担的责任"[⑩]。也有学者指出，"当一个人承担损害赔偿，仅仅是因为导致损害发生的某种特定的危险活动处于其控制之下时"，始称"危险责任"。[⑪] 尽管学者们对"危险责任"的理解各有侧重，但他们普遍认为

---

① 参见王卫国：《过错责任原则：第三次勃兴》，中国法制出版社 2000 年版，第 286 页；杨立新：《侵权法论》，人民法院出版社 2004 年版，第 133 页。

② 参见王利明：《侵权行为法归责原则研究》，中国政法大学出版社 1992 年版，第 146～151 页。

③ 参见张民安、梅伟：《侵权法》（第 2 版），中山大学出版社 2005 年版，第 56～57 页。

④ 参见张新宝：《中国侵权行为法》（第 2 版），中国社会科学出版社 1998 年版，第二版序言第 6 页。

⑤ 参见王利明：《侵权行为法研究》上卷，中国人民大学出版社 2004 年版，第 270～272 页。

⑥ James A. Henderson, Jr. and Richard N. Pearson, *The Torts Process*, 6th ed., Beijing: CITIC Publishing House Press, 2003, p.413.

⑦ 参见《美国法律整编——侵权行为法》，台湾政治大学法律研究所等译，（台湾）司法周刊杂志社 1986 年印行，第 426 页。例如，《美国侵权法重述（第二次）》第 521 条规定：如果为了执行公共职责而从事异常危险活动，行为人不承担严格责任。

⑧ 参见王泽鉴：《侵权行为法》第 1 册，（台湾）三民书局 1999 年版，第 17 页。

⑨ 对于"危险物侵权"存在不同的称谓，英美侵权法称之为"异常危险活动"或"反常危险活动侵权"，我国《民法典》称之为"高度危险作业侵权"。

⑩ 王泽鉴：《民法学说与判例研究》第 5 册，中国政法大学出版社 1998 年版，第 262 页。

⑪ 参见[德]罗伯特·霍恩、海因·科茨、汉斯·莱塞：《德国民商法导论》，楚建译，中国大百科全书出版社 1996 年版，第 177 页。

危险责任以无过错责任为基础。然而，需要明确的是，危险责任并非一个独立的归责原则。我国《民法典》中，除了危险责任外，还规定了动物致害和环境侵权等，这些侵权行为均适用无过错责任归责原则。因此，不应将危险责任与无过错责任混为一谈。

无过错责任与过错推定责任亦存在区别。在原告的证明责任方面，两者是一致的：原告都需要证明损害行为、损害事实以及两者之间的因果关系。但在其他方面，两者存在显著区别。首先，被告的证明责任不同。在过错推定责任中，一旦因果关系被确认，从损害事实出发，就会推定加害人有过错。为了免责，被告需要证明自己没有过错。而在无过错责任原则下，被告若想免责，则需证明存在特定的抗辩事由来阻断因果关系，如不可抗力、受害人故意或第三人的过错等。其次，两者在价值判断标准上也有所不同。过错推定责任以过错的存在作为确定责任的依据，而无过错责任则以因果关系的存在作为确定责任的依据。再次，两者的功能不同。无过错责任侧重于损害的补偿，而过错推定责任则更强调惩罚功能。最后，两者的适用范围也不相同。尽管有学者认为两者的适用范围大致相同，“在迄今为止的那些适用无过失责任的场合，代之以过错推定是可行的”[①]，但从现行立法来看，无过错责任主要适用于产品质量侵权、危险物和危险作业侵权、环境侵权和动物侵权等情形，而过错推定责任则主要适用于物的损害责任和医疗事故责任等情形。因此，不能简单地将过错推定责任视为无过错责任的替代。

有学者曾试图将公平责任归类于无过错责任的范畴[②]，这种观点未能揭示两者间的本质区别。无过错责任与公平责任在表面上看似相似，实则存在显著差异：第一，在《民法典》中，无过错责任和公平责任分别由不同的条款进行规定。当符合《民法典》第 1166 条时，承担无过错责任；而符合《民法典》第 1186 条时，则承担公平责任。第二，公平责任的承担具有兜底性。它仅在既不能承担过错责任又不能承担无过错责任的情况下，才有适用的空间。换句话说，当“当事人对造成损害都没有过错”时，首先排除过错责任和过错推定责任的承担；若此侵权行为属于适用无过错责任原则的范畴，则责任人承担无过错责任；若不符合无过错责任原则的适用条件，则由双方当事人共同承担公平责任。

(四)无过错责任原则的法律特征

第一，无过错责任原则的适用具有法定性。从域外立法与司法发展来看，

---

① 王卫国：《过错责任原则：第三次勃兴》，中国法制出版社 2000 年版，第 289 页。

② 参见房绍坤、武利中：《公平责任原则质疑》，《西北政法学院学报》1988 年第 1 期。

各国普遍通过特别立法或判例的形式，详细规定了无过错责任原则的具体适用范围。如德国于1884年7月颁布了《劳工伤害保险法》，这部法律明确确立了工业事故中的无过错责任原则，较好地保护了劳工的权益。英国政府于1897年颁布了《劳工补偿法》，规定即使雇主没有过失，而受害的雇员及其同伴和第三人对事故损害存在过失，雇主仍需对雇员在受雇期间的伤害承担赔偿责任。法国亦在1898年4月通过了《劳工赔偿法》，该法针对工业事故导致的劳工死亡和伤害情况，同样采纳了无过错责任原则来确定赔偿责任。这些立法实践表明，在19世纪，无过错责任原则已在工业事故领域得到了广泛的适用。

第二，无过错责任原则的适用具有明确性。无过错责任立法上通常采取列举的方式，针对特定的事项进行特别规定。依据我国现行立法和司法实践，一般认为，对于诸如高速交通工具、高压电力、原子能、爆炸物、剧毒品等致人损害的高度危险活动或危险物致害适用无过错责任原则①，对于产品质量引发的侵权一般适用无过错责任原则，对于环境侵权和饲养的动物致害一般也应适用无过错责任原则。

第三，无过错责任原则的适用常伴随着责任限制。为平衡当事人利益，减轻加害人的责任，法律对无过错责任的损害赔偿设定了最高限额，即实行限额赔偿。这种限额赔偿原则，也称作"部分赔偿原则"，指依据法律的特别规定，对于某些侵权损害，若实行全部赔偿，则赔偿数额过于巨大，令侵权人负担过重，有碍侵权人以社会利益为目的进行活动，因此侵权人对受害人的最高赔偿额有所限定，对超过这一最高赔偿额的损害，责任人不予赔偿。例如，《葡萄牙民法典》对汽车驾驶员和从事电气运输、作业企业的无过失责任设定了明确的赔偿范围上限，德国法也为铁路、公路企业、电气运输和作业企业、机动车驾驶员、飞机驾驶员以及原子能设施所有人等设定了责任赔偿的限额。② 我国现行立法也在此方面有所体现，对于海上旅客运输、铁路旅客运输以及国内航空旅客运输损害的责任人，均设定了最高赔偿限额。例如，《铁路交通事故应急救援和调查处理条例》明确规定，铁路运输企业对每名铁路旅客人身伤亡的赔偿责任限额为人民币15万元，对每名铁路旅客自带行李损失的赔偿责任限额为人民币2000元。铁路运输企业与铁路旅客可以书面约定高于上述规定的赔偿责任限额。同样，《国内航空运输承运人赔偿责任限额规定》也详细列明了对每名旅客、其随身携带物品以及托运行李的赔偿责任限额。

---

① 参见《俄罗斯民法典》第1079条；《越南民法典》第623条；于敏：《机动车损害赔偿责任与过失相抵》，法律出版社2004年版，第134～135页。

② 参见王利明：《论无过失责任》，《比较法研究》1991年第2期。

第四,无过错责任与责任保险制度紧密相连。无过错责任原则是侵权法的重要组成部分,旨在分担损害;而责任保险作为一种损害分担机制,同样发挥着举足轻重的作用。首先,责任保险制度有效减轻了被保险人(即加害人)因潜在侵权责任而承受的心理压力和经济负担。随着社会各领域的发展,无过错责任的适用范围逐渐扩大,使得受害人更容易获得赔偿。然而,这也给加害人带来了更大的责任压力,可能导致其创新积极性降低。责任保险制度的存在,使得加害人能够从繁重的侵权责任中解脱出来,专注于其核心业务。其次,责任保险制度为受害人提供了及时、有效的救济途径。当加害人缺乏赔偿能力时,受害人的权益往往难以得到保障。而责任保险通过将风险分散到整个社会,确保了受害人能够及时获得赔偿,实现了损害赔偿的社会化。此外,责任保险制度在实际应用中为侵权人和受害人双方都带来了便利。一旦发生损害事故,受害人可以选择向保险人或侵权人求偿,简化了赔偿流程。对于侵权人来说,由于赔偿责任由保险公司承担,减少了潜在的纠纷和程序性困扰。

自责任保险诞生以来,它已逐步深入到各个行业,成为特定行业从业者不可或缺的前提条件。① 责任保险无疑为侵权法的发展提供了新的契机,但从其制度功能来看,它在威慑和警示行为人方面显得相对薄弱,无法起到明显的道德谴责作用。以功利主义为基础的成本-效益责任论的支持者担忧,责任保险的替代作用可能导致一般预防功能的丧失,甚至可能引发事故率上升。② 因此,即使在人身侵害这一最有可能被综合社会赔偿计划所替代的领域,侵权行为法"仍将继续发挥作用,或者与保险计划共同发挥作用"③。这是因为侵权责任体现了行为人需对自己的过错或违法行为负责的社会价值原则,这种原则能激发人们的责任感,而责任感正是文明社会的基石。④ 如前所述,无过错责任原则的适用受到法律的严格限制,仅限于法律针对特定事项作出的特别规定。因此,无过错责任原则表现出封闭性而非开放性的特征。然而,随着社会的不断发展,新的理论上符合无过错责任原则的侵权行为不断涌现。当立法未能及时针对这些行为作出明确规定时,无过错责任原则便无法适用,这与现代社会的发展需求形成了矛盾。因此,仅仅依靠特别立法来调整无过错责任原则的适用显

---

① John G. Fleming, *An Introduction to the Law of Torts*, Oxford: Clarendon Press, 1968, p.9.

② John G. Fleming, *An Introduction to the Law of Torts*, Oxford: Clarendon Press, 1968, p.9.

③ Izhak Englard, *The Philosophy of Tort law*, London: Dartmouth Publishing Co. Ltd. Press, 1993, p.116.

④ Glanville Williams, B. A. Hepple, *Foundations of the Law of Tort*, London: Butterworths Press, 1984, p.196.

得捉襟见肘，缺乏足够的灵活性。为此，有必要为法官留下一定的空间，使其能够创造性地运用法律调整新出现的法律关系。

二、无过错责任原则的地位

(一)无过错责任原则的形成与发展

侵权是一种具有悠久历史的法律现象，其中过错长期作为侵权责任的构成要件对侵权责任产生深远影响。然而，无过错责任原则的出现，则是法律文明发展到一定阶段的产物。

首先，社会生产的发展推动了无过错责任原则的形成。20 世纪是机器的运用、工厂的发展和工业化的形成时期，此时的事故往往发生在复杂的机器设备运转过程中，事故的发生并非完全出于行为人的意志控制。因此，那些由行为人主观过错造成的损害在总体损害中的比例呈现出下降的趋势。[①] 在这种情形下，要求受害人证明加害人的过错变得极为困难，有时甚至不可能。当受害者频繁得不到赔偿，社会的和谐与进步受到阻碍时，无过错责任原则应运而生。它不再过分依赖行为人的过错作为责任构成的核心，从而使得“过错”在侵权责任中的核心地位受到了挑战。无过错责任原则的出现，适应了社会发展的需求，体现了法律文明对复杂社会现象的回应与调整。

其次，法理学基础的变化也为无过错责任原则的发展提供了理论支撑。随着实证哲学对理性哲学的取代，以实证哲学为支撑的社会学法学开始流行。到 19 世纪末 20 世纪初，社会学法学呈现出取代自然法学的态势，狄骥的社会连带主义法学就是其中的代表。社会连带主义法学强调人们之间的相互依赖和连带关系，“即他们共同地加以满足；他们有不同的才能和需要，只有使他们相互服务才能得到满足。因而，人们如果想存在，就必须遵守社会连带关系的社会法则”[②]。基于对社会连带的思考，狄骥反对将国家主权和个人自然权利作为绝对的概念。他认为，国家有义务实现社会连带，而个人也有义务履行这种连带。在这种观念下，“任何人所有的权利都是始终履行其义务的权利”[③]。这种观念影响了侵权法的价值取向，促使无过错责任原则得以发展。

---

① 参见[英]彼得·斯坦、约翰·香德：《西方社会的法律价值》，王献平译，中国人民公安大学出版社 1990 年版，第 154 页。

② [法]狄骥：《国家、客观法和实在法》，转引自沈宗灵：《现代西方法理学》，北京大学出版社 1992 年版，第 259 页。

③ [法]狄骥：《国家、客观法和实在法》，转引自沈宗灵：《现代西方法理学》，北京大学出版社 1992 年版，第 44 页。

再次，侵权法本身的演进也是无过错责任原则发展的重要驱动力。随着事故损害特征的变化，由个体性、随机性和简单性向团体性、必然性和复杂性转变，传统的过错责任原则受到了挑战。由于事故频发，且其中许多超出了行为人的意志控制，这使得过错作为侵权法的核心受到了质疑。侵权法的调整范围亟须扩展以应对这一挑战。正如一位法国法官所言，1804 年的《法国民法典》中关于过失责任的规定是基于马车和保险尚不发达的时代背景，若将其应用于现代汽车交通事故，无疑是浪费时间和精力。[①] 因此，当法律赖以存在的社会条件发生变化时，侵权法的调整范围必须相应调整。除了过错造成的损害需要行为人承担侵权责任外，部分非因行为人过错造成的损害也应纳入侵权法的调整范畴。一元化的归责原则已无法适应快速变化的社会需求，因此，无过错责任原则的产生成为必然。

最后，侵权法救济功能的局限性也为无过错责任原则的发展提供了契机。传统侵权法在赔偿责任成立与确定方面存在诉讼迟延、高额花费、赔偿不确定以及加害人有限赔偿等局限性。而责任保险制度的出现恰好能够弥补这些缺陷，它与无过错责任原则相伴而生，共同促进了侵权法的完善和发展。

(二)无过错责任原则作为独立归责原则的必要性

恩格斯指出："原则只有在适合于自然界和历史的情况下才是正确的。这是对事物的唯一唯物主义的观点。"[②]归责原则体系也不例外。归责原则体系是指，由各种归责原则组成的具有内在逻辑联系的系统结构。一个合理的归责原则体系有助于侵权法的系统化构建。[③]

关于侵权责任归责原则体系，不同时期存在不同的观点，这些观点主要源于各国学者对各国侵权立法和司法的深入研究。这些观点不可避免地受到各国特定的社会经济条件、历史习惯和文化传统等因素的影响。在归责原则体系中，比较有代表性的有以下三种学说：其一，一元归责原则说。这一学说分为过错责任归责原则说和危险责任归责原则说。英国学者温菲尔德是过错责任归责原则的代表人物，他认为危险责任应包含在过错责任中，并以此为基础建立一元归责原则。[④] 与此不同，苏联民法学者大多主张单一的过错责任原则，否认无过错责任的归责原则地位。他们认为过错是侵权责任的必备要素，因此"不

---

① Simon Deakin, Angus Johnston, and Basil Markesinis, *Markesinis and Deakin's Tort Law*, Oxford: Oxford University Press, 1989, pp.46-47.

② 《马克思恩格斯选集》第 3 卷，人民出版社 2012 年版，第 74 页。

③ 参见王利明：《侵权行为法研究》，中国人民大学出版社 2004 年版，第 204 页。

④ 参见王家福主编：《民法债权》，法律出版社 1991 年版，第 411～412 页。

是所造成的一般损害都给予赔偿,只因加害人的过错所发生的损害才给予赔偿"[①]。马特维也夫强调了民事责任的积极教育职能,认为其"通过民事责任的各项主观根据而特别有力地显露了出来",而"违反社会主义法律秩序的人的以故意或过失为形式的过错,便是这种主观根据"。[②] 而德国学者穆勒则主张危险责任归责原则,他认为民事责任应基于行为者形成危险而归责,故意和过失都会促进危险的形成,性质上属于"危险责任"的一部分。[③] 其二,二元归责原则说。这一学说在大陆法系国家影响甚大,主要观点为侵权法应以过错责任和无过错责任作为归责原则,并将无过错责任作为过错责任的补充。其三,三元归责原则说。相较于一元和二元归责原则说,三元归责原则说发展较晚。美国学者庞德是该学说的代表人物,在庞德看来,侵权行为可以区分为故意侵权、过失侵权和持有危险物或从事危险作业者的致害行为,因此,侵权责任归责原则也应包括故意归责、过失归责及危险归责三种。[④] 比较上述各种学说,可以认为,单一的归责原则并不符合社会经济发展的需求,归责原则的多元化已是侵权法的发展趋势。

在我国,关于无过错责任原则是否可以作为归责原则,历来存在不同的观点。否定其作为归责原则的理由主要有以下几点:首先,我国立法上明确规定了过错责任原则,即有过错有责任,无过错则无责任。同时,立法也规定了例外情况,即在行为人无过错时也需要承担责任。无过错责任属于例外情形。尽管扩大无过错责任的范围已成为世界性趋势,但这并不足以将其称为"无过错责任原则"。[⑤] 因此,过错责任原则仍应被视为一般归责原则,而其他责任形式则作为过错责任原则的补充。其次,归责原则"是确定责任归属所必须依据的法律准则",它所要解决的就是"依据何种事实状态确定责任的归属问题"。[⑥] 因此,归责原则是判断责任归属的根本依据,理应具备正面说明性的特征。然而,无过错原则并未提供足够的正面解释为何某些案件中的加害人应当承担责任,而只是简单地指出加害人无须过错也应承担责任。这种缺乏明确解释的做法使得无过错原则难以作为一个有效的归责原则。更为严重的是,无过错原则试图以一个与责任决定无关的因素来充当"决定责任的最终标准",这种做法显然

① [苏]约菲:《损害赔偿的债》,法律出版社 1956 年版,第 29 页。

② [苏]马特维也夫:《苏维埃民法中的过错》,法律出版社 1958 年版,第 11 页。

③ 参见[德]马克斯·吕梅林:《德国法中的危险责任》,(柏林)古滕塔格出版社 1896 年版,第 23 页。

④ 参见王泽鉴:《侵权行为法》第 1 册,(台湾)三民书局 1999 年版,第 45 页。

⑤ 参见江平:《中华人民共和国民法通则剖析》,《中国政法大学学报》1986 年第 1 期。

⑥ 王卫国:《过错责任原则:第三次勃兴》,中国法制出版社 2000 年版,第 245 页。

是不合理的。[①] 最后，法律责任通常具有教育和预防的功能，但无过错责任原则在这一点上并不明显。如果无过错责任的适用范围进一步扩大，可能会模糊合法与非法、正义与非正义的界限，从而对法律体系造成一定的冲击。

归责原则的成立并不取决于其被适用的频率，更重要的是其功能的重要性和在整个法律体系中的必要性。随着社会的发展和法律体系的完善，无过错责任原则在保护受害者权益、平衡社会利益等方面发挥着越来越重要的作用。因此，承认无过错责任原则是侵权责任的归责原则是有必要的。此外，无过错责任原则还体现了法律对公平正义的追求。在某些特定情况下，即使行为人没有过错，也可能需要对损害结果承担责任。这种归责原则有助于保护弱势群体的权益，实现社会公平和正义。同时，无过错责任原则还有助于预防和减少损害的发生。通过让行为人承担无过错责任，可以促使其更加谨慎地行事，采取必要的预防措施，从而避免或减少损害的发生。因此，尽管无过错责任原则在适用上存在一定的争议和挑战，但其作为侵权责任的归责原则仍具有合理性和必要性。

三、无过错责任原则的适用范围

无过错责任原则主要适用于哪些类型的侵权行为，是一个明确且具体的问题。根据我国《民法典》第 1166 条的规定，无过错责任原则的适用范围必须由法律明确规定。这些规定不仅包括了《民法典》侵权责任编中明确列出的适用无过错责任原则的特殊侵权责任条款，还扩展到了其他单行法规和司法解释，如《道路交通安全法》《铁路法》《产品责任法》《环境保护法》《水污染防治法》《工伤保险条例》以及《人身损害赔偿司法解释》(法释〔2022〕14 号)等。根据我国现行的立法和司法实践，无过错责任原则的适用范围广泛而具体，主要包括以下几个方面：单位责任，即单位对其工作人员在执行职务过程中造成的损害承担责任；产品责任，即因产品缺陷导致的损害；高度危险责任，这涵盖了危险物和危险活动所引起的损害；环境污染和生态破坏责任，即对环境和生态造成不良影响的责任承担；以及饲养动物损害责任，如宠物咬伤等情形下的责任承担；等等。这些规定确保了无过错责任原则在法律实践中得到正确且统一的应用。

(一)用人单位责任

《民法典》第 1191 条规定了用人单位责任，明确了用人单位的工作人员执

---

① 参见胡雪梅：《从梁慧星教授与胡雪梅博士之争到动物权利保护——从〈“过错”的死亡〉到〈我为动物痛与呼〉》，http://romanlaw.cn/subani-22.htm。

行工作任务造成他人损害时用人单位和接受劳务派遣单位的无过错责任。[①] 相比《侵权责任法》第 34 条，其存在下列变化：

其一，明确了用人单位承担侵权责任后，可以向有故意或者重大过失的工作人员追偿。同理，在个人之间形成劳务关系时，接受劳务一方承担侵权责任后，可以向有故意或者重大过失的提供劳务一方追偿。由此提高了工作人员或提供劳务一方的注意义务，内部责任分担更加合理。

其二，劳务派遣期间，被派遣的工作人员因执行工作任务造成他人损害的，由接受劳务派遣的用工单位承担侵权责任；劳务派遣单位有过错的，承担相应的责任而不是相应的补充责任。派遣单位承担责任不再具有后顺位性，更加符合责任自负原则。《民法典侵权责任编司法解释》(法释〔2024〕12 号)第 16 条进一步细化规定了“劳务派遣单位在不当选派工作人员、未依法履行培训义务等过错范围内”承担责任，若劳务派遣单位先行支付赔偿费用超过自己相应责任部分，则可以向接受劳务派遣的用工单位追偿。

其三，吸收《人身损害赔偿司法解释》(法释〔2022〕14 号)，《民法典》第 1191 条规定：提供劳务期间，因第三人的行为造成提供劳务一方损害的，提供劳务一方有权请求第三人承担侵权责任，也有权请求接受劳务一方给予补偿。接受劳务一方补偿后，可以向第三人追偿。相比《人身损害赔偿司法解释》(法释〔2022〕14 号)司法解释，《民法典》第 1191 条的变动是：将雇主承担赔偿责任改为接受劳务一方给予补偿，更为符合补偿责任公平责任的性质；即便是补偿后，也可以向第三人追偿，从而使此处的补偿不具有终局性。

(二)产品侵权责任

产品侵权是在 20 世纪上半叶产生的一种新的侵权责任类型，是指有缺陷的产品造成他人财产、人身损害，产品的制造者、销售者所应承担的特殊侵权责任。在界定产品责任时，如何定义“缺陷产品”是核心问题。《产品质量法》第 2 条第 2 款明确规定了“产品”的定义：“本法所称的产品是指经过加工、制作，用于销售的产品。”可以认为，“经过加工、制作”和“用于销售”是产品的必备条件，未经过加工、制作的自然物或不能进入流通领域的物品不属于此范畴。产品范围最初主要限于与人体健康紧密相关的如食品、药品、化妆品等，但现在已经扩

① 根据《民法典》第 1191 条的规定，用人单位的工作人员因执行工作任务造成他人损害的，由用人单位承担侵权责任。用人单位承担侵权责任后，可以向有故意或者重大过失的工作人员追偿。劳务派遣期间，被派遣的工作人员因执行工作任务造成他人损害的，由接受劳务派遣的用工单位承担侵权责任；劳务派遣单位有过错的，承担相应的责任。

大到了其他众多产品。至于"缺陷"的定义,《产品质量法》第 46 条给出了明确说明:"本法所称缺陷,是指产品存在危及人身、他人财产安全的不合理的危险;产品有保障人体健康和人身、财产安全的国家标准、行业标准的,是指不符合该标准。"缺陷可以分为设计缺陷、制造缺陷和使用说明或警示缺陷。设计缺陷是指产品设计本身存在安全性能的不合理;制造缺陷是指产品的物理状况与其设计意图相悖,通常表现为产品不符合其应有的性能或用途①;而使用说明或警示缺陷则指产品制造者未对产品使用或潜在危险给予必要的说明和警告,从而对使用者构成不合理危险。

1.产品生产者的责任

当产品存在缺陷并导致他人人身或财产受损时,生产者应承担赔偿责任。关于产品致害的责任归属,曾出现过产品制造者是承担过错责任还是无过错责任的争议。在 1932 年的"多诺霍诉史蒂文森"②一案中,英国上议院确立了过错责任原则,即制造商对有缺陷的产品造成的损害有过错时承担责任。但随着时间推移,这一原则的弊端逐渐显现,因为过错责任要求受害人承担较重的举证责任,这在实践中往往非常困难。为了更好地保护消费者权益,从 20 世纪 70 年代开始,英国司法大臣、法制委员会等立法部门开始反思并尝试在产品责任法领域引入无过错责任原则。现在,各国立法普遍规定产品制造者的责任为无过错责任。《欧共体产品责任指令》(85/374 号)第 1 条规定:"生产者对因其产品的缺陷造成的损害应承担赔偿责任。"《日本制造物责任法》第 3 条规定:"制造业者等……因其所交付之物的缺陷损害他人的生命、身体或财产时,对所生损害承担损害赔偿责任。"我国《民法典》1202 条和《产品质量法》第 41 条也作了类似规定。

就上述规定而言,明确"产品制造者"的范围非常重要。《欧共体产品责任指令》第 3 条对此给出了具体定义:"生产者是指成品的生产者、原料的生产者、零配件的生产者,以及任何在产品上标示自己姓名、商标或其他区别性标志以表明自己是生产者的人。"我国的《民法典》和《产品质量法》使用了"产品生产者"的概念,但未给出明确定义。不过,在 2002 年最高人民法院的一个批复中

---

① 参见美国法律研究院:《侵权法重述第三版:产品责任》,肖永平等译,法律出版社 2006 年版,第 2 页。

② 1928 年 8 月 26 日,多诺霍偕其友到苏格兰佩斯利地方的一家咖啡馆,其朋友为其购买了一瓶姜汁啤酒,侍者为多诺霍倒酒时,因酒瓶是不透明的,多诺霍并未发现有什么异样,仍放心饮用。其后,当其朋友再为其添酒之际,突然浮出腐败的蜗牛躯体。多诺霍看到这些,想到刚才所饮的不洁之物,深感震惊,随即便昏厥过去,而且还得了严重的胃肠炎,使其健康蒙受损害。于是她起诉生产者史蒂文森要求赔偿损失。

明确提到:任何在产品上体现自己姓名、名称、商标或其他可识别标识的企业或个人,都被视为产品的制造者。[①]

2.产品销售者的责任

产品销售者的责任,是指因产品存在缺陷而对他人人身或财产造成损害时,销售者所需承担的赔偿责任。这一责任经历了从单纯的违约责任到侵权责任的演变过程。

在 20 世纪之前,对标的物品质的担保是一种明示的担保,该种担保责任的基础是双方之间的明确约定,即产品的销售者向消费者承诺产品质量符合说明或陈述时所承诺的标准,若产品未能达到这一标准,消费者可以请求退货或赔偿。随着时间的推移,明示担保逐渐发展为默示担保,意味着对于交付标的物的合同履行行为,即使双方之间没有明确的约定,销售者都需承担所售产品的瑕疵担保责任。

然而,如果我们将产品责任仅限于违约担保责任,那么其保护范围将仅限于与销售者存在契约关系的消费者,这无疑对第三方构成了不公平。为了弥补这一缺陷,《美国统一商法典》对担保的保护范围进行了扩展,将那些可以合理预期会使用或受到产品影响的人,如买者的亲属、家庭佣人或客人等,也纳入了保护范围。[②] 但是,当缺陷产品的使用对上述主体之外的人造成伤害时,销售者是否应承担责任呢? 对此,《美国侵权行为法重述》第 402A 条给出了明确的答案:即使产品的使用人或消费者并未直接从销售者处购买产品,或者与销售者没有直接的契约关系,销售者仍应对因产品缺陷导致的消费者或其财产的实体伤害承担责任。这意味着,产品责任已经从单纯的违约责任发展为侵权责任,从而扩大了赔偿权利人的范围。当缺陷产品导致第三人受到损害时,第三人完全有权通过提起侵权损害赔偿诉讼来维护自己的权益。

既然销售者的责任是一种侵权责任,那么侵权责任的构成是否要求销售者存在过错呢?《美国侵权行为法重述》第 402A 条认为,销售者的责任是一种无过错责任,不以销售者存在过错作为责任要件:出卖人从事出售该种产品的营

① 最高人民法院审判委员会 2002 年 7 月 4 日第 1229 次会议通过的《关于产品侵权案件的受害人能否以产品的商标所有人为被告提起民事诉讼的批复》曾经作出过明确表示:“任何将自己的姓名、名称、商标或者可资识别的其他标识体现在产品上,表示其为产品制造者的企业或个人,均属于《中华人民共和国民法通则》第一百二十二条规定的‘产品制造者’和《中华人民共和国产品质量法》规定的‘生产者’。”很显然,该批复对“产品制造者”的解释参考了《欧共体产品责任指令》的上述规定。

② 《美国统一商法典》第 2 章第 318 条对担保的保护范围作了扩展:“如果能合理地认为买者的亲属、家庭佣人或客人等自然人将会使用、消费出售的产品或受到这些产品的影响,那么卖者明示或默示的担保应扩大到这些人。”

业并且产品预期实际到达使用人或消费者，且其情况无重大改变，即使该出卖人在出售时已行使所有可能的注意义务，出售人应就产品的缺陷情况最终致使用人或消费者或其财产受到实体伤害承担责任，即使该使用人或消费者未向出卖人购买该产品，或者未与出卖人缔结任何契约关系。[①]

我国《侵权责任法》第 42 条第 1 款[②]、《产品质量法》第 42 条第 1 款皆单独规定了销售者的过错责任。但《民法典》第 1203 条不再单独规定销售者责任，而是规定了被侵权人在请求损害赔偿时的选择权，他们可以选择向产品的生产者或销售者请求赔偿，明确了生产者和销售者之间的不真正连带责任。据此无法判明销售者的归责原则。该条同时规定，一旦确定了责任方，赔偿方在赔偿后有权向责任方追偿。在确定追偿责任人时，该条区分了生产者和销售者，对后者限定了过错要件，即"因销售者的过错使产品存在缺陷的"，销售者才会被追偿。据此，销售者对产品缺陷致害承担过错追偿责任。此外，根据《产品质量法》第 42 条第 2 款的规定，如果销售者无法指明缺陷产品的生产者或供货者，那么赔偿责任将由销售者承担。这意味着，销售者具有指明缺陷产品的生产者的法定义务，如果销售者不能指明该缺陷产品的生产者，则由其承担赔偿责任。

在产品责任中，还须注意以下特殊情形：其一，针对产品自损是否属于产品责任中的财产损害这一争议，《民法典侵权责任编司法解释》(法释〔2024〕12 号)第 19 条对此作出了明确规定："因产品存在缺陷造成买受人财产损害，买受人请求产品的生产者或者销售者赔偿缺陷产品本身损害以及其他财产损害的，人民法院依照民法典第一千二百零二条、第一千二百零三条的规定予以支持。"其二，依据《民法典》第 1204 条，在运输者、仓储者等第三人过错使产品存在缺陷致害时，第三人不是侵权主体，而是追偿对象。其三，依据《民法典》第 1206 条，产品投入流通后发现存在缺陷的，生产者、销售者应当及时采取停止销售、警示、召回等补救措施。未及时采取补救措施或者补救措施不力造成损害扩大的，对扩大的损害也应当承担侵权责任。生产者、销售者应当负担被侵权人因产品被召回而支出的必要费用。相较《侵权责任法》，其增加规定了停止侵害的救济方式，召回所产生的费用由生产者、销售者承担。其四，《民法典》第 1207 条将惩罚性赔偿的理由扩至召回没有采取有效措施。其五，在医药领域特别保护患者权益，增加责任主体。《民法典》第 1223 条规定，因药品、消毒产品、医疗器械的缺陷，或者输入不合格的血液造成患者损害的，患者可以向药品上市许

---

① 参见《美国法律整编——侵权行为法》，台湾政治大学法律研究所等译，(台湾)司法周刊杂志社 1986 年印行，第 319～320 页。

② 现已失效。

可持有人、生产者、血液提供机构请求赔偿,也可以向医疗机构请求赔偿。患者向医疗机构请求赔偿的,医疗机构赔偿后,有权向负有责任的药品上市许可持有人、生产者、血液提供机构追偿。

（三）高度危险责任

高度危险责任是指从事高空、高压、易燃、易爆、剧毒、放射性、高速运输工具等对周围环境有高度危险的作业或危险物造成他人损害,所应当承担的民事责任。高度危险作业或危险物致人损害实质规定了两类侵权行为,一是高度危险作业致人损害,二是危险物致人损害。

高度危险作业致害责任,是指行为人从事危险行为时造成了他人损害,应当承担的民事责任。这类作业包括但不限于从事高空建筑施工行为、石油和液化气的供应或运送行为、核材料的存储与运输行为,以及机动车和其他高速交通工具致人损害的行为等。而危险物致害责任,则是指当危险物的所有人或管理人在占有、管理危险物时造成他人损害的,应当承担的民事责任。这些危险物可以是易燃、易爆、剧毒、放射性物质,还包括高压输电线路和其他高压设施。① 对于上述侵权行为,如何判断作业或物的高度危险性至关重要。根据《美国侵权法重述(第二)》第 520 条的规定,当决定一行为是否具有高度危险,可以参考下列因素:对他人人身或财产具有高度危险性;该危险性导致他人损害的可能性较大;合理注意无法减免该危险;该行为对社会的价值与该行为对社会的危害不成比例。②

1.高度危险责任的归责原则

由于作业和物品的高度危险性,即便作业人或占有人(管理人)已尽到最大注意义务,仍难以避免给他人造成损害。因此,各国立法普遍规定,在高度危险作业或危险物致人损害的情况下,作业人或占有人(管理人)应承担无过错责任。现代高度危险作业赔偿制度的立法先河可追溯到 1838 年的《普鲁士铁路企业法》,该法明文规定:“铁路公司所运输的人及物,或因转运之事故对别的人及物造成损害,应负赔偿责任。容易致人损害的企业虽企业主毫无过失,亦不得以无过失为免除赔偿的理由。”此后,大陆法系国家纷纷通过单行法来确立高度危险作业的侵权责任,如德国的《帝国责任义务法》《陆上交通法》《空中交通

① 《最高人民法院关于审理触电人身损害赔偿案件若干问题的解释》(法释〔2001〕3 号,已失效)第 1 条规定:“民法通则第一百二十三条所规定的‘高压’包括 1 千伏(kV)及其以上电压等级的高压电;1 千伏(kV)以下电压等级为非高压电。”

② 参见《美国法律整编——侵权行为法》,台湾政治大学法律研究所等译,(台湾)司法周刊杂志社 1986 年印行,第 424 页。

法》以及《安全利用核能和防范核能危险法》，加拿大的《核责任法》等，这些立法均明确规定高度危险作业适用无过错责任原则。我国《民法典》第1236条也规定："从事高度危险作业造成他人损害的，应当承担民事责任。"特别指出的是，我国立法模式上采取了一般条款和类型化结合的技术。除了《民法典》第1236条外，其还分设不同条款对不同类型的高度危险致害责任一一作出规定，区分了不同危险致害责任的免责事由。

在英美法系国家，同样有立法规范高度危险作业。例如，英国于1965年颁布了《原子能装置法》，美国于1986年颁布了《原子能法》，这两部法律都明确规定了对于原子能引起的损害适用无过错责任原则，即使遭遇不可抗力也不能免除责任。在制定法以外，英美法院的法官也可以确认某些行为为高度危险行为，如打桩机的作业、运输和贮存易爆物品、用货车运输汽油等都属于高度危险行为，这些行为造成的损害同样适用无过错责任原则。

高度危险作业或危险物致害适用无过错责任原则的理论依据主要有四种学说。第一，风险说：作业人为自己利益而经营某项事业就应当承担由此所产生的风险。第二，公平说：作业人从其所支配的物或作业中获利，则应对此产生的损害承担责任。第三，遏制说：由事故原因的控制者承担责任，可以促使其采取防范措施遏制事故的发生。第四，利益均衡说：适用无过失责任，以实现损失的合理分配。① 在本书看来，高度危险作业属于营利性的营业活动，因此以风险说作为无过错责任的理论基础来解释高度危险作业致人损害的赔偿责任更为合理。

2.高度危险责任的承担

易燃、易爆、剧毒、放射性等危险物品致人损害的，由其所有人、占有人或管理人承担侵权责任。若这些危险物品被非法占有并给他人带来损害，那么非法占有人需承担侵权责任。如果原所有人、占有人或管理人对危险物品被非法占有存在过错，那么他们需与非法占有人共同承担连带责任。

当危险物品遗失或被抛弃，且在未被他人占有前因其自身的危险性质导致损害时，原所有人需承担侵权责任。在运输过程中，若危险物品导致他人损害，且运送人无法证明自己无过错，那么运送人应与托运人共同承担连带责任。同样，若仓储中的危险物品给他人造成损害，仓储人应与所有人共同承担连带责任。当不同主体所有的高度危险物储藏在同一处，并因其高度危险性质导致他

---

① 参见张新宝：《高度危险作业致人损害的责任》(上)，http://www.civillaw.com.cn/article/default.asp? id=12483。

人损害，且无法确定具体是由哪个物品造成时，各所有人与仓储人需共同承担连带责任。

（四）环境污染和生态破坏责任

环境污染和生态破坏责任，是指行为人因排放污染物或其他破坏环境的行为，导致环境污染或生态环境破坏，进而造成受害人的人身损害和财产损害，依法应承担相应侵权责任的行为。这种侵权行为涉及对环境的破坏和对受害者权益的侵害，行为人需依法承担相应的法律后果。

关于环境污染和生态破坏，各国通常区分不同侵权类型适用不同的归责原则。以德国为例，环境污染损害被区分为经许可的营业活动引起的污染损害和一般活动引起的污染损害，前者适用无过错责任原则，后者则适用过错责任原则。[①] 而在日本，《公害对策基本法》规定了七大典型公害，其中仅大气污染和水质污染造成的损害适用无过错责任原则。[②] 在英美法系国家，提起环境侵权救济时，可以基于过失、异常危险活动或妨害行为作为诉因。这些不同的诉因导致适用的归责原则各异，其中以异常危险活动或妨害行为作为诉因时，往往导致无过错责任原则的适用。随着法律的发展，污染环境致人损害的侵权行为归责原则倾向于从过错责任逐步发展到无过错责任主义。[③] 例如，德国在 1974 年颁布的《联邦污染控制法》和 1991 年颁布的《环境责任法》中明确规定了环境侵权的无过失责任。而在日本，公害赔偿从过错责任向无过失责任的发展脉络十分清晰。[④]

在我国，环境污染和生态破坏侵权应适用无过错责任原则。这一原则在《民法典》第 1229 条中得到了明确体现，该条规定“因污染环境、破坏生态造成他人损害的，侵权人应当承担侵权责任”，即无论侵权人是否存在过错，只要其行为导致了环境污染或生态破坏，并给他人造成了损害，就应承担相应的侵权责任。《最高人民法院关于审理环境侵权责任纠纷案件适用法律若干问题的解释》（法释〔2020〕17 号，已失效，以下简称《环境侵权司法解释》）第 1 条第 1 款亦直接规定，因污染环境、破坏生态造成他人损害，不论侵权人有无过错，侵权人应当承担侵权责任。此外，其他相关法律法规也进一步确认了无过错责任原则在具体环境侵权中的适用。《水污染防治法》第 96 条第 1 款规定：“因水污染受到损害的当事人，有权要求排污方排除危害和赔偿损失。”同样，《大气污染防治

① 参见蔡守秋主编：《环境资源法学教程》，武汉大学出版社 2000 年版，第 533 页。

② 参见蔡守秋主编：《环境资源法学教程》，武汉大学出版社 2000 年版，第 533 页。

③ 参见曹明德：《环境侵权法》，法律出版社 2000 年版，第 148 页。

④ 参见曹明德：《环境侵权法》，法律出版社 2000 年版，第 149 页。

法》第125条也规定:“排放大气污染物造成损害的,应当依法承担侵权责任。”总体而言,我国立法在环境民事侵权归责原则上采取了无过错责任原则,并通过相关法律法规不断完善和强化这一原则的应用。这有助于维护公众的环境权益,促进环境保护和生态修复,实现可持续发展的目标。

(五)饲养动物损害责任

1.动物损害责任归责原则

动物致害由所有人或管理人承担侵权责任这一原则具有悠久的历史渊源。古罗马《十二铜表法》第8表“私犯”第6条便确立了牲畜致人损害时由其所有人负责赔偿的规定。[①]《日本民法典》《法国民法典》和《德国民法典》等也均有类似条款。

各国法律对于动物致害适用的归责原则并不统一。一些国家如日本采用过错推定责任原则,其《日本民法典》第718条规定了动物占有人在特定条件下对动物所致损害的赔偿责任。[②] 而大多数国家则采用无过错责任原则进行赔偿,如德国、法国以及英美法系国家中关于危险动物致人损害的规定。《德国民法典》第833条和《法国民法典》第1385条(现为第1243条)均明确规定了动物饲养人或所有人对动物所致损害的赔偿责任。[③] 此外,《阿尔及利亚民法典》第139条规定:动物管理人,即使他并非动物的所有人,应对动物致害的结果承担民事责任。《埃塞俄比亚民法典》第2071条规定:动物所有人对动物所致的任何损害承担责任,即使动物偶然逃脱其控制,或所致损害是不可预见的,亦是如此。

英美法系国家在认定动物侵权责任时,习惯将动物分为野兽和家禽、家畜[④],或者分为危险动物和非危险动物。对于危险动物致人损害,实行无过错责

---

① 《十二铜表法》第8表“私犯”第6条规定:牲畜使他人受损害的,由其所有人负责赔偿,或把牲畜交与被害人。

② 《日本民法典》第718条规定:“(一)动物占有人,对其动物对他人施加的损害,负赔偿责任。但是,依动物的种类或者性质以相当注意进行管束时,不在此限。(二)代替占有人管理动物的人,负前款的责任。”(《日本民法典》,刘士国、牟宪魁、杨瑞贺译,中国法制出版社2018年版,第175页)

③ 《德国民法典》第833条规定:“因动物致使某人死亡,或某人的身体或健康受到伤害,或某物被损坏的,动物饲养人有义务向受害人赔偿因此而发生的损害。损害系由规定用于动物饲养人的行业、从业活动或生计的家畜引起,且动物饲养人在监督动物时尽了在交易中必要的注意,或纵使尽此注意也会发生损害的,不发生赔偿义务。”[陈卫佐译注:《德国民法典》(第5版),法律出版社2020年版,第385页]《法国民法典》第1385条(现为第1243条)规定:“动物的所有人或使用人在使用期间,对动物所造成的损害,不问该动物是否在其管束之下,或在走失或逃脱时所造成的损害,均应负赔偿责任。”

④ 参见《美国法律整编——侵权行为法》,台湾政治大学法律研究所等译,(台湾)司法周刊杂志社1986年印行,第411～413页。

任原则;而对于家禽、家畜致人损害,则可能适用过错责任原则。例如,英国《1971 年动物法》第 2(1)条规定了危险动物侵害责任的严格责任制度:“如果损害由一动物引起的,而该动物属于危险动物,任何作为其保有者的人均应对该损害负责,除非依本法的规定可以免责。”[①]美国《第二次侵权法重述》第 504 条则规定了家禽、家畜侵入他人土地时占有人的侵权责任,即使已尽最大注意防止侵入也需承担责任。

2.动物致害责任的承担

动物致害责任因动物种类的不同而有所区分,主要涉及饲养的动物和受国家保护的野生动物。

对于饲养的动物,如家畜、家禽及驯养的野兽等,当其造成他人损害时,根据《民法典》第 1245 条的规定,动物的饲养人或管理人应承担侵权责任。但如受害人故意或者重大过失导致损害,动物饲养人或管理人可以不承担或者减轻责任。这一规定基于权利与义务一致原则及动物危险控制理论,即动物的饲养人或管理人因享受动物带来的利益,应负责控制动物的潜在危险。同时,《民法典》第 1246 条和第 1247 条针对违反管理规定而使得饲养动物致人损害和禁止饲养的烈性犬等危险动物致人损害两种情形,规定了更为严格的减责和免责事由。值得注意的是,《民法典》第 1248 条为动物园饲养的动物设定了特殊的责任规则。相较于一般的饲养动物,动物园饲养的动物在造成损害时,不适用无过错责任原则,而是采用过错推定责任。这意味着,当动物园的动物造成损害时,不能简单地认定动物园承担责任,而是要首先推定动物园是否有过错。动物园可以通过提供证据证明自己已经尽到了管理职责来免除责任。这种特殊的责任规则是对动物园的一种合理优待,因为动物园作为一个专业的动物管理机构,通常拥有更为严格的管理制度和措施,能够更有效地控制动物的潜在危险。

对于遗弃、逃逸的动物在遗弃、逃逸期间造成的损害,原饲养人或管理人应承担侵权责任。这是因为抛弃动物是所有人对自己财产权的处分,但抛弃后如动物无人饲养可能造成他人损害,故由原所有人担责。如动物已被他人占有,则由占有人担责。饲养的动物遗失、逃逸的,并不是所有人放弃了自己的权利,而是暂时地丧失了对该动物的占有,所有权关系并没有变化。此时遗失、逃逸的动物造成了他人损害,还是应当由动物的所有人承担侵权责任。

另外,对于受国家保护的野生动物致人损害,《野生动物保护法(2022 修

---

① 免责条款见该法第 5 条。

订)》第19条规定了补偿机制。因保护这类动物导致的损失，由当地政府给予补偿，而非赔偿。这是因为野生动物资源属于国家所有，国家有义务避免其伤害公众。但补偿标准并不统一，通常由各地政府根据具体情况制定。

第五节 关于公平责任原则

一、公平责任原则之溯源与发展

公平责任，也称“公平分担损失规则”“衡平责任”，指在当事人对于损害的发生均无过错且法律未规定适用无过错责任的情况下，基于公平观念，综合考虑受害人损失、双方财产状况及其他相关因素，决定由加害人与受害人共同对该损失加以分担。

公平责任的渊源可溯及18世纪末以来的普鲁士法、奥地利法和瑞士法。这些法律规定合理和公平可作为对未成年人和精神病人的侵权行为承担责任的充分基础。公平责任在立法上作为一般侵权责任基础最早由1922年《苏俄民法典》在民法典中确立，主要是受到1900年《德国民法典》草案第二稿有关条文的影响。该草案第752条规定，对侵权行为造成损害，不是故意或者过失的，法官可以考虑到具体情况，责令赔偿一定的数额。按照1922年《苏俄民法典》第406条的规定，加害人依法律关于过错责任(第403条)、高度危险来源致害(第404条)和对未成年人监护责任(第405条)规定，不应负赔偿责任时，“法院得酌量加害人及受害人之财产状况，令其赔偿”。依据苏俄最高法院的解释，如果提起损害赔偿诉讼的是公民，而被告是国家机关，不适用《苏俄民法典》第406条，原因在于，如果适用，“就意味着国家对这些损失应当全部负责，因为国家的财产永远比个别劳动人民的财产要多”。根据苏联权威民法学家坚金的解释，按照这样的理由，该条文也不适用于公民与其他社会主义组织之间、社会主义组织之间的损害赔偿诉讼，而只适用于公民之间。“但随着物质福利的不断增长，公民之财产状况的显著差别也在消释”，因此该条文“在法院的实践中，差不多没有适用”。进而，1964年的《苏俄民法典》没有坚持这一规定。[①]

关于公平责任原则是否为侵权法的归责原则，存在不同观点。支持者认

---

① 参见王竹:《我国侵权法上“公平责任”源流考》,《甘肃政法学院学报》2008年第2期;中国社会科学院法学研究所民法研究室编:《苏俄民法典》(1964),中国社会科学出版社1980年版。

为，关于公平责任原则，国外有立法先例，我国《民法通则》第 132 条也有明文规定[①]，在实务上有适用余地，其构成对过错责任原则、无过错责任原则的补充，应成为一项归责原则。反对者则指出，公平责任原则不是一个归责原则，仅仅是一种损害赔偿方式。其理由是，《民法典》第 1186 条的位置并非在规定侵权责任归责原则的部分；无过错责任原则与过错责任原则结合已构成逻辑上的完满，无须在上述两种责任外另设公平责任；承认公平责任原则可能扩大法官的自由裁量权，威胁侵权归责原则体系的安全性。折中观点认为，现阶段公平责任原则有存在必要性，但随着未来社会保障制度的进一步完善，公平责任原则不应再是一项独立的归责原则。

我国法上公平责任曾经是重要的归责原则。《民法通则》第 132 条规定，“当事人对造成损害都没有过错的，可以根据实际情况，由当事人分担民事责任”。但该原则将损害法律刚性。学界普遍认为，该原则没有限定特殊条件，公平本身没有具体的内容，将公平责任原则规定为一般原则，容易导致法官的滥用，损害法律的权威。该条规定将可能导致财产之有无多寡变成一项民事责任的归责原则，且实务上难免造成法院基于方便、人情或者其他原因从宽适用此项公平责任条款，软化侵权行为归责原则的体系构成。

【案例 3-5-1】李某、龚某诉某公司人身伤害赔偿纠纷案[②]

1999 年 10 月 24 日傍晚 6 时左右，原告李某、龚某夫妇二人带着 8 岁的儿子龚某皓，与朋友到被告某公司经营的某餐厅就餐，由餐厅礼仪小姐安排在二楼就座，座位旁是名为“福特”的餐厅包房。“福特”包房的东、南两墙是砖墙，西、北两墙是木板隔墙，龚某皓靠近该房木板隔墙的外侧就座。6 时 30 分左右，“福特”包房内突然发生爆炸，李某和龚某皓随即倒下不省人事。龚某皓经抢救无效死亡。李某伤愈后被评定为二级残疾。龚某轻伤。某餐厅的这次爆炸，发生在餐厅服务员为顾客开启“五粮液酒”盒盖时。伪装成酒盒的爆炸物是当时在“福特”包房内就餐的一名医生收受的礼物，已经在家中放置了一段时间。10 月 24 日晚，该医生将这个“酒盒”带入“福特”包房内就餐，服务员开启时发生爆炸。

两审法院都认定某公司对于李某、龚某一家的损害事实既没有违约也没有侵权，不构成侵权行为人。二审认为李某、龚某一家是生存利益受损，某公司则是经营利益受损，二者相比，李某、龚某受的损害比某公司更为严重。基于公平

---

① 现已失效。《民法典》第 1186 条对其作出修正：“受害人和行为人对损害的发生都没有过错的，依照法律的规定由双方分担损失。”

② 参见《李某、龚某诉某公司人身伤害赔偿纠纷案》，《最高人民法院公报》2001 年第 2 期。

原则，判定公司补偿李某、龚某一家30万元。该案即为公平责任对归责刚性的破坏之典型。该公司违反安全保障义务的侵权责任应是过错责任，其建立起了多层次的责任体系，存在免责空间。

《侵权责任法》第24条对《民法通则》作出修正，其规定："受害人和行为人对损害的发生都没有过错的，可以根据实际情况，由双方分担损失。"其一，其将"分担民事责任"改为"双方分担损失"，由此，学理上认为"公平责任"被改为"公平分担损失"。其二，其在体系位置上后移，被调整至见义勇为制度之后。其三，"根据实际情况"之界定仍然维持了一般化的格局，容易导致损失分担规则被滥用。不过，在《侵权责任法》生效时期即有法院认为应当谨慎适用损失分担规则。

【案例3-5-2】医生劝阻吸烟被劝阻者死亡案①

2017年5月2日，在郑州市金水区某小区的电梯里，37岁的医生杨某劝阻一位69岁的老人不要在公共场所抽烟，其后引发争议。令人想不到的是，争执后不久，老人突然心脏病发作，倒地不起，等救护车赶来时已宣告不治。当时，医生杨某被老人家属起诉至法院，并且"要求40万余元赔偿"。

郑州市金水区人民法院一审曾判杨某补偿老人家属1.5万元。2018年1月23日，郑州市中级人民法院当日判决撤销原判，驳回老人家属田某某的诉讼请求，一审、二审受理费共计14616元由原告承担。郑州市中级人民法院网站随后公布记者新闻发布会内容，郑州市中院负责人表示，杨某对段某某在电梯间吸烟予以劝阻的行为与段某某死亡结果不存在法律上的因果关系，杨某不存在过错，不应承担侵权责任。最终郑州市中级人民法院认为，杨某对段某某在电梯内吸烟予以劝阻合法正当，是自觉维护社会公共秩序和公共利益的行为，一审判决判令杨某分担损失，让正当行使劝阻吸烟权利的公民承担补偿责任，将会挫伤公民依法维护社会公共利益的积极性，既是对社会公共利益的损害，也与民法的立法宗旨相悖，不利于促进社会文明、不利于引导公众共同创造良好的公共环境，因此，一审判决判令杨某补偿田某某15000元错误，本院依法予以纠正。

为了避免实践中对损失分担规则的滥用，《民法典》第1186条再次调整了《侵权责任法》的规定，其明确规定：受害人和行为人对损害的发生都没有过错的，依照法律的规定由双方分担损失。一是明确增加"依照法律的规定"，二是

---

① 参见田某某与杨某生命权纠纷案，河南省郑州市中级人民法院(2017)豫01民终14848号民事判决书。

取消了“根据实际情况”。2021 年 3 月 8 日“两会”期间，贺小荣大法官谈民法典适用热点问题。弘扬社会主义核心价值观是人民法院司法裁判的永恒主题和价值追求。我国《民法典》第一条开宗明义，将弘扬社会主义核心价值观作为制定《民法典》的目的。因此，只要我们严格实施《民法典》，就可以将吸收在《民法典》中的社会主义核心价值观融入每一个具体的司法裁判中，我们也有理由、有信心跟“和稀泥”说“不”。现在把“可以根据实际情况”修改为“依照法律的规定”，即只有在有法律规定的情况下（《民法典》里面就是第 183 条“因保护他人民事权益受损失的责任承担”、1190 条“完全民事行为能力人暂时丧失意识后的侵权责任”、1254 条“高空抛物坠物致害责任”等）才可以分担损失，否则便不用分担损失。

【案例 3-5-3】代接朋友孩子意外造成损伤免赔案①

在该案中，张女士骑电动车替朋友接孩子，将朋友的孩子安排在座位上，而自己的孩子站在脚踏板上，这种“先人后己”的体贴做法，可以说“仁至义尽”，且朋友也确认这是一起意外，尽管后座孩子因摔伤用去医疗费 7757.04 元，一审法院判赔 5000 多元，但二审法院改判免赔，无疑有利于弘扬社会主义核心价值观。

二、公平责任原则的适用范围

我国公平责任立法经历了从《民法通则》到《侵权责任法》再到《民法典》的逐步演进过程。在这个过程中，公平责任的适用范围逐渐明确和具体。一般认为，《民法典》在紧急避险致人损害、见义勇为致人损害、完全民事行为能力人暂时丧失意识或失去控制致人损害、第三人造成提供劳务者损害、高空抛物致人损害不能确定侵权人等情况下，规定了公平责任。

在紧急避险的情形中，紧急避险人为了公共利益、本人或他人的安全，在面临紧迫危险时不得不采取某种可能损害他人权益的行为。由于这种行为的动机是为了避免更大的损害，因此，在主观上并不存在过错。然而，如果严格按照过错责任原则，让紧急避险人在没有过错的情况下完全免责，而在危险由自然原因引起或无法确定引起险情的人时，无辜的受害人却得不到任何补偿，这显然是不公平的。为了解决这一矛盾，《民法典》第 182 条对紧急避险情况下的责任承担进行了明确规定：“因紧急避险造成损害的，由引起险情发生的人承担民

---

① 参见代接朋友孩子意外造成损伤免赔案，山东省济南市中级人民法院(2021)鲁 01 民终 400 号民事判决书。

事责任。危险由自然原因引起的，紧急避险人不承担民事责任，可以给予适当补偿。紧急避险采取措施不当或者超过必要的限度，造成不应有的损害的，紧急避险人应当承担适当的民事责任。”这一规定意味着，在紧急避险的情况下，虽然避险人原则上可以免责，但如果险情是由自然原因引起的，且避险人没有过错，那么按照公平责任原则，避险人仍可予以适当补偿。

对于见义勇为致人损害，依据《民法典》183 条的规定，受害人为了保护他人的民事权益不受非法侵害而遭受损害，通常情况下，应当由侵权人承担民事责任。但是，如果没有侵权人、侵权人逃逸或者没有承担民事责任的能力，为了公平起见，由受益人给受害人适当的补偿。这里的补偿并非赔偿，但是否等同于公平责任的承担，存在争议。一种观点认为，受益人的补偿义务属于公平责任，因为在此种情形下受害人与受益人都是没有过错的，基于公平原则，受益人应给予补偿。但也有观点认为，受益人给予适当的补偿产生的仅是一种补偿义务，不属于公平责任原则的适用。因为它与公平责任原则的适用条件是不同的。在公平责任中，虽双方都没有过错，但是因行为人的行为造成受害人损害的；而在受益人的补偿中，受益人的行为并非造成损害的原因。另外，受益人适当的补偿是以其受益为前提的，补偿的范围也以其受益的范围为限；而在公平责任中，分担责任的行为人并非因其受益，分担的责任也不是根据受益范围确定的。

对于完全民事行为能力人暂时失去意识或控制导致他人损害的情况，通常而言，若暂时没有意识或者失去控制的行为人对于造成他人的损害没有过错的，原则上无须承担侵权责任。例如，假设某人在驾驶过程中突发疾病，导致交通事故并与另一车辆相撞。由于该驾驶员突发疾病失去控制，因此并无过错。然而，若完全免除其责任，对受害人而言显然不公平，因为损害确实是由其行为引起的。为平衡双方权益，《民法典》第 1190 条第 1 款对此作出了明确规定：“完全民事行为能力人对自己的行为暂时没有意识或者失去控制造成他人损害有过错的，应当承担侵权责任；没有过错的，根据行为人的经济状况对受害人适当补偿。”

对于第三人造成提供劳务者损害的情形，相较《人身损害赔偿司法解释》（法释〔2003〕20 号，已修改）①第 11 条，《民法典》第 1192 条第 2 款规定：“提供劳务期间，因第三人的行为造成提供劳务一方损害的，提供劳务一方有权请求第三人承担侵权责任，也有权请求接受劳务一方给予补偿。接受劳务一方补偿

---

① 现已失效，《民法典》第 1192 条修改了相关规定。

后，可以向第三人追偿。”将雇主赔偿责任改为接受劳务一方的补偿责任，体现了公平责任在第三人造成劳务者损害责任中的适用。

高空抛物致人损害且侵权人难以确定的情况下，归责原则的选择在学界引发了诸多讨论。有观点认为应采纳公平责任原则，即当高空抛物造成损害且致害人不明时，应由可能抛掷物品的全体成员共同承担适当的补偿责任。[①] 另一种观点则倾向于适用过错推定责任，即根据建筑物的特性来区分责任。若建筑物不允许不特定人进出，应由住户或使用人共同承担赔偿责任，除非他们能证明未实施加害行为；相反，若建筑物允许不特定人进出，要求所有使用人共同承担责任则可能违背公平原则。[②] 还有学者主张参照共同危险行为的认定方式，由于高楼上每位居民都有抛物的可能，虽然不是所有人都实际抛物，但可以依据共同危险行为的理论，要求所有使用人承担连带赔偿责任。[③] 针对这一复杂问题，我国《民法典》第 1254 条第 1 款给出了明确的解决方案，即在调查后若仍难以确定具体侵权人，除非能够证明自己不是侵权人，否则可能加害的建筑物使用人都应给予受害人补偿。这些可能加害的建筑物使用人在补偿后，有权向实际的侵权人追偿。从这一规定可以看出，“可能加害的建筑物使用人”所承担的实质上是一种公平责任，即在无法确定具体侵权人的情况下，为了保护受害人的权益，由可能涉及的责任人共同分担损失。

---

① 参见王利明：《侵权法的发展趋势》(上)，http://www.civillaw.com.cn/wenzhang。

② 参见谢哲胜：《高层建筑物致人损害的责任》，王文杰主编：《侵权行为法之立法趋势》，清华大学出版社 2006 年版，第 168 页。

③ 参见王利明：《中国民法典学者建议稿及立法理由·侵权行为编》，法律出版社 2005 年版，第 251～252页。

第四章　侵权责任构成要件

第一节　构成要件理论

一、法学方法论上的构成要件

（一）事实构成与法律效果

事实构成与法律效果的明确区分，对于构建健全的法律体系以及维护社会秩序的安定性至关重要。私权的变动往往基于特定的事实原因而发生。在私法法规中，通常存在一个明确的命题形式，即当特定的事实（法律要件）出现时，私权会相应地发生一定的变动（法律效果）。这种规定确保了当事人能够预测法律后果，从而保障了法律的安定性和可靠性。法条按照其内容的完整性，可以分为完全法条、不完全法条。完全法条由构成要件[①]和法律效果两部分组成，它本身就可以成为请求权的基础规范。而若法条在构成要件或法律效果上存在欠缺，则构成不完全法条。此外，法条中还蕴含着形式推理的要素。

《德国民法典》第 823 条第 1 款规定："故意或有过失地不法侵害他人的生命、身体……其他权利的人，有义务向该他人赔偿因此而发生的损害。"[②]在此，我们可能会产生疑问：这里的"由此产生的损害"究竟是"事实构成"的一部分，还是"法律结果"的体现？事实上，这里的"由此产生的损害"应被视为事实构成的一部分。它指的是一个具体的、已发生的损害事实。相反，对损害的赔偿义

---

① 在这一意义上，郑永流教授认为，"tatbestand"以往多被翻译成"行为构成"，作为法律的大前提，它既包括行为，也包括事件，故应翻译成"事实构成"。参见［德］卡尔·恩吉施：《法律思维导论》，郑永流译，法律出版社 2004 年版，第 12 页。

② 陈卫佐译注：《德国民法典》，法律出版社 2020 年版，第 381 页。

务则是法律对这种损害事实所规定的法律结果。简而言之，与实然相连的损害情况属于事实构成，而基于这些事实所产生应然的内容则属于法律结果。[①]

(二)法律事实构成与生活事实

事实构成并非某一具体、特定的社会生活事实，而是基于现实社会现象和生活事实，提取其中的共性特征将其抽象化，形成条文中的一般性形态。这一形态并非孤立存在，而是与广泛的社会现象和日常生活事实紧密相连。它从现实中发生的各种现象中挑选出具有侵权特征的情况，提炼出其中的本质属性，进而构建成一种可以作为评价侵权基础的观念形态。

构成要件的作用在于为现实生活中发生的事实提供一个判断标准，使人们能够依据这些标准来判断某一行为是否应承担责任。这些构成要件并不是独立的法律事实，而是整体事实行为的重要组成部分。只有当某一行为符合所有构成要件所描述的事实时，我们才能认定该行为成立，进而要求行为人承担相应的责任。

(三)要件事实

通常情形下要件与效果并非直接相关，而是中间设置许多媒介事项，即把要件和效果分解为若干个在逻辑上相关联的要素，使一个单一的法律命题分解成数个相关联的法律命题[②]，可以包括客观要素、主观要素、描述性要素(例如侵害生命)以及规范性特征(例如《德国民法典》第 826 条中的"违反善良风俗")[③]。构成要件要素可以以否定方式同其他要素结合。通过请求权的构成要素和抗辩事由的结合表达请求权成立的原则和例外的关系，又建立了举证责任分配的基本原则。[④]

二、侵权责任构成要件理论

(一)侵权责任构成要件释义

侵权行为成立要件，指行为人承担民事责任需满足的条件。这些构成要件并非一成不变，而是随着民事责任制度的发展和演变而调整，因责任形式和违

① 参见[德]卡尔・恩吉施:《法律思维导论》，郑永流译，法律出版社 2004 年版，第 33 页。

② 参见[日]川岛武宜:《现代化与法》，申政武等译，中国政法大学出版社 2004 年版，第 253 页。

③ 参见[德]卡尔・恩吉施:《法律思维导论》，郑永流译，法律出版社 2004 年版，第 33 页。

④ 原告对导致请求权成立的构成要件要素成就的事实承担举证责任，原告倘若不能陈述这种事实，则诉讼就没有理由，就要被驳回；而被告则对使阻碍请求权成立的构成要件要素成就的事实承担举证责任。倘若他不做此种陈述，相关的构成要件要素就不会得到考虑。参见[德]迪特尔・施瓦布:《民法导论》，郑冲译，法律出版社 2006 年版，第 159～161 页。

法行为的多样形态而各异，体现了一国立法的价值取向。关于侵权责任的构成要件，存在三要件说、四要件说、六要件说、七要件说等不同理论。[①] 不同学说争论的焦点在于过错是否包含行为的违法性，行为的违法性是否包含阻却违法性，以及过错是否包含责任能力等。

德国三阶层的侵权责任构成理论非常具有代表性。《德国民法典》关于侵权行为的规定深受古典犯罪理论影响。侵权责任的构成属于事实问题，回答行为人是否需要承担责任；而侵权责任的承担属于法律问题，回答行为人要承担多大范围的责任。在责任构成上，可以具体分为三个层次：构成要件的该当性、违法性和有责性。

构成要件的该当性要求具备四个要素：加害行为、侵害他人的绝对权、损害发生和因果关系。违法性则指行为在客观上违法，并且不具有阻却事由。有责性，即行为人在主观上具有故意或过失，并需考虑其责任能力。三个层次分别属于事实判断、法律判断和价值判断，体现了思维判断难度的逐层递进，预设了法律思维上的推定机制。构成要件一旦具备，即可推定行为具有违法性，进而在违法性层次上审查是否具有违法阻却事由，而加害人对此应负举证责任。如果行为被认定为违法，则进一步推定行为人存在过错。若构成要件不具备，则无须进一步探讨行为人是否存在故意或过失。[②]

其中，违法性可以区分为被征引的和应当特别成立的不法性。被征引的不法性是指当某个行为符合客观构成要件时，该行为通常被视为非法的。这些客观构成要件本身已经明确标识了一个通常被禁止的行为，例如导致他人死亡、侵犯他人人身或损毁他人财物。在这里，不法性是由构成要件的该当性所“征引”的。审查的重点在于这种征引的正确性是否因某些特殊的正当化理由而例外地被辩驳。但是，当通过满足客观的侵权构成来征引不法性时，这种征引应当限于对经典法益的直接侵害。这里所谓的“直接”，是指侵害结果直接由行为的进行所导致，以至于明显应当归责于行为人。对于不作为的情形，或者当侵害仅仅是行为人行为的一个较为遥远的结果时，这种情况并不适用。[③] 因此，在其他一些情形下同样需要特别地设定违法性。这源于“侵害”这一概念在法律上的不确定性。虽然大多数情况下生命、身体或所有权是否受到侵害是清晰的，但法律意义上的“侵害”究竟归咎于谁的行为可能并不明确。而应当特别成

① 我国台湾地区学者多依台湾地区所谓“民法”第 184 条前段的规定，将构成要件归纳为：须有加害行为；行为须不法；须侵害他人之权利；须致生损害；须有责任能力；须有故意或过失。

② 参见王泽鉴：《侵权行为法》第 1 册，中国政法大学出版社 2001 年版，第 87～89 页。

③ 参见[德]梅迪库斯：《德国债法分论》，杜景林、卢谌译，法律出版社 2007 年版，第 621～623 页。

立的不法性是指那些客观构成要件较为不确定的情形，以至于无法直接从其现实情况来获得不法性的征引特征。这特别适用于某些框架权利(Rahmenrecht)，如经营权和一般人格权。当这些权利受到侵害时，不法性需要通过审慎的考量来确定，特别是需要权衡对他人权利的保护。

（二）侵权责任构成要件的功能

1.彰显立法者的价值判断

此处所及侵权责任构成要件指向一般侵权责任的构成要件，指在法律没有特别规定的情况下需要具备哪些条件即被认定为承担侵权民事责任。一般侵权行为的构成要件因各国法律体系和立法背景的差异而有所不同。对此，各国立法并没有统一的规定。在法国法中，一般侵权行为被认定需满足三个核心要件：损害事实、过错以及因果关系。而德国法对于一般侵害权利的侵权行为构成要件则更为详细和严格，认为需要满足以下五个要件：行为、过失、行为的违法性、损害以及因果关系。我国台湾地区有关规定则认为侵权责任的构成要件包括行为、责任能力、过失、违法、侵害权利或法益、因果关系及损害。这些要件共同构成了我国台湾地区规范体系中对于侵权责任的认定标准。我国理论上一般认为，侵权责任构成要件包括：(1)损害事实；(2)损害事实与行为人的行为之间的因果关系；(3)行为人有过错；(4)行为人的行为具有违法性。

一般侵权行为的构成要件最全面地体现了立法者的价值判断。一方面，国家强制力干预当事人行为自由的范围得以特定化。国家强制力对行为自由的干预属于宽泛意义上的权利限制，而对权利限制必须遵循法律保留原则，以确保限制的明确化、具体化和可视化。这种限制主要通过侵权行为的客观要件来体现，包括损害、因果关系和违法性。只有当行为后果、与受害人损害的关联性以及与法律规则的契合性均得到满足时，该行为才属于国家干预的范围。

同时，建立了加害人行为自由与受害人权利保护之间的平衡机制。其中难点在于确定权利扩张的边界以及责任承担对加害人行为自由的实际限制程度。所谓“归责”就是对这两种冲突的权利或利益进行平衡的机制。在限制权利时，必须遵循比例原则，综合考虑限制目的的合法正当性、限制手段与目的之间的合比例性，以达到兼顾双方当事人利益的目的，特别是确保限制不过度侵害行为自由。这主要通过侵权行为的主观要件来体现，其中过错侵权行为作为一般情形，要求过错作为最终要件，这体现了理性法的要求，反映了法律对当事人行为的宽容态度。而对过错构成的具体化则提供了解决双方利益冲突的具体机制。

2.蕴含法的发展机制

一般侵权行为采用了一般条款的立法技术，其构成要件具有开放性，本身就是不确定性的概念，例如过错、行为违法性等。这使侵权行为法与刑法形成鲜明的对照，侵权行为法展现出更大的弹性空间，造成了释法上的困难，一定程度上动摇了人们对权利绝对性的信念，但同时也为法律的发展开辟了新空间。

《法国民法典》关于侵权行为规定简略、抽象，被称为“一般条款”的侵权规则无非揭示了侵权行为的三个构成要件：过错、因果关系和损害。将变幻多样的权利冲突的平衡机制化归为三个构成要件，的确集中体现了立法者对“永恒真理”的浓重兴趣，由此带来的弊端就是，从法律生效之时起，法国法院就不得不从这一规定开始发展基于过错责任的民事责任法。[①]

而所谓特殊侵权，则是指法律对一般侵权行为构成要件进行的特别规定或修正，使得在某些特定情况下适用与一般侵权行为不同的归责原则。一般侵权归责与特殊侵权归责之间构成一般法与特别法的关系。例如，在某些情况下，由于不将加害人的过错作为考量因素，可构成无过错责任；又比如，法律特别规定免责事由可构成特殊侵权违法性的推定规则，即除非加害人举证其存在法律规定的免责事由，否则其行为具备违法性，并应承担相应的侵权责任。为了保护行为人的合法权益，现代侵权法在立法上倾向于将每一种具有特殊构成要件的侵权行为都加以明确和法定化，在司法实践中也要求法官进行严密的个案分析。[②]

3.构成法律推理的展开

法律推理是主客观要件的结合。克雷斯蒂安·冯·巴尔认为，侵权行为法的存在是为了确保因他人不当行为遭受损害或损失的人有权获得赔偿。在这些规则中，如果一方当事人未能给予对方权利和利益必要的尊重，无论是出于故意还是过失，都将承担相应责任。因此，侵权行为法要求进行详尽的个案分析。如果立法者希望避免对这种分析机制进行评论，他们可以使用侵权行为或因过错或过失产生的债务作为表达。在欧洲的一些国家，如法国、比利时、卢森堡和西班牙，当前的实践确实如此。然而，如果立法机构希望律师在审查赔偿请求时遵循特定程序，他们会要求律师首先确定一个人在正常情况下应当遵循

---

① 参见[德]克雷斯蒂安·冯·巴尔：《欧洲比较侵权行为法》上卷，张新宝译，法律出版社 2004 年版，第 19 页。

② 参见[德]克雷斯蒂安·冯·巴尔：《欧洲比较侵权行为法》上卷，张新宝译，法律出版社 2004 年版，第 6 页。

什么(即违法性层面),接着再探讨在特定情况下对特定加害人的期望(即过错层面)。对于违法性层面的问题,通常的设问方式是:从客观的(标准化的)视角看,哪里出现了错误?这促使民法典中出现了"unerlaubte Handlungen"(德语,法律不许可的行为)、"fatti illeciti"(意大利语,违法行为)、"factos ilicitos"(葡萄牙语,违法行为)以及"onrechtmatige"(荷兰语,侵权行为)等术语。[①]

至于推理方法,主要分为三阶段式的推理方法和责任导向式的推理方法。对于前者,尽管民法中的三阶段方法与刑法中的表现有所不同,但它们在结构上有所相似。在侵权行为法中这种阶段式结构尤为明显,例如,首先确定所有权的侵害;其次评估违法性;最后,在违法性得以确认的基础上,才讨论侵害人是否应对其不法行为负责。[②]

至于责任导向式的推理方法,强调归责原则作为确定最终责任依据的方法,它解决的是法律价值判断上的"最后界点"(Endpunkt)或责任的根本要素问题。因此,应从过错等因素出发,而非仅从损害事实出发。归责原则毕竟是抽象的、普遍的法律规则,作为侵权法的基本规范和功能的高度概括,它并不是审判人员在具体案件中作出责任是否构成的判断的具体规则,它本身也并不能提供一种规则的具体判断方式和方法,这就需要有较之于归责原则更为具体和明确的责任构成要件。[③] 构成要件是对归责原则的具体化。与其说是对司法审判人员自由裁量权的适当限制,毋宁说给审判人员提供了极大的方便,它不仅使归责有明确的尺度、判断责任有可行的办法,而且保证了归责原则的基本价值和内涵能够被审判人员准确地理解,努力使案件的处理做到公平合理。[④] 在侵权诉讼中,原告方一般需要对被告侵权行为的各个构成要件都加以证明,最后才能使法官确认被告的行为构成侵权行为并可能承担民事责任。被告方的反驳,也主要是从侵权行为构成要件方面进行:证明其中一个或者数个构成要件不存在,才能使法官确认其行为不构成侵权行为。[⑤]

---

① 参见[德]克雷斯蒂安・冯・巴尔:《欧洲比较侵权行为法》上卷,张新宝译,法律出版社 2004 年版,第 6 页。

② 参见[德]梅迪库斯:《德国债法分论》,杜景林、卢谌译,法律出版社 2007 年版,第 236 页。

③ 参见王利明:《侵权行为法归责原则研究》(修订 2 版),中国政法大学出版社 2004 年版,第 353 页。

④ 参见王利明:《侵权行为法归责原则研究》(修订 2 版),中国政法大学出版社 2004 年版,第 354 页。

⑤ 参见张新宝:《中国侵权行为法》(第 2 版),中国社会科学出版社 1998 年版,第 73 页。

第二节 损害

一、损害的概念

损害事实,又称"损害后果"或简称"损害",指合法权益遭受的不利益。损害是贯穿于侵权法始终的核心问题,其源自拉丁文的"Damnum",英文为"damage",德文为"schaden",法文为"dommage",意大利文则包括"danni""danneggiare"和"danno"。无论在哪种语言中,"损害"一词都具有两个特点:首先,它们大多包含拉丁词根"dam-",意为人身或财产受到侵害;其次,这些词均具有动词和名词两种词性,作为动词时表示加害或侵害行为,作为名词时则指侵害的结果。

在古汉语中,"损害"是一个合成词。《说文解字》中解释,"损,减也","害,伤也",其中"损"更侧重于动作本身,"害"则指向动作导致的结果。[①] 在古代中国法律制度中,"损失"和"损害"经常交替使用。例如,宋朝的《庆元条法事类》第80卷《毁失官私物·军器令》规定:"诸从军甲仗不经战阵损失者,三分理二分。经战阵失者,勿理,损者官修。"《清律·户律·仓库》"损坏仓库财物"条规定:"若卒遇雨、水冲激、失火延烧、盗贼劫夺,事出不测,而有损失者,委官保勘覆实,显迹明白,免罪,不陪。""凡仓库及积聚财物,主守之人安置不如法,晒、晾不以时,致有损坏者,计所损坏之物……着落均赔还官。"但总体而言,"损失"要比"损害"更为常见。直至清末修律时,受日本法影响,法律草案中开始正式运用"损害"一词。《大清民律草案》规定:"因故意或过失侵他人之权利而不法者,于因加侵害而生之损害负赔偿之义务。"[②]在侵权行为一般条款中对"损害"而非"损失"的采用,对"损害"一词的推广功不可没。

在现代汉语中,"损害"主要作为动词使用,用于概括一种不法行为,其含义为"使(事业、利益、健康、名誉等)蒙受损失"[③]。在法律中,损害具有双重含义。

其一,"损害"具有"侵害""加害"的含义,指造成权益人不利益的侵害行为。如《宪法》第51条规定的"不得损害国家的、社会的、集体的利益和其他公民的合法的自由和权利"。又如《刑法》第162条规定:"公司、企业进行清算时,隐匿

---

① 参见《尚书·大禹谟》:"满招损,谦受益,时乃天道。"

② 《大清民律草案、民国民律草案》,杨立新点校,吉林人民出版社2002年版,第298页。

③ 中国社会科学院语言研究所词典编辑室编:《现代汉语词典》(第7版),商务印书馆2016年版,第1255页。

财产,对资产负债表或者财产清单作虚伪记载或者在未清偿债务前分配公司、企业财产,严重损害债权人或者其他人利益的,对其直接负责的主管人员和其他直接责任人员,处五年以下有期徒刑或者拘役,并处或者单处二万元以上二十万元以下罚金。"此外,为凸显损害的行为意味,有的司法解释直接用"损害行为"代替"损害"以表征"侵害"动作。在司法实践中,法官也经常用"损害"代替"侵害"。[①]

其二,"损害"也在"损失"的含义上被运用,在这里它指的是行为所导致的后果,而非行为本身。关于损害与损失的关系,学界存在不同观点。其中,"损失是财产上损害说"在我国民法学界有较大影响力,居通说地位。该说认为,"损害"有广义与狭义之分,广义"损害"指因故意和过失行为造成的不利益状态,包括了对各种权利和利益的侵害所造成的后果;狭义的"损害",专指财产损害也就是损失。因此,损害和损失的主要区分意义在于:对于损失,应用货币计量已遭受实际减损的财产数额;而对于损害,由于某些损害难以仅通过货币来计算,需要借助公平观念和社会一般观念,并考虑环境、行为人行为的性质和主观状态、社会影响等多种因素。[②] 而在"损害是侵害状态,损失是侵害后果"说中,损害通常被理解为对民事主体权利行使的妨害状态,而损失则被视为这种妨害状态所带来的实际后果——民事主体利益的丧失。损害因侵害行为而引发,又进一步导致损失的产生。有损害必定有损失,但有损失并不一定存在损害,因为并非所有的损失都源于权利的损害,民事主体在行使权利过程中的不当行为同样可能导致损失的发生。损害本质上是对权利综合体的妨害。凡是违反民法上义务的行为,都是对权利综合体的不法侵害。"综合说"则提出,从损害的内涵和外延来看,损害比损失更为丰富和广泛。损害既包含非财产方面的内容,也包括财产方面的内容。从加害人行为的不法性角度来看,损害所强调的是不法行为人行为本身的不法性。因为损害通常是不法行为即侵害所造成的,而损失既可以是由行为人的不法行为造成,也可以是由行为人的合法行为所导致。因此,损害强调的是不法行为的后果,损失强调的是利益的丧失。从能否用金钱计算价值这一标准观察,损害通常包含那些无法用金钱准确衡量的非经济利益后果,而损失则能够用具体的金钱额度加以计算和衡量。可见,区分损害和损失,其实质意义在于两方面:一是强调致害人致害行为的不法性,

---

① 例如,有的判决书写道:"……某某信用社对神农架支行处理利息的方法未提出异议,且债权人神农架支行对其债权的处理并没有损害临桂信用社的利益……"参见广西临桂县某某信用社诉某某银行神农架林区支行等欠款担保合同纠纷案,最高人民法院(2001)民二终字第179号民事判决书。

② 参见王利明:《侵权行为法研究》(上),中国人民大学出版社2004年版,第351页。

为法律追究责任提供了依据；二是法律可以根据损害与损失的不同性质，分别施以不同的救济方式。[①]

本书认为第一种通说值得商榷。损失不应局限于经济上能否计量的范围，即损失不应仅仅等同于财产上损害。在理论上，也不能直接将侵权行为客体的属性与侵权行为法律效果的属性相混淆，进而简单认为侵害财产权就必然导致财产上损害（即经济损失），而侵害人身权则产生非财产上的损害（即精神损害）。实际上，侵害财产权并非仅产生“损失”。例如，当侵害具有人格纪念意义的财产时，受害人可能会遭受重大的精神损害。同样，侵害人身权也并非总是产生经济上无法计量的损害。例如，在侵害健康权的情况下，受害人所花费的医药费和因误工导致的误工费就是可以在经济上计量的损害。对第二种学说，它实际上将“损害”和“权利侵害行为”混为一谈。从侵权行为的构成要件理论来看，权利侵害行为属于“行为之违法性”的范畴，而非损害问题。而它所谓的“损失”则相当于通说上的“损害”。该学说在判断行为违法性时采用了“结果违法说”，权利妨害即为违法。对于损害的本质，它则采取了差额说或利益说，认为损害是民事主体利益的丧失。这种学说混淆了“行为之违法性”和“损害”两个要件，并试图在二者之间建立直接联系，得出“有损害必定有损失”的错误结论。第三种学说分别从后果和行为违法性两个角度来界定损害的属性，然而这种综合并未使损害的面目清晰，反而导致了损害与损失之间的界限变得犬牙交错、模糊不清。具体来说，从能否经济计量的角度来看，“损害”的外延似乎比“损失”更为宽泛；而从行为的违法性角度来看，“损失”的外延又似乎比“损害”更为宽泛。如前所述，从经济计量角度区分损害与损失并不具备充分的合理性。由于行为的违法性属于单独的要件，没有必要在损害中一体判断，强行将二者联系反而不合理。

《现代汉语词典》将“损失”定义为动词和名词两种用法，分别指“消耗或失去”以及“消耗或失去的东西”。[②] 如果词性的多样性确实反映了用语的广泛适用性，那么在基本含义上，“损失”与“损害”并没有太大的区别，而在汉语中，“损失”的应用率似乎更高。甚至可以说，在汉语语境下，不是损害包含了损失，而是损失在某种程度上包含了损害。

与汉语中的“损失”相似，在法国法中，与“损失”和“损害”相对应的词有“prejudice”和“dommage”。其中，“prejudice”是法律意义上的“损害”概念，具有

---

① 参见胡平：《精神损害赔偿制度研究》，中国政法大学出版社 2003 年版，第 39 页。

② 中国社会科学院语言研究所词典编辑室编：《现代汉语词典》（第 7 版），商务印书馆 2016 年版，第 1255 页。

特定的价值色彩，指权利或利益被侵害后所产生的效果或结果。而“dommage”则是一个较为中性的概念，指的是被害人权利或利益被侵害的现象，它更多的是从被侵害的客体（权利或利益）的角度来观察的。换言之，“dommage”的核心在于权益侵害的事实，而“prejudice”的核心则在于权益侵害的结果。例如，对于人身完整性（生命、身体或健康）的侵害，应称之为“dommage corporel”（人身侵害）；而由此对被害人造成的各种财产上或非财产上的不利益，则应称之为“prejudices corporels”（人身损害），或者更精确地称为“prejudices nés d'un dommage corporel”（因人身侵害所产生的损害）。因此，权利或利益被侵害后的法律评价才是“prejudice”，它是法律严格意义下可请求赔偿的“损害”。通常，有“dommage”就会有“prejudice”，但并非所有的“dommage”都能在法律上请求赔偿为“prejudice”。在少数例外情况下，即使发生“dommage”，也可能没有造成被害人的“prejudice”，反而使被害人获得利益，比如房屋所有权人因他人开车撞毁其原计划拆除重建的古老房屋，从而免去了拆除费用。①

在德国法中，“损害”也具有双重含义：首先，它通常被理解为对某一权利（法益）本身的侵害，即一个侵权行为及其带来的不良后果。其次，根据现代侵权法理论，对权利（法益）的侵害与其产生的损害被严格区分开来。在这个层面上，损害特指因权利被侵害而引发的后果。②

显然，“损害”概念原本包含侵害行为和侵害后果两层含义。然而，随着法律构成要件的分立，“损害”被用来专门表征侵害后果。比如，《侵权责任法》第6条第1款规定，“行为人因过错侵害他人民事权益，应当承担侵权责任”。而《民法典》第1165条对其作出修正，规定为“行为人因过错侵害他人民事权益造成损害的……”，区分了“侵害”与“损害”，强调了“损害”的名词属性，在结果意义上界定“损害”。值得注意的是，从侵害行为的角度来讨论损害在理论界仍被广泛采用。例如，当我们提及“人身损害”或“财产损害”时，实际上是在从这一视角出发，将“损害”定义为对人身或财产权益的侵害后果。

二、损害的意义

损害从具体形态逐步演化成抽象理念的历史进程，推动了侵权法的演进。在罗马法中，并未形成统一的“损害”定义，也未有统一的侵权法体系。“损害”（Damnum）最初仅指对物之完整性的直接破坏，《阿奎利亚法》将这种直接破坏

---

① 参见陈忠五：《法国侵权责任法上损害之概念》，（台湾）《台大法学论丛》2001年第4期。

② 参见[德]迪特尔·施瓦布：《民法导论》，郑冲译，法律出版社2006年版，第252～253页。

限定为四种类型，责任方式也不是严格意义上的损害赔偿，而是罚金等刑罚手段。随着社会的演进，出现了扩大适用《阿奎利亚法》的需求，以弥补直接损害的局限，扩大客体保护范围。[①] 这一发展使得《阿奎利亚法》能够适用于任何对物造成的损害，形成了突破“契约外责任类型化”限制的第一步。第二步发展体现在法律允许当事人在个案中提起事实之诉，这一变革打破了合同典型化的限制。随后，出现了损害赔偿领域的扩用之诉。真正决定性的转变来自优士丁尼的《法学阶梯》，其既保留了《阿奎利亚法》之诉的两大构成要件，即损害是对物的物理性质的破坏，并且损害是由直接因果关系造成的；同时对于不符合第一项构成要件的受害人也赋予其扩用之诉的诉权。对于两项要件都不符合的损害，则赋予事产之诉的诉权。[②]

在现代社会，侵权法涉及的是复杂社会的副产品——损害的放射，以及法律怎样对损害所产生的多样性问题作出反应。侵权行为法的功能在于填补损害而不是惩罚不法。“无损害，无救济”，损害作为侵权行为的要件凸显了侵权法的功能，奠定了权益救济机制的基石。如果仅有加害事实而没有损害，也不能成立侵权行为。

三、损害的双重法律属性

如同光的波粒二相性揭示了其双重本质，损害同样具备事实与法律的双重品格。其中，作为事实意义的损害是责任构成要件，作为法律意义的损害是损害赔偿关系的要件。尽管我们可以对这两种品格进行明确的区分，但在现实世界的复杂法律场景中，损害的这两种品格往往交织在一起。

在中文语境中，我们通常不严格区分“损害”的这种双重含义，但在英国法和法国法中，“损害(damage)”的单复数形态却承载了不同的意义。单数形态的“损害(damage)”是一个需要在个案中加以具体化的概念，通常指因侵权行为而产生的不利后果；而复数形态(damages)则特指加害人应支付给受害人的赔偿金额。[③] 因此，中文中“损害”多指在英国法和法国法上单数形态时的含义，而复

---

① 布鲁托(Bruto)讨论过这样一个案例：当奴隶或者母马怀孕之时，由于受到伤害而流产。由于《阿奎利亚法》要求损害是对于物的直接损害，因此这里需要对法律进行扩大适用，即扩大解释客体概念。具体而言，这里是将胎儿看作母体的一部分来解决该法律的适用问题。

② 参见[意]朱赛贝·瓦尔蒂达拉：《损害赔偿简论：从阿奎利亚法到现代法》，江平主编：《罗马法、中国法与民法法典化(文选)：罗马法与物权法、侵权行为法及商法之研究》，中国政法大学出版社 2008 年版，第 338 页。

③ 参见[德]克雷斯蒂安·冯·巴尔：《欧洲比较侵权行为法》下卷，焦美华译，法律出版社 2004 年版，第 3 页。

数形态的含义则常用“损害赔偿”来表示。

日本法学家平井宜雄认为，损害作为责任要件与损害赔偿的范围在民事诉讼中属于不同层面和性质的问题。前者属于事实认定，即受害人所遭受的不利事实；后者则是法律判断，指法院裁判后以金钱形式评价的损害内容，是规范性判断方面的问题。[①] 我国侵权法专家张新宝教授认为，损害有两种含义：事实上的损害与可救济的损害。其中，事实上的损害指受害人因他人的加害行为或准侵权行为而遭受的人身或财产方面的不利后果；可救济的损害指事实上的损害为侵权责任法所认可，受害人一方就该不利后果可以获得侵权责任法上的救济。[②]

我国《民事诉讼法》第 122 条规定：“起诉必须符合下列条件：(一)原告是与本案有直接利害关系的公民、法人和其他组织；(二)有明确的被告；(三)有具体的诉讼请求和事实、理由；(四)属于人民法院受理民事诉讼的范围和受诉人民法院管辖。”只有符合上述实质条件，起诉才能被受理。受理后才是诉讼程序的正式开始。在事实层面上，损害是侵权行为的构成要件。无损害，则无侵权，也就无救济。因此，当事人意图提起侵权诉讼时，必须提供证据证明自己的权益遭受损害，即举证自己的财产、人身等权利客体遭受侵害，或者证明自己的精神遭受了痛苦。

如前所述，事实问题与法律问题的分立主要是出于程序需要，是明确当事人的举证责任，形象化推理进程而作的技术性安排。二者之间并无不可逾越的鸿沟，很多情况下，一个问题既是事实问题又是法律问题，而此时的法律推理也难以遵循先事实、再法律的渐进过程，反而需要对两者一并思考，这样一种混沌理论，反而成为实现法律公正的“人间正道”。

与事物的发展是螺旋式上升和波浪式前进一样，事实问题与法律问题的分分合合也不例外。而其中储备能量完成第一个“螺旋”和“波浪”是最为基础性的工作，否则上升和前进将因缺乏原动力而胎死怀中。就此而言，损害的事实问题与法律问题的区分又很重要。

四、事实意义上的损害

(一)损害事实的本质

在事实层面上，“损害”通常指的是自然意义或物理意义上的损害事实。损

---

① 参见李薇：《日本机动车事故损害赔偿法律制度研究》，法律出版社 1997 年版，第 132 页；韩世远：《违约损害赔偿研究》，法律出版社 1999 年版，第 34～35 页。

② 参见张新宝：《侵权责任构成要件研究》，法律出版社 2007 年版，第 120 页。

害事实是侵权归责的构成要件[①]，是损害赔偿之诉的逻辑起点，是受害人（原告）的举证对象。事实意义上的损害表现为对客体的直接侵害，具有较高的可视性，比较容易举证；具有较高的表见性，可以作程度上的区分。对于事实意义上的损害，人们不需要经过复杂的法律评价，就能够直观地发现其存在。

当在事实层面上探讨损害的本质时，通说采组织说。然而组织说内部尚有诸种不同学说，各有不同侧重。奥特曼指出："损害乃法律主体因其财产之构成成分被剥夺或毁损或身体伤害，所受之不利益。"依此，真实损害为损害观念中之一部分，因而不是单纯计算上的大小，而是由不同之构成成分所组织而成。德国学者诺伊纳认为，损害乃指交易上以金钱取得或出售之财物所受之侵害，亦即：在违约场合是指契约标的物所受的侵害，在侵权场合是指直接被毁标的物所受的侵害。此损害是指直接损害，应客观估定。埃瑟尔则根据损害发生的样态区分现实的损害与计算的损害，现实的损害是指财货状况的具体的事实的变动，计算的损害是指因与损害必然相伴随而来的支出超过或者因受其影响而导致手段的缩少而遭受的财产价值上可以确定的损害。拉伦茨先生认为，"倘一特定物受损，着依恢复原状优先于金钱赔偿之原则，该直接损害应客观估定并应于任何情况下填补之，亦即该损害是损害赔偿之最低额。倘非一特定物受损，而是财产之整体受损，则上述之情形并不适用，损害之是否存在及其大小如何，则依赔偿权利人二财产状况之差额是否存在及其大小如何而定。"默勒提出以"个别损害"取代统一的"损害"的概念，其所谓的"个别损害"有法益、非法益的价值、非价值关系及其组合四种表现形式。损害作为各式各样的价值关系的变动须个别地加以认定。

可见，组织说在探讨"损害"的概念时，学者虽各有侧重，但均将特定物体毁损所受的损害视为"损害"概念的核心组成部分。这种损害具有独立性，应当进行客观的评估。组织说并不绝对排斥利益说，其认为客观损害是最低限度的损害赔偿额，在主观损害超过客观损害时，权利人可以主张主观损害。上述关于"损害"概念的争论，实质上是对损害计算方法的不同看法，即应当采用客观计算还是主观计算。但不论采用何种计算方法，都需要明确列出赔偿项目。从这个角度出发，组织说似乎更具实践性和操作性，因为它更注重损害计算的系统性和条理性。但该说亦有弊病，曾世雄认为其弊有三：一为欠完整，二为损害观念的分裂，三为自由选择权之不当。[②] 至于定额说，由于其适用范围较为狭窄，

---

① 史尚宽先生正确地指出："严格言之，损害之发生为赔偿义务成立之要件，而非侵权行为之要件。"参见史尚宽：《债法总论》，中国政法大学出版社2000年版，第166页。

② 参见曾世雄：《损害赔偿法原理》，中国政法大学出版社2001年版，第124～128页。

仅适用于特定领域,因此在此我们不再过多讨论。

(二)损害事实的分类

事实意义上的损害,主要是指当事人权利客体的不圆满状态。因此,损害事实根据受侵害客体不同,可以分为物的毁损和人的伤亡两大类。

有体物形态的不利变化称为"毁损",毁损有狭义、广义和最广义之分。狭义上的"毁损"(Beschädigung der Sache)与"灭失"相对,指原物仍然存在,但在物理形态上遭受了损坏或内在价值有所减少,或两者同时发生。[①] 例如,我国台湾地区所谓"民法"第196条规定:"不法毁损他人之物者,被害人得请求赔偿其物因毁损所减少之价额。"广义的"毁损"则有两层含义:毁灭(zerstörung der Sache)与损坏(Beschädigung der Sache)。毁灭意味着财产不再以原有的方式存在,而损坏则指财物部分或全部丧失其原有功用和价值。作为一种侵害他人财产权的行为,毁损具体包括加害人不法侵害他人财物致使所受侵害之财物不复以原有方式存在,或者部分或全部丧失原有功用和价值的行为。

最广义的"毁损"则涵盖了四种情况:物的毁灭(zerstörung der Sache)、物的损坏(Beschädigung der Sache)、物的剥夺(Entziehung der sche)以及物的贬价(Entwertungsschaden)。其中,汽车被撞后虽经修复但市场上仍被视为"事故车辆",价格因此降低,就属于物的贬价。[②] 最广义的毁损从物的使用价值和交换价值出发,全面考虑了物权的各种权能。显然,为最大限度保护物权人的利益,侵权行为法应采纳最广义的"毁损"概念。对于一切不法毁损行为,物的占有人主要通过行使占有返还请求权以及损害赔偿请求权来实现侵权法上的救济。

人身损害(loss to person),也称"人身伤害"或"侵害物质性人格权的行为",可以分为死亡和伤害。其中,伤害又可进一步分为一般性伤害和重伤。人身损害通常有与之相伴的财产损失。[③] 针对人身伤害的损害赔偿范围涵盖了常规赔偿、劳动能力丧失的赔偿、致人死亡的赔偿、间接受害人的抚养损害赔偿以及慰抚金赔偿等内容。[④]

---

① 参见杨立新:《侵权法论》,人民法院出版社2013年版,第168页。

② 参见曾世雄:《损害赔偿法原理》,中国政法大学出版社2001年版,第368页;杨立新:《侵权法论》(下),人民法院出版社2013年版,第610页。

③ 参见张新宝:《中国侵权行为法》(第2版),中国社会科学出版社1998年版,第99页。

④ 参见杨立新:《侵权法论》,人民法院出版社2013年版,第629~631页;佟柔主编:《中华法学大辞典·民法卷》,中国检察出版社1995年版,第545页。

（三）损害事实的认定

侵权行为构成要件包括构成要件该当性、违法性和有责性，分别属于事实判断、法律判断和价值判断。事实意义上的损害是事实判断阶段的重点考察内容。当事人需对事实意义上的损害承担举证责任，如举证不能，则侵权诉讼不能成立。

此外，损害事实作为损害行为的法律后果，其发生却可能与损害行为之间存在一定的时间间隔。以侵害他人身体为例，虽然损害行为瞬间发生，但由此导致的内在损伤可能在之后一段时间内才逐渐显现。

侵权损害赔偿请求权的产生时间与损害事实的发生时间密切相连。要确定受害人是否享有起诉权以及诉讼请求是否超过诉讼时效，首先必须确定请求权产生的时间，而这就需要明确损害事实发生的时间。这里的"损害事实发生的时间"，实质上是指损害后果固定化的时间。鉴于侵权行为与其导致的损害后果固定化往往并非同时发生，损害事实的发生时间可分为以下三种情况：其一，侵权行为与损害事实同时出现并立即固定，此时侵权行为实施终了的时间即为损害事实发生的时间。其二，侵权行为与损害事实不是同时出现，那么以损害事实的出现且固定的时间为损害事实发生的时间。其三，对于人身损害，应以损害对受害人造成严重影响并使其感受到痛苦的时间为损害发生时间。

在明确了损害发生时间后，侵权损害赔偿请求权的产生时间也随之确定。具体而言：第一，财产损害的赔偿请求权，自损害事实发生之时产生，无论损害与侵权行为是否同时发生，均以确定的损害事实发生时间为请求权产生的时间，并据此计算诉讼时效，请求人可以行使起诉权。第二，人身损害的赔偿请求权，并非从人身损害事实发生之时产生，而是从由此导致的财产损失实际发生之时产生。第三，人格损害的赔偿请求权，以其损害程度能够确定的时间为请求权产生的时间。若受害人尚不知损害发生或不知加害人是谁，应从受害人知道或应当知道其权利被侵害之时起算请求权。[①]

（四）损害事实的推定

法律规定，在某些情况下，受害人一方无须对损害进行举证和证明即可以判决加害人一方承担相应的责任。这主要是因为：第一，此类案件中加害人一方通常被要求承担的是停止侵害一类的责任，而非直接的赔偿责任；即便涉及赔偿责任，也往往是"名义上的赔偿"，而非针对实际损失的赔偿。第二，此类案

① 参见郑云娟：《民事侵权损害赔偿请求权的几个问题探究》，《学术交流》2004年第2期。

件中的损害(特别是精神损害)确实存在,但受害人一方在举证和证明方面可能面临困难,或者这些证明没有诉讼上的价值,从而在逻辑上推定损害存在,而不要求受害人一方提供证明。[①]

有时,违法行为本身即推定存在损害。以法国法为例,与过错推定和因果关系推定不同,尽管对于"非财产上损害"和"间接损害"的认定常带有假设或推测的成分,但一般而言,法国法上并不直接"推定损害存在"。[②] 然而,在以下两个问题上,法国法并不严格要求必须有损害存在或损害确实存在的证据:

首先,法国法实务上有时并未明确区别民事责任与刑事责任在功能或角色上的差异。在侵权责任法领域,即使被害人实际上并未遭受任何实质性的损害,法院仍可能受刑事责任"惩罚制裁"和"预防再犯"思想的影响,基于"私法制裁"的观点认定加害人的侵权责任成立。例如,在不实彩券广告案件中,被害人往往因加害人的误导性广告而误信中奖,除精神上受到打击外,通常并无其他财产损害。然而,法国法院为惩罚制裁此种不正当商业行为,遏制类似风气,在多个判决中,不论被害人是否遭受损害,均要求设计或制造广告内容的加害人赔偿被害人相当于其所信赖的奖金数额。在某些单纯不法侵害他人权利却未造成任何财产上或非财产上损害的情况下,例如窃取物品后立即原封不动返还,法院有时会判决"象征性损害赔偿"(Nominal Damages)。

其次,基于证据法上证明困难的考量,法国实务有时会根据客观上发生的事实"推定"损害的存在,被害人无须进一步举证证明其确实受有损害。例如,在不正当或者不法竞争案件中,被害人通常难以证明其是否流失商业客户或流失多少商业客户。为解决举证困难,法国法院在多项裁决中指出,"一旦不正或不法之竞争行为被确定,被害人即无须举证证明其受有损害",或认为"此种不正或不法行为当然造成被害人损害"。

在英美法中,侵权行为被划分为两类:"须证明实际损失"的侵权行为和"自身可诉性"侵权行为(诉因侵权行为)。在第一类侵权行为中,原告需要证明实际损害的存在才能提起诉讼。对于第二类侵权行为,其涵盖了多种情形,如非法侵入、文字诽谤、口头诽谤的部分形态和私侵扰的部分形态。正如英国地方法院法官赖特在尼克尔斯诉伊利甜菜糖厂有限公司(Nicholls v. Ely Beet Sugar Factory Ltd.)一案中所指出的:"任何侵害都必然包含了损害,损害并非仅限于财产损失,当一个人的权利受到阻碍时,侵害本身就意味着损害的存在。"他进

---

① 参见张新宝:《侵权责任构成要件研究》,法律出版社 2007 年版,第 122 页。

② 参见陈忠五:《法国侵权责任法上损害之概念》,(台湾)《台大法学论丛》2001 年第 4 期。

一步解释："之所以能够支持一个无法证明实际损害的诉讼乃是依赖于一个广泛的原则，这个原则就是，当你的权利受到干涉时，法律就推定你有损害。"①

可见，即使在诉因侵权行为中损害的存在也是必不可少的。损害，即使是一种"结构上的损害"，也只有在确实存在时才能作为不可反驳的推定。② 休斯顿认为，"如果这样的权利一经被侵害法律就推定有损害，则即使原告实际上并没有遭受任何损失诉讼也应成立"③。在这一段话中，"损害"被赋予了两种含义。当损害被当作不可反驳的推定时，它就必然是存在的。在诉因侵权行为中诸如原告无须"展示或证明损害的存在"这样的表达并不准确，因为这样容易将"义务的违反"和"损害"这两个概念混淆。实际上，更准确的表达是：原告在诉因侵权行为中被免除了"证明实际损失"的义务，即证明物的损坏、身体的伤害和财产在加害时间前后的实际变化。④

五、法律意义上的损害

（一）损害的本质

法律层面的损害，指合法权益遭受的不利益。⑤ 权利在法律上是对主体与客体之间支配关系的抽象表达。而法律意义上的损害，只有基于权利关系、运用专门的法律知识进行评价后才能得出较为准确的结论。侵权责任的设立，旨在实现侵权法所追求的法律效果，即填补损害、恢复原状。这一法律效果的核心在于将受损的权利恢复到未受侵害前的应有状态，而这一状态的判断则需要结合权利的具体内容进行全面、细致的评估。巴尔认为，损害是一切与"注意义务"相关的法律制度所欲制止的结果。⑥ 斯托尔指出，法律意义上的损害就是指一切被法律制度认定为可赔偿的，且必须根据侵权行为法以一定形式进行补偿

---

① 参见[德]克雷斯蒂安·冯·巴尔：《欧洲比较侵权行为法》下卷，焦美华译，法律出版社 2004 年版，第 11 页，注 52。

② 参见[德]克雷斯蒂安·冯·巴尔：《欧洲比较侵权行为法》下卷，焦美华译，法律出版社 2004 年版，第 12～13 页。

③ 参见[德]克雷斯蒂安·冯·巴尔：《欧洲比较侵权行为法》下卷，焦美华译，法律出版社 2004 年版，第 11 页，注 63。

④ 参见[德]克雷斯蒂安·冯·巴尔：《欧洲比较侵权行为法》下卷，焦美华译，法律出版社 2004 年版，第 13 页，注 60。

⑤ 《奥地利民法典》第 1293 条规定："损害是指一个人在其财产、权利和人身上遭受的一切不利益。"

⑥ 参见[德]克雷斯蒂安·冯·巴尔：《欧洲比较侵权行为法》下卷，张新宝译，法律出版社 2004 年版，第 12～13 页。

的不利后果。[①] 值得注意的是，事实意义上的损害可能与法律意义上的损害范围相一致，也可能存在差异。

在法律层面对损害本质的探讨，学界主要形成了差额说（利益说）、组织说、商品化说等不同观点。

1.差额说（利益说）

差额说或利益说作为德日法学界的通说，由莫姆森（Friedrich Mommsen）所首创。该学说认为，损害是指法益所遭受的不利益，是指被害人财产状况于损害事故发生与不发生间的差额。其是全面赔偿原则或恢复原状原则的产物。[②] 差额说的背景在于，从罗马法至19世纪的德国普通法[③]，"损害"的概念并不统一，而是根据直接、间接、通常、特别、约定等标准进行分类，并以行为者的有责程度即损害预见可能性来认定应予赔偿的损害。莫姆森倡导差额说，旨在以统一的"损害"概念和因果关系理论为框架，判断损害的有无及其范围，以贯彻完全赔偿原则，并限制法官的自由裁量权，从而更好地保护被害人的权益。[④]

在计算差额时，需要对损害前后的财产价额进行比较，因此损害决定于两个价值量的差额，而与财物、人身外在的具体破坏无关。由于计算差额时需考虑被害人的特殊环境，考虑所有有利和不利因素，所以计算出的利益差额具有一定的主观性。然而，利益说也存在一些缺陷。例如，在某些情况下，财产差额与实际损害并不一致，特别是当财物的主观价值低于客观价值时。此外，计算差额时需要考虑损害前后受害人财产的总值，这可能导致计算上的困难。而且，没有统一的计算标准，虽然照顾到了主观状况，但也可能使损害计算失去客观性。

关于差额说是否适用于非财产损害赔偿，学界存在不同观点。否定说认为，由于非财产损害如精神损害难以用财产或利益差额来计算，因此差额说主要适用于财产上损害，难以涵盖损害概念的全部。[⑤] 特别是在涉及出生前加害

---

① 参见[德]克雷斯蒂安·冯·巴尔：《欧洲比较侵权行为法》下卷，焦美华译，法律出版社2004年版，第13页，注60。

② 参见[德]梅迪库斯：《德国债法分论》，杜景林、卢谌译，法律出版社2007年版，第437页。

③ 在罗马法中，利息是指对债权人因债务人未能在合同规定的日期归还贷款（原则上是无偿的）而遭受的损害或损失的赔偿。参见 Thomas F. Divine, *Interest: An Historical & Analytical Study in Economics & Modern Ethics*, Milwaukee: Marquette University Press, 1959, p.3。

④ 参见王泽鉴：《损害概念及损害分类》，（台湾）《月旦法学杂志》2005年第9期。

⑤ 参见邱聪智：《新订民法债编通则》（上），中国人民大学出版社2003年版，第103页。

等特定案例时,差额说可能无法有效操作。[①] 而肯定论者则认为,即使是非财产损害,也可以在一定程度上适用差额说。王泽鉴教授就指出,对于非财产损害,同样存在"差额"的概念,可以通过比较侵害事故前后精神、肉体痛苦的感受来认定。[②]

2.组织说

与差额说或利益说相对的是组织说,这一理论认为损害在于法律主体的财产构成部分被剥夺、毁损或身体受伤害所承受的不利益。所谓"构成部分"实际上指权利的客体,因此,组织说可被称为"权利客体减损说"。具体来看,与利益说强调观念上的损失不同,组织说侧重于真实损害(realer schaden)的评估;与利益说通过计算财产价值差额来确定损害的方法相悖,组织说认为损害是由不同构成部分(如财物、人身等权利标的)的损害组织而成;与利益说注重主观价值相反,组织说强调客观损害的复原。因此,组织说与民法中恢复原状优先于金钱赔偿的救济原则相契合。然而,正如恢复原状并不排除损害赔偿的适用,组织说也并未排除利益说在确定损害中的适用。组织说认为,即使财产状况差额同样能够获得赔偿,但需以差额大于客观损害为前提,并且赔偿在损害的概念中处于次要地位。若财产差额小于客观损害,则损害等同于客观损害,利益说在此情境下不再适用。组织说着眼于权利标的的客观损害,因而更适合于认定有体财产权或者人身权受到侵害时的损害,但对于需要从权利人总体财产状况确定损害额的情况则显得力不从心。此外,组织说以赔偿客观损失为原则,忽视了主观状况的考量,可能导致与全面赔偿原则的冲突。

3.商品化说

利益说、组织说都未建立科学统一的评估标准以包摄人身和财产价值。随之,对所侵害客体进行商品化评估以判定损害的学说就应运而生。[③] 在意大利法中,对人的身心完整性、人格尊严造成的损害称为"生物损害",该损害并不以发生金钱损失为前提,可视为广义财产损害加以测算。[④] 日本法上的"实体价值说"认为死伤、劳动能力丧失等属于可商品化的实体价值,人身损害赔偿是对实

---

① 参见[德]弗朗茨・维亚克尔:《近代私法史》(下),陈爱娥、黄建辉译,上海三联书店2006年版,第506页。

② 参见王泽鉴:《损害概念及损害分类》,(台湾)《月旦法学杂志》2005年第9期。

③ 参见张平华:《事实与法律:损害的二象性及其展开》,《现代法学》2016年第2期。

④ 参见[意]凯撒・米拉拜利:《人身损害赔偿:从收益能力到人格尊严》,丁玫、李静译,《中外法学》2007年第1期。

体价值的规范评价。[①] 美国法的“统计学上的人命价值说”认为，死亡为自然人无法回避的事实，致人死亡无非加剧了死亡风险，依据统计数据及提高风险的概率可反推出人命价值。[②]

商品化说也适用于物的使用利益被侵害的情形。例如，如果被毁损车主在修车期间另行租车，侵权人自应赔偿租车费用。问题是，如车主在修车期间未另行租车，其对于修理期间无法使用汽车之不利益，得否请求赔偿？对此，无论依利益说还是组织说都不予承认，但如不予赔偿又会忽视对受害人的救济，与法律正义观冲突。正确的做法是，承认因汽车毁损导致受害人无法利用汽车本身即为损害。将汽车的使用可能性商品化，确定其购买对价。所谓商品化说基本可归入组织说，其主要贡献是将无法商品化的人身价值、未投入使用的财产价值也通过规范方式得出财产价值。为衡量这些价值必须依靠价值判断，相关损害的事实和法律的交错性更加明显。

（二）损害的分类

按照不同的标准，损害有不同的分类方法。

1.财产损害与人身损害

根据受侵权行为损害的客体类型，损害可以被划分为财产损害和人身损害。

财产损害主要包括以下几种形态：侵占、毁损和灭失。侵占指的是物之占有被剥夺，毁损则是指标的物部分损坏或经济价值降低，而灭失则是指标的物完全消失或完全失去经济价值。

人身损害则主要分为一般伤害、伤残和死亡三种形态。一般伤害是指在不破坏身体完整性和器官功能的前提下，身体所遭受的损害，例如殴打他人但未造成身体器官功能丧失或残缺。伤残则是以身体完整性受损、器官功能下降或丧失为评判标准，例如砍断他人的手臂。死亡指完全剥夺他人的生命。

以侵权行为损害的客体为标准进行的这种分类，能够较为直观地建立权利与损害之间的联系。然而，如果过于依赖权利形态来评判损害形态，可能会导致某些中间类型或边际类型的损害被忽视。例如，人们通常认为侵害财产权主要导致财产损失，而侵害精神性人格权则产生非财产损害。这种观念可能会使

① 参见［日］吉村良一：《日本侵权行为法》（第4版），张挺译，中国人民大学出版社2013年版，第70页。

② W. Kip Viscusi, *Reforming Production Liability*, Cambridge: Harvard University Press, 1991, p.108.

得因侵害财产权而产生的非财产损失在财产权侵害诉讼中难以得到补救。以相邻侵扰为例，法律往往会认定被侵害客体是土地所有权而非人格权，因此在物权诉讼中当事人通常无法请求非财产性的损害赔偿。[①] 正如拉伦茨教授所言："只有因为噪声、恶臭导致土地财产价值下降，从而可构成财产损害，才可获得救济。"[②]在英美侵权法上，法院也历来注重对土地物理性使用的保护，而并不愿意保护舒适利益损害。[③] 可见，传统救济模式注重土地的物理使用而忽视了权利人对土地的精神享受，这种所谓"边际类型之损害"将不能获得救济。[④]

实际上，在侵权关系中，权利边界需要进一步明确。因权利受侵害所产生的损害范围不能仅仅基于权利边界来推定。法官在处理案件时，不应过早地将损害形态与权利形态关联起来，而应对所有损害进行全面的衡量，即使是所谓的"边际类型损害"也不例外。这样一来，相邻侵扰问题的核心不在于权利受到侵害后如何救济，而是如何平衡双方当事人的权利冲突，即如何在"占有人自由使用其财产的权利"与"邻居不受他人干扰的权利"之间找到合理的平衡点。[⑤]在此情境下，"对土地利益的保护与对人本身的保护应有机结合起来"[⑥]。这意味着"边际类型的损害"也应得到充分的补救，土地利益的保护范围不仅限于有形的占有和使用，还应扩张到土地权利人使用土地所带来的各种利益，如精神享受利益等。

2.财产上损害与非财产上损害

在市场经济环境下，金钱赔偿作为主要的损害救济方式，使得损害能否以金钱准确计算价值变得至关重要。因此，法律意义上的损害可以区分为财产上的损害与非财产上的损害，其分类标准正是基于损害能否以金钱准确计算。

财产上损害(pecuniary loss)，简称"财产损害"，指那些可以折算为金钱或者具有财产价值的损害，包括营业收入减少、物品价值减损或修缮费用等。[⑦] 值得注意的是，财产上损害并不局限于侵害财产权所产生的损害。在侵害人身权

---

① 参见[德]克雷斯蒂安·冯·巴尔：《欧洲比较侵权行为法》上卷，张新宝译，法律出版社2004年版，第654页；[德]克雷斯蒂安·冯·巴尔：《欧洲比较侵权行为法》下卷，焦美华译，法律出版社2004年版，第99页；邱聪智：《民法研究》(一)，中国人民大学出版社2002年版，第326页；[德]曼弗雷德·沃尔夫：《物权法》，吴越、李大雪译，法律出版社2002年版，第176、181页。

② 转引自曾世雄：《损害赔偿法原理》，中国政法大学出版社2001年版，第299页。

③ 参见[英]阿拉斯泰尔·马里斯、肯·奥里芬特：《侵权法》，法律出版社2003年版，第225页。

④ 参见曾世雄：《损害赔偿法原理》，中国政法大学出版社2001年版，第132、293页。

⑤ B. S. Markesinis, S. F. Deakin, *Tort Law*, 4 th ed., Oxford: Clarendon Press, 1999, p.429.

⑥ John G. Fleming, *The Law of Torts*, 8 th ed., Sydney: The Law Book Company Limited Press, 1992, p.417.

⑦ 参见王泽鉴：《侵权行为法》第1册，中国政法大学出版社2001年版，第184页。

时也可以产生财产上损害。例如,因侵害人身权而产生的医疗费、误工费、丧葬费等费用,均属于财产上损害。

非财产上损害(non-pecuniary loss),简称"非财产损害",也称为"精神损害"或"无形损害",指那些无法折算为金钱或者不具有财产价值的损害。它主要表现为受害人所遭受的精神上的痛苦或者精神利益的丧失。从广义上讲,它涵盖了权利人财产外所遭受的所有损害,包括生理或心理上的较为严重的痛苦。而在狭义上,非财产损害仅指符合损害赔偿法规定,可获得损害赔偿救济的生理或心理痛苦。非财产损害与个人的心理生理感受相关,但并不以受害人主观上是否具备健全的意识能力为前提。因此,在认定非财产损害时,需要按照一个诚实善良的人的标准进行客观评估。[①] 结合域外立法,可以发现精神损害赔偿在适用上往往具有如下特点:

第一,其适用范围相对有限。合同法通常排除非财产损害的适用。[②] 在侵权法中,只有在人身权受侵害时才能获得非财产损害赔偿,而且一些国家会排除严格责任中的非财产损害赔偿[③],只有少数国家如日本、奥地利、法国、俄罗斯承认财产权损害也可以获得非财产损害赔偿。此外,精神损害赔偿只适用于自然人(包括胎儿),不适用于法人及非法人团体。[④] 死者的"人格"遭到损害,其近亲属(或检察机关)可以提起精神损害赔偿之诉。[⑤]

第二,在赔偿责任的认定上存在限制条件。从侵权责任的构成要件来看,有些国家会在主观要件上进行限制。以《奥地利民法典》第 1330 条为例,它要求只有加害人有故意或重大过失且法律不排除适用非财产损害的,受害人才能获得精神损害赔偿。在德国,如果一般人格权受到侵害,要获得非财产损害赔偿,法院认为须侵害为重大或过失为重大,二者必有其一;联邦宪法法院则认为

---

① 参见曾世雄:《损害赔偿法原理》,中国政法大学出版社 2001 年版,第 292~295、331 页。需要注意的是,《俄罗斯联邦民法典》第 151 条第 2 款规定,在确定精神损害赔偿的数额时,法院应注意侵权人过错的程度和其他值得注意的情节,还应考虑与被损害人个人特点有关的身体和精神痛苦程度。后面一点有考虑个人主观状况的意思。

② 参见[英]阿蒂亚:《合同法导论》,赵旭东译,法律出版社 2002 年版,第 469 页。因违约行为而导致的痛苦折磨或精神上的压抑而造成的损害一般来说都是不能给予赔偿的。参见 Ulrich Magnus, *Unification of Tort Law: Damages*, Tilburg: Kluwer Law International Press, 2001, p.192。

③ Ulrich Magnus, *Unification of Tort Law: Damages*, Tilburg: Kluwer Law International Press, 2001, p.192.

④ 法人有无精神损害,判例学说有肯定和否定两种意见。参见曾世雄:《损害赔偿法原理》,中国政法大学出版社 2001 年版,第 335~337 页。

⑤ 参见《最高人民法院关于确定民事侵权精神损害赔偿责任若干问题的解释》(法释〔2020〕17 号)第 3 条。对于人身权延伸保护的理论根据有:权利保护说、近亲属利益保护说、家庭利益保护说、法益保护说、延伸保护说。

侵害重大及过失重大，非二者并存不可。[①] 可见，主观方面的限制实际上使精神损害赔偿责任具备了独立的责任构成。有些国家从客观结果上加以限制，如《葡萄牙民法典》第 496 条规定“非财产损失只有在他因其严重性而值得法律保护时才能在确定损害赔偿额时被考虑”，《意大利民法典》第 2059 条及《刑法典》第 185 条第 2 款规定“非物质损害的赔偿主要取决于加害人是否构成刑事犯罪”。

财产上损害与非财产上损害的分类，与损害的救济方式直接相关，实现了逻辑上的完满，从而有利于全面计算损害的范围。这种分类方式体现了现代侵权法以金钱赔偿作为主要救济方式的趋向，成为最广泛运用的损害分类方法。

3.积极损害与消极损害

这是对财产上损害的进一步分类，即根据损害财产的形态，将其进一步分为实际损失和可得利益损失。实际损失，又称为“积极损害”“所受损害”，指受害人现有财产的减少、灭失或者费用的支出。例如财物毁损的损失、医疗费用的支出等。可得利益损失，又称为“消极损害”“所失利益”，指应得而未得的利益损失，即指因获利机会丧失而未得到的预期利益，属于未来财产的减损。例如营业收入的减少、利息的损失以及因劳动能力丧失而导致的工资损失等。

4.直接损害与间接损害

以行为与损害之间因果关系的直接性为标准，损害可分为直接损害与间接损害。前者是针对权益本身所发生的损害，属具体客体损害，以恢复原状为原则；后者是指因权益受到侵害而导致的被害人其他财产利益的损害，属于计算上的损害，以金钱赔偿为原则。[②]

直接损害（德文为“Verletzungsschaden”，英文为“direct damage”）又称“积极损害”。学界中对于直接损害的界定存在不同观点和视角。

第一种观点以损害的标的物为标准对直接损害进行界定，认为直接损害是指侵权行为直接作用于财产权标的所导致的损害，或者受害人为补救受到损害的民事权益所为的必要支出。直接损害具有下列特征：第一，侵权行为直接作用于受侵害的财产或人身，是直接损失发生的直接原因。第二，直接损害表现

---

① 参见曾世雄：《损害赔偿法原理》，中国政法大学出版社 2001 年版，第 326 页。不过，从我国《最高人民法院关于确定民事侵权精神损害赔偿责任若干问题的解释》（法释〔2020〕17 号）来看，该解释不以故意或重大过失作为请求精神损害赔偿的构成要件，而是在确定精神损害赔偿数额时参考加害人的过错程度。

② 参见王泽鉴：《损害概念及损害分类》，（台湾）《月旦法学杂志》2005 年第 9 期。

为受害人已有财产的减少,如直接损及财产权标的的损害或补救损害的必要支出。[①] 第三,直接损害在时间上通常与侵权行为的发生相近。[②] 第四,对于直接损害,原则上应当全面赔偿。[③]

第二种观点主要从不法行为与损害之间的因果关系出发,主张直接损害是加害行为直接引发的损害。例如,在购买瘟牛的情况下,瘟牛本身的死亡,以及瘟牛在死亡前将瘟疫传染给其他牛而导致其他牛的死亡,这些都被视为直接损害,因为它们是由加害行为直接导致的。然而,如果因为牛的死亡导致牛厂破产,这种损害则被视为间接损害,因为它是由于直接损害进一步引发的连锁反应。[④] 还有观点从(违约)行为损害的对象角度出发,认为直接损害是(违约)行为直接给债权人带来的损害,而不涉及合同当事人之外的第三方。[⑤] 此外,一些学者认为直接损害在理论上的界定并不清晰,因此,他们更倾向于适用"积极损害"或"实际损害"代替"直接损害"。[⑥]

间接损害(德文为"Folgeschaden",英文为"indirect damage")是财产损害的一种,与直接损害相对,又称"消极损害"。对于间接损害的认定,学界存在以下两种主要观点。第一种观点从损害的财产标的是否为现存利益出发,指出间接损害是那些由于受害人受到侵害而导致的可得财产利益的丧失。根据这一观点,间接损害也可称作"结果损害"(Folgeschaden)[⑦],包括可得的财产之法定孳息的丧失,受害人可得的经营利润等的丧失,受害人可得的收入包括工资、奖金等的丧失,受害人未来的可能的挣钱能力的丧失或者降低等情形。间接损失具有如下特征:其一,在受害人受到侵害时,该财产权益尚未存在。其二,在通常情况下,如果受害人不受到侵害,这一财产上的权益必然或者极有可能实现。[⑧] 其三,一般情况下,间接损失由直接损失所派生,特别是在侵害财产所有权以外的其他财产权的场合,往往并不造成直接损害,而仅产生间接损害,如对

① 参见张新宝:《中国侵权行为法》(第2版),中国社会科学出版社1998年版,第98页。

② 参见曾世雄:《损害赔偿法原理》,中国政法大学出版社2001年版,第137页。

③ 有些国家规定特殊情况下只赔偿直接损害,如《法国民法典》第1151条(现为第1231-4条)规定:即使在契约不履行是由于债务人欺诈所引起的情况下,对债权人受到的损失以及被剥夺的可得利益应给予的损害赔偿,仅以契约不履行立即发生的直接结果为限。

④ 参见曾世雄:《损害赔偿法原理》,中国政法大学出版社2001年版,第137页。

⑤ 参见姚梅镇主编:《国际经济法概论》,武汉大学出版社1989年版,第165页。

⑥ 参见房绍坤、郭明瑞、唐广良:《民商法原理》(四),中国人民大学出版社1999年版,第412～413页。相反观点可参见王利明:《违约责任论》,中国政法大学出版社1993年版,第448页。

⑦ 参见黄立:《民法债编总论》,中国政法大学出版社2002年版,第382页。

⑧ 参见张新宝:《中国侵权行为法》(第2版),中国社会科学出版社1998年版,第98页。

债权的侵害。[①] 对于间接损害,受害人能否获得赔偿取决于可得财产利益的可能性。第二种观点从不法行为与损害之间的因果关系出发,认为间接损害是指因其他媒介因素所引发的损害。[②] 对于与不法行为因果关系联系遥远(remoteness)的损害,是否赔偿以及赔偿责任大小都有限制。[③]

(三)损害的特征

1.损害是侵害合法民事权益的后果

权利以利益为目的,侵权行为导致权利目的实现之障碍,由此产生的损害则可理解为利益的减少或者损失。私权指法律体系所明认之一切私权利。[④] 所谓"明认",主要指两种方式。其一,积极方式,这种方式主要被大陆法系采用,通过实体法直接明确规定权利。不同的国家或地区因采纳的直接法律渊源不同,所确立的私权体系也就不同。例如,在我国台湾地区,私权体系由法典、委任立法之规章、习惯法及判例等确立。在我国判例一般不能成为确立权利的根据。按此方式,在不同的法律领域,确定权利体系的具体机制也存在差异。比如按照物权法定原则,物权体系取决于物权法的具体规定;而债权法不坚持法定原则,债权体系取决于当事人的自由意志。其二,消极方式,这种方式主要被英美法系采用,通过程序法或法律保护机制间接确认权利。

通说认为,侵权中的"权利"指私权利,单纯的公权利不能成为侵权行为的客体,除非侵害公权利的同时侵害私权利。[⑤] 以此维护公法、私法的划分,使侵害公权利的只能按照公法的规定提供救济。本书认为,对于单独侵害公权利能否构成侵权责任的问题,其答案实际上与公权利和私权利的划分方式密切相关。如果按照主体性质区分公权与私权,则公权包括立法权、司法权、行政权。在这种划分下,单纯公权利不能成为侵权行为客体。例如,纳税人的逃税、漏税行为虽然侵害了征税权这一公权利,但此时税务机关或国家并不能因此提起侵权之诉,而只能让违法行为人承担相应的行政责任或刑事责任。然而,如果采取利益说划分公权与私权,那么代表公共利益的权利可称为"公权利"。在这种

---

① 参见杨立新:《侵权法论》(上),人民法院出版社2004年版,第194页。

② 参见曾世雄:《损害赔偿法原理》,中国政法大学出版社2001年版,第137页。

③ Ulrich Magnus, *Unification of Tort Law: Damages*, Tilburg: Kluwer Law International Press, 2001, pp.11,162.该书分别提到奥地利、南非有这种限制。至于其他国家书中并未提及。事实上其他国家也存在这种区别,只不过这些国家是通过因果关系加以区分的:原因力不够或不可预见的损害不予赔偿。正是从这一点我们可以看出直接损失和间接损失的划分通常与因果关系的划分混为一谈,因此直接损害、间接损害为学者所抛弃,为很多国家实务所不采。

④ 参见1950年台上字第987号判例。

⑤ 参见林诚二:《民法债编总论——体系化解说》,中国人民大学出版社2003年版,第154页。

划分下,行为人如果侵害了公共利益,也可能构成侵权行为。这是因为公共利益往往是不特定多数人利益的代表,如环境利益、公共安全利益、公共福利利益等,对这些公共利益的侵害一定伴随着私人利益的受损。这种侵害可能同时发生,也可能需要经过一段时间才显现出来。

2.损害具备现实性

损害的现实性,又称"损害的确定性"[①],指损害必须是已经客观发生的,单纯的危险尚不构成损害。大陆法系实务中区分加害人的加害行为对权益构成的有形损害与妨害,其中妨害是指对他人权益构成现实威胁的危险状态。[②] 损害作为承担损害赔偿责任的构成要件,在此意义上与"损失"相同。基于这一区分,法律要求行为人对实际损害承担损害赔偿责任,而对于妨害,则仅赋予权利人妨害排除请求权。这一做法反映了物上请求权(以及人身权等绝对权请求权)与侵权请求权的区分。[③] 侵权请求权以实际损害为成立要件,所谓"实际损害"以在客观上有必要且相当者为限。当损害确实存在,但损害的具体数额难以精确证明时,法院可以根据其调查所得,综合考虑各种因素,对损害的程度和范围进行合理的斟酌和判断。[④]

在意大利民法实践中,主要在侵害生命健康权领域,存在一种与财产损失和精神损失相并列的第三类损害形态,即生物学上的损害。这种损害形态指的是,无论对主体的收入或其他方面有无消极或不利影响,其生理或精神上的完整性受损,即构成《意大利宪法》第 32 条所保护的健康损害,它本身就是一种独立的损害形态。换言之,对个人心理或生理完整性的侵犯或侵害,本身即构成可诉的损害。在意大利民法中,对病理学意义上健康的侵害也被视为损害,这扩展了侵权行为法保护的对象范围,即只要一个受到法律保护的利益被侵犯,就认为发生了损害。这一变革使得侵权之诉的提起变得更为容易。《意大利民法典》第 2043 条和第 2059 条分别规定了对于财产损害及精神损害的赔偿责任。然而,根据第 2059 条,非物质损害的赔偿责任仅在加害人的行为构成刑事犯罪时才能成立,这一规定严格限制了精神损害赔偿责任的适用范围或条件。但这一规定与《意大利宪法》第 32 条第 1 项保护公民健康作为基本权利和公共利益的原则相矛盾。由于《民法典》第 2059 条关于精神损害赔偿的规定不可改

---

① 参见杨立新:《侵权行为法专论》,高等教育出版社 2005 年版,第 57 页。

② 参见房绍坤、郭明瑞、唐广良:《民商法原理》(三),中国人民大学出版社 1999 年版,第 410～411 页;王利明、杨立新编著:《侵权行为法》,法律出版社 1996 年版,第 56～57 页。

③ 参见王泽鉴:《侵权行为法》第 1 册,中国政法大学出版社 2001 年版,第 182 页,注 2。

④ 参见戴森雄:《民法案例实务》第 1 册,(台湾)三民书局 1981 年版,第 314～315 页。

变，意大利法院通过解释第 2043 条，将生物学上的损害解释为民法典中的经济损失（或财产损失），这一做法现已得到意大利宪法法院的支持。生物学上的损害在法律实践中得到了发展，特别是在工业伤害等领域。

在英美法系中，原则上确实以损害的发生作为侵权责任成立的必要条件，但在某些特定的侵权行为中，如书面名誉损害（libel）和对土地的有形侵害（trespass to land），这些被视为当然的侵权行为。即使在这些情况下，损害可能很轻微或无法证明损害的发生，法律也认定构成了名义上的损害（nominal damage）。[①] "名义上的损害"实质上是一种法律上的拟制。[②] 此外，在英美法系的故意侵权案件中，法院并不要求原告证明被告的故意行为给自己造成了实际损害作为构成要件。如果原告无法证明任何有形的或无形的实际损害，他们仍然有可能获得名义上的损害赔偿。

我国侵权法中也原则上要求损害具备现实性。

其一，通常情形下，在我国《民法典》中，其第 1165 条规定了作为损害赔偿责任的要件，要求损害已经客观发生，单纯的危险尚不构成损害。

其二，禁令式责任不要求损害现实发生。我国《民法典》第 179 条将"停止侵害、排除妨碍、消除危险"与"赔偿损失"并列为侵权责任的方式。这些责任不以损失为要件。同时，我国《民法典》第 1167 条还规定了"即发侵权"的救济情形。所谓"即发侵权"，是指行为人即将实施侵权行为，若不及时加以制止，该行为将不可避免地发展为实际的侵权行为。其规定，侵权行为危及他人人身、财产安全的，被侵权人有权请求侵权人承担停止侵害、排除妨碍、消除危险等侵权责任。

其三，后续损害可以成为侵权责任的构成要件。所谓"后续损害"指的是在一审法庭辩论终结后又发生的损害，以后续医疗费为典型，例如"器官功能恢复训练所必要的康复费、适当的整容费以及其他后续治疗费"。

其四，机会损失可以构成侵权法上的损害。所谓"机会损失"指因被告的加害行为导致发生损害之可能性提高而产生的损失，最典型的机会损失是因医疗过失导致的患者存活机会丧失。对此，实务上主要采取两种保护方式：一是直接保护，承认存活机会是"对于未来继续生命的期待"，存活机会丧失不同于最终损害，一旦丧失存活机会，无须最终损害（例如死亡）之发生，被害人即得请求损害赔偿。法官可参照鉴定意见、结合因果关系确定因存活机会受损导致的财

---

① 参见[英]戴维明・沃克：《牛津法律大辞典》，李双元等译，法律出版社 2003 年版，第 238 页。

② 参见[美]沃伦・西维：《侵权法的原则》，李俊译，徐爱国组译：《哈佛法律评论：侵权法学精粹》，法律出版社 2005 年版，第 36 页。

产损失、精神损害。

【案例 4-2-1】柯某某与某某县人民医院等医疗损害赔偿纠纷上诉案

柯某某因被告存在过错的诊疗行为导致医疗机会遭受不利影响，延误一年才开始接受对症治疗，其因病情加重而遭受严重精神损害和肉体痛苦，被告应赔偿相应的精神损害抚慰金。[①]

二是间接保护方式，当人身损害赔偿尤其是死亡赔偿足以实现补偿、威慑等功能时，不承认机会丧失为独立损害，但其决定了侵权责任的因果关系或原因力。

【案例 4-2-2】宋某某等与南京某某医院等医疗赔偿纠纷上诉案

溃疡病如果及时、正确得到治疗，有效控制率达 95%，死亡率低于 1%。因此，两被告如果及时诊断、治疗，患者生命被挽救的可能性极高。两被告的医疗过失行为使得低于 1% 的死亡率成为现实，医疗过失行为是患者死亡的主要原因。[②]

其五，未来损害可以构成侵权法上的损害。未来损害主要包括两种类型：一是以现实损害为基础发生的未来损害，例如，因人身伤害后的二次手术、药物依赖等后期治疗而支出的费用。对此，权利人可待损害实际发生后另行起诉，也可以依调解或和解协议获得赔偿，还根据医疗证明或者鉴定结论等与已经发生的治疗费一并予以赔偿。二是不以现实损害为基础的未来潜在损害。在集合侵权(mass tort)中，考虑到加害人赔付能力的有限性，在设立损害赔偿基金时必须为已经使用或暴露于有害物质中但尚未发生损害的主体预留相应的份额。未来损害是集合侵权的普遍现象，从主体角度看包括两种情形：一是已经暴露于具有伤害性的产品或物质中但尚未发生损害的主体，这可称为“现实的将来请求权人”(present future claimants)，其请求权已具备一定的现实性，其损害接近于“所失利益”，易被传统侵权法接受；二是现在虽未而将来可能暴露于该产品或物质中的人，即“未来的将来请求权人”(future future claimants)。第二种未来请求权应否被承认？实务见解不一。否定说认为，该请求权完全不具有现实性，不符合损害赔偿请求权的本质。如若承认还会使被告丧失抗辩机会，认定未经庭审辩论或质证的事实，与正当程序原则相悖。肯定说认为，集合侵权能造成严重的后果，而加害人的赔付能力有限，只有承认未来损害才能在

---

① 参见柯某某与某某县人民医院等医疗损害赔偿纠纷上诉案，浙江省温州市中级人民法院(2012)浙温民终字第 1068 号民事判决书。

② 参见宋某某等与南京某某医院等医疗赔偿纠纷上诉案，江苏省南京市中级人民法院(2007)宁民一终字第 741 号民事判决。

整体上实现公平救济，使被告摆脱诉累，安心赔付，重建生产。多数法院采肯定说，认为未来损害请求权人不应被忽视，至少应作为利益相关者参与诉讼。未来损害也往往超出了人们的预见，无法确定因果关系，损害计算具有复杂化、不确定性。例如，1980 年美国石棉索赔案中，专家预测石棉案件的未来受害人是 1.6 万，而 5 年后仅各州和联邦受理的案件就超过 3 万起。①

3.损害须具备可补救性

损害须具备可补救性，也可称为"损害的可诉性"。若任何细微损害均可获得救济，司法体系将难堪重负，进而可能破坏人们相互依存、和谐共处的社会局面。因此，法律要求社会中的每一个人须对损害采取宽容态度，仅当损害具备可补救性时②，才构成"有法律意义的损害"(Normrelevante Schaden)。③ 这并不是对私权神圣的漠视，也非对权利本位的违背，而属维系社会存在之必然要求。只有当侵权行为法能够避免过分严苛的责任时，它才能作为有效、有意义且公正的赔偿体系来运行。④

首先，损害的可补救性包含"质"与"量"两方面的考量。"质"的要求是损害可补救性之"有、无"问题，这直接决定了侵权责任请求权能否成立。"量"的要求则是指损害可补救性之"大、小"问题。在立法技术上，损害可补救性往往并非直接规定为损害大小，而是通过行为人的违法程度间接体现出来，从而难免损害的可补救性问题与行为违法性问题之交错。在"量"的考量上，可具体化为两种标准：一是形式标准或法定标准，比如法律、法规规定的噪声标准；二是实质标准，即损害是否超过了普通人的容忍限度。实质标准并不表现为具体明确的数字，而为抽象标准，通常与禁止权利滥用原则等并用。一般而言，这两个标准是一致的。为充分保护当事人的合法权益，当两种标准相冲突时应以实质标准为准。

其次，轻微损害不具备可诉性，例如，买饭时踩到他人的脚，情人之间争吵两句，皆不满足法律上之损害。结婚庆典请乐队演奏为当地风俗，因乐队演奏产生的噪声按照实质标准应为常人所容忍，甲即使有轻微的精神痛苦，也无权要求赔偿。这是因为，依据《民法典》第 1183 条，精神损害更加强调严重性。

---

① 参见张平华：《揭开集合侵权的面纱——从术语翻译到制度建构的追问》，《法律科学》(西北政法大学学报)2013 年第 6 期。

② 参见王利明、杨立新编著：《侵权行为法》，法律出版社 1996 年版，第 56 页；[英]戴维·沃克：《牛津法律大辞典》，李双元等译，法律出版社 2003 年版，第 300 页。

③ 参见黄立：《民法债编总论》，中国政法大学出版社 2002 年版，第 372 页。

④ 参见[德]克雷斯蒂安·冯·巴尔：《欧洲比较侵权行为法》下卷，焦美华译，法律出版社 2004 年版，第 1 页。

最后，依据《民法典》第 1184 条，财产损害以市场价格或合理方式计算，其中包含着对损害可救济性的衡量。

第三节 行为违法性

一、行为违法性的概念

行为违法性，指行为人的行为违反了法律的要求，即导致损害发生的行为具备应受法律谴责性。行为的违法性是社会对行为人行为的一种客观法律评价，并不涉及行为人的主观意志状态。行为的违法性涵盖了形式违法和实质违法两个层面。

形式违法，指行为违反了法律中的强行性或者禁止性规定。此处的法律应为广义理解，包括但不限于各类法律、法规。实质违法，指虽然行为未直接违反法律的强行性或禁止性规定，但违反了法律的基本要求和原则。判断实质违法性通常依据两个标准：第一，是否有合法权益受到侵害，《民法典》第 3 条明确规定，“民事主体的人身权利、财产权利以及其他合法权益受法律保护，任何组织或者个人不得侵犯”。第二，行为人的行为是否具有阻却违法性，即尽管行为人的行为可能损害了他人的权益，但如果该行为在法律上被允许，那么该行为就不具有违法性。例如，甲的行为虽导致乙受伤，但如果是基于正当防卫，那么甲的行为就是法律许可的，不具有违法性。

在对行为违法性进行认定时，学界形成了结果不法说、行为不法说与折中说三种不同观点。其中，结果不法说（Erfolgsunrecht）主张，凡侵害他人权利或者利益而发生损害结果的，即构成违法。依此观点，除了存在阻却违法事由外，任何对权利的侵害均构成违法。结果不法说主要以权利侵害为前提，适用于那些法律对权利边界有明确界定的场合，却不适合于非法定权利（例如习惯权利、推定权利）或者法律对权利边界表述较为模糊的场合（例如一般人格权）。行为不法说（Handlungsunrecht）则认为违法不应仅依行为的结果而定，而应考察行为人的行为本身是否触犯了法秩序。如果行为人的行为未达到法律确定的行为标准或未尽到避免侵害他人的注意义务，即构成违法。依此学说，违反注意义务即构成行为的违法性，相反，如果侵害他人权益但确已尽必要注意义务，则行为不具有违法性。因此，行为不法主要适用于过失侵权而非故意侵权的情形，该学说推动了过失的客观化甚至过失对行为违法性的吸收。折中说认为，在权利侵害上需要区分直接结果还是间接结果：如果行为造成权利的直接侵害，除非有阻却违法事由否则都承认违法行为存在；如果行为间接导致损害结果，则行为是不是违法行为，需要结合实施行为时是否违反一般注意义务来加以判断。

二、行为违法性的体系定位

行为违法性能否成为侵权构成要件存在理论争议，主要聚焦在违法性与过错之间的关系方面。我国《民法典》第 1165 条中仅提及了"过错"，而并未明确使用"违法"或"不法"的表述。因此，在法学理论中存在两种对立的观点：一是"过错吸收违法性"说，认为"过错"概念涵盖了行为的违法性；二是"违法性要件独立"说，即过错和违法行为都是侵权责任成立的独立构成要件。

（一）"过错吸收违法性"说

该学说认为，行为的违法性和过错之间是一种准集合关系。"过错的概念要比违法行为的概念从内涵到外延上更为广泛"[①]，因此不应把行为的违法性作为独立的责任构成要件。其具体理由包括：第一，《民法典》第 1165 条并未明确将"违法"作为侵权责任的构成要件，因此将行为违法性作为独立构成要件的观点与我国立法相悖。[②] 第二，行为的违法性与"过错"概念难以明确界定，区分往往徒具形式。一方面，侵权行为涉及社会生活的广泛领域，而法律难以对所有可能的侵权行为作出详尽无遗的规定，因此难以具体确定违法行为的内涵。此外，民事侵权行为多为过失行为，对于这些行为往往难以认定违法性。第三，将违法性作为侵权责任的构成要件，可能导致许多致人损害的行为因违法性难以确定而被免除侵权责任，不利于正确归责。[③] 第四，法律关于侵权行为的规定本身已足以为人们树立明确的行为准则，没有必要再叠床架屋为侵权责任加上"违法性"要件，这不仅文字意义重复、容易产生歧义，也会导致逻辑上的混乱。持此观点者往往采客观"过错"概念，认为过错的认定不应以行为人个体的主观状态为根据，而是以一般注意义务的违反为标准。如此，违法性当然包含在了"过错"概念之中。

从比较法来看，《法国民法典》未明显区分"违法"与"过错"，而是以过错为基础建立了侵权责任的一般条款。但与罗马法不同，法国侵权法中以"过错"吸

---

① 王利明主编：《民法·侵权行为法》，中国人民大学出版社 1993 年版，第 161 页。

② 参见孔祥俊、杨丽：《侵权责任构成要件研究》，《政法论坛》1993 年第 2 期。

③ 参见王利明主编：《民法·侵权行为法》，中国人民大学出版社 1993 年版，第 161～162 页。

收“违法性”，而非以“违法性”吸收“过错”。[①] 受法国法影响，意大利、西班牙、葡萄牙等国侵权法中“违法性”也无独立的地位和价值。但违法性的依附地位并不代表违法性会在侵权法中消失殆尽，因为无论是立法者、法律从业人员还是学者，当涉及侵权责任问题时，“违法性”这一概念仍然被广泛提及和使用。

（二）“违法性要件独立”说

该学说认为，过错和违法性是侵权责任成立的两个独立构成要件，行为的违法性不能为“过错”所吸收，具体理由包括：第一，“违法行为”概念具有独立性，其包含两个核心要素：一是行为，二是违法或不法。违法行为，与损害事实和因果关系一同，成了完整的侵权责任构成中的客观要件体系。第二，过错是侵权责任构成的主观要件，不能代替违法行为这一客观要件。第三，如果否认违法行为作为侵权责任的构成要件，那么我们在处理因果关系这一要件时就会面临极大的困难。第四，《民法典》第1165条虽未明确规定违法性，但这并不足以否认违法行为作为侵权责任的构成要件。[②] 考虑到我国民法理论的德国法渊源、最高人民法院司法解释的态度，还有我国民法学界多数人的主张，将加害行为的违法性作为独立的构成要件是更为合理的解释。[③]

域外来看，德国法受自由意志哲学和耶林“主观违法和客观违法”理论的影响，在立法上明确区分了“违法性”与“过错”，使得这两个概念更加精确且易于界定。《德国民法典》第823条的规定首次将违法性和过错共同确立为侵权责任的独立构成要件。[④] 其中，过错属于纯粹主观的范畴，仅指态度[⑤]，即故意或过失地侵害他人法益，如财产、生命、身体、健康、自由、所有权或者其他绝对权利[⑥]；而违法行为则归于纯粹客观的范畴，仅指行为，即导致他人法益受损的行为，具体表现为违反法定义务、违反保护他人的法律或故意违背善良风俗造成损害。受德国法的影响，瑞士、土耳其、希腊、奥地利和荷兰等国的立法也采取了违法性与过错分离的做法。

---

① 古罗马于公元前287年通过了《阿奎利亚法》，其首次将违法确立为侵权责任构成要件，是侵权法发展史上具有划时代意义的进步。由此可见，“违法”概念源于罗马法，并且先于“过错”概念出现。此时的“过错”尚未独立，而是吸收于“违法”概念中，二者相互结合成为一个构成要件，并且相互作为存在的依据。详见王卫国：《过错责任原则：第三次勃兴》，中国法制出版社2001年版，第33页。

② 参见张新宝：《中国侵权行为法》，中国社会科学出版社1995年版，第20页。

③ 参见张新宝：《中国侵权行为法》，中国社会科学出版社1995年版，第75～76页。

④ 参见《德国民法典》，陈卫佐译，法律出版社2020年版，第381页。

⑤ B. S. Markesinis, *The German Law of Obligations*, Volume Ⅱ (*The Law of Torts: A Comparative Introduction*), 3 rd ed., Oxford: Clarendon Press, 1997, p.68.

⑥ 参见《德国民法典》，陈卫佐译，法律出版社2020年版，第381页。

在过失客观化趋向下，判断过失所需的注意义务与违法性意义范围内的行为义务内容几乎完全一致。但这并不意味着过失与行为违法性可以完全等同。过失的认定还需要考虑行为人是否预见到行为的可能结果以及是否能够避免或预防这种结果的发生。即使行为人违反某些义务，法官仍需在具体个案中判断其是否达到了善良管理人或者理性人的标准，即通过善良管理人或者理性人对同一义务是否能认识并可被期待加以执行，以判断行为人的现实行为与理性人的行为标准是否存在背离，从而确定行为人是否有过错。因此，仅仅违反行为义务可成立违法性，却并不一定构成过失。[①]

三、行为违法的形态

具备违法性的行为可称为“违法行为”。根据不同标准，违法行为存在以下不同分类。

（一）作为违法与不作为违法

根据行为的表现形式，行为的违法性可分为作为违法与不作为违法。

作为违法，又称“积极违法”，指行为人实施的作为行为具有违法性。当行为人不应当实施某一行为却实施了，即构成作为违法。这种违法的作为是行为人主动进行的，并且可以从外部进行识别和判断。在侵害绝对权的场合，作为违法的判断较为直观，因为对于绝对权任何他人都负有不作为的义务。一旦加害人的作为行为作用于绝对权客体，其行为往往就具备了违法性。然而，对于故意违反善良风俗的行为，其违法性还需结合行为人的主观心理状态是否为故意，以及行为的方式是否违反善良风俗来进行判断。至于违反保护性法律的行为，只需判断行为人的作为是否违反了保护性法律的相关规定即可。

不作为违法，又称“消极违法”，指行为人未实施其应当实施的行为，从而具有违法性。当行为人依据法律规定或者合同约定负有作为义务而未履行时，即构成不作为违法。例如，见到亲友被绑架而坐视不管，或者看到孩童溺水而不加以援手等。由于违法的不作为往往导致了本应中断却未中断的损害事实发生的因果关系链，因此行为人需要承担相应的法律责任。私法自治原则不允许法律过多地、轻易地认定作为义务。一般而言，作为义务多存在以下场合：第一，不作为人与受害人之间有特别紧密的关系，这包括基于法律的强制规定或者公序良俗而产生的作为义务、基于无因管理而产生的作为义务以及基于先行

---

① 参见王千维：《民事损害赔偿责任成立要件上之因果关系、违法性与过失之内涵及其相互间之关系》，（台湾）《中原财经法学》2002 年第 8 期。

行为而产生的作为义务。第二,行为人对导致损害发生的危险源负有特别责任,或者基于社会活动安全注意义务(Verkehrspflicht)为避免危险而产生的作为义务,这包括因自己的行为导致一定结果的危险而负有防范义务,如撞人者即使无过失也应将伤者送往医院,开启或维持某种交通或交往而产生的作为义务,因从事一定营业或职业而承担防范危险的义务,以及当危险的消除在某人支配范围内且只可期待该人消除该危险时该人应当负担的义务。

(二)权利侵害型违法、违反保护他人法律型违法与违反善良风俗型违法

根据行为所违反的法律要求不同,违法行为可以分为权利侵害型违法、违反保护他人法律型违法与违反善良风俗型违法。

权利侵害型违法,指行为侵害的是法律所明确规定的权利。由于权利具有法定性,并且在司法实践中往往依据定型化的权利进行判断,因此,权利侵害型违法主要适用于那些权利内容明确、权利边界清晰的权利,例如生命权、健康权和所有权等。换言之,只有当行为侵害的是这些界定明确的权利时,才构成权利侵害型违法。然而,由于并非所有权益的内容都得到了法律的明确界定,因此权利侵害型违法并不能涵盖所有的侵权行为类型。

违反保护他人法律型违法,指违反了那些以保护他人为目的的法律法规的行为。在我国法律体系中,这主要体现为侵害了法律所保护的利益的行为。对于此类行为的违法性,许多大陆法系国家和地区都有专门规定。例如,《德国民法典》第 823 条第 2 项规定:“违反以保护他人为目的的法律的人,担负相同的义务。依该法律的内容,无过错也可能违反该法律的,仅在有过错的情形下,始发生赔偿义务。”我国台湾地区所谓“民法”第 184 条第 2 项规定:“违反保护他人之法律,致生损害于他人者,负赔偿责任。但能证明其行为无过失者,不在此限。”

违反善良风俗型违法,指那些违反善良风俗从而侵害了他人利益的行为。例如按照《精神损害赔偿司法解释》(法释〔2001〕7 号,已修改)第 1 条第 2 款的规定,当行为“违反社会公共利益、社会公德侵害他人隐私或者其他人格利益”时,受害人有权以侵权为由向人民法院提起精神损害赔偿诉讼。本条款中这种侵害隐私或其他人格利益的行为,就是典型的以违反善良风俗方式侵害他人利益的违法行为。尽管修正后的司法解释(法释〔2020〕17 号)删除了本条款规定,但结合《民法典》有关悖俗行为与违法行为的禁止性规定,同样可以明确悖俗行为的违法性。

第四节 因果关系

一、因果关系的概念

(一)因果关系是民事责任的构成要件

因果关系是构成所有民事责任的必备要件。在过错责任中,因果关系与其他要件共同决定责任的成立和大小;而在无过错责任中,因果关系则是确定责任的主要依据。此外,在涉及"公平责任"和"受益人补偿义务"等类型的案件中,为了确保责任的公正分配,防止责任泛滥,同样要求损害与受益等事实之间存在明确的因果关系。[①] 美国法学家马龙(Wex S. Malone)探讨因果关系本质,指出这一概念在理论上具有显著地位,并带有政策的特性,法官经常运用因果关系这一理论工具,以达成其欲促成的重要社会政策。[②]

在法条中,关于因果关系的表述往往并不显眼,而是被简化为"因""由于""由此""引起""造成""导致"等字眼。[③] 这些简化的表述方式虽然不直接点明"因果关系"这一术语,但实质上都在传达"因果关系"这一核心概念。举例来说,我国《民法典》1165 条使用了"因"、1166 条使用了"造成"来表达因果关系,《法国民法典》第 1382 条(现为第 1240 条)至 1386 条(现为第 1244 条)则使用了"引起"(cause),《智利民法典》第 2314 条使用了"导致",《日本民法典》第 709 条使用了"因",而《德国民法典》在第 823 条、第 826 条以及第 839 条中也通过"因此"这一字眼来隐含地表达因果关系。《美国侵权法重述》第 16 章专门阐述了"过失责任所必需的因果关系",该章分为两个核心主题:一是探讨"对他人所受伤害负有责任所必需的因果关系",即事实上的因果关系;二是分析"影响责任范围而非其存在与否的因果关系",即法律上的因果关系。该章共计 32 条,从 430 节至 461 节,其所涉内容的丰富性和详尽程度在同类法典或规范性文件中均属罕见。

在我国《民法典》的制定过程中,对因果关系的考量被赋予了更为详尽的注意。例如,杨立新教授领导的课题组起草的《中国民法典:侵权行为法编(草案)

---

① 《民法通则》第 109 条规定,因防止、制止国家的、集体的财产或者他人的财产、人身遭受侵害而使自己受到损害的,由侵害人承担赔偿责任,受益人也可以给予适当的补偿。

② 参见陈聪富:《因果关系与损害赔偿》,(台湾)元照出版公司 2004 年版,第 49 页。

③ 哈特和奥诺尔认为,"引起"和"造成"的含义存在差别,参见[美]H. L. A. 哈特、托尼·奥诺尔:《法律中的因果关系》(第 2 版),张绍谦、孙战国译,中国政法大学出版社 2005 年版,第 177 页。

（专家建议稿）》于第 4 条细化了因果关系的证明要求："受害人请求行为人承担侵权责任，应当证明行为人的加害行为以及他人的行为或者行为人对其管领的物未尽必要注意的行为，与损害之间存在因果关系。法律规定实行因果关系推定的，受害人只须证明因果关系的盖然性存在；行为人不能证明因果关系不存在的，推定因果关系成立。两个以上的原因造成同一个损害结果的，行为人应当按照其行为的原因力承担赔偿责任，或者分担相应的责任份额。"而由中国社科院主持起草的《中国民法典侵权行为编草案建议稿》在第 7 条中对因果关系作了概念式的规定："加害人的行为与受害人遭受的损害之间存在因果关系，是加害人承担民事责任的条件。对他人行为造成的损害或者物所致的损害承担民事责任的，他人的行为或者物之内在危险的实现应当是损害发生的原因。"在《侵权责任法》的各意见稿和草案中，因果关系的深入探讨和频繁提及，充分展现了我国学界和立法实践对因果关系理论的深切重视。

（二）因果关系中的原因是当事人的行为

一般来说，因果关系中的结果指损害事实，而因果关系中的原因则依侵权类型而不同。在特殊侵权中，对于共同侵权，共同行为或团伙行为等可以构成损害发生的原因；对于共同危险行为侵权，危险行为即为原因；对于应负责的他人加害行为致害责任，他人的加害行为是损害发生的原因；对于应负责的物件致人损害责任，物的内在危险性是损害发生的原因；对于危险责任，危险活动或危险设施是损害发生的原因。

至于一般侵权，理论上关于"原因"有三种主要学说：第一种是过错原因说，该学说认为侵权责任中的因果关系就是过错与损害事实之间的因果关系。[①]《最高人民法院关于审理期货纠纷案件若干问题的规定》（法释〔2020〕18 号）即采纳了此学说，其在第 3 条中规定："人民法院审理期货侵权纠纷和无效的期货交易合同纠纷案件，应当根据各方当事人是否有过错，以及过错的性质、大小，过错和损失之间的因果关系，确定过错方承担的民事责任。"第二种是行为原因说，这一学说主张民法中的因果关系是指行为人的行为及物件与损害事实之间的因果关系，认为只有行为才能作为因果关系中的原因。也有学者进一步指出，因果关系即加害行为与损害之间有前因后果之牵连。[②] 第三种是违法行为原因说，该学说认为侵权民事责任中的因果关系是指违法行为与损害事实之间引起与被引起的关系，强调违法行为才是因果关系中的原因。例如，《最高人民

① 参见《法国民法典》第 1240 条，《法国民法典》，罗结珍译，北京大学出版社 2023 年版，第 663 页。

② 参见郑玉波：《民法债编总论》，中国政法大学出版社 2004 年版，第 356 页。

法院关于审理名誉权案件若干问题的解答》(法发〔1993〕15 号,已失效)坚持了这一学说,其中第七问:侵害名誉权责任应如何认定?答:是否构成侵害名誉权的责任,应当根据受害人确有名誉被损害的事实、行为人行为违法、违法行为与损害后果之间有因果关系、行为人主观上有过错来认定。

本书认为,侵权行为因果关系中的原因是行为或加害行为,而非违法行为或过错。将"行为"视为原因,有助于体现侵权法功能、实现立法目的。行为与损害之间存在直接的、事实上的对应关系,由此对应关系可以推导出"自己责任主义",即行为人应对自己的行为负责,这符合自然规律和基本正义观。按照归责要件理论,判断加害行为是否属于违法行为或是否具有违法性,是行为违法性判断要件的"管辖"范畴;而"过错"作为行为人内心应受谴责的主观心理状态,不仅不能引起损害后果的发生,而且它是判断行为人是否需要承担责任的最终决定要件,对这一要件的判断应该在因果关系要件后进行。简而言之,行为违法性和过错都不应被纳入因果关系的内容之中。

(三)因果关系与相关概念

1.哲学上的因果关系与侵权责任法中的因果关系

哲学上的因果关系(causation)指两事物或者两现象间的前因后果联系,若一事物或者现象的出现是由另一事物或者现象的存在引起的,则二者之间存在因果关系。[①] 我国理论及司法实务界受到苏联民法理论的影响,在很长时间内坚持必然因果关系说,不区分哲学上的因果关系与法律上的因果关系。[②] 例如,《最高人民法院关于林木香诉中国工商银行福州支行仓山办事处、中国农业银行闽侯县支行、闽候县闽江信用社赔偿案件如何适用法律问题的复函》(〔1993〕民他字第 31 号)中指出:"林木香的存折被林有垒盗窃并冒领存款与林木香委托林有尧代管房屋权限不明没有必然的因果关系,因此,林木香不应承担民事责任。"

在侵权责任法中,因果关系一般被认为是构成民事责任的基本要件之一。然而,巴尔教授提出,因果关系也许并非当然都是责任的必要条件,也绝不单独

① 在美国,有的学者将符合"若无则不"公式的"必要条件"称为"哲学意义"上的原因,而将符合近因说或实质要求的原因称为"实质原因"。参见[美]肯尼斯·亚伯拉罕、阿尔伯特·泰特:《美国侵权法重述——纲要》,许传玺、石宏等译,法律出版社 2006 年版,第 123～124 页。

② 我国关于侵权行为法因果关系的传统理论强调因果关系的必然性,认为只有当行为人的行为与损害结果间存在内在的、本质的、必然的联系时,才具有法律上的因果关系;如果行为与结果间是外在的、偶然的联系时,则不能认为两者间有因果关系。

成为充分条件。[①] 这意味着:因果关系只是民事责任的构成要件之一,存在因果关系并不意味着行为人一定需要承担责任;在特殊情况下,例如监护责任、替代责任和动物致害责任中,责任主体行为与损害之间并不存在通常意义上的因果关系。在这些情况下,因果关系表现为被监护人行为、雇员行为或者动物行为与损害事实之间的关联,而并非责任主体行为与损害后果的直接联系。

通说认为,侵权责任中的因果关系与哲学上的因果关系呈现为特殊与一般的关系。两者既存在统一性,也表现出一定的差异性。统一性体现在:它们都强调因果关系的客观性、顺序性、原因和结果的相对性,以及因果关系的复杂性。差异性则表现为考察对象、方法、目的、功能和时限的不同。就学科分类而言,哲学通常为法学提供一般性指导,而法学上的因果关系可以作为哲学因果关系在具体实践中的特例。然而,这种指导应限于基本原理层面,不应"越俎代庖"。

首先,关于因果关系的客观性,尽管两者都具有这一属性[②],但法律上的因果关系同时还包含了一定的主观性。作为认识的客体,法律上的因果关系无疑是客观的,但从认识方法特别是法律上因果关系的证明活动来看,它又具有一定的主观性。法律上的因果关系既是事实问题也是法律问题,其中事实问题涉及通过举证活动探究客观上的因果联系,而法律问题则需要结合法规目的,依据法官的自由裁量权进行价值判断,这不可避免地带有主观色彩。此外,在因果关系难以证明时,根据法律规定或具体情势推定因果关系的存在,此种推定因果关系便不具备主观性。

其次,哲学上的因果关系通常具有原因结果的相对性;但在诉讼上,归责活动是围绕原告被告双方展开的,一般只能是被告的行为造成原告权益受损,原因和结果不具有相对性。即使在"互相致害"(例如互殴)、"与有过失"中,因果关系也是单向的而不具有相对性。

最后,侵权行为法在因果关系上满足于一般认知,强调结果发生的可能性而非必然性。在某些情况下,需要区分事件在原因力上的远近和在时间上的顺序,然而这并不意味着在原则上赋予这种区分任何意义。[③] 以哲学上的必然性

---

① 参见[德]克雷斯蒂安·冯·巴尔:《欧洲比较侵权行为法》下卷,焦美华译,法律出版社 2004 年版,第 498 页。

② 这种事物之间的引起与被引起的关系是客观的,不依赖于任何人的主观意志。因果关系的有无,只能根据事物之间的客观联系进行判断。

③ 参见[德]克雷斯蒂安·冯·巴尔:《欧洲比较侵权行为法》下卷,焦美华译,法律出版社 2004 年版,第 523 页。

替代法律上的可能性，会增加当事人的举证负担，增加不必要的诉累。法律更注重于社会生活中各种利益冲突的协调，维护社会的公平与正义。法官在裁判案件时，主要依据的是社会生活的共同准则、公平正义观念、善良风俗习惯和人之常情。与必然因果关系说不同，相当因果关系说不要求法官对每一个案件均脱离一般人的智识经验和认识水平去追求所谓“客观的、本质的必然联系”，只要求判明原因事实与损害结果之间在通常情形下存在的引起与被引起的可能性。①

哲学上的因果关系是对日常用语中因果关系的高度抽象，而法律上的因果关系则建立在对事物通常或者持续状态的原因进行日常性的探究的基础上。原因就是在一定情境下造成差异的条件，这些条件在背景中凸显出来，是不正常和意外的因素，有助于解释特殊的结果。有些因素，在特定情境中是原因性的，而在另一种情境中则不是。比如，我们通常不认为空气中的氧气存在是森林火灾的原因。然而，在特定情境下如实验室的实验条件下，氧气的存在可能成为意料之外的变量，因此，在这种情境下，氧气会被合理地视为一个原因性因素。这凸显了在理解因果关系时必须考虑社会习俗中通常和可预期的标准。如果家庭中安装烟雾警报器是非常罕见的，那么在一场家庭火灾中我们不太可能将孩子的死亡归因于没有安装烟雾警报器。但是，如果城市中大多数家庭都安装了烟雾警报器，那么当孩子的死亡发生时，我们更可能认为这是缺乏本可以拯救生命的警报器所致。社会习俗中的这些规则意味着，那些原本不是直接原因的因素，在特定情境下可能被视为一个必要条件。②

2.刑事责任中的因果关系与侵权责任法中的因果关系

侵权责任法中的因果关系理论深受刑事责任中因果关系理论的影响。大陆法系的因果关系学说主要起源于刑法学，并逐渐影响到民法学。因果关系首先是一个事实问题，其研究涉及自然科学、逻辑哲学等多个领域，无论是在民法还是刑法领域，都具有相当的普适性。然而，二者在因果关系的认定上仍存在以下显著区别：

第一，在对待受害人的态度上，民法以受害人保护为中心，旨在确定责任归属，更侧重于让行为人承担责任而非排除责任。因此，民法中采用推定因果关系、疫学因果关系等理论来扩大责任范围。而刑法旨在保护犯罪嫌疑人的合法

---

① 参见梁慧星：《雇主承包厂房拆除工程违章施工致雇工受伤感染死亡案评释》，《法学研究》1989年第4期。

② 参见[美]乔治·弗莱彻：《刑法的基本概念》，蔡爱惠、陈巧燕、江溯译，中国政法大学出版社2004年版，第89页。

权益,其因果关系判断则较为严格,一般不采用推定的方式。对于因果关系中断,刑法中用以排除责任,而侵权法上只是作为确定原因力大小的因素。[①]

第二,在诉讼证明标准上,刑事诉讼遵循"排除合理怀疑"原则,要求因果关系的认定必须达到高度确定性。而民事诉讼则采用"优势证据"规则,只要证据具有优势,即可证明因果关系的存在。这反映了刑法对因果关系准确性的高要求,而民法在因果关系判断上则赋予法官较大的自由裁量权。相当因果关系的广泛适用也印证了法官在因果关系的判断方面所具有的较大的自由裁量权,或者说"因果关系的确定掺杂了更多的法官的主观因素"[②]。

第三,侵权责任中允许在特定情况下推定因果关系。侵权法中没有"无罪推定"规则,可以采纳推定因果关系。[③] 刑法中的"无罪推定"原则与因果关系推定看似存在冲突,但实际上两者并无必然联系。在一些领域如环境犯罪中,可以根据法律规定或司法实践,采用因果关系推定。[④] 如日本的《公害罪法》第5条规定:"如果某人在企业事业单位里伴随生产活动而排放了危害人体健康的物质,而且仅仅由于该排放量就足以达到对公众的身体甚至生命产生危害的程度,并且在因这种排放所产生的这种危害的地区内,是有同一种物质而给公众的身体乃至生命带来危害时,即可推定这种危害就是由该人所排放的物质造成的。"在我国,刑法因果关系的推定虽然没有被立法承认,但在司法实践上也有运用。[⑤] 这种推定并非随意为之,而是基于现有认识和科学法则的合理推断。例如,在疫学领域,当行为具有引起危害结果的极高可能性时,即使不能完全证明因果关系,也可以基于科学法则进行推定。这种推定是受侵权行为法因果关系理论影响的结果。

3.违约责任中的因果关系与侵权责任法中的因果关系

违约责任中的因果关系与侵权责任中的因果关系在功能上基本一致,均用于判断责任是否成立以及确定责任的范围。一般来说,合同法上的因果关系理论研究在深度上不及侵权行为法,违约责任的因果关系理论实际上是源于侵权责任中的因果关系理论,或者说,侵权行为法上的因果关系理论在一定程度上可以适用于合同法。

然而,由于各国司法实践中损害赔偿法的一般原理与合同法联系紧密,合

① 参见王利明:《侵权行为法研究》(上),中国人民大学出版社2004年版,第390页。

② 王利明:《侵权行为法研究》(上),中国人民大学出版社2004年版,第390页。

③ 参见王利明:《侵权行为法研究》(上),中国人民大学出版社2004年版,第390页。

④ 参见李海东:《刑法原理入门》,法律出版社1998年版,第51~52页。

⑤ 参见王松:《民事裁判文书应繁简分流》,《法律适用》2006年第12期。

同法上的因果关系理论在某些情况下也可能对侵权行为法产生影响。例如，合理预见规则在合同责任和侵权责任中均有应用，且在合同责任中更为普遍。该规则最早由法国学者波蒂埃提出，并在《法国民法典》第1150条(现为第1231—3条)中得到了体现，它规定在债务不履行非因债务人欺诈时，债务人仅对订立合同时已预见或可预见的损害与利益负赔偿责任。法国判例及学理一致认为上述规定虽然是以债务不履行为中心，但也可以适用于侵权损害赔偿。

《日本民法典》第416条中明确了违约行为损害赔偿的范围：其一，损害赔偿的请求，以赔偿因债务不履行而产生的通常损害为其标的；其二，虽因特别情事产生的损害，但当事人已预见或者可以预见该情事时，债权人亦可请求赔偿。由此确立了责任赔偿范围的预见性原则。在1926年的富喜丸案件中，日本大审院在判决中指出："民法第416条的规定不过是明确了处于共同生活关系中的人的行为与结果之间存在的相当因果关系的范围的条文，并非限于债务不履行的场合，在绝对基于侵权行为的损害赔偿范围时也应该类推同条的规定以决定其因果律。"[①]总体来说，合同法上的因果关系问题主要影响责任范围的界定，而侵权行为法上的因果关系问题则更多关注责任是否成立。[②]

4.不当得利中的因果关系与侵权责任法中的因果关系

不当得利之债以"受损失与取得利益有因果关系"为构成要件[③]，尽管从字面上看，这里的因果关系与侵权行为法中的用语似乎无异，学者们对此关系的探讨并不多见。这引发了两者是否能通用的问题。事实上，无论是在功能上还是在应用技术上，这两者都存在明显差别：

第一，功能上的差异。法律功能或目的是法律概念的决定性因素，两个貌似相同的概念也会因为功能不同而不能通用。例如，在我国台湾地区，曾经采用相当因果关系说来判断不当得利之债的成立，即当受有利益与所受损害之间存在相当因果关系时，才能确认不当得利之债的成立。然而，王泽鉴教授指出，相当因果关系是侵权行为法上的概念，其目的在于确定加害人是否应对其侵害行为造成的损害负赔偿责任，以便合理分配风险，这涉及价值判断，将其应用于不当得利请求权是否恰当值得商榷。[④]

其二，因果关系的结构性质不同。这主要体现在两种因果关系中的前因后果顺序不同。孙森焱认为，不当得利之债中的因果关系与侵权行为和损害之间

① 于敏：《日本侵权行为法》，法律出版社1998年版，第196页。

② 参见韩世远：《违约损害赔偿研究》，法律出版社版1999年版，第148页。

③ 参见张俊浩主编：《民法学原理》(第3版)下册，中国政法大学出版社2000年版，第932页。

④ 参见王泽鉴：《债法原理(二)：不当得利》，中国政法大学出版社2002年版，第50页。

的因果关系有所不同。不当得利之因果关系是指基于同一原因事实，发生利益与损害之结果（无前因后果关系）；侵权行为之因果关系则指行为与损害间有前因后果关系。[①] 为示区别，王泽鉴、林诚二等学者将不当得利中的因果关系称为"损益变动关系"。侵权行为法上的因果关系为纵的关系，而损益变动关系则为横的关系。[②] 不当得利制度上之因果关系和民法其他领域之因果关系颇有不同，和哲学上因果关系更是有异，其特殊之处在于：凡有利益从一主体移转于他人（包括利益形态发生变化）即认定利得与受损间具有因果关系，二者之间，在先者即为因，在后者即为果。[③]

二、因果关系的双层构造与功能

（一）因果关系的构成

在探讨因果关系时，英美法系采用了被称为"两分法"（bifurcated approach）的基本策略。按照此方法，因果关系的考察和认定分为两个步骤。首先，需要确定行为人的行为或者依法应由其负责的事件是否在事实上导致了损害的发生，即是否存在事实上原因（cause-in-fact）。其次，需要判断这些已确认为事实上原因的行为或事件是否在法律层面上构成对该损害负责的原因，即是否存在法律上的原因（legal cause），通常也被称为"近因"（proximate cause）或直接原因（directness）。若不满足，损害则会被视为过于遥远（remoteness）从而不予追究。从上述两个层面上分析因果关系已经成为英美法的习惯。第一个层面通常被称为"事实因果关系"，关注的是被告的过错是不是损失发生的必要条件，常采用"若无……，则不……"的逻辑判断公式。在第二个层面上，法院会进一步审视行为与其引发的损失之间是否存在充分有效的近因关系。[④]

与英美法系不同，大陆法系将事实上因果关系称为"责任成立的因果关系"，而将法律上因果关系称为"责任范围的因果关系"。例如，在德国法中，因侵权行为产生的损害赔偿请求权依赖于两个方面的因果关系：一是责任成立的因果关系，即请求权相对人的行为必须与对法益的侵害存在因果关系；二是责任条件满足的因果关系，即法益的侵害必须与所主张的损害存在因果关系。[⑤] 受德国学说的影响，日本法学界普遍认为因果关系分为责任成立的因果关系与

---

① 参见孙森焱：《民法债编总论》（上册），（台湾）三民书局 2005 年版，第 145～149 页。

② 参见林诚二：《民法债编总论——体系化解说》，中国人民大学出版社 2003 年版，第 125 页。

③ 参见幸颜静：《不当得利制度疑点探析》，《比较法研究》2005 年第 6 期。

④ B. S. Markesinis, S. F. Deakin, *Tort Law*, 4 th ed., Oxford: Clarendon Press, 1999, p.429.

⑤ 参见［德］迪特尔·施瓦布：《民法导论》，郑冲译，法律出版社 2006 年版，第 194 页。

赔偿范围的因果关系。[1]

有学者指出，德国法区分责任成立因果关系与责任范围因果关系的做法，表面上看来似乎合理，但在深入的法律逻辑和技术层面却存在重大缺陷。在法律逻辑上，这种严格的区分未能使理论更加清晰，反而可能导致法律逻辑的混乱。从德国法理论的实践来看，在其责任成立因果关系与责任范围因果关系的背后恰恰隐藏了对价值判断的依赖。进一步考察会发现，德国法实际上仍然区分事实因果关系和法律因果关系。[2]

尽管两大法系在因果关系两分法的内容上有所差异，但各有其存在的合理性。基于上述区分，一些学者指出，事实上的因果关系用以解决定性问题，而法律上的因果关系则判断具体定量问题。[3] 通说所谓的“相当因果关系”仅涉及法律上的因果关系。[4] 在我国侵权行为法的实践中，不能完全照搬这种两分法。有学者认为，我国侵权行为因果关系的认定主要针对事实上的因果关系，而国外因果关系的认定方法仅可作为参考和借鉴。[5]

(二)因果关系的功能

侵权行为法中因果关系的功能是复杂且多元的，不同的学者对此有不同的见解。王利明教授认为，因果关系在归责中主要体现为三个方面的意义，即确定责任成立、排除责任承担以及界定责任范围。[6] 张新宝教授则指出，因果关系在侵权行为法中具有“确立责任主体”“限制责任范围”“实现个人自由、个人安宁与社会效用的平衡”“以理论架构的方式确立法律的统一适用”等功能。[7] 王千维先生则认为因果关系具有双重功能，即作为侵权民事责任成立的基础以及损害赔偿责任范围的决定因素。[8] 此种功能阐述与因果关系的两个层次相对应，本书也依此作出说明。

对于事实上的因果关系(责任成立的因果关系)，即可归责的行为与民事权

① 参见于敏:《日本侵权行为法》,法律出版社 1998 年版,第 175 页。

② 参见张新宝、张小义:《英美侵权法中的因果关系——法律传统和法律政策视角下的考察》,《中国法学会民法学研究会 2006 年年会暨学术研讨会论文集》,第 60～63 页。

③ 参见韩世远:《论合同责任成立上的因果关系》,《法律科学》1998 年第 6 期。

④ 参见陈聪富:《因果关系与损害赔偿》,(台湾)元照出版公司 2004 年版,第 15 页。

⑤ 参见胡吕银:《论侵权行为法上的因果关系——兼评因果关系两分法》,《扬州大学学报》(人文社会科学版)2001 年第 5 期。

⑥ 参见王利明:《侵权行为法研究》,中国人民大学出版社 2004 年版,第 391～393 页。

⑦ 参见张新宝:《侵权责任构成要件研究》,法律出版社 2007 年版,第 301～303 页。

⑧ 参见王千维:《民事损害赔偿责任成立要件上之因果关系、违法性与过失之内涵及其相互间之关系》,(台湾)《中原财经法学》2002 年第 8 期。

益受侵害之间存在的因果关系，是侵权行为或侵权民事责任成立的基础。早期法律坚持自己责任主义，即“损失归所有人承担的原则”，当事人遭受的损害皆被视为“不幸”。法律要使行为人承担责任，偏离自己责任主义，将损害转嫁由某一行为人承担，就须对损害进行基于事实面的观察，判断该行为人的行为与损害之间是否具有因果的牵连。例如，乙的死亡是否因甲下毒，乙的身体受侵害是否因食用甲公司制造的汽水等。

法律上的因果关系，又称“责任范围的因果关系”，指“权利受侵害”与“损害”之间的因果关系，是确定损害赔偿责任范围的决定性因素。加害行为人的责任范围仅限于与其责任成立时具有因果牵连的各项损害结果。[①] 例如，甲驾车撞伤乙，乙支出医药费，住院期间感染传染病或家中财物被盗等，其须探究的是，乙支出医药费、住院期间感染传染病或家中财物被盗等，这些“损害”与甲驾车撞伤乙之间是否具有因果关系。

责任范围因果关系的功能特别体现在对所谓“第二次侵害”的必要限制上。例如，在车辆毁损的情况下，如果车辆是国产车，但被害人选择使用昂贵的进口零件进行修复，且该费用明显高于通常国产零件的费用，那么在责任范围的因果关系评断中，这部分修复费用被视为缺乏因果关系。

应予辨析的是，因果关系可以成为责任成立的基础及责任范围之限制工具，绝对不意味着单凭因果关系这一要件即可决定责任是否成立及责任范围有多大。有的学者将因果关系的功能无限扩大，误认为单凭因果关系这一个要件即可决定责任是否成立及责任范围有多大，进而提出因果关系分为责任成立的因果关系及责任范围的因果关系是不正确的。[②]

三、因果关系的判断

在立法上，关于因果关系的判断标准往往没有明确的规定，因此判断方法多依赖于不同的学说和司法实践。这些方法既适用于事实上的因果关系，也适用于法律上的因果关系。[③] 通说以相当因果关系为标准来判断因果关系。[④] 相当因果关系说由“条件”关系和“相当性”两部分构成。在司法适用上，它分为两

---

① 参见王千维：《民事损害赔偿责任成立要件上之因果关系、违法性与过失之内涵及其相互间之关系》，(台湾)《中原财经法学》2002 年第 8 期。

② 参见左传卫：《质疑侵权法中因果关系的二分法》，《法学》2007 年第 4 期。

③ 参见王泽鉴：《侵权行为》，北京大学出版社 2016 年版，第 187 页。

④ 参见梁慧星：《雇主承包厂房拆除工程违章施工致雇工受伤感染死亡案评释》，《法学研究》1989 年第 4 期。

个阶段：首先，审查条件关系或事实因果关系是否成立；如果成立，则进一步认定条件的相当性或法律因果关系是否成立。在举证责任上，通常受害人需要证明损害与行为之间构成条件关系，而侵害人则需要证明二者间不存在相当性。

(一)因果关系的判断方法

因果关系是科学逻辑与价值判断的结合。对于因果关系两个层次的理解，有两种主要观点。

第一种观点认为事实上因果关系与法律上因果关系分别属于事实判断与法律判断问题。事实判断注重客观性，排除法律政策性考量及价值判断，因而被视为自然科学上的因果关系，以行为与损害后果间的条件关系为基础。而法律判断则更多地依赖于法律政策性考量与价值判断。

第二种观点则质疑事实上因果关系仅为自然科学问题的说法，认为事实上因果关系并非仅关注自然的、机械的、无价值的事物发生过程，其同样包含一定程度的规范性判断。巴尔等学者指出，尽管区分事实上因果关系与法律上可归责性在欧洲法院中都有所体现①，但这种区分在出发点上存在问题。因为因果关系始终与可归责性紧密相连，所谓"事实上"的因果关系就是"法律上"的因果关系。必要条件理论忽略了这一点，一切以必要条件为出发点的归责理论就都只是涉及了问题的部分。② 一些欧洲国家法院甚至将事实上因果关系和法律上因果关系的区分延伸到程序法领域，影响了再审和最高法院进行判决监督的范围。如葡萄牙最高法院、西班牙最高法院主张，事实上因果关系是事实审而非法律审问题，而对事实审地方法院有排他性权能。这种区分方式在程序法上的合目的性及其确切标准均存在疑问。③

放弃因果关系二分论，寻求统一解决方案，可能导致因果关系与责任负担的混淆，无法为因果关系判断提供清晰合理的标准。陈聪富教授认为，事实上因果关系与法律上因果关系应严予区别。前者关注的是事实上的因果关系，即被告人的侵害行为是否实际上对损害的发生具有原因力。在这一阶段，不论损害发生是否仍有其他原因，只要被告的行为促成了损害的发生，就应认定存在因果关系。而后者则考察除被告人行为外的其他因素是否降低或免除了被告

---

① 参见[德]克雷斯蒂安·冯·巴尔：《欧洲比较侵权行为法》下卷，焦美华译，法律出版社2004年版，第527页。

② 参见[德]克雷斯蒂安·冯·巴尔：《欧洲比较侵权行为法》下卷，焦美华译，法律出版社2004年版，第527～528页。

③ 参见[德]克雷斯蒂安·冯·巴尔：《欧洲比较侵权行为法》下卷，焦美华译，法律出版社2004年版，第527页，注24。

人的法律责任，即责任限制问题。当被告行为对损害发生具有原因力时，若基于相当性或可预见性的考量，认为有必要限制被告的责任承担，则被告无须负责。在此阶段，法律政策或目的性考量起到关键作用。[①] 如美国法官在安德鲁斯·帕尔斯格拉夫诉长岛铁路公司案（Andrews Palsgraf v. Long Island R. R. Co.）中指出："所谓'最近'（原因）之意义是，由于便利、公共政策以及粗略的正义感情，法律独断地不再追溯一系列事件至某一特定点以外。这种判断并非逻辑，而系实际的策略应用。"[②]王泽鉴先生强调"相当性"对于因果关系认定的重要性，认为它不仅是一种技术性判断，更是一种法律政策的工具，反映了侵权行为损害赔偿责任归属的价值判断。[③]

因果关系实际上是一个司法裁量的问题，法官对此种关系的自由裁量是不可避免的，因为某种损害有时有众多的原因，法官必须在这些原因中作出选择。在法国，尽管提出了符合逻辑要求的学说以解决此类问题，但司法实践似乎更愿意凭经验和道德性考量来处理因果关系问题，它避免采取那些过于宽松的因果关系或过于特别的因果关系，而喜欢采用最为严厉的具有道德性的因果关系。[④]

（二）逻辑上：条件关系理论

条件关系理论，又称"等价说"（拉丁文为"conditio sine qua non"，德文为"Theorie deräquivalenten Kausalität"，法文为"equivalence des conditions"），是德国刑法学家布里（Maximilian von Buri）提出的用于解释共犯为何需对主犯所实施的犯罪行为承担刑事责任的理论。这一理论的核心在于揭示行为与损害事实之间是否存在必要的事实上的联系，即凡是对于损害结果发生起重要作用的条件行为，都被视为该损害结果法律上的原因。依据条件关系理论，造成某一后果的原因可能有多个，这些众多的原因在法律评价上被视为具有相同的价值。"等价"，即"具有同等分量"，旨在避免对原因重要程度的片面评估。[⑤]

在判断条件关系时，常用的方法是反证检验法，也称"若无……，则不……"检验公式。这种方法通过假设如果没有某个现象 A 另一个现象 B 是否还会发生，来检验两者之间的因果关系。如果 B 现象在 A 现象不存在的情况下仍会发生，则 A 非 B 的原因；反之，则 A 可能是 B 的原因。"若无……，则不……"程式

---

① 参见陈聪富：《因果关系与损害赔偿》，（台湾）元照出版公司 2004 年版，第 181 页。

② 陈聪富：《因果关系与损害赔偿》，（台湾）元照出版公司 2004 年版，第 32 页。

③ 参见王泽鉴：《侵权行为法》第 1 册，中国政法大学出版社 2001 年版，第 204 页。

④ 参见张民安：《现代法国侵权责任制度研究》，法律出版社 2007 年版，第 99 页。

⑤ 参见[德]梅迪库斯：《德国债法分论》，杜景林、卢谌译，法律出版社 2007 年版，第 438 页。

是一种假设的排除程序,其功能在于排除与造成某种结果无关的事项,可同等地适用于一切导致损害后果发生的条件,无论这些条件与后果的关系是直接的还是间接的。

1."若无……,则不……"检验公式尤其适用于积极侵害行为(作为)

其又被称为"剔除法",即排列各种可能的原因现象,然后逐一剔除,观察剔除后结果是否仍会发生。如果某一现象被剔除后结果仍然发生,则该现象就不是原因。该公式用于判断,若某个行为 A 不存在损害结果 B 是否仍会发生。若 B 在 A 不存在的情况下仍会发生,则 A 不是 B 发生的必要条件。

【案例 4-4-1】甲因驾驶过失导致追尾乙的车辆,事故导致道路被临时隔离以等待交通警察处理。在此期间,丙驾驶车辆,未经警察许可,从非机动车道行驶并损坏了道路的绿化带。

问题是:道路所有者是否能要求甲对绿化带的损害承担赔偿责任?由于若无甲的追尾行为,丙的损害行为可能不会发生,因此甲的追尾行为与丙对绿化带的损害之间存在条件关系。

2."若无……,则不……"检验公式适用于消极侵权行为(不作为)

其又被称为"替代法",即使用合法行为替代可能成为原因的某一违法行为,观察结果是否仍会发生。如果被替代后损害结果仍然发生,则被告的违法行为就不是原因;反之,则是原因。该公式用于判断某个行为 A 存在,损害结果 B 是否仍会发生,若 B 在 A 存在的情况下仍会发生,则 A 不是 B 发生的必要条件。

【案例 4-4-2】尹某某诉某某县公安局"110"报警不作为行政赔偿案①

2002 年 6 月 27 日凌晨,尹某某的店铺发生盗窃,尽管有人及时向"110"报警,但某某县公安局未派人出警。最终,尹某某的财产遭受损失。

法院认为,虽然财产损失是由盗窃直接造成的,但如果某某县公安局及时出警,尹某某的财产损失有可能避免。因此,公安局的不作为与尹某某的财产损失之间存在条件关系。再如,医院接收急性心肌梗死患者后,医生未采取必要的治疗措施,导致患者死亡。尽管急性心肌梗死的死亡率很高,但如果医生及时采取了适当的治疗措施,患者仍有可能存活。因此,医生的不作为与患者的死亡之间存在条件关系。

3."若无……,则不……"检验公式的弊端

其弊端主要有:一是普遍联系的多元条件中,缺失一元也不会发生侵害,故

---

① 参见《尹某某诉某某县公安局"110"报警不作为行政赔偿案》,《最高人民法院公报》2003 年第 2 期。

条件等价，由此认定的因果关系太广。二是无法正确区分责任成立因果关系和责任赔偿因果关系。三是在共同、聚合、择一、假设因果等场合难以正常发挥作用。

其一，共同因果关系指的是行为人之间存在共同的故意或过失，其单独的行为都不足以引发损害，只是构成具有关联性的统一行为的一个部分。《民法典》第 1168 条即规定了共同因果关系："二人以上共同实施侵权行为，造成他人损害的，应当承担连带责任。"

其二，聚合因果关系，即累积因果关系[①]、双重因果关系，属于"可替代的充分原因"关系的一种[②]，指造成损害事实的原因有多个，但其中任何一个原因均足以导致损害结果发生。

【案例 4-4-3】甲和乙同时分别对丙下毒，每个人所用毒品的剂量均足以导致丙死亡。

若适用"若无……，则不……"判断标准，甲、乙可各自主张"若我不下毒，则丙仍会死亡，故我下毒非丙死亡的条件"，造成无法归责于任何一人，显然是不合理的。因此，在聚合因果关系中，"若无……，则不……"判断标准的适用应受限制，而认定甲、乙下毒行为皆属丙死亡的条件。丙的继承人可以主张甲、乙承担连带责任。《民法典》第 1171 条即规定了聚合因果关系："二人以上分别实施侵权行为造成同一损害，每个人的侵权行为都足以造成全部损害的，行为人承担连带责任。"在聚合侵权行为中，行为人分别实施侵权行为而不存在共同故意或过失，行为人足以造成全部损害而不是实际造成全部损害，作用力难以区分。

其三，择一因果关系，指多个加害人同时实施了足以导致损害结果发生的危险行为，其中一人的行为最终导致损害结果的发生，但无法确定究竟是哪一个行为导致的最终损害后果。

【案例 4-4-4】甲和乙同时向丙射击，两颗子弹均是致命的，最终一颗子弹导致丙的死亡，但无法确定这颗致命子弹是甲还是乙射出的。

此时，甲、乙与丙的死亡之间成立择一因果关系，甲和乙之间构成共同危险行为，二人均需对受害人承担连带责任。《民法典》第 1170 条即规定了择一因果关系："二人以上实施危及他人人身、财产安全的行为，其中一人或者数人的

---

① 有的学者在另外一种意义上使用"累积性因果关系"，即"两个以上的相互独立的行为，单独均不能导致结果的发生，但合在一起致使结果发生的情况"。参见储槐植、汪永乐：《刑法因果关系研究》，《中国法学》2001 年第 2 期。

② 参见[美]乔治·弗莱彻：《刑法的基本概念》，蔡爱惠、陈巧燕、江溯译，中国政法大学出版社 2004 年版，第 79 页。

行为造成他人损害，能够确定具体侵权人的，由侵权人承担责任；不能确定具体侵权人的，行为人承担连带责任。”当事人可以通过举证因果关系不存在而免责。

其四，假设因果关系，又称“修补因果关系”，指对于损害结果的发生同时存在真正原因和假设原因。其中，真正原因是对损害发生具有事实上原因力的加害行为；而假设原因则是在没有真正原因的情况下，理论上会导致损害结果发生的行为，但实际上它并没有对损害结果产生事实上的原因力。换句话说，假设原因在损害发生过程中并不构成实际的原因。①

【案例 4-4-5】假设甲将乙杀死，之后某船只因丙纵火而倾覆，船上的人包括乙均不幸遇难。

在此情况下，甲的杀害行为是乙死亡的真正原因，与乙的死亡构成真正因果关系；而丙的纵火行为虽然导致了船只倾覆，但由于乙在丙纵火之前已经被甲杀害，因此丙的纵火行为与乙的死亡只构成假设因果关系。因此，甲需要对乙的死亡承担责任。

其五，心理上的因果关系，通常涉及这样的情况：虽然损害是由第三人或受害人自己的行为直接造成的，但这些行为却是由被告的某个行为所引发的。具体来说，如果没有被告的义务违反行为，第三人或受害人就不会去采取其他情况下会放弃的行动或放弃其他情况下会采取的行动。然而，由于我们缺乏关于人类心理功能运作的精确知识，自然法则往往难以直接解释这种心理上的因果关系。因此，在判断一个人的行为是不是对他人不当行为的反应时，这更多的是一个法律评价问题，而非事实问题。② 在处理这类案件时，我们必须依赖于在其他类型案件中也普遍适用的因果关系理论中的传统归责标准，即法律上的因果关系，而不是过度追求心理学上的因果联系，从而可能使问题复杂化。

【案例 4-4-6】在奥地利最高法院 1997 年 1 月 28 日的判决中，原告 A（女性）和其朋友 B 在离开迪斯科舞厅时被被告 C、D、E 辱骂。一阵言语交锋后 B 被 C 和 D 痛打。A 想为 B 求救但被 E 阻止并被严重打伤。A 针对 C 的起诉成立了。

C 和 D 的行为既引起了 A 的行为（为 B 求救），也引起了 E 的行为（阻止 A 求救）。C 行为的不法性因其特别的危险性和不合时宜性而延及在 E 对 A 的进攻行为上。

① 参见王泽鉴：《侵权行为法》第 1 册，中国政法大学出版社 2001 年版，第 196 页。

② 参见[德]克雷斯蒂安·冯·巴尔：《欧洲比较侵权行为法》下卷，焦美华译，法律出版社 2004 年版，第 531 页。

【案例 4-4-7】在德国联邦最高法院 1987 年 6 月 30 日的判决中，被告医生过失地切除了一儿童唯一的肾，后者的母亲决定为自己的女儿捐肾。

同样，法院也认定了医生对该母亲的赔偿责任：对女儿的医疗事故诱发了母亲的牺牲行为，因此也不法地和具有可归责性地侵害了后者。而追捕事故则是心理上因果关系的另一典型体现。当被追捕者为了逃避控制或逮捕而逃跑时，他是否应对那些合法追捕者因追赶或不小心而遭受的损害承担赔偿责任，成为法律关注的焦点。只要受害人的行为不是完全不合理的，现今各国法院普遍基于不同的法律政策考虑，作出了肯定的回答。这一点再次证明，从因果关系角度考察问题，相较于从违反注意义务的角度，更能有力地支持原告的主张；而公共利益也似乎更倾向于从因果关系角度审视此类问题。①

4.实质因素规则对“若无……，则不……”的替代

实质因素规则(substantial factor rule)是指在法律上确定因果关系时，若被告的行为是原告损害后果的实质因素，或对其损害具有决定性作用，那么该行为就被视为原告损害后果的事实原因。在涉及多个原因共同导致损害的案件中，实质因素规则能够有效地解决“若无……，则不……”规则(but-for causation)所面临的困境。自 1991 年起，美国加利福尼亚州的法院在侵权诉讼中采纳了实质因素规则，同时摒弃了“若无……，则不……”的传统规则。

《美国侵权法重述》(第二次)在第 431 至 433 条中对实质因素规则进行了具体阐述。第 431 条(法律原因的构成)第 6 项规定，当行为人的过失符合以下两个条件时即为造成他人伤害的法律原因：(一)其行为是造成伤害发生的重大因素；(二)其过失导致伤害，且没有法律规则免除其责任。第 432 条(过失行为作为伤害的必要前提)进一步明确了过失行为与伤害之间的因果关系。它指出，如果即使没有行为人的过失伤害仍会发生，那么行为人的过失行为不被视为造成伤害的重要因素。然而，当有两种力量积极运作，其中一种是行为人的过失，而另一种并非行为人不当行为所致，且任一力量均足以导致伤害时，行为人的过失可被视为伤害的重要因素。第 433 条(决定过失行为是否为伤害的重要考虑)列举了多个因素，用以判断过失行为是否为造成伤害的重要因素，包括致该伤害之其他因素的数目和效果程度、行为人行为是否形成一持续且积极运作的力量直至伤害发生、时间之经过(时效)等。

“实质因素”这一概念的模糊性导致其在具体案件中难以准确应用。虽然

---

① 参见[德]克雷斯蒂安·冯·巴尔：《欧洲比较侵权行为法》下卷，焦美华译，法律出版社 2004 年版，第 536 页。

我们可以尝试以常人的标准来理解，但在实际操作中，这种理解往往缺乏明确的指导性和可操作性。因此，法官在运用实质因素规则时被赋予了较大的自由裁量权。

首先，关于不法行为的动机问题。

【案例 4-4-8】假设甲胁迫乙杀死丙，但乙同时也有个人恩怨作为杀人动机。

从必要条件理论来看，甲可以抗辩说，即使没有他的胁迫，丙也可能因乙的私人仇恨而死。然而，这种解释显然与公众对公平正义的期待相悖。因此，学术上倾向于采用重要因素说，即只要甲的胁迫对乙的杀人动机具有重要原因力，甲就应该承担责任。

再者，对于给不法行为提供机会的问题。

【案例 4-4-9】甲因疏忽未给乙的房屋上锁，导致丙趁机行窃。

即使丙原本可以通过其他方式进入房屋，但甲未上锁的行为无疑为丙提供了更为便利的机会。根据必要条件理论，即使甲上了锁，丙仍可能通过其他方式进入房屋，因此甲的过失不作为与损害之间不存在事实上的因果关系。但这种结论显然不合理。因此，学术上认为，只要甲的疏忽对丙的盗窃行为具有实质性的推动作用，甲就应该对此负责。

（三）经验上：相当因果关系理论

相当因果关系理论，又称"适当因果关系说"（法文为"causalite adequate"）。在批判和继受条件说的基础上，克里斯蒂安·冯·巴尔和约翰内斯·冯·克里斯(Johannes von Kries)于 1888 年首先提出了"相当因果关系"的概念。[①] 特雷格在 1904 年正式提出了相当因果关系理论，德国帝国法院在 1902 年即采纳了该理论。这一学说主张，某一原因在符合条件关系的同时，还需按照一般观察，在相同条件下通常会导致相同结果时，才能认定该原因与结果之间存在因果关系。[②]

在侵权行为法上，相当因果关系存在着来自不同层面的阐述。在积极层面，当一个事实在通常情况下，而不仅仅是在非常特殊、极不可能且按事物常态不应考虑的情况下，能促成一定结果，即存在相当因果关系。在消极层面，如果某个条件仅在与某些特殊的、非正常的情况相结合（即一系列非常规的情况）时，才可能导致某种后果，那么该条件可以被视为与损害后果的原因无关，从而

---

① 克里斯长期研究概率论，并一直试图把概率论的有关方法运用于社会问题的研究。1888 年，他发表了一篇文章，首次将概率论的思想用于侵权行为法上的因果关系研究领域。

② 参见王泽鉴：《侵权行为法》第 1 册，中国政法大学出版社 2001 年版，第 204 页。

被排除在外。[①] 上述阐述都是建立在可能性的基础上，并无本质区别。[②] 因此，在相当因果关系理论下，因果关系的认定不完全是一个逻辑推演的过程，而只是一个可能性的判断过程。[③] 让义务人承担纯粹偶然结果的责任是不公平的，必须拒绝非相当因果关系的责任，因为它与人的自主意志不符，且无法影响其行为。[④]

1.因果关系的判断标准

因果关系的相当性的判断基准如下：第一，若有此行为通常足以导致某种损害，或者有此行为通常能够防止此种损害，则肯定因果关系的相当性。第二，若有此行为通常不会导致此种损害，或者即使有此行为通常也会造成此种损害，则否定因果关系的相当性。第三，若无此行为损害通常仍会发生，则否定因果关系的相当性。在案例 4-4-1 中，甲的追尾行为通常并不足以导致丙损害道路绿化带的后果。因此，尽管甲的行为与丙的损害之间存在一定的条件关系，但由于不构成相当因果关系，甲无须对丙的行为承担损害赔偿责任。

相当因果关系理论通过引入通常标准和社会视角来评判因果关系，旨在排除法官的主观判断，促使因果关系的客观化。关于相当因果关系的判断标准，存在主观说、客观说和折中说三种主要观点。主观说主张以行为人在行为时所知或可得而知的事实为基础决定其是否适于发生其结果，客观说主张以社会一般人对行为时所发生的结果能否预见为标准来决定是否为相当条件，折中说认为应以一般人所预见或可能预见的事实或者虽然一般人不能预见而行为人所认识或预见的特别事实为基础来判断是否为相当条件。折中说在实际适用上被认为最具合理性，成为相当因果关系判断的通说。

在过失侵权的认定中，不仅要确定行为与后果之间存在相当因果关系，还需综合考虑损害发生时所有可利用的经验知识。而在故意侵权的情况下，即便损害后果异常且难以预见，行为人仍需承担由此产生的侵权责任。正如法国凡尔赛法院于 1989 年 3 月 30 日的判例中所指出，“只要在各种（与损害）有关的因素中，过错是一项起着真正造成损害作用的因素，仅仅留给其他因素以某种次要的作用，即使其他因素也对损害的发生起了某种（轻微）作用，那么这种适

---

① 参见[德]梅迪库斯：《德国债法分论》，杜景林、卢谌译，法律出版社 2007 年版，第 441～442 页；张新宝：《侵权责任构成要件研究》，法律出版社 2007 年版，第 351 页。

② 参见朱岩：《当代德国侵权法上因果关系理论和实务中的主要问题》，《法学家》2004 年第 6 期。

③ 参见陈聪富：《侵权法上因果关系》，（台湾）《台大法学论丛》2000 年第 2 期。

④ 参见[德]乌韦·布劳洛克：《法规保护目的理论》，姚志明译，（台湾）《中正大学法学集刊》2000 年第 3 期。

当的因果关系即告存在”。此外，在危险责任领域中，相当因果关系也体现了其独特性，即损害必须直接源于危险的特定作用和影响，法律据此直接赋予受害人损害赔偿的请求权。

相当因果关系理论是对条件关系理论的修正，而不是对条件关系理论的彻底抛弃。它在承认条件关系理论的前提下，重点考察“行为人之不法行为介入社会之既存状态，并对现存之危险程度有所增加或改变”①，以统计上的或然率及可预见性为基础，来筛选依条件关系理论确认的原因②，将因果关系作用力较弱的条件排除在外，避免了条件关系理论在责任范围上无限泛滥的弊端。严格来说，相当因果关系理论不是一个因果关系学说，而是通过评判性的观察来确定损失归责的标准。③ 通过相当因果关系理论，有效排除了加害人因某些极其特殊原因造成损害的责任承担。

2.因果关系中断

运用相当因果关系理论对因果关系的存在与否进行判断，有时需要解决在诸多条件关系中是否存在因果关系的中断问题。所谓“因果关系中断”，是指在某一原因事实的发展过程中，由于另一个独立原因的突然介入，导致了损害结果的发生，从而使得原先的原因与结果之间的直接联系变得不再连续。

这种介入的事实通常分为行为人能够预见与不能预见两种情况，它们直接决定了行为人是否需要对最终的结果承担责任。具体而言，行为人对于因果关系因其他因素介入而中断的结果能够预见的，行为人对此种结果应负责；行为人对于因果关系因其他原因介入而中断后的结果不能预见的，行为人不负责任。

【案例 4-4-10】甲打伤乙后，在送医途中乙遭遇车祸身亡，由于甲无法预见车祸的发生，因此甲对乙的死亡不承担责任。

【案例 4-4-11】甲不知乙患有血友病，仅轻微刮伤乙却导致乙死亡，由于甲无法预见乙的特殊身体状况，因此甲不对乙的死亡负责。

当第三人的故意侵权行为作为介入原因时，通常认为它中断了原本不法行为与损害后果之间的因果关系。

【案例 4-4-12】甲(警察)违法逮捕乙，随后乙在另一警察丙的故意枪击下死亡。根据相当因果关系理论，甲的逮捕行为并非导致枪击的相当性原因，丙的

---

① 陈聪富：《因果关系与损害赔偿》，(台湾)元照出版公司 2004 年版，第 10 页。

② 参见黄立：《民法债编总论》，中国政法大学出版社 2002 年版，第 273 页。

③ 参见[德]福克斯：《侵权行为法》，齐晓琨译，法律出版社 2006 年版，第 79～80 页。

枪击才是乙死亡的原因。[①]

前所述及的案例 4-4-1——德国侵权法中的“绿色边道案件(Grunstreifen—Fall)”,提供了一个关于因果关系中断的典型案例。该案涉及的核心情况是:道路上因事故而被临时隔离,等待交通警察处理或拉走受损车辆。然而,实践中,许多没有耐心的其他驾车者会选择非法从非机动车道绕行,从而可能损害道路旁的绿化带。当通过调查无法确定具体的故意侵权人时,会产生以下问题:受害人是否能要求造成事故的责任者就此种非由其直接造成的损害承担赔偿责任。关于此案涉及的损害,涉及如下几个问题:(1)事故和他人所造成的损害之间是否存在相当因果关系;(2)如果第一个问题获得肯定,是否其他无耐心的驾车者的行为与损害后果存在因果联系;(3)如果基于规范保护目的该因果关系不中断,是否无法确定责任的界限。

德国联邦法院认为,任何造成高速公路交通事故的驾驶者都应当意识到,后续驾车者可能会因没有耐心而绕行,从而可能侵犯他人财产。德国判例实践表明,不会仅因第三人的行为就轻易排除相当因果联系,只有当前序情况与后续事件无任何本质联系(völlig unerhebliche Ursachlichkeit)时,才能排除因果联系。在此案中,其他驾车者的非法行为和主观故意并不是关键。因此,德国联邦法院认定在该案中存在相当因果联系,即因果联系并未中断。但法院采取了一种价值裁量的方式,否定了事故肇事者承担因上述第三人所造成的损害赔偿责任,其认为,事故仅是引发其他驾车者违章动机的外在事由。简而言之,此处虽然涉及因果联系,但要求肇事者承担此类责任显得过于宽泛。关键在于肇事者引发危险的强度:若事故仅是其他驾车者违章的外部动机,则肇事者无须承担责任;否则,则需承担。

德国联邦法院对此案的判决在理论上具有重要意义。德国当代著名侵权法专家埃尔温·多伊奇(Erwin Deutsch)认为,这一判决标志着德国联邦法院从因果关系转向归责(den endgültigen Durchstoβ des BGH von der Kausalität zur Zurechnung),用价值法学取代了利益法学。

(四)法律:规范目的理论

规范目的理论(Schutzzweck der Haftungsnorm,Normzweck)则主张,侵权行为所引发的损害赔偿责任应基于侵权行为法规目的来确定,特别强调探究法规意在保护的利益类型。这与违反契约的赔偿范围可能导致后果责任

---

① 参见陈聪富:《因果关系与损害赔偿》,(台湾)元照出版公司 2004 年版,第 12~13 页。

(Folgenschaden)无法得到补偿相似,两者都需深入考察契约或者法规的核心宗旨。此理论在某些情况下,可根据规范目的,将某些非典型的风险事件视为相当因果关系中的原因。

德国法学界首先确认,规范目的理论主要适用于《德国民法典》第823条第2款,即损害赔偿责任的确定取决于所涉及的法律是否保护具体的个人;若保护,则需进一步判断受害人是否属于被保护范围,并审视受损的权利和利益是否属于该法律的保护范畴。随后,这一理论逐渐扩展至所有损害赔偿请求权中。例如在合同法中,违约人通常承担需要履行利益损害赔偿责任,而缔约过失责任则仅限于赔偿固有利益。

规范目的理论与相当因果关系理论在理念上有所区别。两者均承认因果关系是责任构成的要素,但前者依据法规或合同目的来判断具体个案中的因果关系是否存在,从而在一定程度上弱化了因果关系的直接性;而后者则是衡量损害与行为之间关系的具体标准。普遍观点认为,规范目的理论已不再是一种严格的因果关系理论,而是对权益保护是否符合规范目的的一种合乎逻辑的解释(teleologisch folgerichtige Auslegung haftungsrechtlicher Schutzgesetze)。拉伦茨等学者指出,通过规范目的来限定责任并未全面考虑到这些后果。这也揭示了规范目的理论的一个潜在缺陷:在某些情况下,它可能无法提供清晰且令人信服的论证结果。

关于规范目的理论与相当因果关系理论是否并存的问题,学界存在不同观点。有些学者主张前者应取代后者,但大部分学者则持并存立场,即首先确认损害是否存在相当因果关系,进而探讨其是否符合法规目的。即使损害与行为之间存在相当因果关系,但若超出法规目的,受害者也无权请求损害赔偿。

综上可见,事实上因果关系和法律上因果关系在构成要件、功能以及判断方法方面的区别如表4-1。

表4-1 事实上因果关系和法律上因果关系的区别

	事实上因果关系	法律上因果关系
要件	“行为”与“权利受侵害”	“权利受侵害”与“损害”
功能	责任成立	责任范围
方法	事实判断	价值判断

四、因果关系的推定

(一)降低证明标准而引发的推定:盖然因果关系说

盖然因果关系说,亦称"或然因果关系法"或"高度盖然性说",是一种因果关系的推定方法。在此方法中,受害人只需证明侵害行为导致损害的可能性达到一定程度,即可推断因果关系存在。

盖然因果关系说通过降低证明标准来实现因果关系的推定。在常规证明标准下,某些案件可能会因证明困难而导致不当的判决结果。为此,盖然因果关系说特别适用于以下情形:医学、化学及物理学等因果关系证明较为困难的场合,公害、矿害及产品责任案件,以及如交通事故中因被告投保而可以转移损害风险的情形。

在污染环境致害案件中,盖然因果关系说得到了广泛运用。受害人仅需证明侵害人对损害地区存在污染行为,且该地区有众多同样损害发生。该方法考虑了侵害人与受害者之间的经济地位差异,通常认为侵害人因经济优势而更有能力承担损害后果。值得注意的是,盖然因果关系说并不转移因果关系的举证责任,举证责任仍由受害人承担。其证明方法具有较强的主观性,允许侵害人对因果关系的不存在提出反证。

盖然因果关系包含两种主要理论:优势证据说和事实推定说。优势证据说(Preponderance of Evidence)由加藤教授借鉴美国诉讼理论提出。该说主张,法律上因果关系的证明程度可以因事而异,在关涉人权问题的刑事案件中,有必要作出不容怀疑的犯罪证明。而在民事案件中,对双方当事人主张的不同事实进行司法认定,可以从概率论视角判断,即只要一方当事人主张的事实有超过50%以上的盖然性证明度,即可得出结论。也就是说,在民事案件中,只要加害人与受害人任何一方的证据优于对方即可。事实推定说则认为,在公害案件中,原告对因果关系的证明,只要达到某种程度的盖然性,即可认为原告已尽其举证责任;相反,被告则必须提出推翻全部因果关系存在可能性的反证,否则,则要承担公害民事责任。简言之,因果关系的判断应由法官基于经验规则作出明确的内心确信,而败诉责任通常由未能提供必要反证的一方当事人承担。

这两种理论均强调以高盖然性的证据作为确定因果关系的依据,因此统称为"高度盖然性说"。高度盖然性在日本法律实践中被解释为超过50%的可能性,且需达到使通常人不产生怀疑的程度。这里的高度盖然性是指超过50%的状态,其在日本最高裁判所的判决中被阐释为"诉讼上的因果关系的立证不是丝毫疑虑也不允许存在的自然科学上的证明,作为证明是根据经验规则对全部证据进行综合分析，能够确认特定事实会导致特定结果发生的关系之间具有高度的盖然性，而该判断具有的真实性确信以达到使通常人不产生怀疑的程度为必要，而且如此就足已了”[①]。学界普遍认为，最高裁判所的上述解释是妥当的，因此而成为通说。

高度盖然性说在保障被害人权益方面极具价值，它更符合法律追求的公平与正义原则。然而，其应用也可能导致被害人的证明责任在一定程度上被免除或转移，这对于承担社会经济发展重任的企业来说，可能显得过于苛刻。因此，这一理论在日本产业界引发了争议。一些企业家批评日本裁判所在公害损害赔偿诉讼中过度运用高度盖然性说，侵害了企业的利益。

（二）基于证明方法上的推定：疫学因果关系说

疫学因果关系说，也被称为“社会流行病学的证明方法”，它借助统计学手段，研究疫学上的各种因素与疾病之间的关系，选择其中相关性较大的因素进行深入研究，从而判断这些因素与疾病结果之间是否存在因果关系。由于疫学在探究致病因素时基于合理的盖然性说明，即便无法通过科学实验进行严格验证也不会影响对该因素的判断。因此，也有学者认为，所谓“疫学因果关系说”只不过是判断盖然性的方法，并非与盖然性学说同一位阶的并列学说。[②] 疫学因果关系说在法学领域得到了广泛应用，特别是在污染环境致人健康损害案件和产品责任案件中。

疫病学原理被称为“多种原因的理论学”，其强调疾病的出现并非单一原因所致，而是由病因、过去存在的主要原因以及环境要因等多种因素共同作用的结果。在因果关系认定过程中，虽然需要考虑与病因（主因）相关联的其他原因（诱因、辅因），但这些原因与病因之间并不处于同一水平，病因仍是核心。在确定病因时，必须充分考察“量和效果的关系”，并注意地域局限性和时间消长性问题。[③]

通常，疫学因果关系的判断标准包括四个方面：一是某因子在疾病发病前已存在并发挥作用；二是该因子作用程度与疾病患者比率和病情严重程度呈正相关；三是该因子在一定程度上被消除或减少时疾病患者比率降低或病情减轻；四是该因子作为疾病原因的作用机理与生物学说明相符，不产生矛盾。其中，第二个标准就是所谓的“量和效果的关系”，这一条件在判断疫病学因果关

① 日本最高裁判所1975年10月24日鞘膜注射医疗事故事件判决，《民事判例集》29卷9号，第1417页。

② 参见邹雄：《论环境侵权的因果关系》，《中国法学》2004年第5期。

③ 参见[日]植木哲：《医疗法律学》，冷罗生、陶芸、江涛等译，法律出版社2006年版，第211～212页。

系时具有决定性的作用。此外，若疫病学者对于疫学因果关系的证明产生争议，如果没有进行基础的疫病学的调查研究活动，或者最初的疫病学数据不存在，法院也应对疫病学的因果关系存在与否作出判断。在这种情况下，替代疫病学的调查标准到底是什么，在认定地域的局限性、时间的消长性、"量和效果的关系"时，将其他原因的影响排除到什么程度，都是现实生活中亟待解决的问题。[①]

疫学上的因果关系判断法旨在解明人口集团中疾病的分布、消长原因，并据此制定预防、抑制疾病流行的对策，并不将特定个体的病因解明作为目的。在民事诉讼中运用该方法进行因果关系的证明时，需要明确其内在制约和界限。具体而言，应分两个阶段进行判断：第一阶段是对争议地域内的一般因果关系进行法律评价，参照因果关系判定条件对疾病的分布、消长进行科学评价。第二阶段是利用已在第一阶段被明确的一般因果关系，对与原告密切相关的个别因果关系进行法律评价。例如，日本四日市环境污染案件的判决指出，原告们居住的1类地区，具备被大气污染笼罩等1类地区集团的特性，因此，尽管不知道有无大气污染以外的强患病因子的存在，但限于没有被认定为有显见的患病或者症状恶化那样的特定影响性物质的存在，应认定原告所受损害是大气污染的影响。法院在确定原告居住地区的大气污染特性的基础上，又参照民事诉讼的证明原则，基于科学评价和法律评价，最终认定大气污染是导致原告患病的主要原因。[②]

(三)证明责任的部分分配：间接反证法

间接反证法是一种在主要事实尚未明确时，由不负证明责任的当事人从反方向证明该事实不存在的证明责任理论。在环境侵权案件中，由于因果关系的认定极为复杂，涉及众多因素，当受害人能够证明部分关联事实存在时，剩余的部分事实可根据间接反证法推定为存在，并由加害方承担证明其不存在的责任。这种方法更契合法律所追求的公平正义精神。

间接反证法最早为日本新潟水俣病判决所采用，其具体裁判要点如下：在诸如因化学工业在其企业活动过程中排放化学物质引起多数居民患病的化学公害案件中，因涉及高度自然科学知识，要求受害人对因果关系的每一环节进行严格的科学解释和证明，几乎堵死了民事审判为受害人提供救济的道路。因此，在此类公害案件中判断因果关系是否存在，通常只需考虑几个核心问题：第

---

① 参见[日]植木哲：《医疗法律学》，冷罗生、陶芸、江涛等译，法律出版社2006年版，第211～212页。

② 参见杨素娟：《论环境侵权诉讼中的因果关系推定》，《法学评论》2003年第4期。

一，被害疾病的特性及其原因（病因）物质；第二，原因物质到达被害人或被害地的途径；第三，加害企业对原因物质的排放（从产生到排放的装置）。如果受害人能够依据客观事实以及证据的积聚，就第一、二项事实的科学关联性提供无矛盾的说明，即可视为已证明法律因果关系的存在。原告在完成此举证之后，从污染源追踪的角度来看，已经明显指向了企业，因此，如果企业方面无法证明其工厂与污染源无关，那么应当认为原告在法律上已经完成了对因果关系的证明，进而可以对第三项事实的存在进行事实上的推定。

自新泻水俣病判决之后，公害因果关系的间接反证理论开始在学界得到讨论。学者们经过在法学理论上的反思，针对公害导致人身损害而提起的损害赔偿诉讼，提出了更为严谨的公害因果关系间接反证的理论性学说。其中，从新泻水俣病判决的思路出发，好美清光和竹下守夫两位教授提出了对公害因果关系事实的类型化划分：第一，被告企业在生产过程中产生了有害物质（A）；第二，企业存在将有害物质向外部排出的行为（B）；第三，有害物质通过环境媒介扩散（C）；第四，有害物质最终影响到了被害人的身体或财产（D）；第五，被害人因此遭受了人身或财产上的损害（E）。基于这一程序化范式，受害人只需证明其中的部分事实。例如，如果原告能证明 B（有害物质排放）和 E（损害发生），或 B（有害物质排放）和 D（有害物质影响），那么其他事实就可以依据经验法则进行推定，而不必对上述的全过程进行证明，即可推定污染事实存在，并令被告承担相应法律责任。[①]

然而，淡路刚久教授则主张在保持新泻水俣病判决思考模式的同时，扩大其适用范围。他提出将公害因果关系的要件事实分解为三个主要部分：第一，损害发生的原因物质及其产生装置（病因或原因）；第二，原因物质从污染源到达受害人或受害人所在地的经过路径（污染路程）；第三，污染企业内原因物质的生成和排放。在诉讼中，原告只要能证明这三个要件事实中的任意两个，比如第一和第二，或第三和第一等组合，就应推定剩余的一个要件事实存在，从而据此对污染事件的因果关系作出判断。[②]

按照传统的因果关系理论和证明规则，受害人通常需要对因果关系的存在进行充分证明。然而，在采用间接反证法的情况下，如果受害人能够证明因果关系链条中的部分事实，如侵害人确实存在排放污染物质的行为，受害人确实接触或暴露于该污染物质，以及受害人在接触或暴露后遭受了损害，那么可以

---

① 参见周微：《公害犯罪因果关系推定》，《河北法学》2012 年第 7 期。

② 参见杨素娟：《论环境侵权诉讼中的因果关系推定》，《法学评论》2003 年第 4 期。

推定因果关系中的其他事实也存在。此时，举证责任便转移到侵害人一方，由其承担证明这些推定事实不存在的责任。如果侵害人无法有效证明因果关系中的某一环节不存在，进而无法证明整个因果关系不成立，那么将推定因果关系存在。[①] 这样的证明规则有助于在环境污染等案件中更公平地分配举证责任，保护受害人的权益。

五、原因力

实务中，根据原因和损害结果的数量，因果关系可分为一因一果、一因多果、多因一果、多因多果等形态。其中，多因一果是指原因为复数，结果为单数，即多个行为人的多个侵害行为造成受害人的同一损害后果。多因多果是指原因为复数，结果也为复数，即多个行为人的多个侵害行为造成同一受害人的多项损害后果或者多个受害人的损害后果。如多个原因分别导致各自的损害后果，则各个行为人应对其行为所造成的损害后果承担责任，此与一因一果的侵权行为没有多少区别。而在多因一果的情形下，需要根据各行为人的行为对损害后果发生的原因力来确定各行为人的责任。所谓原因力指导致受害人同一损害后果的数个原因中，各原因对于该损害后果的发生或扩大所发挥的作用力。

关于损害的原因力，通常有以下两种区分：

（一）主要原因与次要原因

根据行为对损害后果发生所起的作用，损害后果的原因可分为主要原因与次要原因。行为人的行为对损害的发生起主要作用的，为主要原因；行为人的行为对损害的发生起次要作用的，为次要原因。行为人的行为为主要原因的，行为人应承担主要责任；行为人的行为为次要原因的，行为人应承担次要责任。若两个以上的行为造成同一损害后果，而又不能区分哪一行为为主要原因或者次要原因的，则各行为具有同等的原因力，各行为人应承担同等的责任。

在《最高人民法院关于审理医疗损害责任纠纷案件适用法律若干问题的解释》（法释〔2017〕20 号、法释〔2020〕17 号）第 12 条中明确提及了主要原因、次要原因等不同原因力：鉴定意见可以按照导致患者损害的全部原因、主要原因、同等原因、次要原因、轻微原因或者与患者损害无因果关系，表述诊疗行为或者医疗产品等造成患者损害的原因力大小。

【案例 4-4-13】在某某大学某某医院与王某某医疗损害责任纠纷案中，鉴定

---

① 参见张新宝：《中国侵权行为法》（第 2 版），中国社会科学出版社 1998 年版，第 535 页。

文书送达双方后，王某某申请鉴定人出庭接受质询，后变更为书面质询。王某某书面质询问题清单：(1)鉴定报告中记载的“原因力程度”这一医学上的概念与公众通常理解的“责任”概念是否等同，也即“次要原因”与通常理解的“次要责任”是否效力等同。(2)鉴定报告中记载的麻醉未尽到告知义务、存在医疗过错，患者逐渐出现病情恶化、存在延误治疗之医疗过错，是不是导致患者全瘫一级伤残的主要原因或因素。(3)鉴定报告第五点分析说明中的列明医方存在未尽到必要的注意义务、麻醉风险告知不足以及检查、治疗不及时等医疗过错，医方这几项单一的医疗过错行为，共同导致患者出现目前严重的损害结果，尤其检查、治疗不及时是否是致害的直接、主要原因。

对此，鉴定所给予了书面回复，内容为：(1)“原因力程度”是按照《最高人民法院关于审理医疗损害责任纠纷案件适用法律若干问题的解释》第 12 条之规定的方式进行表述的。由于“次要责任”中的“责任”是一个法律概念，应由法官进行裁量判断。“次要原因”中的“原因”是一个公共概念，可用于因果关系的鉴定表述中，故司法鉴定中涉及某种因素造成人身损害后果的程度鉴定，全部改用“原因”来进行表述。①

（二）直接原因与间接原因

根据行为对损害后果发生的作用形式，损害后果的原因可分为直接原因与间接原因。行为人的行为直接引起损害后果的，为直接原因；行为人的行为间接引起损害后果的，为间接原因。直接原因和间接原因的区分与主要原因和次要原因的区分不具有对应性，直接原因并非就是主要原因，间接原因也并非就是次要原因。区分直接原因与间接原因的目的在于：行为人的行为为直接原因的，行为人应承担责任；而当行为人的行为为间接原因时，行为人是否应承担责任还应根据客观情形及其他构成要件确定。

比如，甲将乙打伤，乙在被送到医院治疗过程中因医院错误输血感染导致截肢。若无甲打伤乙的行为和医院输血错误，乙也就不会发生截肢的损害，因此，乙被截肢的损害的原因是甲和医院的行为。按照《人身损害赔偿司法解释解释》(法释〔2003〕20 号，已失效)第 3 条的规定，二人以上没有共同故意或者共同过失，但其分别实施的数个行为间接结合发生同一损害后果的，应当根据过失大小或者原因力比例各自承担相应的赔偿责任。尽管法释〔2022〕14 号已经删除了相应条款，但《民法典》第 1172 条同样规定了这一赔偿责任，即数个行为

① 参见某某大学某某医院与王某某医疗损害责任纠纷案，北京市第二中级人民法院(2021)京 02 民终 15878 号民事判决书。

人须对受害人承担按份责任。从原因力上说，甲打伤了乙是乙被截肢的间接原因，对乙的损害仅起次要作用，医院错误输血是乙被截肢的直接原因，对乙的损害起主要作用，由于甲打伤乙并不必然导致医院的错误输血，因而甲不需要对医院的行为承担侵权责任，医院也需要对因错误输血导致的乙的损害承担责任。甲与医院应根据各自的原因力分别对乙的损害承担责任。

第五节 过错

一、过错在侵权法中的地位

侵权作为一种古老的法律现象，而过错作为侵权责任的构成要件，是法律文明发展到一定阶段的产物。尽管“过错”是现代侵权法的特定用语，但过错所囊括的行为人实施侵权行为心理态度对侵权责任的影响却经历了复杂的衍变过程，即从否定到朦胧、到肯定、再到朦胧的衍变过程。沿着这一演变轨迹，过错在侵权法中的地位也经历了否定期、萌芽期、发展期、昌盛期和平稳期五个阶段。

（一）否定期

历史唯物主义认为，法律不能超越其所赖以生存的经济条件、政治条件而独立发展，只能是特定历史阶段的产物。在原始社会，虽然存在违反氏族习惯和信仰的损害行为，但氏族内部已经形成了调整这些损害行为的习俗。正如摩尔根在《古代社会》中所论述的，易洛魁人、希腊人和罗马人的氏族都将“互相支援、保卫和代偿损害”视为氏族内部的重要制度。[①] 这表明，在原始社会，损害赔偿已经作为一种社会现象或社会规范存在。然而，由于法律是阶级统治的工具，原始社会不存在阶级，法的功能和属性尚未显现，因此过错在侵权法中的地位无从谈起。

到了奴隶社会的初期，统治阶级在“受命于天”的神权政治掩护下，实行的是野蛮残酷的报复主义。在这种制度下，法律只关注损害事实和结果，而忽视了造成损害的主观心理状态。无论行为人是否具有过错，只要实施了危害行为，就必须承担责任，包括未成年人和精神病人。在这样的历史背景下，过错的存在对于侵权责任的判定并没有实质性的意义。

---

① 参见王卫国：《过错责任原则：第三次勃兴》，中国法制出版社 2000 年版，第 15 页。

（二）萌芽期

在奴隶社会的鼎盛时期，即周朝，随着社会复杂性的加剧和统治阶级对侵权行为经验的日益积累，统治者开始意识到侵权行为的心理态度对社会危害程度的影响。因此，在继续宣扬“天罚”的同时，他们提出了“以德配天”和“明德慎罚”的政策。这一政策的提出，首次确认了“德”在行为人承担侵权责任中的影响。可以说，从周朝开始，过错在侵权责任的构成中占据了一定的地位，过错程度的不同可能导致侵权人承担不同程度的责任。

然而，尽管奴隶社会的统治者已经初步认识到行为人主观过错对侵权责任承担的影响，但这一认识在立法上并未得到体现，只是由司法官员在具体案件审判中根据实际情况进行裁定。这种认识虽然初步，但并非无足轻重，因为它对侵权人的命运以及侵权法的发展都产生了深远的影响。

（三）发展期

到了封建社会，过错的地位在统治者心中愈发受到重视。根据《睡虎地秦墓竹简》的记载，秦代法律已经形成了较为系统的过错规定，尽管表述上有所差异，但核心含义是相似的。直至两晋时期，法学家张斐等人，通过对历代侵权立法、司法经验及法学学说的深入总结，在理论上对“故意”和“过失”给出了较为明确的定义。他们提出“其知而犯之，谓之故意”；“不意误犯，谓之过失”[①]，即明知行为会导致某种危害结果而仍然为之，称之为“故意”；如果行为人并未意识到或不知道自己的行为可能造成危害结果而实施者，则称之为“过失”。我们暂且不论这一定义的合理性，但就明确区分而言，它无疑为后世提供了重要的先例。

（四）昌盛期

过错在侵权法中的地位在19世纪资本主义发展的早期得到了真正的巩固。这一时期，为了推动经济发展，法律上需要确保人们的行为自由，避免过度限制行为自由从而阻碍经济进步。顺应政治与经济发展的需要，法律开始将个人意志自由及行为自由的维护置于核心地位。然而，这种自由并非无限制的，它必须遵循理性法则。正如洛克所言：“人的自由和依照他自己的意志来行动的自由，是以他具有理性为基础的，理性能教导他了解他用以支配自己行为的法律。并使他知道他对自己的自由意志听从到什么程度。”[②]任何具有意志自由

① 《晋书·刑法志》。

② [英]洛克：《政府论》(下)，瞿菊农、叶启芳译，商务印书馆1964年版，第39～40页。

的人，仅应对其意志过错所致的损害负责，而非仅对损害事实负责。这一原则旨在保护个人的人格尊严和意志自由。人们生活在社会共同体中，难免会对他人造成一定的妨害，但若以损害为归责标准，则必然妨碍个人的自由。[①] 因此，过错成了影响侵权责任成立的关键因素。

“过错”强调了只有那些能够理解和控制自己行为及其后果的人，才应对其过错行为造成的损害负责。对于未成年人和精神病人来说，因其不具有意志能力，不能理解自己行为及其后果，他们在实施致人损害的行为时没有过错，因此对于损害的后果不负责任。[②] 在19世纪的资本主义国家，确认过错在侵权法中的重要地位对于保障资本主义自由竞争所要求的个人活动自由具有重大意义。它允许人们在追求经济利益的同时也能在法律框架内自由行动，无须过分担心因轻微过失而承担过重的法律责任。这种法律环境为市场经济的繁荣发展提供了有力保障，促进了经济的快速增长和社会的进步。

19世纪是侵权法中过错理论的发展成熟期。其中，《法国民法典》第1382条（现为第1240条）和第1383条（现为第1241条）的规定，将过错责任原则推向了顶峰。根据这些规定，任何因过错导致他人损害的行为人都应承担赔偿责任，无论是故意行为还是因懈怠或疏忽大意造成的损害。[③] 这进一步确立了过错在民事侵权责任中的基石地位。在过去的一个半世纪里，根据过错来确定责任已经成为根深蒂固的法律观念。

（五）平淡期

20世纪是机器广泛运用、工厂迅猛发展以及工业化迅速推进的时代。在这个时期，事故多发生在复杂的机器设备运作过程中，事故的发生并非完全处于行为人意志控制的范围内，因此，由行为人主观过错导致的损害比例逐渐降低。[④] 在这样的背景下，要求受害人证明加害人的过错变得极为困难，有时甚至是不可能的，特别是在无法确定加害人的情况下。当事故频发而受害人却频繁得不到赔偿时，社会的正常发展便会受到阻碍。为了推动社会进步，维护社会稳定，无过错责任原则应运而生，过错推定方式开始广泛适用。这一变化标志着“过错”作为侵权责任构成要件核心地位的动摇，从19世纪的昌盛期逐渐过

---

① 参见《国际比较法百科全书·侵权行为·概述》，纽约海洋出版公司1974年英文版，第65页。

② 参见《国际比较法百科全书·侵权行为·为自己行为之责任》，纽约海洋出版公司1974年英文版，第95页。

③ 参见《法国民法典》，罗结珍译，北京大学出版社2023年版，第663～664页。

④ 参见[英]彼得·斯坦、约翰·香德：《西方社会的法律价值》，王献平译，中国人民公安大学出版社1990年版，第154页。

渡到20世纪的相对平淡期。

尽管过错在侵权法中的核心地位正受到由新风俗、新习惯(如责任保险、个人保险、社会安全以及互助赔偿或集体性赔偿)引发的潮流和反潮流的冲击,但过错的作用仍不容忽视。在某些侵权责任的认定及赔偿范围的确定上,过错仍然具有决定性的影响。

通过审视过错在侵权法中地位的演变过程,我们可以发现,过错在现代侵权法中能够根据社会生活的局部变迁而进行适度的调整。只要基本的经济法律结构仍然以个人权利为构建基点,作为侵权法的合理内核的过错就不可或缺。若忽视过错原则,侵权法的合理性和正当性将受到严重削弱。

二、过错的概念与特征

在侵权法中,过错指的是具有侵权责任能力的人在实施行为时,对可能造成的损害结果所持有的心理态度。这种心理态度被侵权法和社会道德所否认。为了准确界定"过错"概念,需要明晰以下几个要素:

第一,过错的承受者范围。并非所有人都能用"过错"来描述其心理状态和行为,只有具备侵权责任能力的人才具有过错。无民事行为能力人和限制民事行为能力人因缺乏侵权责任能力,其主观意志状态不适宜用"过错"来描述。

第二,过错的对象。由于心理态度影响行为的选择,过错特指对损害结果的心理态度,而非对行为本身的心理态度。但并非所有对损害结果的心理态度都构成过错,如紧急避险时,虽然行为人对损害结果有心理态度,但这种态度具有特殊性,不属于过错范畴。

第三,过错的产生时限。过错特指在实施侵权行为时的心理态度。同一侵权行为中,行为人对行为和损害结果的心理态度可能不同,甚至对同一损害结果,在行为实施的不同阶段,心理态度也可能发生变化。

【案例4-5-1】甲与乙长期存在矛盾,甲心中一直怀有报复乙的念头,但始终未能找到合适的机会。某日,甲在搬运重物时,不慎让重物滑落,意外地砸在了乙的脚上,导致乙重伤。此时,甲心中却感到一种解气的快感,甚至产生了高兴的情绪。对于该案来讲,甲在损害发生前与损害发生后的心理态度是不同的。

第四,"过错"作为一个法律概念,应当体现侵权法和道德对于行为人的心理态度或行为的否定。

过错揭示了行为人对他人进行侵害时的主观意志,具有下列特征:

第一,过错兼含心理和法律双重构成要素,是事实与法律的统一。过错是行为人特定的心理态度,与普通心理活动相比,呈现出特殊与一般的关系。过错无法脱离行为人的心理活动过程，它必须同时包含认识因素和意志因素。如果缺少其中任何一个因素，就无法准确地揭示行为人的心理特征。然而，过错并非仅仅是心理活动，它还涉及法律要素。在法律领域内，过错分为"故意"和"过失"两种基本形态，这与普通心理学中的"蓄意"和"无意"相对应。但两者（法律概念和心理学概念）之间的区别在于，法律是否对行为人的心理态度进行了否定性评价。若行为人的蓄意行为导致了他人合法权益的损害，是被侵权法予以谴责的，就构成了侵权的故意。即使行为人的无意行为导致了损害，这也是侵权法所不允许的，构成侵权的过失。简而言之，过错是受法律否定的普通心理现象，是行为人的某种心理现象在法律层面的反映。

第二，过错以行为人具有侵权责任能力为前提。侵权责任能力，又称"归责能力"，指侵权行为人能够承担损害赔偿责任的资格。[①] 行为人侵权责任能力有无的判断，需以行为人在行为时是否具有辨识能力为标准。辨识能力是指行为人能够认识到自己的行为在法律上应当承担责任的能力，至于是违反了法律的强行规定还是违背了公序良俗在所不问。[②] 过错与侵权责任能力共同构成了侵权行为的主观要件，二者之间具有密切的联系。过错的认定以行为人具有侵权责任能力为前提，若行为人不具有侵权责任能力，则无判断过错的必要。

第三，过错依附于法律而存在，离开了法律的规定，过错便失去其依据。从心理学角度讲，任何有思想的人都应对自己的行为可能产生的后果有一定的认识和期盼。但这些内心的认识和期盼只是人类的本能，并非法律评价的结果。在缺乏法律介入的情况下，这些心理状态并不构成法律评价的对象，也就无所谓"过错"。以原始社会为例，其尚未形成法律，因此"过错"的概念及其含义也就无从提起。然而，仅仅有了法律并不意味着就存在对行为人的思想进行评价的必要，还需看法律对其是否有明确的规定。在奴隶社会初期，统治阶级在"受命于天"的神权政治掩护下，以野蛮残酷的报复主义为手段，主要关注损害事实和结果，而忽略了造成损害的主观心理状态。在这样的历史背景下，"过错"的概念并未得到充分的重视和体现。

第四，过错具有主观性，但这种主观性并不妨碍其可认识性。过错表现为一种心理态度，确实具有主观特性，但它并非仅停留在思想层面。实际上，过错能够驱动行为并产生相应的后果，这一心理活动过程是客观存在的。正是因为这种心理活动过程的客观存在性，过错才具备了可认识性。过错一旦通过行为

---

① 参见姚志明：《侵权行为法》，（台湾）元照出版公司 2005 年版，第 50 页。

② 参见姚志明：《侵权行为法》，（台湾）元照出版公司 2005 年版，第 51 页。

表现出来，并产生了一定后果，那么它便不再受行为人意志的直接控制，而是客观存在、不能予以否认的。只有通过分析行为人意志支配下的行为和结果，才能透过现象发现本质，准确判断行为人是否存在过错以及过错的程度。

三、过错的类型

故意与过失是过错的两种基本类型。故意，指行为人明知其行为会导致损害事实的发生，并希望或者放任该结果发生的心理状态。而过失，则表现为行为人应当预见或者能够预见自己行为可能发生侵害他人民事权益的后果，却因为疏忽大意而没有预见，或者虽然预见却轻信可以避免的主观状态。可见，故意的心态表现为加害人对损害后果的积极追求或放任其发生，而过失则体现在加害人对损害后果的不希望、不追求也不放任其发生的心态。

（一）故意

1.故意的概念

故意作为侵权过错的主要表现形态，反映了行为人的主观恶性，是一种应当受到严厉制裁的心理状态。“故意”概念在刑法中由来已久，但其在刑法中的界定不必然等同于在侵权法中的含义。不同国家对此有不同的立法规定和司法实践。一种观点认为，刑法中关于故意的规定同样可以适用于民法，例如意大利刑法中的故意规则被用于解释和定义民法中的故意，因为“为了民法典第2043条的目的而采用的对过错的定义，反映了刑法典第42、43条的要旨和内容”[①]。然而，另一种观点则强调刑法和民法在“故意”界定上的差异。例如德国和希腊的民法典对于“故意”的定义就独立于刑法。它们认为，“明知行为的侵权性”是私法中故意成立的构成要件，如果行为人因疏忽而未能意识到其行为的侵权性，即使他希望结果的发生，也不会被认定为故意，只会被视为过失。[②]然而，在刑法中，即使行为人因疏忽而不知道行为的侵权性，只要他希望结果的发生，就会被认为已经构成了故意，从而需要承担故意的刑事责任。[③]

以刑法中“故意”的概念来界定侵权法中的“故意”，有一定的不妥性。首先，侵权法中的故意是指行为人预见到自己行为的结果，仍然期望或者放任这种结果的发生，因此，“预见到自己行为的后果”而非“明知危害后果的发生”，是

---

① 参见意大利最高法院1973年12月17日第3420号判决。

② 参见[德]克雷斯蒂安·冯·巴尔：《欧洲比较侵权行为法》上卷，张新宝译，法律出版社2004年版，第753页，注解(409)。

③ 参见[德]克雷斯蒂安·冯·巴尔：《欧洲比较侵权行为法》上卷，张新宝译，法律出版社2004年版，第753页，注解(409)。

侵权法中故意成立的前提。其次,"预见"和"明知"在认识程度上存在差异,"预见"是根据事物的发展规律预先料到①,"明知"则表示明确知道②,这决定了两者在责任认定上的不同标准。在"预见"的情况下,行为人认为危害结果可能会由可能性转化为现实性,既包括对损害后果可能发生的认识,也包括对损害后果必然发生的认识。而对于"明知",要求行为人认识到危害结果一定会由可能性转化为现实性,即仅包括损害后果必然发生或极有可能会发生的情况。显然,相较于"预见",刑法中的"明知"要件对于行为人认识程度的要求更高,其故意认定标准要严于侵权法。

在我国《民法典》中,并未给出关于"故意"的明确定义,但我们可以从相关法律草案和国际立法中寻求参照。例如,王利明教授主持的《中国民法典学者建议稿及立法理由:侵权行为编》第 1824 条第 2 款中即明确规定:"行为人有意致人损害,或者明知其行为会造成损害仍实施加害行为的,为故意。"《欧洲民法典侵权行为法草案》第 3:101 条对故意进行了阐述:"行为人追求损害的发生或知道损害会发生或者很可能会发生,而不顾其是否发生,就构成故意。"《美国侵权法重述(第二次)》第 8 条也对"故意"的概念作出了界定:"故意在本重述中是指行为人期望其行为导致某种损害后果的发生,或者行为人相信其期望的结果相当确定地将要发生。"综合这些规定,可以将"故意"区分为认识要素和意志要素。故意的认识因素指行为人预见到行为将导致损害后果的发生,而意志因素则进一步区分为以下两个方面:第一,希望。其中,期望损害结果的发生是行为人的意志态度,在该意志态度的影响下,行为人积极追求某一目的的实现,则为意志努力。在民法理论中,由期望这一意志因素构成的故意,是与一定的目的相关联的,只有在目的行为中,才存在期望这种意志。由于存在期望,行为人有意识地通过自己的行为实现某一目的,可以认为,此时的行为只是实现目的的手段,意志通过行为对结果起支配作用。第二,放任,指行为人对可能发生的结果持一种纵容而非期望的态度,即对于损害后果是否发生持一种漠视的态度。希望与放任在意志态度和意志努力方面的区别十分明显,希望是对结果积极追求的心理态度,放任则是对这种结果有意的纵容。

对于故意是否以行为人具备违法性认识为要件的问题,值得深入探讨。所谓"违法性认识",即加害人对行为或结果违法性是否有所知悉的状态。理论界

---

① 参见中国社会科学院语言研究所词典编辑室编:《现代汉语词典》(第 7 版),商务印书馆 2016 年版,第 1604 页。

② 参见中国社会科学院语言研究所词典编辑室编:《现代汉语词典》(第 7 版),商务印书馆 2016 年版,第 915 页。

对此有三种主要学说：其一，故意说。该说认为故意必须建立在行为人对违法性的认识之上，一旦出现对违法性的错误认识，则应当排除在故意的范畴之外。例如，某医生为患者进行手术时，因误信自己无说明义务而未进行说明，这种情况下不构成故意，仅视为过失。其二，限制的故意说。此学说认为，即便加害人没有直接认识到违法性，但只要能认识到客观上存在的违法事实，也应构成故意。其三，责任说。此学说区分一般的故意与作为责任要件的故意。其中，作为责任要件的故意，指当行为人认识到违法性或者有认识的可能性时，才具备责任非难的可能。例如，甲明知某物为乙所有，但误信自己有使用权而加以使用。按照故意说，这属于违法性错误，仅构成过失侵害他人所有权；而依据责任说，则成立故意侵害行为。

2.故意与恶意辨析

关于故意是否存在程度上的区别，实质上涉及故意与恶意之间的关系。对此学术界存在不同看法：一种观点认为，故意本身不存在程度差异，恶意仅仅是故意的一种表现形态；而另一种观点则主张，故意可分为一般故意和恶意，恶意是故意心态中更为恶劣的一种表现。[①] 后一种观点更具合理性，从主观恶性程度上来看，故意确实可以分为一般故意与恶意。一般故意指的是行为人希望或放任损害后果发生的一种不良心理状态，但在这种希望或放任的过程中，行为人并未充分认识到损害结果的严重性，即严重侵害了他人的合法权益或严重违反了禁止性的法律规定。既有观点认为"恶意"包含三种含义：其一与"善意"相对，即明知某种情形存在；其二与"故意"同义；其三是指动机不良的故意。[②] 然而，对于恶意的认识，不仅应考虑行为人的认识因素，还应从行为人的意志因素出发来探究恶意的本质。从行为人的认识因素来看，行为人应当明知某种情形存在，即明知其行为缺乏法律根据或明知其行为的相对人不享有权利。而从行为人的意志因素考量，行为人应当具有动机更加不纯、目的更加不良的故意，这种故意体现在行为人采取恶劣手段以损害他人利益为目的，如进行恶意串通、恶意磋商、恶意诉讼、恶意告发等行为。因此，在侵权行为法中表征主观心理状态的"恶意"可以界定为：行为人明知存在与其表象相反的事实，却故意据其表象，蓄意并有目的地采取恶劣手段实施侵害他人合法权益的行为。从认识因素和意志因素两个维度剖析"恶意"，对于实践具有重要的指导意义。在民法体系

① 参见中国民法典立法研究课题组：《中国民法典草案建议稿附理由》，法律出版社 2004 年版，第 54 页。

② 参见王家福主编：《经济法律大辞典》，中国财政经济出版社 1992 年版，第 114 页。

中,“恶意”这一概念因其灵活性与情境依赖性,需在具体侵权案例中逐一界定。[①] 具体而言,债权人撤销权中的“恶意”具有认识因素层面的含义,而“恶意磋商”和“恶意诉讼”中的“恶意”就包含意志层面的因素。对于当事人来讲,区别“恶意”适用的不同领域,有利于准确界定需要证明的内容,选择对自己有利的诉讼请求。对于司法审判人员来讲,可以根据行为人不同的主观恶性来确定行为人承担民事责任的具体形式、责任范围,以更好地发挥过错在责任确定中的作用。

(二)过失

1.过失的概念

我国《民法典》中并未对“过失”作出明确定义,对于“过失”的概念可以参考域外立法以及我国相关法律草案的规定。例如,《德国民法典》第 276 条第 2 款将“过失”界定为:“疏于尽在交易中必要注意的人,即为有过失的实施行为。”[②]《欧洲民法典侵权行为法草案》第 3:101 条规定:“过失就是就案件的全部情况而言,行为人没有达到对其所期望的合理注意程度或者没有达到旨在保护受害方免受损害的制定法所规定的特别标准的要求。”中国《民法典草案》第 1824 条第 2 款也对“过失”进行了定义,指出“行为人由于疏忽或者懈怠而未尽合理注意义务的,为过失”。并不是未尽合理注意义务造成损害的才是过失,只要未尽合理注意义务而行为就是过失。[③]

与“故意”一样,在刑法中也常涉及“过失”,至于刑法中对于“过失”的界定是否会影响其在侵权法中的含义,不同国家的处理方法不同。比利时最高法院认为,在判断行为人是否因过失导致他人身体损害时,无论刑法还是民法都应遵循相同的认定标准,但这一标准不适用于仅侵害财产所有权的情况。英国司法实务则坚持在所有情况下对刑法与民法中的“过失”进行明确区分:当行为中蕴含显著的危险风险时,若被告完全忽视这一风险,或者明知风险存在却仍执意行动,可以推定刑法上的过失[④];当某人因错误地低估了某一风险或错误地相信自己能够控制该风险而采取行动时,其行为则会被视为侵权法上的过失,而

---

① 参见[德]克雷斯蒂安·冯·巴尔:《欧洲比较侵权行为法》下卷,焦美华译,法律出版社 2004 年版,第 318 页。

② 陈卫佐译注:《德国民法典》,法律出版社 2004 年版,第 81 页。

③ 参见杨立新:《中国民法典人格权法编和侵权行为法编专家研讨会讨论综述》,http://www.yanglx.com/dispnews.asp? id=152。

④ 参见[德]克雷斯蒂安·冯·巴尔:《欧洲比较侵权行为法》上卷,张新宝译,法律出版社 2004 年版,第 755 页,注解(418)。

非刑法中的过失[①]。

2.过失的类型

在大陆法系的侵权法中,以行为人违反注意义务的程度,过失被区分为重大过失、一般过失和轻微过失。

重大过失,指超出一般平均值的非常疏忽,即未采用最平常的注意,或者不知晓所有人均知晓的东西。因此,重大过失表现为行为人极端疏忽或极端懈怠的心理状态,是对他人权益极度的不关心,其行为明显且实质性地偏离了社会公认的注意标准。[②] 在比较法中,丹麦法院将酒后开车、打开煤气灶试图自杀而引发爆炸甚至未成年人的危险行为[③]都视为重大过失行为,葡萄牙法院将闯红灯或在能见度不佳地段明显超速视为道路交通中的典型重大过失[④]。

关于重大过失的判断标准,学术界存在主观说与客观说两大流派。主观说强调行为人违反注意义务的程度,如我国台湾地区学者洪福增所论,“仅以轻微的注意,即可容易地预见结果之发生,且可回避结果于未然,而尽其注意之义务,然由于懈怠而未予注意或预见,以致发生结果,而违反注意义务,即系构成重大过失”[⑤]。而客观说侧重于从外部行为考察,如美国学者哈特认为“如果所要采取的预防措施是非常简单的,譬如连一个身体和精神力量十分脆弱的人都能轻易采取的措施,那么,过失就是严重的。所以,工人在往下扔石板之前没有瞭望或查看,那就是重大过失”[⑥]。

总体来看,根据行为人实施侵权行为时所违背的注意义务程度来区别过失的严重性是合理且可行的。一般而言,一般人在通常情境下比较容易预见并避免的结果,行为人却未能预见或避免,这显示出其不负责任的程度较高,应视为重大过失。相反,对于较难预见或避免的结果,若行为人因未履行注意义务而未认识到或未实施避免措施,则构成轻微过失。特别需要注意的是,忽视特别注意义务、违反法定注意义务及明确的操作规程,往往构成重大过失。例如,医

---

① 参见[德]克雷斯蒂安·冯·巴尔:《欧洲比较侵权行为法》上卷,张新宝译,法律出版社 2004 年版,第 755 页,注解(419)。

② 参见[德]克雷斯蒂安·冯·巴尔:《欧洲比较侵权行为法》下卷,焦美华译,法律出版社 2004 年版,第 319～320 页。

③ 比如未成年人设法进入学校已加锁的木柜里,在里面布置“地狱”和点燃“营火”。参见丹麦最高法院 1990 年 10 月 25 日的判决。

④ 参见[德]克雷斯蒂安·冯·巴尔:《欧洲比较侵权行为法》下卷,焦美华译,法律出版社 2004 年版,第 320～321 页。

⑤ 洪福增:《刑事责任之理论》,(台湾)刑事法杂志社 1982 年版,第 333～334 页。

⑥ [美]哈特:《惩罚与责任》,王勇等译,华夏出版社 1989 年版,第 142 页。

生在手术中无视操作规程，未进行检查而将手术器械遗留在患者体内，显然构成了重大过失。[①]

有关重大过失与故意之间的关系，自罗马法以来，就有“重大过失等同于故意”的说法[②]，许多大陆法国家的立法和司法审判都采纳了该规则。由于侵权法把故意与重大过失放在同一个层面上，因此只有在重大过失不足以引起侵权责任的情况下，才产生对于故意进行界定的必要。故意是否等同于重大过失，学者间仍然存在不同的观点。有观点认为，重大过失属于过失的范畴，而不是故意的范畴，过失与故意之间有质的差别，故意表明行为人的内心是邪恶的，而重大过失仍然是“出于无心，谈不上邪恶”，因此重大过失不应等同于故意。[③] 有观点认为，重大过失本身属于“准故意”的范畴[④]，“等同于故意”是指法律推定为故意，此种推定是可以被推翻的。还有观点认为，重大过失仍然是过失，但因其表现了对他人的权益丝毫不顾及的状态，因此行为人应当承担与故意侵权相同的责任，适用这一规则实际上是对重大过失的行为人实施了某种惩罚，从而有利于对受害人的保护，有利于督促人们在行为中小心谨慎，合理地尽到对他人的注意义务。本书赞同“故意等同于重大过失”的观点，二者是从主观心态支配的行为所导致的结果没有太大区别的角度来说的，也就是说重大过失与故意的心理结构在法律和道德的应受谴责程度上相差无几，重大过失不是一种“可以原谅的错误”。[⑤] “重大过失等同于故意”在共同过错、对损害赔偿额的确定、举证责任的分担、免于保险追偿、专家或雇员责任等领域内的适用是有意义的，会导致有利的结果。尽管“重大过失等同于故意”规则在上述范围内的适用具有一定的意义，但某些情况下对故意和重大过失的区分也是必不可少的。其一，对于某些侵权行为，行为人主观上是故意还是重大过失，会使其承担不同性质的责任。其二，在受害人具有重大过失、加害人具有轻微过失的情况下，可以根据具体情况减轻或免除加害人的责任，但一般不免除其责任；而在受害人故意的情况下，常常会免除加害人的责任。

一般过失，指一般人在通常情况下的过失，表现为行为人缺乏具有一般知

---

① 参见张新宝：《中国侵权行为法》(第2版)，中国社会科学出版社1998年版，第133页。

② 参见丁玫：《罗马法契约责任》，中国政法大学出版社1998年版，第131页。

③ 参见[美]哈特：《惩罚与责任》，王勇等译，华夏出版社1989年版，第127页。

④ 准故意是针对行为人的不作为而言的，因为故意只能针对作为而言，不能针对不作为产生故意，由于不作为在主观上只是缺少应当为一定行为的决意，因此，对于不作为只能存在准故意。参见林山田：《刑法通论》下册，作者自印，第542页。

⑤ 参见徐国栋：《诚实信用原则研究》，中国人民大学出版社2002年版，第43页。

识、智力和经验的人诚实处理事务所应有的注意。[①] 一般认为,若行为人为一般过失,则其违反了应与处理自己事务为同一注意的义务。所谓"自己事务",包括法律上、经济上、身份上一切属于自己利益范围内的事务。而判断"与处理自己事务为同一注意义务"的标准,是基于行为人平日处理自身事务所展现的谨慎程度,即主观标准。若行为人能证明自己在主观上已尽到必要注意,则视为无过失;否则,即被认定为存在过失,这构成了具体轻过失。

轻微过失是一种程度较轻的疏忽,表现为行为人缺少极谨慎而精细的管理人的注意。[②] 由于这种注意程度极高,通常超出了一般人的能力范围,因此即使是谨慎的人也可能偶尔犯下此类过失。在法律上,轻微过失被视为对最高级别的注意义务即善良管理人的注意义务的违反。这种过失的判定依据是客观标准,而非行为人的主观意愿或能力,它关注的是行为人在客观上是否达到了应有的注意程度。即使是善良管理人,当其存在轻微过失时也可以免除其责任[③],因为它是一种完全"可以原谅的错误",在法律上它等同于一种"合法的错误"。[④] 例如,在医疗领域,若一位进行肿瘤切除术的医生因极轻微的疏忽不慎损伤了一健康组织,尽管这一过失导致了患者的血栓问题,但该医生的行为仍被视为轻微过失,是"可以原谅的错误"。[⑤] 然而,也需注意,在某些特定情境下,即便是轻微过失也可能导致行为人承担相应的法律责任。这主要取决于具体的法律规定以及案件的具体情况。根据《德国民法典》的相关规定,在某些情况下,即使没有过错也可能构成对法律的违反,但赔偿义务的发生通常要求行为人存在过错,而在这些情况下轻微过失即足以触发赔偿义务。[⑥]

(三)过错程度区分的价值

1.故意和过失之分影响侵权责任成立

在现实生活中,某些侵权责任的成立必须要求侵权人的主观要件为故意,过失不构成侵权,因此有必要进行故意与过失的区分。具体包括以下情形:第一,第三人侵害债权的侵权行为,即债的关系以外的第三人单独故意实施或与债务人恶意串通实施旨在侵害他人债权并给债权人造成了损害的行为。第三

---

① 参见周枏:《罗马法原论》(下),商务印书馆 2014 年版,第 713~716 页。

② 参见周枏:《罗马法原论》(下),商务印书馆 2014 年版,第 713~716 页。

③ 《德国民法典》第 227 条规定,只需对在自己的事务中通常所尽的注意负责任的人,不免除因重大过失而发生的责任。参见陈卫佐译注:《德国民法典》(第 5 版),法律出版社 2020 年版,第 101~102 页,脚注 26。

④ 参见徐国栋:《诚实信用原则研究》,中国人民大学出版社 2002 年版,第 43 页。

⑤ 参见希腊塞萨罗尼基上诉法院第 1212/1973 号判决。

⑥ 参见陈卫佐译注:《德国民法典》,法律出版社 2004 年版,第 265 页,脚注(594)。

人侵害债权的构成要件之一就是要求第三人为故意，即第三人明知其行为会发生侵害他人债权的后果，却希望或放任这种损害结果的发生。这里的“明知”既包括对他人债权存在的明知，也包括对侵害结果发生可能性的明知。第二，在商业侵权中，妨害经营侵权责任成立的主观要件也只能是故意。妨害经营侵权责任制度保护经营利益，而非权利。权利因其公示性，使得行为人能够合理预见其行为可能带来的损害后果，所以即使基于过失造成对他人权利的损害，仍然要承担责任；而合法利益本身没有公示的功能，对行为人来讲缺乏一定的预见性，“私人间追究责任势须从‘期待可能性’着眼，只有对加害于人的结果有预见可能者要求其防免，而对未防免者课以责任，才有意义”[①]。从该角度讲，应当严格限制行为人的主观过错要件，只对由于故意造成他人利益的损失承担责任。基于“重大过失等同于故意”的一般理念，由于重大过失而妨害经营的，也能构成妨害经营的侵权责任。未尽交易上的必要注意，采取不正当的经营行为，给他人的经营活动造成重大损害的，也构成妨害经营的侵权责任。第三，恶意诉讼与恶意告发侵权责任的成立也要求行为人主观上为恶意，一般的故意和过失都不能成立侵权责任。其中，恶意诉讼指恶意利用民事诉讼程序，意图使被告在诉讼中遭受不应有的损失；而恶意告发则是将恶意延伸至刑事诉讼领域，同样给被告带来不应有的侵害。第四，故意违背善良风俗损害他人的行为，其侵权责任成立同样与故意紧密联系。这是因为“背俗”行为违背的善良风俗，属于道德规范的范畴，其内容具有不确定性，故需严格限制其责任构成条件。同时，被侵害的往往是利益而非法定权利[②]，这些利益的内涵和外延缺乏公示性，难以期待他人注意，因此更应强调“故意”在责任构成成立中的限制作用。

2.重大过失和一般过失之分影响侵权责任成立

我国侵权法在确定侵权责任的时候，对于过失的程度也作了区分。其一，《民法典》第 1191 条针对雇佣人员的责任规定：“用人单位的工作人员因执行工作任务造成他人损害的，由用人单位承担侵权责任。用人单位承担侵权责任后，可以向有故意或者重大过失的工作人员追偿。”类似规定也存在于法国民法中，雇佣人无权对受雇人提起因受雇人执行职务所致损害的诉讼，但受雇人有重大过失的除外。[③] 此外，《人身损害赔偿司法解释》（法释〔2022〕14 号）第 4 条针对义务帮工致人损害的赔偿责任，规定“被帮工人承担赔偿责任后向有故意

① 苏永钦：《走入新世纪的私法自治》，中国政法大学出版社 2002 年版，第 304 页。

② 参见刘春堂：《缔约上过失责任》，http://www.civillaw.com.cn/weizhang/default.asp? id=17021。

③ 参见王利明：《侵权行为法研究》，中国人民大学出版社 2004 年版，第 488 页。

或者重大过失的帮工人追偿的，人民法院应予支持”，从而明确了帮工人与被帮工人在帮工人存在故意或重大过失情形下的连带责任承担。对存在故意或重大过失的帮工人实施连带责任制度，旨在减轻被帮工人的责任负担，从而激励帮工人以更加谨慎和负责的态度参与帮工活动，确保帮工过程的良性运行，并有效维护被帮工人的合法权益。其二，依据《民法典》第 929 条和《民法典侵权责任编司法解释》第 18 条，无偿受托人（承揽人）存在故意或重大过失时，委托人（定作人）承担超出自己相应责任的部分，可以向承揽人追偿。其三，故意或重大过失不适用财产免责，承运人存在故意或重大过失的无权适用保价条款。其四，无偿行为人须对故意或者重大过失承担责任，对于轻过失则无须承担责任。《民法典》第 897 条规定了无偿保管合同中保管人对其故意和重大过失负责，第 1217 条则规定了好意同乘中好意人对其故意或重大过失负责。其五，在自甘风险情形中，如果相对人存在故意或重大过失不构成自甘风险。

【案例 4-5-2】承运人存在故意或重大过失的无权适用保价条款。陈某系南京某经营部员工。2021 年 3 月 15 日，陈某通过某物流公司寄送快递，货物为苹果手机两台（11170 元/台）及配件，货物重量为 1250 克，保价金额 12000 元，收件人为黄某。该货物于 2021 年 3 月 18 日送达辽宁省营口市收件人处，收件人发现邮件较轻，经收件人与物流工作人员共同现场开箱验收，发现邮件中缺少手机两台，其他配件完好。上述邮件出现丢失情况后，收件人进行退件处理。2021 年 4 月 24 日，某经营部向购买人支付两台苹果手机的赔偿款 22340 元。因案涉寄件的保价金额为 12000 元，某物流公司已向陈某赔付 12000 元，剩余款项未赔付引发本案争议。

案涉货物运单的保价条款系限制责任条款，该条款属于免责条款范畴。该保价条款在提供条款一方履行了告知义务后，合法有效；但如果提供条款一方因故意或者重大过失造成对方财产损失的，则该条款无效。根据查明事实，物流公司在运输案涉手机过程中，货物一直处于其控制下，其无证据证明案涉手机的丢失系因运输过程中的合理风险、货物本身性质或不可抗力所导致。且物流公司内部管理不够规范，未对保价贵重物品采取相应防护措施，在发现包裹完好唯独丢失两部手机后未采取有力措施进行补救，也无法说明手机丢失的原因，存在重大过失。

【案例 4-5-3】广东省高级人民法院发布第四批 20 起粤港澳大湾区跨境纠纷典型案例之一“人某公司诉粤某兴公司、太平洋保险某某分公司侵权责任纠纷案”——认定国际帆船比赛中无故意或者重大过失的参赛者对碰撞事故不承担责任，完善赛事侵权规则。中国杯帆船赛组委会发布第十届中国杯帆船赛赛事公告载明：赛事在深圳及香港水域举行，执行《国际帆联帆船竞赛规则 2013—2016》(RRS)。人某公司“白鲨号”游艇、粤某兴公司“中国杯 24 号”游艇自愿报名参赛。“中国杯 24 号”在太平洋保险某某分公司处投保第三者责任保险。竞赛期间，上述游艇发生碰撞并不同程度受损。粤某兴公司确认“中国杯 24 号”违反竞赛规则第 11 条，但主张当时处于激烈竞赛环境中，对案涉事故的发生没有主观上的过错，并主张“白鲨号”违反竞赛规则第 14 条，应承担案涉事故的主要责任。因双方对事故责任和赔偿金额未能达成一致，人某公司遂提起诉讼，请求判令粤某兴公司向其赔偿船舶修理费用等损失共计 514459 元，太保某某分公司在保险责任范围内向人某公司承担赔偿责任；粤某兴公司反诉请求人某公司向其赔偿船舶维修费用等损失共计 429352 元。

广州海事法院一审认为，本案属于船舶碰撞损害责任纠纷，综合两船违规程度等情况，酌定“中国杯 24 号”和“白鲨号”对事故分别承担 90%和 10%的责任，判令双方按照相应比例赔偿对方船舶维修费等损失，太保某某分公司在保险责任范围内承担赔偿责任。广东省高级人民法院二审认为：“本案为帆船竞赛中发生碰撞事故引发的侵权损害赔偿责任纠纷，双方帆船系自愿参加具有一定风险的文体活动，应适用《中华人民共和国民法典》第一千一百七十六条关于自甘风险的规定认定双方责任，不宜以违规即认定构成侵权。本案双方游艇对案涉事故的发生均不存在故意或重大过失，均不得请求对方承担侵权责任。故撤销原判，改判驳回人某公司、粤某兴公司的本诉和反诉请求。”

【案例 4-5-4】王某诉某某公司等生命权、健康权、身体权纠纷案——定作人选任存在重大过失须与承揽人承担连带责任。2008 年 7 月 18 日，某某公司与冯某签订一份某某公司的业务合同订单，约定冯某为某某公司制作、安装广告牌射灯业务，并支付了安装费和货款。农民工王某受冯某雇佣在为某某公司安装离地 5 米高的广告牌射灯时，不慎跌落致颅骨受损，后并发某病。

郑州市金水区人民法院一审认为，公民的生命健康权受法律保护。冯某雇佣没有任何安装资质的王某为某某公司安装射灯，又在某某公司未提供任何安全措施的情况下，让王某到高空施工，导致王某不小心从上面掉下摔伤，由此给王某造成的损失，冯某作为雇主应负主要责任。某某公司作为受益方，对冯某有无安装资质未进行审查，在选任方面存在重大过失，并且施工现场也未提供安全防范措施，造成王某在安装射灯时被摔伤，对此某某公司应承担连带责任。但王某作为一个完全民事行为能力人，其在安装射灯时没有尽到注意安全的义务，造成其摔伤，也应承担相应的责任。

3.过错程度影响侵权损害赔偿的范围

关于加害人过错程度与损害赔偿范围之间的关系，不同国家的侵权法处理方法不同。法国民法与奥地利民法均认为，加害人的过错程度直接影响赔偿范围。具体而言，若行为人因普通过失导致他人损害，则赔偿限于物价损失；而若因故意或重大过失造成损害，则需赔偿市价及一切额外损失。① 相比之下，德国民法则持不同立场，认为除精神损害赔偿外，财产损害的赔偿应实行全额赔偿原则，不受加害人过错程度的影响。② 我国侵权法在此方面与德国法一致，同样认为加害人的过错不影响侵权损害赔偿责任的范围，适用全部赔偿原则。

然而，在特定情境下过错程度可能影响损害赔偿范围。首先，"故意"可能引发惩罚性赔偿的适用。《民法典》第1207条规定："明知产品存在缺陷仍然生产、销售，或者没有依据前条规定采取有效补救措施，造成他人死亡或者健康严重损害的，被侵权人有权请求相应的惩罚性赔偿。"《消费者权益保护法》第55条第2款规定："经营者明知商品或者服务存在缺陷，仍然向消费者提供，造成消费者或者其他受害人死亡或者健康严重损害的，受害人有权要求经营者依照本法第四十九条、第五十一条等法律规定赔偿损失，并有权要求所受损失二倍以下的惩罚性赔偿。"其次，过错程度也是适用精神损害赔偿责任的重要因素。《民法典》第1183条第2款规定："因故意或者重大过失侵害自然人具有人身意义的特定物造成严重精神损害的，被侵权人有权请求精神损害赔偿。"再次，过错程度可能影响无过错责任中赔偿限额的适用。《民法典》第1244条规定："承担高度危险责任，法律规定赔偿限额的，依照其规定，但是行为人有故意或者重大过失的除外。"最后，过错程度决定多数人责任内部份额。《民法典》第1172条规定："二人以上分别实施侵权行为造成同一损害，能够确定责任大小的，各自承担相应的责任；难以确定责任大小的，平均承担责任。"

四、过错的认定

过错的认定，即从行为及其相关因素中判断过错存在与否的问题，通常表现为司法审判机关对行为人过错心理状态进行评判和确定的过程。关于过错的认定在司法实践中历来被视为一个复杂而关键的难题。在古代法中，过错的

① 参见刘士国：《现代侵权损害赔偿研究》，法律出版社1998年版，第105页。

② 参见刘士国：《现代侵权损害赔偿研究》，法律出版社1998年版，第106页。

判定往往依赖于神明裁判的迷信手段或者宣誓[①]等仪式性方式；至于现代法，主要通过司法认定来完成。就认定标准而言，传统侵权法主要采取主观判断标准和客观判断标准两种模式，前者侧重于从行为人自身的认识能力出发，评估其主观状态的正当性；后者则通过确立一套客观的行为准则，来衡量行为人在实施行为时的心理状态。[②] 本书认为，将主观认定标准和客观认定标准相结合，能够更为全面且合理地判断行为人的过错。

(一)主观认定标准

主观认定标准，是基于行为人自身的认识能力和背景(包括年龄、智力水平、知识水平、生活经历及经验等)，来评估其主观状态是否具有正当性的一种判断方法。此标准主要适用于判断行为人是否存在故意。其合理性主要体现在两个方面：一是它承认了人与人之间的差异性，即不同的个体因年龄、智力、知识、经历、经验等因素的不同，其认识能力也会有所不同；二是通过适用主观认定标准，能够充分实现侵权责任法对不法行为人的教育功能。

仅凭主观认定标准来评判行为人主观过错的有无，也存在一些显著的局限性：首先，它可能限制了受害人获得法律救济的机会，因为过高的主观要求可能导致部分本应受到法律保护的受害人无法得到应有的赔偿，从而削弱了侵权法的补偿功能。其次，主观认定标准的采用会加重司法审判人员在认定过错上的负担。它要求法官对每个案件中的行为人的认识因素及意志因素进行深入的认知与分析，这不仅考验法官的专业素养与经验积累，还大大增加了司法成本，影响了司法效率，不利于效益原则的实现。对于法院系统及案件当事人而言，这一漫长的判断过程都是一项不小的负担。因此，在运用主观认定标准时，应当审慎权衡其利弊，结合案件具体情况，并在可能时辅以其他认定标准，如客观标准或混合标准，以确保法律判断的公正性、合理性和效率性。

(二)客观认定标准

客观认定标准，通过确立行为人行为的客观标准，来衡量行为人实施行为时的心理状态。[③] 此标准主要适用于判断行为人是否存在过失。在适用客观认定标准时，各国依据其法律体系和社会背景制定了不同的具体标准。法国采用

① 《汉谟拉比法典》第206条规定，倘自由民在争执中殴打自由民而使之受伤，则此自由民应发誓云“吾非故意殴之”，并赔偿医药费。

② 参见张新宝：《中国侵权行为法》(第2版)，中国社会科学出版社1998年版，第136页。

③ 参见张新宝：《中国侵权行为法》(第2版)，中国社会科学出版社1998年版，第136页。

的“良家父”标准，强调行为人以“细心、谨慎、顾及他人”的态度为一定的行为。[①]德国则采取社会一般标准与特殊过错认定标准相结合的方式，灵活考量行为人的年龄、精神状态及行业特点等个体差异。当行为人处于特定情况（如未达到法定责任年龄、存在精神缺陷或从事的行业存在行业标准）时，社会一般标准将不再适用，体现了法律制度的灵活性与人文关怀。英美法系国家则采用合理人标准，这一标准可能源自立法、司法判决或由审判过程中的法官及陪审团具体确定，其核心在于将行为人的行为与一个假想的理性的、谨慎的人在相同情境下的行为进行比较。

上述各国对于过错认定标准的多样实践，共同揭示了客观标准在认定行为人过错中的普遍性与重要性。其合理性主要体现在三个方面：一是增强了受害人获得法律救济的可能性，促进了侵权法从惩罚向补偿与预防职能的转变，彰显了法律的公平正义；二是简化了过错判断的程序，减轻了法官的审理负担，法官只需凭借某种行为标准与行为人的外部行为进行对比，就可以对其主观心理状态作出评价，提高了司法效率，体现了法律的效益价值；三是通过与刑事罪过认定标准的区别，明确了侵权责任与刑事责任的界限，这种基于客观标准的判断方式，正是侵权过错与刑事罪过在主观评价上的根本差异所在。[②]

尽管客观认定标准相较于主观认定标准展现出显著的优越性，如更高的确定性和一致性，然而，其应用亦非全然无虞。人类行为的复杂性与多样性远超单一客观标准所能涵盖的范围，仅依赖标准人的模型来评判侵权人的过错，往往忽略了行为主体背后的独特动机、目的及个人境遇，这在一定程度上削弱了评判的合理性。客观认定标准的制定，未能充分顾及行为人个体差异，尤其是当某些社会标准对于特定个体（如精神障碍者）而言几乎不可企及时，强行套用便显得既不公平也不合理，因为这样的标准实质上是在要求他们完成不可能的任务，从而削弱了过错原则作为责任判定依据的有效性。因此，在构建社会行为标准时，有必要融入对行为人自身条件的考量，包括其职业的专业性与技术性要求，通过设立辅助性行为标准作为补充，以确保在特殊情境下能够避免单一社会标准带来的偏颇与不公。德国过错认定标准之所以比法国的适用标准优越，部分归功于其侵权责任能力制度的构建，该制度承认对于特殊的从业人员，应按照专业技术人员通常应有的注意标准向行为人提出要求，从而在过错判断上展现出更高的灵活性和合理性。同样，英美法系在坚持合理人标准的同

---

① 参见《国际比较法百科全书 · 侵权行为 · 概述》，纽约海洋出版公司 1974 年英文版，第 71 页。

② 参见王利明：《侵权行为法归责原则研究》，中国政法大学出版社 1992 年版，第 224 页。

时,也展现了其灵活性,允许陪审团在法官指导下,针对未成年人或身体有缺陷者等特殊群体,制定更为个性化的过错认定标准,以此实现法律判决中的利益平衡与公平正义。这种做法不仅体现了法律的人文关怀,也增强了法律适用在复杂社会现实中的适应性和公正性。

(三)主观认定标准和客观认定标准结合的可行性

由于主观认定标准和客观认定标准各有优劣,司法审判人员在认定行为人有无过错时,是否可以采用客观认定标准与主观认定标准相结合的方式对行为人的过错进行综合认定呢?对于此种结合,学界存在不同的声音。一种观点认为,主观标准与客观标准之间存在根本性冲突,难以并行不悖,适用行为标准就难以考虑行为人的主观缺陷(如盲人、残疾人,记忆差,反应慢等)。[①] 而另一种观点则强调,主观标准与客观标准非但不排斥,反而能够相辅相成。马特维也夫便持此论,他认为不能把客观尺度"说成是对待人们和对待组织的千篇一律的、不负责任的态度,是一种不论在任何情况下都把一切人们和组织'一律看待'的态度。在我们这里,客观尺度不仅不排斥分别对待,而且是以分别对待为前提的"[②]。在我国,多数法律学者亦倾向于将主观与客观标准融合运用。张新宝教授指出,在判断行为人是否存在过错时,应综合考虑行为人的个人特质(如年龄、认知能力)及其行为与"善意之人"标准的偏离程度,强调评判标准的综合性和多元性。[③] 杨立新教授也认为,客观标准虽具普遍性,但绝非绝对。[④]

在肯定客观标准的同时,亦不可忽视主观认定标准所蕴含的独特价值。首先,主观认定标准应作为判定主观故意的主要标准。行为作为主观过错的外在表现,通过深入分析行为细节,能够有效揭示过错的存在与否,这一逻辑链条清晰且合理。值得注意的是,目前法国、德国及英美等国所确立的客观认定标准,其实质是过失的判定标准,而在涉及故意这一更为复杂的心理状态时,则需依赖主观认定标准,综合考量行为人实施侵害行为时的具体情境、行为模式及其一贯表现,以准确判断主观故意的存在。其次,在适用客观认定标准判断行为人是否存在过失时,亦应融入主观认定标准的考量。过错本质上反映了违法者的主观心理状态,其认定不仅是对事实的确认,更蕴含了法律对其行为的道德谴责。因此,在侵权法领域内,需结合客观的情境因素(如业务性质、具体环境)

---

① 参见王利明:《侵权行为法归责原则研究》,中国政法大学出版社 1992 年版,第 227 页。
② [苏]马特维也夫:《苏维埃民法中的过错》,彭望雍译,法律出版社 1958 年版,第 316 页。
③ 参见张新宝:《中国侵权行为法》(第 2 版),中国社会科学出版社 1998 年版,第 136～137 页。
④ 参见杨立新:《侵权法论》,人民法院出版社 2004 年版,第 184 页。

与主观的个人特质（如行为人的能力、经验），全面评估过失的成立与否。《美国侵权法重述》（第二次）第298条评论亦指出，行为人除需达到一般合理人的注意与谨慎标准外，还应根据其自身所具备的超常能力行事。这实际上是主观认定标准的一种体现。霍姆斯法官亦强调，合理人标准在适用中应允许有例外，“当一个人具有某种内在的缺陷，所有人都认为让他采取某种预防措施是根本不可能的。那么，如果他没有采取该预防措施，也无须负责任”①。可见，法律标准虽以外在标准为主，但在具体应用中，完全能够且应当融入对行为人道德因素的考量。② 因此，采取以客观认定标准为主、主观认定标准为辅的综合评判模式，能够更加全面、合理地评估行为人的主观过失，确保法律判断的公正与精准。

（四）关于专家过失的认定

专家主要指那些需要持有资格证书才能执业的专业人士，如医生、律师、会计师、审计师等。当他们在从事自己的职业时，如何认定是否存在过失呢？关于专家过失的认定，我国《民法典》未作出一般性规定，但在过往公布的民法典草案中曾有过明确表述，即：“专家在职业活动中须尽高度注意义务。专家的高度注意义务是指专家因具有高度的专业知识或专门技能所产生的义务，一般以同专业领域的专家在执业活动中所通常应履行的注意义务为判断标准。”③参考该条规范，专家过失的认定标准同样应采用客观标准。我国现行法律针对特定情况下的特定当事人规定了高于一般水平的特别注意程度，例如医生、律师、运送乘客的运输公司等。此外，一些行业的操作规程也对于有关人员的注意义务予以了特别规定，如外科医生进行某项手术需遵循一定的操作规范，护士在进行青霉素等药品注射前应对患者进行皮下试验等。负有特别注意义务的人，只有达到了法律或行业规定的特别注意标准时，才能免于“可归责”的心理状态，进而不承担侵权责任。

值得注意的是，除了法律和行业规程，行业惯例或习惯在某些情况下也可能成为认定专家过失的规范渊源。例如《美国侵权法重述》（第二版）第295A规定：在认定行为人是否存在过失时，一社区的习惯或其他社区的习惯应当作为判断的因素，但如果行为人不应当依照该习惯为一定的行为，则该习惯不应当

---

① Oliver Wendell Holmes, *The Common Law*, Cambridge: Harvard University Press, 2009, p.108.

② Oliver Wendell Holmes, *The Common Law*, Cambridge: Harvard University Press, 2009, p.108.

③ 《中国民法典草案建议稿》第1583条，中国民法典立法研究课题组编：《中国民法典草案建议稿》，法律出版社2003年版，第314页。

作为判断因素。[①] 可见,行业惯例或习惯并不是绝对的抗辩理由,仅是法官判断过错的一个因素。因为在某些情况下,整个行业可能出于节省时间、降低成本或追求自身利益的目的,而有意形成并遵循一些违反法律或社会公共利益的行业惯例。尽管这种行业内部的普遍做法可能被视为一种"行规",但任何行业惯例都不能凌驾于法律之上。因此,即便整个行业普遍按照这些惯例行事,当这些行为被诉诸法律时,法官依然有权根据法律原则进行判决,认定实施违法行为的被告存在或不存在过错,因为行业惯例必须在法律的框架内得到遵守,不得违背法律的基本精神和社会的公共利益。

---

① 参见《美国法律整编——侵权行为法》,台湾政治大学法律研究所等译,(台湾)司法周刊杂志社1986年印行,第227页。

第五章　免责事由

第一节　免责事由的界定

一、免责事由的含义与体系定位

免责事由是指加害人的加害行为已构成侵权，但依法律的规定不应承担责任的特定事由。[①] 在《民法典》颁布以前，原《侵权责任法》第三章以专章形式对免责事由和减责事由进行了集中规定。然而，起草者考虑到“免责事由”这一概念需以责任成立为前提，用它来涵盖像“不可抗力”这样的情形并不准确。因此，并未采取“免责事由”的表述，而是使用了“不承担责任和减轻责任的情形”这一表述。而《民法典》出台后，取消了关于“不承担责任和减轻责任的情形”的专章规定，而是将有关情形分别纳入了《民法典》总则编“民事责任”一章和侵权责任编“一般规定”一章。

相较于原《侵权责任法》，《民法典》关于免责事由的规定更为详尽。在《民法典》总则编的第八章“民事责任”中，明确规定了不可抗力（第 180 条）、正当防卫（第 181 条）、紧急避险（第 182 条）以及自愿紧急救助行为（第 184 条）这四种免责事由。而在侵权责任编的第一章“一般规定”中，则针对受害人故意（第 1174 条）、第三人行为（第 1175 条）、自甘风险（第 1176 条）和自助行为（第 1177 条）作出了具体规定。

在一些特殊侵权责任的规定中，还针对特定类型的侵权行为设置了特殊

---

① 参见中国民法典立法研究课题组：《中国民法典·侵权行为编草案建议稿》，《法学研究》2002 年第 2 期。

的免责事由，例如，受害人同意(《民法典》第1019条、第1036条、第1226条等)、侵害肖像权的免责事由(《民法典》第1020条)、侵害名誉权的免责事由(《民法典》第1025条)、侵害个人信息的免责事由(《民法典》第1036条)、医疗损害责任的免责事由(《民法典》第1224条)、高度危险责任的免责事由(《民法典》第1237～1240条、第1242～1243条)、饲养动物损害责任的免责事由(《民法典》第1245条)、建筑物和物件损害责任的免责事由(《民法典》第1252条)等。

二、免责事由的分类

依据不同的标准，免责事由可作不同的分类：

首先，免责事由根据其产生依据的不同，可以分为法定的免责事由与约定的免责事由两类。其中，不可抗力、正当防卫、紧急避险等情形都是由法律明确规定的，属于法定的免责事由；而约定的免责事由则主要指的是当事人之间通过协商约定的免责条款。这些条款可以在合同中明确规定，以约定在特定情况下免除或者减轻某方的责任。

其次，依据其排除责任作用机制的不同，免责事由可以分为排除因果关系的免责事由和排除过错(违法性)的免责事由。当免责事由能够证明加害行为与损害结果之间不存在因果联系时，责任即被免除，例如受害人故意为之或第三人行为介入导致损害，都属于排除因果关系的免责事由。而当免责事由能够证明加害行为并无过错(或不存在违法性)时，侵权责任亦不成立，这类免责事由主要包括正当防卫、紧急避险、自助行为等。

最后，从免责事由的适用普遍性来看，还可以分为一般的免责事由和特殊的免责事由。一般的免责事由具有普遍性，除非法律另有规定，否则适用于所有侵权责任，如不可抗力、正当防卫、紧急避险、受害人故意以及第三人行为等。而特殊的免责事由则仅适用于某一特定的侵权责任，例如《中华人民共和国产品质量法》第41条规定的产品责任的免责事由：对于产品的生产者来说，只要能够证明下列三种情形之一的，就不需承担侵权责任：其一，未将产品投入流通的；其二，产品投入流通时，引起损害的缺陷尚不存在的；其三，将产品投入流通时的科学技术水平尚不能发现缺陷的存在的。该种免责事由只适用于产品责任，而不适用于其他的侵权责任，该种事由就是特殊的免责事由。

第二节 《民法典》上的免责事由

一、总则编的免责事由

首先,总则编第五章“民事权利”上的权利行使规则包含免责事由。《民法典》第130条规定,民事主体按照自己的意愿依法行使民事权利,不受干涉。不受干涉当然意味着免责。《民法典》第132条规定,民事主体不得滥用民事权利损害国家利益、社会公共利益或者他人合法权益。不得滥用意味着不滥用就不需要承担责任。《最高人民法院关于适用〈中华人民共和国民法典〉总则编若干问题的解释》(法释〔2022〕6号,以下简称《民法典总则编司法解释》)第3条对滥用权利作出了更为细致的规定。

其次,总则编第八章“民事责任”中明确规定了正当防卫、紧急避险、紧急救助。特别强调的是,其一,总则编规定的免责事由是一切民事责任的免责事由,当然也是侵权责任的免责事由。其二,紧迫情形下无法律,紧急救助和紧急避险皆为紧急情形下的免责事由。《民法典总则编司法解释》(法释〔2022〕6号)对相关行为判定作出更为详尽的规定。其中,第30条和第31条对正当防卫及其限度作出明确规定,第32条和第33条则界定了紧急避险、明确了紧急避险行为限度的判断因素,第34条则规定了紧急救助行为中受益人补偿数额的判断因素。

二、人格权编的免责事由

第一,《民法典》第999条规定了作为免责事由的人格权合理使用。第二,《民法典》第1006条规定了器官捐赠中的受害人同意为免责事由。第三,《民法典》第1008条规定了临床试验告知同意作为一项免责事由,并要求受试者书面同意。第四,《民法典》第1019条规定了肖像权侵权的受害人同意为肖像作品权利人的免责事由。第五,《民法典》第1020条规定了未经肖像权人同意依然可以免责的事由:肖像权合理使用。第六,《民法典》第1025条明确基于公共利益的舆论监督作为一项免责事由。第七,《民法典》第1027条规定了利用文学作品侵害他人名誉权行为中的免责事由,即行为人发表的文学、艺术作品不以特定人为描述对象,仅其中的情节与该特定人的情况相似的,不承担民事责任。第八,当隐私权侵权得到受害人明确同意时可以免责(《民法典》第1033条)。第九,《民法典》第1035条和第1036条规定了处理个人信息的免责事由:除法律、行政法规另有规定外，处理个人信息时得到受害人（自然人或者其监护人）同意即可以免责；合理处理该自然人自行公开的或者其他已经合法公开的信息可以免责，但是该自然人明确拒绝或者处理该信息侵害其重大利益的除外；为维护公共利益或者该自然人合法权益，合理实施的其他行为可以免责。

三、侵权责任编的免责事由

与《侵权责任法》专章设定“不承担责任与减轻责任的情形”不同，《民法典》将侵权责任免责事由规定于侵权责任编“一般规定”一章。

其一，被侵权人与有过失。《民法典》第1173条规定了被侵权人与有过失可以成为侵权人的减责事由：被侵权人对同一损害的发生或者扩大有过错的，可以减轻侵权人的责任。

其二，受害人故意。《民法典》第1174条则进一步规定被侵权人故意时侵权人可以免责：损害是因受害人故意造成的，行为人不承担责任。

其三，第三人侵权。《民法典》第1175条规定了第三人侵权的责任承担：损害是因第三人造成的，第三人应当承担侵权责任。但第三人侵权能否成为免责事由存在较大的理论争议，具体应当结合第三人侵权是否构成损害发生的唯一原因进行判定。

其四，自甘风险。《民法典》第1176条第1款规定了自甘风险作为一项免责事由：自愿参加具有一定风险的文体活动，因其他参加者的行为受到损害的，受害人不得请求其他参加者承担侵权责任；但是，其他参加者对损害的发生有故意或者重大过失的除外。

其五，自助行为。《民法典》第1177条规定了自助行为作为一项免责事由：合法权益受到侵害，情况紧迫且不能及时获得国家机关保护，不立即采取措施将使其合法权益受到难以弥补的损害的，受害人可以在保护自己合法权益的必要范围内采取扣留侵权人的财物等合理措施；但是，应当立即请求有关国家机关处理。受害人采取的措施不当造成他人损害的，应当承担侵权责任。

其六，《民法典》第1178条采取兜底性方式对其他免责事由作出引致性规定。

四、合同编中的免责事由

（一）免责条款

首先，一般免责条款。《民法典》第506条规定，“合同中的下列免责条款无效：（一）造成对方人身损害的；（二）因故意或者重大过失造成对方财产损失的”。由此，其一，如果免责条款免除的是因为轻过失造成的财产损失，则可以生效。其二，免责条款须采取明示而不是默示形式。其三，免责条款或者协议需要成立于损害之前。伤害之后当事人缔结的“私了协议”，并不属于免责条款或者协议。其四，免责条款或者协议也可以符合受害人同意或风险自负条件。

其次，格式免责条款。其一，格式条款订入合同。《民法典》第 496 条对格式条款订入合同作出了明确的规定。所谓“格式条款”，指的是当事人为了重复使用而预先拟定，并在订立合同时未与对方协商的条款。而格式条款中可以采取合理的方式提示对方注意免除或者减轻其责任等与对方有重大利害关系的条款，按照对方的要求，对该条款予以说明。提供格式条款的一方未履行提示或者说明义务，致使对方没有注意或者理解与其有重大利害关系的条款的，对方可以主张该条款不成为合同的内容。其二，格式条款无效。依据《民法典》第 497 条的规定，若提供格式条款一方不合理地免除或者减轻其责任，则格式条款无效。

（二）免责协议

和解合同是加害人与受害人在损害发生之后订立的协议，其间往往约定了加害人的免责条件，因此又称“免责协议”。

值得特别强调的是和解合同与调解的区别。调解是当事人就争议的实体权利问题，在人民法院、人民调解委员会及有关组织主持下进行协商，达成解决纠纷的协议。虽然都以解决纠纷为目的，但是两者的差异在于：其一，和解的中心是双方当事人，而调解中占据中心地位的是法院和调解委员会，这体现着国家意志的介入；其二，和解承认双方法律关系的不确定性，达成合意就意味着双方放弃对真实情况的探索，以新的确定的关系进行替代，而调解协议书作为法院制作的法律文书，要求必须“查明事实，分清是非”[《民事诉讼法》(2023 修正)第 96 条]；其三，双方达成和解协议，意味着合同生效，而调解则需要在法院送达的调解书上签字，才产生效果[《民事诉讼法》(2023 修正)第 100 条]；其四，与依赖自由意志的和解合同相比，调解有更多的程序性规定和强制性要求。

第三节　排除违法性的免责事由

如前所述，依据排除责任作用机制的不同，可以将免责事由分为排除违法性的免责事由和排除因果关系的免责事由。前者包含正当防卫、紧急避险、紧急救助、自助行为、受害人同意与自甘风险等，后者包含不可抗力、受害人故意与第三人过错等。

一、正当防卫

(一)正当防卫的概念

正当防卫的概念,可追溯至远古时代动物基于生存本能所展现出的防御与反击行为。随着人类从动物界进化而来,这种防御与反击的本能也在人类身上自然地延续下来。然而,人类的防卫机制与动物的反击行为之间存在显著区别:动物的反应完全基于本能,不受理性思维的束缚;而人类的防卫行为则深深植根于大脑的智慧与理性的控制之下。作为社会性生物,人类的防卫不再仅仅是原始本能的体现,而是逐渐融入了社会的属性。这一行为不仅受到人类理性思维的指导,还必须在法律的框架内运行。

《民法典总则编司法解释》(法释〔2022〕6 号)第 30 条对正当防卫作出明确规定:"为了使国家利益、社会公共利益、本人或者他人的人身权利、财产权利以及其他合法权益免受正在进行的不法侵害,而针对实施侵害行为的人采取的制止不法侵害的行为,应当认定为民法典第一百八十一条规定的正当防卫。"当个人为抵御外来侵害而采取的防卫或反击行动被认为对社会有益时,立法机构便赋予其合法性,法律确认其自然的自卫权没有任何必要诉诸武力。不必攻击,只需向法院申请即可。只有在紧急情况下,如果等待法律的救助,就有丧失生命的危险,此时,他们才可以行使这种带有攻击性的权利。[①] 正当防卫,其核心在于"为自己或他人免受正在发生的不法侵害而实施的必要的防卫行为"。[②]

鉴于正当防卫旨在以合法手段对抗不法侵害,保护合法利益,它已经成为各国法律中普遍承认的侵权责任免责事由。例如,我国《民法典》第 181 条规定:因正当防卫造成损害的,不承担民事责任。《德国民法典》第 227 条规定:正当防卫的行为不为违法。《日本民法典》第 720 条规定:为防卫自己或第三人的权利,不得已而对他人的侵权行为实施加害者,不负赔偿责任。上述规范都体现了对正当防卫行为的法律支持。

(二)正当防卫的构成

根据民法的一般原理,正当防卫的构成必须符合以下条件:

第一,正当防卫必须针对现实存在且正在进行的不法侵害。《德国民法典》第 227 条将正当防卫界定为:为了避免自己或他人受现时的不法侵害而进行防

---

① 参见[法]孟德斯鸠:《论法的精神》,张雁深译,商务印书馆 2002 年版,第 161 页。

② 参见[德]汉斯·海因里希·耶赛克、托马斯·魏根特:《德国刑法教科书》,徐久生译,中国法制出版社 2017 年版,第 451 页。

卫的必要行为。其中,“现时”的不法侵害意味着侵害行为必须客观存在且正处于发生状态,这要求侵害的即时性,防卫行为应在侵害开始至结束之间实施,否则构成防卫不适时;也排除了基于主观臆断或错误推测而采取的防卫行为,即假想防卫,后者因造成无辜损害而需承担侵权责任。

第二,正当防卫需具备必要性和紧迫性,仅当非法侵害无法通过其他合法手段即时有效制止时方可实施。防卫者需对不法侵害保持清醒的认知与充分的预判,他必须明确认识到,当前发生的不法侵害正严重威胁并损害公共利益、他人或自身的合法权益。若不立即采取正当防卫措施,将极可能导致利益损害的急剧扩大,甚至造成无法挽回的后果。而适时、适度的防卫行动,则是防止或减轻此类损失发生的必然选择。然而,值得注意的是,如果这种不法侵害完全有可能通过报警、寻求法律援助等其他合法手段得到有效制止,且不存在其他方法均不可行、唯有防卫才能阻止侵害的紧急情况,那么,在此情境下所采取的防卫行为,则不构成法律意义上的正当防卫。

第三,正当防卫的对象必须是不法侵害者本人。正当防卫的目的在于排除或制止不法侵害,故只能针对实施侵害行为的本人进行,不能针对第三人。如果在防卫过程中给第三人造成损害,且不符合紧急避险条件,防卫人需承担相应侵权责任。此外,防卫手段应合理,不能侵犯和破坏不法侵害人的合法财产。如果防卫人不对正在进行不法侵害的行为人予以反击自卫,而是故意破坏不法侵害人的其他合法财产,实际上构成了一种新的侵权,对此造成的损失,防卫人应承担责任。

第四,正当防卫必须出于保护合法权益的目的。防卫人需具备正确的防卫意识,不仅应意识到不法侵害的现实存在,而且应意识到其防卫行为是为了保护本人或他人的合法权益以及社会利益。防卫的正义性是正当防卫作为民法上免责事由的根据,以及正当防卫存在的基础。若防卫缺乏保护合法权益的目的性,就无法构成正当防卫。

第五,正当防卫不得超过必要限度。此必要限度定义为足以有效制止正在进行的不法侵害所必需的强度。即,防卫手段及其强度应以制止不法侵害为唯一目的,且为达到此目的所必需,不得超出此范围。换言之,若制止侵害仅需求缓和措施即可实现,而防卫者却采用了显著过激的方式,导致防卫行为与不法侵害的强度显著失衡,则视为超过了正当防卫的必要限度。正当防卫与防卫过当的界限,恰恰在于防卫行为是否逾越了这一必要限度。

在司法实践中,以下情形不构成正当防卫:其一,防卫挑拨行为,即故意通过挑衅、寻衅等不正当手段激怒他人,诱导其进行攻击,随后以此为借口实施故意伤害的行为。此类行为虽表面看似自卫,实则与正当防卫有本质区别。正当防卫旨在保护合法利益免受即时侵害,具有真实的防卫意图;而防卫挑拨则是出于借机伤害对方的不法目的,因此不构成正当防卫。其二,互殴行为亦非正当防卫。互殴是双方基于不法侵害的故意而相互攻击,均缺乏防卫的意图与目的。然而,在斗殴过程中或结束后,若一方放弃或逃离,另一方继续侵害,则前者有权出于防卫意识进行正当防卫。其三,为保护非法利益而实施的侵害,同样不能视为正当防卫。正当防卫的主观目的在于保护合法权益免受不法侵害,其主观目的具有正当性;而为保护非法利益所采取的侵害行为,则与正当防卫的宗旨相悖。其四,防卫不适时,包括事前防卫与事后防卫,亦不构成正当防卫。事后防卫就是在行为人被制服、丧失侵害能力、自动中止、逃离现场后进行的"防卫",因其不具有正当防卫的时间条件,所以不是正当防卫。对于防卫不适时构成侵害的,依法应承担侵权责任。其五,假想防卫,即行为人因主观认识错误,对实际不存在的不法侵害实施防卫行为。在法国法中,若此认识错误为"良家父"同样可能犯之,则行为人可能免责;而在德国法中,假想防卫人因错误地认为防卫必要而丧失法律保护,则不承担责任,否则,应向受害人作出赔偿。[①] 德国法则认为,某人若错误地认为防卫是必要的,则丧失了受法律保护的权利,此时不仅对方可以进行防卫,而且假想防卫人要承担侵权赔偿责任。[②] 构成假想防卫,并造成对他人的损害,实际上已构成侵权,行为人应当承担侵权责任。

(三)正当防卫与防卫过当的关系

若行为人防卫过当,即正当防卫超过必要限度,就要承担相应的侵权责任。我国《民法典》第 181 条规定,正当防卫超过必要的限度,造成不应有的损害的,正当防卫人应当承担适当的民事责任。依据《民法典》及相关法律规定,"超过必要限度"与"造成不应有的损害"被确立为司法机关评判防卫行为是否过当的核心标准。尽管《民法典总则编司法解释》(法释〔2022〕6 号)第 31 条第 1 款规定了必要限度的判断因素:对于正当防卫是否超过必要的限度,人民法院应当综合不法侵害的性质、手段、强度、危害程度和防卫的时机、手段、强度、损害后果等因素判断。但理论与实践中仍存在争议:

第一,主观说。这一观点认为,正当防卫必要限度的判定应以防卫人本人的主观认识为准。如果防卫人在实施防卫行为时,确信所面临的侵害为正在进

① 参见《国际比较法百科全书·侵权行为·为自己行为之责任》,纽约海洋出版公司 1974 年英文版,第 84 页。

② 参见[德]卡尔·拉伦茨:《德国民法通论》(上),王晓晔等译,法律出版社 2003 年版,第 366 页。

行的不法侵害,并确信其采取的防卫措施是必要且适度的,则此行为应视为正当防卫。[①]

第二,客观说。该学说强调,判断防卫行为是否超过必要限度的标准应当是客观的,必须全面考量防卫人与侵害人的个体特征差异(如年龄、性别、体力状况)、双方力量的对比、攻击行为的缓急程度以及所保护法益与侵害法益之间的权衡等,根据具体情况作出综合的判断。[②] 在"客观说"中,"必要限度"的界定方式又可以区分为"基本相适应说""必要说""需要说"等不同观点。具体而言,"基本相适应说"认为,正当防卫的防卫行为需在性质、手段、强度和可能造成的后果上与不法侵害行为保持基本相适应(允许合理范围内的适度超越),否则即视为防卫过当。"必要说"则主张,正当防卫的必要限度应限于制止不法侵害所绝对必要的限度内,只要防卫行为是制止不法侵害所必需的,无论其造成的损害程度如何,均属正当防卫,反之则为防卫过当。"需要说"则侧重于社会效果,认为判断防卫是否过当要以是否有利于鼓励和支持公民与违法犯罪行为作斗争的需要为原则。只要防卫者认为需要,无论实行什么行为,造成什么结果,就都是正当的。此外,需要注意"造成不应有的损害"是"超过必要限度"的结果,"超过必要限度"是"造成不应有的损害"的判断标准,不存在所谓"手段过当"而"结果不过当"的现象。

第三,折中说。折中说主张,在判断是否构成防卫过当时,需综合权衡多方面因素,包括防卫人与侵害者在年龄、性别、体力上的差异,力量对比,攻击的缓急程度,以及法益的比较等,同时亦需考量防卫人当时所处的具体情境。正如刑法学家陈兴良教授所指出:"从实际出发,设身处地,在某种意义上说,不仅是一个认定正当防卫必要限度的工作方法问题,而且是一个立场问题。如果我们对正当防卫的性质和意义有正确的认识,从有利于防卫人而不是苛求防卫人的立场考虑问题,我们就能把本人置于防卫人的环境下,认真地为防卫人着想,而不是一味地同情有过错的被害人。"[③]

判断防卫行为是否过当应遵循客观标准,同时亦需兼顾防卫人的主观意图,实行主客观相统一的评价原则。作为司法裁判者,应深入探究防卫人在紧急情况下的心理状态,理解其主观意图背后的客观成因,结合不法侵害的强度、紧迫程度及所保护利益的性质,综合判断正当防卫行为是否超越了必要限度,

---

① 参见王觐:《中华刑法论》,中国方正出版社 2005 年版,第 221 页。

② 参见张明楷:《外国刑法纲要》,清华大学出版社 1999 年版,第 165 页。

③ 陈兴良:《正当防卫论》,中国人民大学出版社 1987 年版,第 163 页。

从而确保法律适用的公正与合理。[①] 防卫的目的在于即时制止不法侵害，保护合法权益，因此，正当防卫的限度应当遵循以下原则：首先，凡是能用较缓和的手段制止不法侵害时，就不允许用激烈、超强度的手段进行防卫；其次，为避免较轻的不法侵害，防卫行为所造成的损害后果必须被严格限制在合理范围内，不得造成严重的损害结果；再次，对于那些并未立即且显著危及人身安全或重大财产安全的不法侵害行为，不应采取可能导致重伤、死亡的极端防卫手段；最后，一旦防卫措施有效制止了不法侵害，便应立即停止，不得对不法侵害人实施进一步的加害行为。

关于防卫过当的法律后果，依据我国《民法典》的规定，防卫过当造成不应有的损害的，防卫人应当承担适当的民事责任。具体而言，正当防卫若超越了法律规定的必要限度，则构成防卫过当，此时防卫人承担“适当”的侵权责任。这里所说的“适当”，具体应从以下三个方面来理解和把握：其一，防卫过当并非免责事由，防卫人不能因此免除其民事责任；其二，在考量防卫过当所造成的损害时，一般应当减轻民事责任，不应简单地按照全部赔偿原则来执行；其三，如果防卫人在防卫过程中故意对不法侵害者实施了超出必要限度的加害行为，那么对于这部分超出限度的损害，防卫人应承担全部赔偿责任。此时，其行为已不再是防卫过当，而是构成了故意的侵权行为，需承担由此产生的全部法律责任。至于防卫过当的赔偿范围，应严格限定在超出正当防卫限度所造成的损害部分，即那些“不应有”的损害。值得注意的是，这一原则与我国台湾地区所谓“民法”第 149 条的规定相契合，该条款同样指出，对于现时不法之侵害，为防卫自己或他人之权利所为之行为，若逾越必要程度者，仍应负相当赔偿之责。

（四）正当防卫与无因管理的关系

为他人利益实施正当防卫，指为了维护国家、集体或者他人合法权益，防止、制止正在发生的侵害他人的财产、人身的行为。该种正当防卫具有下列特征：第一，其出发点是纯粹为了他人的利益而行为，且行动者不负有法定或约定的义务。换言之，若行为者如警察制止暴力犯罪、消防队员救援火场被困者，是基于其职业责任或法律明文规定的义务行事，皆非本讨论范畴内的正当防卫。第二，该种行为是对正在发生的侵害他人的财产、人身进行制止的行为。这要求一方面，必须有侵害他人财产、人身事实的客观存在，不能是制止侵害人的主观想象。同时，所制止的侵害他人财产、人身的事实必须正在进行，如果尚未发生，则无法确定是否属于侵害事实；如果侵害事实已经结束，就不存在制止的可

---

① 参见陈兴良：《刑法适用总论》（上卷），法律出版社 1999 年版，第 343 页。

能。第三,正当防卫的目的在于通过制止侵害行为,减少受益人消极损失。任何行为都是追求一定的结果的,制止侵害行为的结果就是为了受益人的利益,防止或减少其财产、人身利益的损失。如果制止侵害行为未能达到这一目标,则其就会失去应有的意义。第四,在正当防卫实施过程中,若防卫人的人身或财产因此遭受损害,则防卫人有权请求获得相应的赔偿或补偿。

无因管理同样是一种乐于助人的表现,应当受到法律的鼓励。对此,《民法典》第979条规定:"管理人没有法定的或者约定的义务,为避免他人利益受损失而管理他人事务的,可以请求受益人偿还因管理事物而支出的必要费用;管理人因管理事务受到损失的,可以请求受益人给予适当补偿。"作为一种单方的合法行为,无因管理法律事实一经发生,即在管理人与财产所有人之间发生特定的权利义务关系。管理人应当像管理自己的事务和财产一样尽心管理,并应及时通知或寻找财产所有人。同时,管理人有权要求补偿为了管理事务或财物所支出的必要费用。相应地,财产所有人则负有向管理人支付这些必要补偿费用及因管理行为可能导致的财产损失的义务。

为保护他人利益而进行的正当防卫与无因管理在诸多方面展现出相似性,两者的共同特征显著:首先,两者的行为主体均是在未受事先委托且不具备法定义务的情况下,自发地采取行动。这种超越职责范围、积极助人的行为,彰显了助人为乐的高尚品质,是社会应大力倡导与鼓励的。在复杂多变的社会生活中,人与人之间的互助互扶是构建和谐社会不可或缺的一环。无因管理的管理人,在无法定或约定义务的情况下,主动管理他人事务,体现了相互扶持的精神。同样,正当防卫中的防卫人,也是在没有法律强制要求下,为阻止不法侵害、保护他人利益而勇敢行动。其次,两者均是以维护他人利益为出发点,而非追求个人利益。无论是无因管理还是正当防卫,都需要行为人具备为他人利益着想的主观意志。无因管理人通过管理行为为他人谋取利益,而正当防卫人则通过制止侵害行为来保障他人的合法权益不受侵害。最后,两者在实施过程中都可能导致行为人自身利益受损,这种损失可能表现为身体伤害或财产损失,且最终可量化为货币形式。无因管理中的管理人需承担管理事务的必要费用,这些费用是其因管理行为而产生的直接损失。而在正当防卫中,防卫人可能因制止侵害行为而遭受身体伤害或财产损失,这些损害或者是侵权人的行为所致,或者是自然原因所致。

然而,尽管正当防卫与无因管理存在上述共同点,但它们在法律性质、适用条件及法律后果等方面仍存在显著差异。第一,二者发生的前提条件不同。正当防卫发生的前提条件是"侵害",这种侵害应当是现实的、正在进行的;对于假想的，或者没有发生侵害，则不能予以防止或制止。无因管理发生的前提条件是本人对自己的事务或财物一时失去控制、不能进行管理，只是存在这种状态继续下去就可能出现利益丧失的危险。侵害与本人的事务在性质上不同，制止侵害行为中的行为人所制止的侵害是一种不法，而无因管理中管理人所管理的本人事务不存在不法的问题，只是一种事实。第二，二者的法律关系的主体不同。为他人利益实施的正当防卫具有三种主体，即正当防卫人、侵权人和受益人；在无因管理法律关系中，只有管理人和受益人两种主体，没有侵害人。第三，受益人的责任性质不同。在正当防卫行为实施过程中，如果能够确定有赔偿能力的侵权人的，受益人不承担赔偿责任；不能确定侵权人或者侵权人没有赔偿能力的，受益人在受益范围内承担适当的补偿责任。如果有侵权行为人，且侵权行为人具有赔偿能力，受益人不承担责任；即使受益人承担责任，也不是完全的赔偿责任，而只是在受益范围内的补偿责任。在无因管理中，受益人必须承担管理人为管理而支出的必要费用。第四，两种行为造成的法律后果不同。基于《民法典》第183条的规定，在正当防卫中，若防卫人在保护他人合法权益的过程中受到损害，应由侵权人承担赔偿责任，但同时受益人可以给予一定的补偿；若侵权人没有赔偿能力时，受益人应当给予适当补偿。而在无因管理中，对于管理人因无因管理而支出的必要费用，有权请求受益人偿付。同时，对于管理人因管理事务遭受的损失，也可以请求受益人给予适当补偿。

二、紧急避险

（一）紧急避险的概念

依据《民法典总则编司法解释》（法释〔2022〕6号）第32条的规定，为了使国家利益、社会公共利益、本人或者他人的人身权利、财产权利以及其他合法权益免受正在发生的急迫危险，不得已而采取紧急措施的，应当认定为《民法典》第182条规定的紧急避险。诸多学者将“紧急避险”阐述为“紧急避难”。如梅仲协先生指出，“非侵袭他人之法益，不克避免急迫危难之情况者，谓之紧急避难”[①]；史尚宽先生亦提及，“紧急避险或紧急状态（Notstand）谓因避免自己或他人生命、身体、自由、财产上急迫之危险，出于不得已之行为”[②]；王泽鉴先生指出，“因避免自己或他人生命、身体、自由或财产上急迫之危险所为之行为，为紧急避

① 梅仲协：《民法要义》，中国政法大学出版社1998年版，第162页。

② 史尚宽：《民法总论》，中国政法大学出版社2000年版，第746页。

难"[①];黄立先生同样认为,"紧急避难(Notstand)者,乃因避免自己或他人生命、身体、自由或财产上急迫之危险,所为之必要行为也"[②]。

对于紧急避险,各国民法普遍认可其正当性。这一正当性植根于"紧急时无法律"这一古老的法律格言之中,该格言起源于中世纪的教会法,其基本含义是:在紧急状态下可以实施法律在通常情况下禁止的某种行为,以避免紧急状态所带来的危险。[③] 早在1552年,英国波拉德中士与高等法院财政庭法官的辩论中便涉及了这一问题,他提出,当紧急避险或强制成为避免更重大不利所必需时,即便行为违反了法律条文的直接规定,其正当性亦可得到证明。

尽管世界各国在法律层面均确认了紧急避险的正当性,但在理解其性质上却呈现出多样化的视角。自然法学派认为,紧急避险是自然法赋予的权利,是一个理性人将自己神圣的私权通过社会共同契约的方式让渡出一部分后,对个人生命、自由权利的捍卫,人定法不能剥夺,只能放任。功利法学派认为,紧急避险是冲突法益不能两全时客观上不得已的措施,不存在谴责行为人的根据,不应处罚。自由意志论者则指出,面对突如其来的危险,行为人往往丧失意志自由,其行为与无责任能力人行为性质相同。我国民法通说认为紧急避险不是侵权行为的根本原因就在于,当法律所保护的利益遭遇紧急危险而不可能采取其他措施予以避免时,不得以损害另一较小利益来保护较大利益,从整体上看或者说从社会整体利益来看,紧急避险行为具有正当性。[④]

(二)紧急避险的构成要件

通过上述立法规定,可以看出,紧急避险包括以下构成要件:

第一,存在急迫危险[⑤],并威胁着公共利益、本人或者他人的利益。这种紧迫性不仅限于即时发生的危险,还涵盖根据一般经验判断即将发生的危险,从而与正当防卫在时间上的即时性相区分。正如黑格尔所言:"只有直接现在的急需,才可成为替不法行为作辩护的理由,因为克制而不为这种不法行为本身是一种不法。"[⑥]急迫危险来源广泛,包括但不限于自然力量产生的危险(如洪水、地震)、机械与能源设备产生的危险(如飞机故障、油库自燃等)、动物侵袭造成的危险以及人为原因造成的危险等。

---

① 王泽鉴:《民法总则》,中国政法大学出版社2001年版,第567页。

② 黄立:《民法总则》,中国政法大学出版社2002年版,第523页。

③ 参见张明楷:《刑法格言的展开》,法律出版社1999年版,第231页。

④ 参见高铭暄、马克昌主编:《刑法学》,北京大学出版社、高等教育出版社2000年版,第139页。

⑤ 参见陈卫佐译注:《德国民法典》,法律出版社2004年版,第75页。

⑥ [德]黑格尔:《法哲学原理》,范扬、张企泰译,商务印书馆1961年版,第130页。

第二,须存在避免危险侵害的法益。关于紧急避险客体的范围,虽传统观点认为应限于生命、身体及自由这三项人格权,“通过避险行为,确能免除或者减轻损害,而其他人格权上的急迫危险,靠牺牲他人权利是无济于事的,因而只能通过正当防卫去救济”[①]。但本书倾向于更为宽泛的解释,认为财产及其他可能的法益同样应被纳入保护范畴,只要避险行为能够有效减轻或避免损害。

第三,避险行为应当是避免危险发生的唯一合理手段。若存在其他逃脱或避免危险的机会,则不应采取避险行为。正如我国台湾地区的判例所指:“民法规定为避免危险所必要,其意义谓其避难行为,为救助其法益之惟一手段,其他别无救护之途。”[②]该要件实质要求采取避险措施须为不得已,若不采取该措施将无法保全更大的合法权益免受正在发生的危险。

第四,避险行为必须在必要限度内进行,不得造成不应有的损害。所谓“必要限度”,即指避险人在面临紧急危险时,应采取适当的措施,以尽可能小的损害保全较大的法益。具体而言,依据《民法典总则编司法解释》(法释〔2022〕6号)的规定,人民法院应当综合危险的性质、急迫程度、避险行为所保护的权益以及造成的损害后果等因素判断。波斯纳从经济法学视角强调,避险行为应是增进社会整体效益的最佳手段和最合理方式,一旦超出这一限度,即便从社会总效益上看似有益,法经济学亦会给予否定评价。对于“不应有的损害”,需通过法益衡量来判断,确保避险行为所造成的损害不超过危险本身可能导致的损害。通常人身权利(如生命权、身体权、健康权)被视为高于财产权利,而财产权益的大小则依其经济价值来评估。根据《德国民法典》第228条的规定,紧急避险导致的损害与危险相当,二者之间存在一种合理的价值关系就已足。

第五,紧急避险的适用排除那些在职务上或业务上负有特定排除危险责任的人员。这些人员,如消防队员、医生、船长、防汛员、警察等,因其职业特性而负有与特定危险斗争的法律义务,不得因个人避险而牺牲公共利益或他人利益。否则,其行为将构成一种放弃职守的渎职行为,对于造成严重危害后果的,可能承担刑事责任。

(三)紧急避险的免责效果

对于紧急避险行为是否可以发生法律上的免责效果,各国立法有所不同。一些国家的法律规定由避险人承担赔偿责任,如《苏俄民法典》第449条第1款,明确规定在紧急避险情况下造成的损害,应由造成损害的人承担赔偿责任。

---

① 张俊浩主编:《民法学原理》,中国政法大学出版社2000年版,第88页。

② 史尚宽:《民法总论》,中国政法大学出版社2000年版,第750页。

相反,像《越南社会主义共和国民法典》第 614 条则指出,若紧急避险导致他人损害,加害人不向受害人赔偿损害。引起危险情况发生从而导致损害的人,应当向受害人赔偿损害。《法国民法典》虽未直接提及紧急避险,但相关情况可适用第 1382 条(现为第 1240 条),即若行为人对损害无过错,则无须承担赔偿责任。在紧急避险情境中,若避险行为所保护的利益价值高于受损利益,则视为避险人无过错,无须赔偿;反之,若受损利益价值更高或相当,则避险人需承担相应赔偿责任。《德国民法典》第 228 条也有类似规定:为使自己或者他人避免急迫危险而损坏或者损毁引起此急迫危险的他人之物的人,如果其损坏和损毁行为系防止危险所必要,而且造成的损害又未超越危险程度时,其行为不为违法。还有部分国家规定避险人需承担公平责任,如《阿尔及利亚民法典》第 130 条和《意大利民法典》第 2045 条,均指出在紧急避险造成损害时,赔偿数额应由法官根据公平原则决定。此外,《瑞士债法典》第 52 条第 2 项也规定,法院自由决定为避免自己或者他人遭受紧急损害或者危险而侵害第三人权利时应当支付的赔偿数额。可见,紧急避险行为的法律后果因国家而异,涉及避险人是否及如何承担责任的问题,需根据具体国家的法律规定进行判断。

我国关于紧急避险的规定可见《民法典》第 182 条及相关司法解释,《民法典》第 182 条规定:因紧急避险造成损害的,由引起险情发生的人承担民事责任。危险由自然原因引起的,紧急避险人不承担民事责任,可以给予适当补偿。紧急避险采取措施不当或者超过必要的限度,造成不应有的损害的,紧急避险人应当承担适当的民事责任。依据《民法典总则编司法解释》(法释〔2022〕6 号)第 33 条的规定,紧急避险采取措施并无不当且没有超过必要限度的,人民法院应当认定紧急避险人不承担责任。紧急避险采取措施不当或者超过必要限度的,紧急避险人在造成的不应有的损害范围内承担相应的责任。可见,我国处理紧急避险责任承担的原则是:第一,在一般情况下,应由引起险情发生的人承担民事责任。第二,如果危险是自然原因引起的,行为人采取的措施又无不当,紧急避险人不承担民事责任。第三,若受害人要求补偿,避险人(受益人)可以给予适当的补偿。受害人对受益人请求损害赔偿的权利基础不是基于侵权,而是基于公平原则,受益人承担的补偿责任实质为一种对损失的公平分担。

(四)生命权可否作为紧急避险的客体

一般而言,在探讨紧急避险案件时,财产权的价值因其可量化性而相对明确,并且人身权的价值通常高于财产权,而生命权又高于其他一般的人身权。但生命权之间的价值排序则更为敏感且复杂,面对相互冲突的生命利益,是否能以牺牲他人生命为代价来保护自己的生命,各国的学者们纷纷提出了各不相同的观点。

部分学者对此持肯定态度，具体理由包括：第一，人的本性是法律不能规制的，在紧急情况下，牺牲他人生命保全自己生命的行为是人原始本性的一种复苏。第二，生命具有同等价值。生命在法律面前的价值是平等的，用牺牲等价的生命来保全自己的生命，是违法阻却的事由，此行为不具有违法性。[①] 第三，避险权是从生命、自由中引申出来的一种权利，“生命，作为各种目的的总和，具有与抽象法相对抗的权利”[②]，“当生命遇到极度危险而与他人合法所有权发生冲突时，它得主张紧急避难权(并不是作为公平而是作为法)。因为在这种情况下，一方面定在遭到无限侵害，从而会产生整个无法状态，另一方面，只有自由的那单一的局限的定在受到侵害，因而作为法的法以及仅其所有权遭受侵害者的权利能力，同时都得到了承认”[③]。

然而，否定说的主要论点如下：第一，任何法益均可因紧急避险的介入而作出牺牲，唯有人的生命属于例外，因为，人的生命价值不存在差别。即使在数人的生命共同面临危险，或需以牺牲一人来挽救多人的极端情况下，同样如此。[④] 第二，从法的本质讲，不能以牺牲他人生命来保全自己。“生命、身体是人格的基本要素，其本质是不可能用任何尺度进行互相比较的，与此同时，社会生活是基于这样的人格者的结合而成立的，尊重保护人格是法秩序的基本要求，而且，在任何意义上都不允许将人格作为实现自己目的的手段，这是法的本质立场。”[⑤]第三，从道德的角度讲，以牺牲一人生命来换取另外一人生命的做法是不道德的。第四，避险权实际上是一种在特定情境下被假定的权利，而非真实的权利，从权利学说的视角出发，如果将其视为在个体面临可能丧失生命的紧急危险时，所采取的、即便可能剥夺另一个并未直接威胁其生命之人的生命的行动，这种设定本身便蕴含了深刻的矛盾。[⑥] “这种为了自我保存而发生暴力侵害行为，不能视为完全不该受到谴责，它只是免于惩罚而已。可是这样一种豁免的主观条件，由于奇怪的概念上的混淆，一直被法学家们视为在客观上也是合法的同义词。紧急避险的格言可以用这样一句话来表达：‘在紧急状态下没有

---

① 参见[日]大塚仁：《刑法概说(总论)》，冯军译，中国人民大学出版社 2003 年版，第 384 页。

② [德]黑格尔：《法哲学原理》，范扬、张企泰译，商务印书馆 1961 年版，第 130 页。

③ [德]黑格尔：《法哲学原理》，范扬、张企泰译，商务印书馆 1961 年版，第 130 页。

④ 参见[德]汉斯·海因里希·耶赛克、托马斯·魏根特：《德国刑法教科书》，徐久生译，中国法制出版社 2017 年版，第 487 页。

⑤ 张明楷：《刑法格言的展开》，法律出版社 1999 年版，第 239 页。

⑥ 参见[德]康德：《法的形而上学原理——权利的科学》，沈叔平译，商务印书馆 1991 年版，第 46、47 页。

法律。'但是,不能由于紧急避险而把错误的事情变为合法。"[①]

此外,还有学者提出了限制使用的观点,他们认为在极少数极端特殊的情况下,如果牺牲一人能够挽救更多人的生命,那么这种行为或许可以在法律上得到一定程度的宽容,但这必须建立在极其严格的条件之上,并经过深思熟虑的权衡。人的生命具有宝贵性和不可恢复性,以牺牲一个人的生命来保护另外一个人的生命的做法是不可取的,但若牺牲一个人的生命保护了更多人的生命,则法律上应允许考虑排除不法行为的成立。这是因为,在紧急状态下,原本可能被视为非法的行为,在保护更广泛生命利益的前提下,可能获得法律上的正面评价,行为人的法律可非难性也因此显著减轻,这符合普遍的伦理道德观念和价值判断。

就当前各国立法实践与司法判例而言,将他人生命权作为紧急避险客体的案例极为罕见。

【案例 5-3-1】以英国著名的里贾纳诉达德利和斯蒂芬斯案(Regina v. Daudley and Stephens)为例[②]:在该案中,救生艇上的数名濒临死亡者为求生而杀害并食用了同伴,他们在随后的刑事审判中提出了紧急避险的抗辩,但这一抗辩最终被法庭驳回。类似的情况也发生在美国,一次海难后,一只救生艇上超载有 9 名海员和 32 名乘客,在暴风来临时,为减轻载重,避免全艇覆没,几名海员把 14 名男乘客抛入海中。尽管救生艇因此得以保存,但涉事海员随后因过失杀人受审。

法院认为,为驾驶救生艇而留下几名水手是必要的,但多余的船员应先于乘客而牺牲,乘客中谁应牺牲则需要用抽签办法决定。最后法院判处被告人 6 个月苦役,总统也拒绝给予特赦。[③] 这些案例凸显了以他人生命权为紧急避险客体的极端严肃性和复杂性。因此,若要将此类行为纳入紧急避险范畴,必须设置极为严格的条件限制:首先,鉴于生命权的至高无上性,所保护的利益必须同样是生命权,而非其他较低层次的人身权或财产权;其次,紧急避险必须针对正在发生的、紧迫的现时危险,即"现时性"是必要条件;最后,避险人在采取行动前,应已尝试并采取了所有合理可行的替代措施,若因疏忽或故意未预见危险或未采取预防措施,避险人将丧失该避险权。

---

① [德]康德:《法的形而上学原理——权利的科学》,沈叔平译,商务印书馆 1991 年版,第 46~47 页。

② [美]理查德·A. 波斯纳:《法律的经济分析》,蒋兆康译,中国大百科全书出版社 1997 年版,第 314~315 页。

③ 参见田宏杰:《刑法中的正当化行为》,中国检察出版社 2004 年版,第 279 页。

三、自助行为

(一)自助行为的概念

为了维护自己的权益,行为人可以采取两种救济行为:私力救济与公力救济。私力救济,是指当某一特定利益遭受侵害或相关权利被侵犯后,享有救济权的当事人在法律许可的范围内,借助自身或他人的力量,直接对侵害进行补偿并防止更大损害的发生。而公力救济,则是享有救济权的当事人依据法定程序,请求国家强制力介入,以实现侵害的补偿与避免更大损害的目的。

在社会发展的早期,“私力救济主义”占据主导地位,但随着社会经济的持续发展,传统的私力救济方式逐渐转向以公力救济为主流,即当个人合法权益受到侵害时,首要选择是通过向司法机关或其他具备公力救济职能的机关寻求解决,或是与侵权方进行协商。若自行采取强制性措施,则为不适法行为。然而,现实生活中不乏紧急情况,使得受害人难以及时获得公力救济,这种情况下,完全依赖公力救济可能反而不利于社会的即时稳定与秩序。因此,私力救济制度在特定情境下仍具有其合理性与必要性,不宜全盘否定。鉴于此,赋予个人在一定条件下的自力救济权利,是符合实际需要的合理举措。[①]

私力救济制度的典型代表为自助行为,指权利人为保护自己的权利,在情况紧迫而又不能及时请求国家机关予以救助的情况下,对他人的财产和人身自由施加扣押、约束或其他相应措施,而为法律或社会公德所认可的行为。[②] 自助行为的制度渊源可以追溯至古罗马时期,《十二铜表法》中就规定:债权人对不履行债务的人可以视为债奴加以拘禁或出卖。我国《唐律·杂律》也规定有类似的自助措施,允许债权人在债务人不履行债务时,对债务人本人或其户内男子实施拘禁,以劳役抵偿债务。这一做法在宋、明、清等朝代也有所延续。可见,在不同的社会背景下,自助制度具有共通性。

自助行为允许在公力救济无法及时介入的紧急情况下,个人或组织采取适当的强制措施来防止侵权损害的进一步扩大。这种行为不仅符合法律的规定,也体现了社会公德的认可,成为公力救济缓不济急情形下的一种有效补充手段。我国《民法典》明确了自助行为的合法性,其在第 1177 条规定:“合法权益受到侵害,情况紧迫且不能及时获得国家机关保护,不立即采取措施将使其合法权益受到难以弥补的损害的,受害人可以在保护自己合法权益的必要范围内

---

① 参见滕威:《民事自助行为初探》,《法学与实践》1994 年第 4 期。

② 参见王利明、杨立新编著:《侵权行为法》,法律出版社 1996 年版,第 85 页。

采取扣留侵权人的财物等合理措施;但是,应当立即请求有关国家机关处理。”

对于自助行为的合法性,许多大陆法系国家的民法典中都作出了肯定性规定。例如,《德国民法典》第 229 条规定:“出于自助的目的而扣押、毁灭或损坏他人财物者,或出于自助的目的而扣留有逃亡嫌疑的债务人,或制止债务人对有义务容忍的行为进行抵抗者,如来不及请求官署援助,而且若非及时处理则请求权有无法行使或其行使显然有困难时,其行为不认为违法。”《瑞士债务法》第 52 条第 3 款规定:“为保全有权利的请求权之目的,自行保护者,如按其情形,不及请求官署救助,惟依自助得阻止请求之无效或其主张之重大困难时,不负赔偿义务。”此外,《奥地利民法典》《土耳其民法典》《希腊民法典》《泰国民法典》等也对自助行为进行了规定。可见,大陆法系国家的民法大多认可自助行为可作为免责的抗辩理由。法国虽未在立法中将自助行为确立为一般的抗辩事由,但《法国民法典》第 637 条(现为 673 条)关于土地占用人有权“割去侵占本人土地的任何植根、荆棘或小枝”的规定,以及《法国农业法》第 203 条赋予土地所有人杀死侵入其土地的家禽或鸽子的权利[①],均隐含着对自助行为在特定情境下合法性的认可。

在英美法系中,自助行为的合法性在“收回租借权”和“取回动产权”的相关规定中得到了体现。“收回租借权”规定赋予了出租人、出借人在特定限度内采取强制行为的权利,即他们可以在不首先诉诸法院确认所有权的情况下,通过适度强制手段收回租借物,且对于此类合理行为不承担法律责任。而“取回动产权”规定同样认可权利人运用适度的强制力,以追回被侵权人非法占有的动产,并且无须对此承担民事责任。[②]

(二)自助行为的构成要件

结合我国司法实践,构成自助行为需满足以下几个要件:[③]

第一,自助行为必须旨在保护自身的合法权益,且这些权益主要限于请求权范畴,包括但不限于合同之债的请求权、基于物权和知识产权被侵害产生的请求权等。与正当防卫和紧急避险不同,自助行为仅限于保护行为人自身的权益,而非他人的权益。

第二,实施自助行为时,必须存在来不及请求国家公权力救济的紧急情况。这种紧迫情况要求若不立即采取行动,行为人的权利将遭受难以弥补的损害。

---

① 参见王利明:《侵权行为法归责原则研究》,中国政法大学出版社 2003 年版,第 597 页。

② 参见滕威:《民事自助行为初探》,《法学与实践》1994 年第 4 期。

③ 参见杨立新主编:《侵权行为法案例教程》,知识产权出版社 2003 年版,第 41~42 页。

例如，顾客在餐馆用餐后拒绝付款，若不及时采取措施，餐馆将难以追回损失。若权利人受侵害的情况不是十分紧迫，权利人有时间请求国家公权力的救助，此时就不应实施自助救济。

第三，自助行为所采取的方法必须严格限定为保护请求权的绝对必要的范畴内，且其手段、行为强度均应与所保护的权益内容保持相称，以避免对对方权益造成不必要的过度侵害。在评估行为的相当性时，我们可借鉴韦尔兹尔的观点："所谓社会的相当行为，是指在社会生活中，历史上所形成的社会伦理性的秩序范围里，由这种秩序所允许的行为。"①具体而言，判断自助行为的相当性，需结合实施自助行为的时间、地点以及不法侵害者的反抗情况等多方面因素进行衡量。此外，还需从维护公共秩序、尊重社会善良风俗的角度出发，进行实质性评估。原则上，若通过针对物的措施即可达到目的，则应避免直接针对人；若扣押特定财产已足够，则不应毁损财产；同理，对单一物品的扣押即足够时，不应波及更多无关物品；在能使用小物件实现目标的情况下，不应选择大物件。此外，对他人财产的扣押应以确保行为人权利得到有效保护为限；若需对人身实施限制，则应确保该人无法逃脱且限制程度最小化。一旦自助行为逾越了这些必要的限度，行为人将依法承担相应的侵权责任。

【案例 5-3-2】重庆市渝北区人民法院判令刘某和陈某 1 共同偿还陈某 2 的借款本金 470000 元及利息。判决生效后，陈某 2 申请执行，但一直未见陈某 1，直到 2017 年 9 月 27 日晚，陈某 2 与被告周某勇在某 KTV 消费。其间，周某勇电话邀请被告李某国来喝酒。到 2017 年 9 月 28 日凌晨左右，陈某 2 在前台发现陈某 1 等人在结账，陈某 2 遂上前要求陈某 1 还款。陈某 1 称不欠陈某 2 款。陈某 2 便一边抓着陈某 1 的胳膊一边拨打电话联系其丈夫即被告吴某平。周某勇则报了警。随后吴某平携带前述案件相关材料来到某 KTV，李某国恰好也来到了某 KTV。其间，陈某 2 电话联系之前执行案件的承办人未果。陈某 1 和陈某 2 等人同意到附近的某某派出所解决。在派出所等待天亮过程中，陈某 1 两次到旁边的某某医院上卫生间。吴某平和李某国则跟随陈某 1 一起，并在卫生间外等候。早上五点半左右，陈某 1 第三次到某某医院的卫生间。吴某平和李某国在外等候但是一直没见陈某 1 出来，二人便开始寻找陈某 1。最后，二人在该卫生间窗户墙侧的楼下马路上发现陈某 1 躺在地上，二人便联系了民警，民警联系了医护人员。医护人员赶到后将陈某 1 送至医院抢救。陈某 1 经抢救无效死亡，为此，原告支付医疗费 70165.40 元。

---

① 转引自[日]木村龟二主编：《刑法学词典》，顾肖荣等译，上海翻译出版公司 1991 年版，第 485 页。

最终法院判决：债权人采取合理限度的自助行为以防止债务人再次隐匿逃债，并与债务人商定一同前往人民法院解决债务纠纷，在此期间，债务人在自身安全未受到现实威胁的情况下，为继续逃避法定债务，自行翻窗逃跑致死的，债权人不承担法律责任。[①]

第四，自助行为必须符合法律及公共道德的要求。随着社会的进步，国家权力日益强大，保护个人权利的公共机关也逐渐完备，私力救济的空间逐渐缩小。且私力救济常常表现为强者欺压弱者，影响社会秩序，有必要严格限制私力救济的范围。

第五，行为人在实施自助行为后，应立即向有关机关申请援助。若行为人申请迟延，对债务人造成不应有的损害，行为人应承担侵权责任。自助行为是"一种于时机紧急不及获得公力救济时的暂时的替代手段，而争执的问题并未最终解决"[②]。自助行为只能促进纠纷的解决进程，但其行为本身并不等同于纠纷的解决。因此，当行为人采取扣留债务人财产或限制债务人自由的自助措施后，应及时转向寻求司法救济或其他合法途径来进一步处理纠纷。只有在债权人与债务人之间基于新的条件达成协议，或经由司法机关作出裁决，方能视为纠纷得到了终局性的解决。[③] 例如，《德国民法典》第 230 条规定：对财物的扣押，若非实施强制执行者，即应请求保全财物的假扣押；对债务人的扣押，尚未释放时，应立即将债务人带往扣留地的初级法院请求对人身保全的假拘留。若不从事上述行为，自助人就要承担相应责任。

只有符合上述各项条件时，自助行为才能作为免责事由，使行为人免于承担相应的法律责任。关于行为人的行为是否满足自助行为的构成要件，这一证明责任应由行为人自行承担。若行为人错误地认为其行为符合自助要件而采取了行动，不论其主观上是否存在故意或过失，均应承担因此产生的损害赔偿责任。

（三）自助行为的表现形式

《民法典》第 1177 条采取非穷尽式列举的方式确定了自助行为的表现形式，即采取扣留侵权人的财物等合理措施。此处以"扣留财物"这一自助行为为典型代表进行详细阐述。所谓"扣留财物"实际上是对财产行使特殊留置权，这是一种债权人依靠自身力量，针对债务人财产实施的扣押行为，旨在确保其债

① 参见陈某容、陈某荣、陈某 3 诉陈某 2、吴某平、李某国、周某勇生命权纠纷案，《最高人民法院公报》2019 年第 8 期。

② 梁慧星：《民法总论》，法律出版社 1996 年版，第 266 页。

③ 参见张新宝：《中国侵权行为法》（第 2 版），中国社会科学出版社 1998 年版，第 594 页。

权的顺利实现。特殊留置权的“特殊”体现在以下几个方面：其一，特殊留置权所担保的债权与特殊留置权的标的物不以存在牵连关系为必要；其二，特殊留置权的标的物不以留置权人已经占有为必要；其三，单个留置物上的特殊留置权可因债务人提供相当的担保物而消灭，是为担保物权不可分性之例外。

一般而言，若债权人不行使特殊留置权，则前述债权无法及时得到公权力机关的救助，且不立即实施救济就可能使债权无法或难以实现。在债权人不能及时得到公权力机关的救助时，特殊留置权作为私力救济优越性体现得尤为明显：首先是效益性，通过行使特殊留置权，债权人可以避免在此后救济债权的过程中，由于时间拖延和空间分离而带来的救济成本的增加；其次是有效性，通过行使特殊留置权，债权人可以确定地通过留置物的抵偿来保障债权的实现，从而避免因救济延误而导致的债权落空风险；其三是及时性，通过行使特殊留置权，债权人可以在最短的时间内实现债权，从而最小化时间成本的损耗。综上，特殊留置权凭借其自身的优越性，能够高效地弥补公力救济在某些情况下的不足，为债权的顺利实现提供有力保障，进而维护债权人的合法权益。[①]

行使特殊留置权包括以下两种典型情况：

第一，不动产出租人的特殊留置权。我国台湾地区所谓“民法”对此有明确规定，不动产出租人，就租赁契约所生之债权，对于承租人之物置于该不动产上者，有留置权，但禁止扣押之物不在此限。可见，不动产出租人特殊留置权的行使有如下特点：首先，该物所担保的债权，是依据租赁契约产生的，无须与承租人的物品存在直接的牵连关系；其次，留置权的行使不以该物由出租人占有为必要；再次，出租人有权留置的物品范围以已产生的损害赔偿及应交的租金为限；最后，承租人有权通过提供与各留置物相当的担保而消灭该物上的留置权。

第二，旅店、餐馆等营业场所主人的特殊留置权。我国台湾地区所谓“民法”对此亦有明确规定，主人就住宿、饮食或垫款所生之债权，于未受清偿前，对于客人所携带之行李及其他物品有留置权。同样，旅店、餐馆等营业场所主人的特殊留置权与留置权的一般规定也有较大差别，主要体现在：首先，主人行使留置权所担保的债权，无须与留置物有牵连关系，只需与营业有关系即可；其次，留置物只须是客人所携带的，不以该物为债务人所有为必要；最后，主人对于债务人携带之物行使留置权不以已经占有该物为必要。[②]

（四）自助行为的法律效力

自助行为的法律效力，是指行为人实施自助行为后所引发的法律后果。这

---

① 参见杨立新主编：《侵权行为法案例教程》，知识产权出版社 2003 年版，第 43～44 页。

② 参见杨立新主编：《侵权行为法案例教程》，知识产权出版社 2003 年版，第 43～44 页。

些后果依据具体情形的不同,可以划分为适法的自助行为和非法的自助行为两大类。而非法的自助行为中,又可细分为自助过当行为、自助滥用行为和错误自助行为三种情形。其中,第一,自助过当行为,指行为人为实现自身权益,采取了法律所不允许的方式或超过合理必要的限度进行自助。这里的"法律所不允许的方式",指的是与待恢复的权利性质不相称、进而侵害了不法侵害人合法权益的方式。自助过当行为具体表现为两个方面:一是实施自助行为超出了必要限度;二是行为后未立即报告国家机关,申请迟延或申请虽未迟延但请求未获批准两种情形。第二,自助滥用行为,指行为人出于主观恶意,违背法律规定,以自助之名行侵害他人权益之实。第三,错误自助行为,指权利人误以为存在实施自助行为的合法条件,而实际上在该条件并不满足的情形下实施的"自助"。对于错误自助,《德国民法典》第 231 条规定:"因误认为存在阻却违法行为的必要条件而采取第 229 条所列举行为的人,即使其错误非出于过失,仍应对另一方负损害赔偿的义务。"《澳门民法典》亦有相似规定。

适法的自助行为符合相关要件,对相对人造成损害结果的,行为人不负赔偿责任;不法的自助行为不符合自助行为的构成要件,造成了他人的损害,行为人承担赔偿责任。这几乎是各国和地区民事立法的一致立场。在民法典编纂进程中,草案第八编"侵权责任法"第 23 条第 2 款就规定:"错误实施自助行为或者采取自助措施不当造成损害的,应当承担侵权责任。"中国人民大学编写的民法典草案建议稿也规定:"误认为存在阻却违法的必要条件而采取了法定的自助行为时,即使其错误非出于过失,该民事主体仍应对另一方负损害赔偿义务。"然而,我国最终颁布的《民法典》在第 1177 条第 2 款中,对自助行为可能引发的责任问题进行了更为概括性的规定,即"受害人采取的措施不当造成他人损害的,应当承担侵权责任"。这一条款虽未区分不同类型的非法自助行为,但实质上涵盖了所有因措施不当导致损害的情形,并且要求行为人对其不当行为承担民事责任。

四、受害人同意

(一)受害人同意及其法律后果

受害人同意,指受害人在侵害行为发生前,通过明确表达或从其参加特定活动的行为中推定出,其愿意承担某种损害后果或风险。对于受害人同意是否可以作为免责事由,各国法律规定不同。法国法院强调,法律关于侵权行为的规定属于强行法,且关系到社会公共秩序,因此,任何旨在免除侵权行为法律责任的协议都是无效的。法国法将受害人同意视为受害人与加害人的共同过错,可以减轻或者免除加害人的赔偿责任。同样地,《埃塞俄比亚民法典》第2147条也规定:“禁止任何人免除对本人过错的结果所负的责任。”《美国侵权行为法重述》(第二次)明确承认受害人同意可作为免责事由,其第10条规定:同意是指愿意让某一行为发生或者愿意让某种对利益的侵害发生;第49条规定:关于就某种利益受侵犯同意的效力的有关规定,适用于故意侵犯人身利益的同意;第496A条规定:原告就被告的过失或者不计后果行为而导致伤害的危险自愿承担的,不得就该伤害请求赔偿。《匈牙利民法典》虽在一定程度上限制了同意的适用范围,如第342条第1款禁止预先限制或免除因故意或重大过失导致的损害责任,但在第496A条中又规定,若原告自愿承担被告过失或不计后果行为可能带来的伤害风险,则不得就该伤害请求赔偿,这实际上也在一定条件下承认了受害人同意的抗辩效力。[①] 德国和瑞士也认为,若受害人同意遭受损害,只要不违反法律或公共秩序,都可以作为免责事由而使加害人免责。

受害人同意作为抗辩事由,需满足以下基本条件:其一,受害人事先须有明确且真实的意思表示,具体包括:意思表示的事先性,同意必须在侵害行为发生前作出,事后追认一般不予承认;意思表示的明示性,原则上同意应以明确方式表达,但在符合法律规定或符合民事惯例的特定情况下默示同意也被承认,仅在极端特殊情况下,如紧急医疗救治中对无意识患者的手术,才能推定受害人同意;意思表示的真实性,同意必须是受害人基于自由意志的真实表达,凡因欺诈、胁迫和重大误解等原因作出“同意”的意思表示,不发生受害人同意的免责效力。其二,行为人的行为须出于善意。这一要求旨在防止行为人恶意利用受害人事先作出的同意,对受害人实施不当侵害。其三,加害行为及其后果须严格限定在受害人同意的范围和限度内,一旦超出该范围和限度,行为人需对超出部分的损害承担责任。其四,受害人的同意不得违反法律、社会道德及公序良俗,任何违反上述要求的同意,均不能发生减免加害人责任的法律效果。

值得特别强调的是,医学诊疗活动中对受害人同意作出更加严格的规定,《民法典》第1219条规定,医务人员在诊疗活动中应当向患者说明病情和医疗措施。需要实施手术、特殊检查、特殊治疗的,医务人员应当及时向患者具体说明医疗风险、替代医疗方案等情况,并取得其明确同意;不能或者不宜向患者说明的,应当向患者的近亲属说明,并取得其明确同意。医务人员未尽到前款义务,造成患者损害的,医疗机构应当承担赔偿责任。但是,“因抢救生命垂危的

---

① 《匈牙利民法典》第342条第1款规定:任何旨在预先限制或免除对任何故意或重大过失所生之损害所负的责任,或对犯罪行为的后果所负责任的契约均为无效。

患者等紧急情况，不能取得患者或者其近亲属意见的，经医疗机构负责人或者授权的负责人批准，可以立即实施相应的医疗措施”。(《民法典》第 1220 条)依此，其一，医务人员应当向患者作出“具体”说明。其二，对于“不能或者不宜”向患者作出说明的，医务人员应当向患者的近亲属作出说明；同时，无论是患者抑或其近亲属，都应“明确”同意。其三，在抢救生命垂危的患者等紧急情况下可以不取得患者或近亲属的同意。

(二)受害人同意与免责条款

免责条款，又称“责任开释条款”“豁免性条款”或“开脱性条款”，是指当事人以协议排除或限制其未来责任的合同条款。作为合同的组成部分，免责条款具有约定性、明示性和免责性，其提出必须是明示的，不允许以默示方式作出，也不允许法官推定免责条款的存在。

在侵权法中，免责条款与受害人同意具有密切的联系。当受害人与加害人订立免责条款时，这实质上等同于受害人同意接受并承担某种损害后果。换言之，受害人同意是订立免责条款的前提；若无此同意，免责条款便无从谈起。例如《匈牙利民法典》第 342 条第 2 款规定：“由于受害人之同意而造成损失，如其损害未违背或危及社会主义利益，则不予赔偿损失。”若否定受害人同意作为免责事由，也必然要否定免责条款的有效性。然而，值得注意的是，受害人同意并不完全等同于免责条款。一方面，免责条款只是受害人同意在合同中的一种表现形式；另一方面，受害人同意往往意味着对全部损害后果的自愿承担，而免责条款可能仅涉及免除加害人的部分侵权责任。

关于侵权行为免责条款的法律效力，各国立法规定不同。法国法否定侵权责任免责条款的效力，同样也认为受害人同意不能作为免责事由。而在普通法和属于德国法系的瑞士、奥地利、希腊等国家的法律中，限制和免除侵权责任的协议原则上是有效的。本书认为，完全否认侵权行为免责条款的效力并不是妥当的。侵权责任能够依法产生债的关系，当这种侵权之债发生以后，双方在不违背法律强制性规定和公序良俗的前提下，是可以达成减免责任的协议的。侵权责任并不总是直接关联到公共秩序和普遍道德标准的维护，特别是在特定情境下，如侵犯财产权的责任免除，其本质上更接近于当事人对自己财产的处分，这类协议在很多情况下并不会对公共秩序或他人合法权益造成不当影响。

承认免责条款效力的国家，往往在法律上对此类条款的适用范围与效力设置了一系列严格的限制，具体列举如下：

第一，免除人身伤害责任的免责条款无效。多数国家，包括奥地利、希腊、中国等，明确规定免除因侵犯人格权或造成人身伤害的侵权责任条款无效。这一规定旨在维护公序良俗、保障受害人的人身权益。德国法系国家也普遍接受此原则,但比利时是个例外,其民法承认人身伤害免责条款的有效性。

第二,免除故意或重大过失造成对方财产损失的免责条款无效。《瑞士债法典》第100条和《土耳其债法典》第99条都规定,旨在预先免除债务人对故意或重大过失所负责任的任何协议,均为无效。《德国民法典》第276条第1款也规定:基于故意发生的责任,不得预先向债权人免除之。我国《民法典》第506条则直接规定,“因故意或者重大过失造成对方财产损失的”,免责条款无效。

第三,加重对方责任、排除对方主要权利的免责条款无效。我国《民法典》合同编第497条规定,提供格式条款的一方若“不合理地免除或者减轻其责任、加重对方责任、限制对方主要权利”,则该条款无效。

第四,违背善良风俗的免责条款无效。《德国民法典》第138条1款规定:违反善良风俗的协议无效。荷兰民法也规定,如果免责条款与公共秩序和善良风俗相抵触,即为无效。我国《民法典》第153条第2款同样一般性规定了违背公序良俗的民事法律行为无效。因而,若免责条款悖俗则将归于无效。

第五,违背强行法的免责条款无效。《葡萄牙民法典》第800条第2款规定:“经当事人事先协议而免除或限制责任,不适用于违反调整公共秩序的法律所规定的义务的行为。”《匈牙利民法典》第342条第2款规定:由于受害人之同意而造成损失,如其损害未违背或危及社会主义利益,则不予赔偿损失。我国《民法典》第153条第1款一般性规定了违反法律、行政法规的强制性规定的民事法律行为无效。因而,若免责条款违反了我国的强行法规定则将归于无效。

可见,各国民法在承认免责条款效力的同时,均对其进行了严格的限制与规范,以确保免责条款的适用不会损害公共利益、社会道德及当事人的合法权益。一般而言,旨在免除人身伤害责任或违反法律、道德的免责条款均被视为无效,而受害人的同意仅在符合法律与道德要求,且通常仅限于财产损害的情况下,方能产生使加害人免责的法律效果。

五、自甘风险

“受害人同意”在涉及人身伤害时,常因可能违背公共秩序和社会公德而不被认可,然而在具备一定风险的文体活动这一特殊领域中,受害人的同意往往能够得到法律与道德的双重认可。因此,在具备一定风险的文体活动中,除非发生恶意加害行为,否则加害人不承担赔偿责任已成为约定俗成并自觉遵守的惯例。在诸如足球、篮球、橄榄球、冰球、拳击、自由搏击等对抗性强烈的体育项目中,运动员之间的身体接触和潜在伤害风险是比赛必然伴随的一部分。当运动员因比赛中的正常碰撞而受伤时，只要致害人的行为非出于恶意，且旨在参与竞赛而非故意伤害他人，该行为便不具有违法性，不构成侵权行为，从而加害人无须承担民事赔偿责任。这解释了为何尽管体育比赛中受伤事件频发，但相关诉讼却相对罕见。然而，必须强调的是，若比赛中出现恶意加害行为，则显然超出了受害人同意的范畴，此时加害人不得以此作为免责事由来规避赔偿责任。

我国1986年颁布的《民法通则》中，并没有规定体育比赛中自愿承担危险或者自愿承担损害的免责事由，但是在侵权行为法的长期理论探讨和司法实践中是承认这一抗辩事由的。在《民法典》侵权责任编编纂过程中，“自甘风险”规则的确立一直备受关注。我国《民法典》首次在立法层面明确了自愿参加文体活动应当自甘风险，其在第1176条中规定：“自愿参加具有一定风险的文体活动，因其他参加者的行为受到损害的，受害人不得请求其他参加者承担侵权责任；但是，其他参加者对损害的发生有故意或者重大过失的除外。活动组织者的责任适用本法第一千一百九十八条至第一千二百零一条的规定。”

根据这一条款，“自甘风险”免责事由的成立需满足以下条件：其一，行为人必须出于自愿参与该文体活动。所谓“自愿”，包括完全自发自愿和有组织的自愿，例如在校参加文体活动。这种自愿包含着受害人对风险的认知和同意。同意并非故意而是过失；并非完全免除责任，而只是对文体活动的风险性的先知。[1] 自愿可以是明示也可以是默示。其二，所参与的文体活动本身蕴含一定的风险性，这通常体现在体育运动的对抗性、竞技性与激烈性。“风险”指向侵害的不确定性，但不构成高度危险。构成高度危险活动的文体活动，应该适用高度危险责任（《民法典》第1236条）。其三，文体活动。民法典侵权责任编草案二审稿的第954条之一曾经对自甘风险的范围规定较广，即适用于任何“自愿参加具有危险性的活动受到损害的”情形。在民法典草案的审议过程中，有的人大常委会组成人员、专家学者和社会公众提出，“自甘风险”规则的适用范围不宜过宽，应限定为体育比赛等具有一定风险的文体活动。因此，立法机关最后将自甘风险的范围限定于“参加具有一定风险的文体活动”。为防止适用范围过窄，这里的文体活动应当作广义解释，包括组织野外郊游等活动。其四，

---

① 如果因为行为人从事打篮球这样的甘冒风险的活动，就将其认定为主观上有过失，那就存在问题了：这违反了我们的常识。正如学者谈到的那样，篮球、橄榄球、足球和曲棍球等“这些活动的对抗性之强、危险性之高是众所周知的，但绝大多数人都认为其存在是合理的”。参见赵毅：《意外事件、共同过失抑或无过失？——“袁甲诉严甲等生命权、健康权、身体权纠纷案”一、二审判决评析》，《私法研究》2016年第1期。

参与者主观上必须认识到活动存在的风险，即能够预见或者应当预见存在该种风险及可能发生的损害。其五，受害原因限于其他参与者的行为，且这些行为不含有故意或者重大过失。

就结果而言，自甘风险并不一定发生受害人同意的免责效果。其他参加者存在故意或重大过失，就不能免责，说明其本质上属于过失相抵。[①] 同时，组织者对于造成受害人损害是否承担侵权责任，应当适用违反安全保障义务侵权责任和教育机构损害责任的规定。

六、自愿紧急救助行为

《民法典》第184条规定了自愿紧急救助行为，其与《民法典》第183条共同组成"好人条款"，是法典为了防止英雄流血又流泪而增设的规定。《民法典》第184条规定，因自愿实施紧急救助行为造成受助人损害的，救助人不承担民事责任。由此，自愿紧急救助行为也可以成为排除违法性的免责事由。

自愿紧急救助须符合以下成立要件：

一是救助人自愿实施紧急救助行为。自愿实施紧急救助行为，是指一般所称的见义勇为或者乐于助人的行为，不包括专业救助行为。非专业人员指见义勇为或者乐于助人的志愿人员，专业救助人员通常掌握某一领域内的专业知识、专业技能，并根据其工作性质有义务救助并专门从事救助工作。专业救助人员经过专业学习或者训练，在实施紧急救助行为时应该有知识和能力避免因救助行为造成受助人不应有的损害。比如，消防员为执行职务而实施的救火行为则不构成自愿紧急救助行为。因此，为与专业救助人员实施救助行为相区别，本条明确了自愿的前提条件。

二是救助人以救助为目的实施紧急救助行为。首先，该救助行为通常发生在紧急情况下。其次，救助人不承担民事责任的条件之一是救助人需以救助受助人为行为的主观目的。

三是受助人的损害与救助人的行为有因果关系。实践中，虽然救助人是出于救助目的实施救助行为，但由于救助行为经常发生在受助人突发疾病等紧急状态，救助人一般未受过专业的救助训练，有的救助人不能很好地掌握专业救助技能，在某些情形下，可能发生因救助人的救助行为造成受助人损害的情形。适用自愿紧急救助条款之规定，须受助人受到的损害与救助人的行为有因果关系，即在紧急救助过程中，因为救助人的救助行为造成受助人的损害。

---

① 参见程啸：《中国民法典侵权责任编的创新与发展》，《中国法律评论》2020年第3期。

四是要求救助人应尽到一般理性人的注意义务,未尽基本的注意义务实施紧急救助行为导致受助人损害的,也应当承担适当责任。只有救助人在自己能力范围内以有助于受助人的方式实施救助行为,尽到了一般理性人的注意义务,但仍造成受助人损害的,救助人方能免责。

第四节　排除因果关系的免责事由

一、不可抗力

(一)不可抗力的概念

不可抗力,是指独立于人的意志以外发生的事件,是人类不能预见或虽能预见却无法防止或对抗的。《民法典》第 180 条第 2 款对不可抗力概念作出了明确的界定,即“不能预见、不能避免且不能克服的客观情况”。对于该条的理解,可以分为下列三个层次:第一,“不能预见”是从人的主观认知能力上来考虑不可抗力因素。主观认知能力应当以现有的技术水平、以一般人的认知能力作为判断标准。第二,“不可避免且不能克服”表明损害的发生具有必然性,即使当事人尽到最大努力并采取了一切可采取的措施仍不能避免损害的发生。第三,“客观情况”是指造成损害的原因独立于人的行为,该行为包括行为人的行为,也包括第三人的行为。

不可抗力具有以下几个显著特征:其一,它并非由任何一方当事人的过错或过失所导致,而是源于客观的外在因素;其二,不可抗力事件的发生及其所引发的后果,是人力所无法控制、无法抗拒且不可避免的;其三,不可抗力事件属于非通常发生的情况。鉴于不可抗力造成的损害往往难以避免,即便当事人已竭尽全力并采取了一切可能的措施,仍然难以防止损害的发生。因此,不可抗力成为各国民法中公认的免责事由,例如《法国民法典》第 1218 条、《德国商法典》第 456 条以及我国《民法典》第 180 条都有相关规定。

对于不可抗力的认定,学者中形成了三种观点:主观说、客观说和折中说。[①] 主观说以当事人主观上尽到注意义务的程度来认定不可抗力,即当事人主观上已尽了最大努力,但仍然不能阻止损害的发生,则已发生的事件即为不可抗力。然而,这一观点因缺乏明确的客观标准,解释时弹性过大,难以把握,存在被滥用的风险。客观说则认为不可抗力是独立于当事人主观意志之外、不经常发生

---

① 参见王利明:《违约责任论》,中国政法大学出版社 1993 年版,第 313 页。

的事件。但它过于强调不可抗力的客观性，完全忽视主观因素的作用，这在侵权法领域可能导致人们对他人权益的漠视。折中说兼纳主观说和客观说而立论，认为不可抗力在性质上具有客观性，与当事人主观意志无关，但在认定时仍需考虑当事人是否尽到了合理的注意义务。这一观点因更为全面和合理，得到了许多大陆法系国家民法的采纳。

在我国，法律对于不可抗力的认定也采用了主客观相结合的标准。根据《民法典》第180条的规定，不可抗力具有不能预见、不能避免和不能克服的特性。能否预见，依赖于一般人的认知能力和现有科技水平；能否避免，则取决于客观条件。只有在当事人竭尽谨慎和努力后，仍不能避免的外来因素导致的事件，才能认定为不可抗力。

（二）不可抗力的范围

不可抗力包括自然现象和社会现象。自然现象，指旱灾、地震、台风、洪水和海啸等由于大自然的运作规律而形成的某种状况。《唐律·杂律》对失时不修堤防罪规定："雨水过常，非人力所防者，勿论。"可见在我国古代法中，对于雨水过多这类自然灾害造成的后果，也是不定罪、不赔偿的。社会现象，具体包括战争、敌对行动（无论是否宣战）、入侵、叛乱、恐怖主义、革命、暴动、军事政变或篡夺政权等。对于罢工是否可以作为不可抗力，存在不同的观点。有学者认为，"战争、武装冲突可以一般地作为社会原因的不可抗力，而罢工、劳动力缺乏只能有条件地作为社会原因的不可抗力，因为后二者在大多数情况下是可以预见的"①；有学者认为："除非是有告示的罢工，否则罢工对于当事人而言应当是无法预见的，而且即使是有告示的罢工，其所造成的损害也是当事人无法避免的，所以罢工等社会原因仍是一般性的不可抗力现象。"②本书认为，罢工的产生多是由于工人工资、福利等问题引起的，因此罢工的发生并不一定不可避免、不可克服，如不分情况，笼统地将罢工作为不可抗力事件，行为人就可能以罢工为由，援引不可抗力条款，来推卸侵权责任。因此罢工作为不可抗力，必须有条件的限制。

政府行为是否属于不可抗力的范围？政府行为又称"国家行为"，既指由立法机关颁布制定法的行为，又包括由行政机构或司法机构发布命令的行为。有学者不赞同将政府行为列入不可抗力的范围，原因在于：其一，与不可抗力事件相比较，政府行为出现的次数太过频繁，如果把政府行为列为不可抗力，容易导

---

① 张新宝：《中国侵权行为法》（第2版），中国社会科学出版社1998年版，第599页。

② 刘凯湘、张海峡：《论不可抗力》，《法学研究》2000年第6期。

致对不可抗力制度的滥用，从而严重影响经济秩序。其二，部分政府行为是可以预见的，例如国务院及其各部委、地方政府颁布行政法规及其他规范性文件时，必然要通过新闻媒体予以公布和进行宣传，合同当事人应有时间通过各种途径获知，因此，不能对政府行为一概而论地认为不能预见。因此，政府行为并非全部不能预见、不能避免与不能克服，因而不符合不可抗力的构成要件。[①] 对此应当认为，若政府行为符合不能预见、不能避免的情形，则属于不可抗力的范围。

（三）不可抗力的成立要件

不可抗力作为免责事由免除行为人的责任应当具备一定的条件，除法律另有规定外，若不可抗力是构成损害结果发生的唯一原因，当事人将完全免除责任。如果当事人的行为也是损害发生或扩大的原因之一，对损害的发生也有过错，即发生不可抗力与当事人过错的原因竞合，当事人就不能以不可抗力要求免责，只能要求减轻部分责任，剩余的责任当事人仍应当承担。

【案例 5-4-1】某 1 市总工会等诉某 2 市公路总段等管理的公路防护墙在暴雨中倒塌造成车毁人亡赔偿一案[②]中，某日夜间某 2 地区普降特大暴雨。晨 7 时许，原告某 1 市总工会司机魏某某驾驶该单位轿车从某 1 市前往某 2 市，行至某 2 市东花坛立交桥时，因机动车道积水不能通行，遂驾车沿非机动车道行驶。此时由市公路总段负责养护维修的公路防护墙因雨水浸泡，近五十余米长的防护墙突然倒塌，将该车砸毁，造成魏某某当场死亡。某 1 市总工会及魏某某的亲人以郊区公路段、市公路总段、某铁分局为被告，向法院提起诉讼。

就该客观情况而言，公路防护墙倒塌的原因之一是暴风雨，通常而言，暴风雨的大小、强弱及风向，是人们不能预见、不可避免并不能克服的，由暴风雨造成的损害是不可抗力。但是暴风雨并不是防护墙倒塌的唯一原因，对防护墙承担维护义务的公路管理总段也有过错：第一，公路防护墙倒塌系墙体被雨水长时间浸泡所致，这说明公路管理总段在公路防护墙的日常维修、养护中没有充分履行其应尽的注意义务。如果公路管理总段对公路防护墙已尽相应注意义务，维修、养护得当，确保墙体与土方之间不积水，公路防护墙就不可能长时间被雨水浸泡而发生倒塌，因此公路管理总段的管理存在瑕疵。第二，降雨作为一种自然现象，建造公路及公路设施本身就要求对这种自然现象进行预见，根

① 参见刘凯湘、张海峡：《论不可抗力》，《法学研究》2000 年第 6 期。

② 参见某 1 市总工会等诉某 2 市公路总段等管理的公路防护墙在暴雨中倒塌造成车毁人亡赔偿案，河南省洛阳市中级人民法院(2021)桂 0103 民初 2781 号民事判决书。

据所能预见的最大限度来设计工程，避免相当值雨量造成损害。因而工程的设计、施工和质量、管理上的要求，均是在预见了这种常见的自然现象的基础上，根据工程本身的用途，给其规定了在技术条件许可下的相当大的抗御值。但是公路管理总段在建设立交桥阶段对立交桥的排水能力估计不足，致使遭遇特大暴雨后机动车道因积水太多无法通车。公路管理总段的行为违反了《公路管理条例》与《铁路、公路道路设置立体交叉的暂行规定》关于公路及其附属设施的维修管理的规定。因此特大暴雨虽属自然灾害，但是公路防护墙被雨水浸泡会引起倒塌，并不具有不可预见性、不可避免性和不可克服性。不可抗力导致全部免责，必须是不可抗力成为损害发生的唯一原因，但是本案存在管理瑕疵，所以排除不可抗力的适用，公路管理总段仍应承担公路防护墙倒塌损害的民事责任。

依照法律的规定，在法律有特别规定的情况下，不可抗力不作为免责事由，行为人仍要对不可抗力造成的损失承担全部赔偿责任。例如，《邮政法》规定，汇款和保价邮件因不可抗力的原因造成损失的，邮政企业应当负赔偿责任。

二、受害人故意

（一）受害人故意的概念

受害人故意，是指受害人对可能导致自身损害的后果具有明确认知，却仍追求或放任这种损害结果的发生。这一免责事由在我国立法中得到了明确，其中《民法典》第 1174 条规定："损害是因受害人故意造成的，行为人不承担责任。"同时，《民法典》规定在一些特殊情形下，受害人故意不能作为免责事由，例如禁止饲养的烈性犬造成他人损害以及违反管理规定未对动物采取安全措施造成他人损害等情形。

（二）受害人故意的构成要件

将受害人故意作为免责事由，以达到免除侵权人民事责任之目的，需满足如下构成要件：

首先，受害人对损害的发生具有故意。在侵权法中，故意指的是行为人（此处指受害人）预见到自己行为将导致的后果，却仍希望或放任该后果发生。可见，"预见到行为后果"是构成故意的前提条件，这就要求受害人具备判断和识别自己行为性质的能力，即过错能力。如果受害人没有能力判断和识别自己的行为所可能造成的损害，则不构成受害人故意。因此，并非所有受害人自杀或自残的行为都能构成受害人故意。例如，《保险法》第 44 条第 1 款规定："以被保险人死亡为给付保险金条件的合同，自合同成立或者合同效力恢复之日起二年内，被保险人自杀的，保险人不承担给付保险金的责任，但被保险人自杀时为无民事行为能力人的除外。”其中“被保险人自杀时为无民事行为能力人的除外”，便是因为其此时不具有判断和识别自己的行为的能力。此外，对于受害人故意的证明责任，通常由加害人承担。

若受害人对损害的发生存在重大过失，是否当然免除加害人的责任，这一问题在法学界存在复杂争议。自罗马法时代起，“重大过失等同于故意”的观点便有所体现[①]，并被许多大陆法系国家的立法与司法实践所采纳。然而，学界对于“故意等同于重大过失”还是存在争议的。一方面，有观点认为重大过失与故意有本质区别。故意涉及行为人内心的邪恶意图，而重大过失则更多的是“出于无心，谈不上邪恶”，因此不应将二者等同视之。[②] 这一立场强调，故意与过失在主观恶性上存在质的差异，不能简单地将重大过失视为故意来处理。另一方面，也有学者将重大过失视为“准故意”的范畴[③]，意指在法律效果上，重大过失可被视为一种推定故意，但这种推定并非绝对，而是可以通过证据推翻的。此外，还有理论认为，尽管重大过失本质上仍属于过失范畴，但由于其表现出的对他人权益的极端漠视，行为人在法律上应承担与故意侵权相同的责任，以此作为对其行为的惩罚，并督促人们在行为中小心谨慎，合理地尽到对他人的注意义务。

本书倾向于认同后一种观点，即从“重大过失在导致结果上与故意相差无几”的角度来看，两者在法律和道德层面的应受谴责程度相近，重大过失不是一种“可以原谅的错误”[④]。然而，值得注意的是，在“受害人故意”的认定中，区分故意与重大过失仍有其意义，即在受害人重大过失与加害人轻微过失并存时，可酌情减轻加害人责任，但通常不应完全免除。这一区分不仅体现了法律对行为人主观恶性的精细考量，也确保了责任分配的公平与合理。

其次，受害人实施了不当行为，且损害完全是由该不当行为所造成的。此处的“不当行为”不仅限于违法行为，而是指任何可能导致损害后果的不合理或故意为之的行为。而损害完全由受害人的行为所造成，则意味着行为人的行为

---

① 参见丁玫：《罗马法契约责任》，中国政法大学出版社 1998 年版，第 131 页。

② 参见[美]哈特：《惩罚与责任》，王勇等译，华夏出版社 1989 年版，第 127 页。

③ 准故意是针对行为人的不作为而言的，因为故意只能针对作为而言，不能针对不作为产生故意，由于不作为在主观上只是缺少应当为一定行为的决意，因此，对于不作为只能存在准故意。参见林山田：《刑法通论》下册，作者自印，第 542 页。

④ 徐国栋：《诚实信用原则研究》，中国人民大学出版社 2002 年版，第 43 页。

与损害之间不存在因果关系。例如,若受害人出于不正当目的,利用侵权人的行为或物件故意造成了自身损害,则侵权人的行为与损害结果不存在因果关系,侵权人不构成侵权责任。然而,若侵权人诱导受害人实施可能损害其自身的行为,且损害结果确由侵权人的故意行为所引发,则不能简单地将责任归咎于受害人,而应认定侵权人需承担相应的赔偿责任。

三、第三人过错

(一)第三人过错的概念

第三人过错,指除原告与被告之外,另外存在第三人对原告所遭受损害的发生和扩大具有过错。被告可以据此主张侵权责任的免除或者减轻。我国《民法典》第 1175 条规定:“损害是因第三人造成的,第三人应当承担侵权责任。”

在侵权法中,作为免责事由的第三人过错具有如下法律特征:

首先,过错主体是“第三人”,其所造成的损害既非侵权人也非被侵权人之责。狭义上,这种过错是损害发生的唯一原因;广义上,第三人可能与被告共同引起损害的发生。该第三人不能被归类为加害人一方或者受害人一方。若有过错的第三人被视为加害人成员,则构成共同侵权;若有过错的第三人被视为受害人成员,则构成混合过错或者受害人过错。在原告单独向被告提出赔偿请求时,被告应就第三人对损害的发生存在过错承担举证责任;若被告不提出举证或不能证明第三人有过错,则责任归于被告。

其次,第三人的行为构成损害发生或扩大的原因,这包括了对损害初始发生的过错和对损害后续扩大的过错。无论何种形式的过错,第三人的行为均构成损害发生的原因。一旦被告成功举证第三人过错,法律效果将表现为减轻或免除被告责任,并可能促使第三人直接向原告承担赔偿责任,或允许被告在承担责任后向第三人追偿。

最后,第三人和被告之间必须无共同过错。若存在共同过错,第三人就应当与被告承担连带责任,此时第三人过错不再构成免责事由。值得注意的是,有时即使第三人的侵害行为与加害人的侵害行为没有共同故意或过失,但如果侵害行为直接结合发生同一损害结果的,也构成共同侵权,需要承担连带责任。此时,被告也不能以第三人过错作为抗辩,这是由连带责任的性质决定的。

(二)第三人过错的法律后果

1.第三人过错是损害发生的唯一原因

若损害的发生完全可以归咎于第三人的行为,即该行为是损害发生的唯一原因，而被告的行为与之无因果关系，则构成纯粹由第三人所致损害的情形。对于此种情形的判断，域外判例和学说多从因果关系角度进行分析，主要包括：其一，不可预见和不可避免说。法国法院认为，若被告能够证明第三人的行为是不可预见、不可避免的，则其可完全免责。反之，仅证明不可预见性但不能证明不可避免，被告不能免责。此种举证责任对于被告来讲相当难，因证明第三人行为必然导致损害发生对被告而言极为严苛。其二，因果关系中断说。此理论主张，当被告实施某种侵权行为以后，第三人的行为独立造成了损害结果的发生，从而切断了被告的行为与原告的损害之间的因果联系，使被告的行为不能发挥其原因力，则应由第三人对损害结果负责。[①] 其三，解释理论或足够的因果关系理论。若第三人的行为足以单独"解释"损害结果的发生过程或足以作为损害发生的原因，则第三人应对损害结果负责。

在一般侵权纠纷中，如果被告能够证明第三人过错是损害发生的唯一原因，即使第三人的过错仅是一般过失，被告亦应免责。这里的一般过失，即一般人在通常情况下的过失，指的是行为人缺乏具有一般知识、智力和经验的人诚实处理事务所应有的注意。[②]

在无过错侵权责任中，第三人过错是否可以作为免责事由，需要依据法律的具体规定判断。例如，对于产品责任，《民法典》第 1204 条规定："因运输者、仓储者等第三人的过错使产品存在缺陷，造成他人损害的，产品的生产者、销售者赔偿后，有权向第三人追偿。"对于环境污染和生态破坏责任，《民法典》第 1233 条规定："因第三人的过错污染环境、破坏生态的，被侵权人可以向侵权人请求赔偿，也可以向第三人请求赔偿。侵权人赔偿后，有权向第三人追偿。"对于动物致损责任，《民法典》第 1250 条规定："因第三人的过错致使动物造成他人损害的，被侵权人可以向动物饲养人或者管理人请求赔偿，也可以向第三人请求赔偿。动物饲养人或者管理人赔偿后，有权向第三人追偿。"等等。在上述第三人过错导致的侵权责任中，侵权人也须首先与第三人承担多数人责任，只不过其在担责后可以向第三人追偿，第三人终局担责。

2.第三人过错并非损害发生的唯一原因

第三人的过错并非损害发生的唯一原因，即被告与第三人的行为共同导致了对原告的损害，关于第三人的过错如何影响被告的责任分担，各国立法规定不同。早期法国法倾向于让第三人与被告承担连带责任，但这种做法因过于苛

---

① 参见王利明：《侵权行为法研究》，中国人民大学出版社 2004 年版，第 639 页。

② 参见周枏：《罗马法原论》（下），商务印书馆 2014 年版，第 716 页。

刻而逐渐被法国法律实践所摒弃。自 20 世纪 50 年代起,法国法院转而采用更为灵活的规则,即根据各自过错程度来确定被告与第三人对原告的赔偿责任。

反观早期普通法,其认为若被告和第三人共同致人损害,应由被告独自承担赔偿责任,且不得向第三人追偿,除非第三人存在故意,此时被告方可免责。然而,至 19 世纪末期,普通法体系内创立了新的规则,即依据过错与衡平原则,被告和第三人共同分担对原告的赔偿责任。随着现代社会保险制度的不断完善,许多学者及法院倾向于从受害人利益出发,根据侵权人的经济状况及赔偿能力,确定由最有能力承担责任的主体负责赔偿,该观点已被许多国家的法院所采纳。①

在我国,当第三人的过错不是损害发生的唯一原因时,其结果只能是减轻而非免除被告的责任。在对此种情形进行判定时,应明确排除第三人和被告构成共同侵权的情形。根据《民法典》第 1168 条的规定,若构成共同侵权,第三人与被告应承担连带责任,即受害人有权向共同侵权人中的任何一个人或数个人请求赔偿全部损失,而任一共同侵权人都有义务向受害人承担全部的赔偿责任;共同加害人中的一人或数人赔偿了受害人的全部损失后,则免除其他共同加害人向受害人应负的赔偿责任。因此,在此种情形下被告不得以第三人的过错主张减轻责任,而有义务对全部损害后果承担赔偿责任。

此外,由于第三人的过错形式不同,其所产生的法律效果亦有所区别。首先,若第三人引起险情的发生,而被告在避险过程中行为过当,则被告仅需就过当部分造成的损害承担责任,而其他的损害仍由引起险情发生的第三人承担。其次,根据当代侵权法发展的趋势,若加害人为第三人的故意或重大过失行为提供了某种条件或机会,亦应承担一定责任。

在被告与第三人共同致损的案例中,若被告试图以第三人过错为由减轻自身责任,则需充分举证第三人的过错、具体违法行为以及该行为与损害结果之间的因果关系。同时,被告还需明确阐述第三人的行为并未与被告构成共同侵权。最终,第三人过错的抗辩效力将主要取决于其行为在损害发生中的原因力大小,并应综合考虑第三人与被告各自的过错程度来合理划定责任分担。

---

① 参见王利明:《侵权行为法研究》,中国人民大学出版社 2004 年版,第 644 页。

第六章　侵权责任的法律效果

第一节　禁令式责任

一、禁令式责任的法律规定

（一）《民法典》总则编

《民法典》总则编第八章“民事责任”中的第179条规定了承担民事责任的主要方式，即(1)停止侵害；(2)排除妨碍；(3)消除危险；(4)返还财产；(5)恢复原状；(6)修理、重作、更换；(7)继续履行；(8)赔偿损失；(9)支付违约金；(10)消除影响、恢复名誉；(11)赔礼道歉。其中，第(1)至第(4)项，第(10)和(11)项构成禁令式责任。

（二）《民法典》分则

其一，《民法典》第二编物权编第一分编“通则”第三章“物权的保护”中的第235条规定：“无权占有不动产或者动产的，权利人可以请求返还原物。”第236条规定：“妨害物权或者可能妨害物权的，权利人可以请求排除妨害或者消除危险。”

其二，《民法典》第四编人格权编第一章“一般规定”中的第995条规定：“人格权受到侵害的，受害人有权依照本法和其他法律的规定请求行为人承担民事责任。受害人的停止侵害、排除妨碍、消除危险、消除影响、恢复名誉、赔礼道歉请求权，不适用诉讼时效的规定。”

其三，身份权请求权的参照适用。《民法典》第1001条规定：“对自然人因婚姻家庭关系等产生的身份权利的保护，适用本法第一编、第五编和其他法律的相关规定;没有规定的,可以根据其性质参照适用本编人格权保护的有关规定。”

其四,《民法典》第七编规定了禁令式侵权责任,第 1167 条规定:“侵权行为危及他人人身、财产安全的,被侵权人有权请求侵权人承担停止侵害、排除妨碍、消除危险等侵权责任。”

1.停止侵害

停止侵害指责令侵害人停止正在实施的侵害他人合法权益的行为,如停止非法使用他人的动产、停止非法使用他人的专利权、停止排放污染物。作为侵权责任方式,停止侵害不仅适用于物权、人身权、知识产权等绝对权的保护,特殊情况下也适用于对债权的保护,例如第三人将作为债务人的演出者予以非法监禁,致使演出合同不能履行的,债权人可以要求第三人停止侵害,释放演出者。任何侵害他人合法权益的行为,只要侵害是现实的,而且是尚未终结的,不论侵权人主观上是否存在过错,也不论侵害行为持续多久,都应立即停止。可见,停止侵害是防止损害后果扩大的一种有效措施。

2.排除妨碍

排除妨碍又称“排除妨害”,指责令侵害人排除其不法行为给权利人正常行使权利所造成的妨碍。排除妨碍的适用前提是行为人的不法行为给他人正常行使权利造成了妨碍。如在通道上设置障碍妨害他人通行、擅自改变流水的流向影响他人的正常生活、在他人窗前堆放物品影响他人通风采光等。不论妨碍存续多久,也不论妨碍人主观有无过错,只要妨碍存在,妨碍人即应排除。排除妨碍与停止侵害的区别在于:停止侵害仅使加害人承担不侵害的义务即可,而排除妨害则使加害人承担积极的消除权利行使的妨害的义务。

3.消除危险

消除危险指责令行为人消除因其行为给他人人身、财产可能造成损害或者扩大损害的危险。只要存在造成损害或者扩大损害的现实可能性,就可适用消除危险的责任。如,在公共场所挖坑、修缮地下设施等,有造成他人财产、人身损害的危险时,行为人就应当消除该危险;从事高度危险作业,没有按有关规定采取必要的安全措施,严重威胁他人人身、财产安全的,作业人应消除危险。排除妨碍与消除危险的区别在于:排除妨碍是针对侵权人已经造成权利行使的妨碍而采取的民事责任方式,而消除危险则是针对有可能造成他人的人身或者财产损害的现实危险而采取的责任方式。

(三)体系考察

其一,《民法典》对禁令式责任采取总分结合的立法模式。一方面,总则是宣示性规定，离不开分则的具体规定。另一方面，这一总分结合的模式导致禁令式责任的定性不准，须理顺绝对权请求权和侵权责任的关系。由于人格权、物权都规定了绝对权请求权，侵权责任编的禁令式救济可视为绝对权请求权的一般法，用于弥补身份权、继承权没有规定绝对权请求权之不足。

其二，禁令式责任不以损害为要件，即便规定在第七编侵权责任编也不受《民法典》第1165条侵权责任一般条款的约束。

其三，《民法典》第1167条禁令式侵权责任一般规定采取非穷尽式列举的方式规定了三类典型的禁令式责任，返还财产责任是否属于此处所及禁令式责任未予明示。

二、禁令式责任在大规模侵权中的重要意义

（一）产品责任中的禁令

《民法典》第1205条规定，因产品缺陷危及他人人身、财产安全的，被侵权人有权请求生产者、销售者承担停止侵害、排除妨碍、消除危险等侵权责任。

【案例6-1-1】被告人韩某于2020年5月底，向他人（身份不明）购进西布曲明、呋塞米、酚酞等西药以及包装盒、说明书、防伪二维码等，按照1公斤辅料（荷叶粉、决明子粉）添加50克至100克不等的西布曲明、呋塞米或酚酞进行混合，自行生产含有西布曲明、呋塞米或酚酞的玫红色、金色、红色等颜色的减肥胶囊，同时亦向上家购进"DYR"减肥咖啡，向被告人刘某、杨某菡、张某等人销售，通过快递向江苏省海安市、盐城市，山东省等地区发货，通过微信或其母亲班某琼支付宝账户收取货款，销售金额合计468310.9元。[①]

法院判定，(1)禁止被告人刘某、杨某菡、张某、郝某景、黄某诗、沈某、倪某梦、王某兰、周某、朱某莹、马某芳、赵某美、陈某露、袁某在缓刑考验期限内从事食品生产、销售活动。(2)责令被告人刘某等人退出相应违法所得，予以没收，上缴国库。(3)扣押在案的减肥产品、用于制作减肥产品的原料、器材等，予以没收。(4)责令被告人韩某、刘某、杨某菡、张某、郝某景、黄某诗、沈某、倪某梦、王某兰、周某、朱某莹、马某芳、赵某美、陈某露、袁某、苏某红于判决生效后十日内在发行范围为全国的媒体上公开赔礼道歉，并发出消费警示，提醒广大消费者勿使用涉案食品。(5)判令被告人郝某景、沈某、朱某莹、马某芳、赵某美、陈某露、袁某、苏某红支付各自销售减肥产品价款十倍的赔偿金，相关被告人承担

① 韩某、刘某等生产、销售有毒、有害食品，掩饰、隐瞒犯罪所得、犯罪所得收益案，江苏省南通市中级人民法院(2021)苏06刑终318号刑事附带民事裁定书。

相应的连带责任；被告人韩某、张某、杨某菡、周某对另案处理人销售减肥产品价款的十倍赔偿金承担赔偿责任。

（二）环境侵权中的禁令

《环境侵权司法解释》（法释〔2020〕17 号，已失效）第 12 条规定："被申请人具有环境保护法第六十三条规定情形之一，当事人或者利害关系人根据民事诉讼法第一百条或者第一百零一条规定申请保全的，人民法院可以裁定责令被申请人立即停止侵害行为或者采取防治措施。"第 13 条规定："人民法院应当根据被侵权人的诉讼请求以及具体案情，合理判定侵权人承担停止侵害、排除妨碍、消除危险、修复生态环境、赔礼道歉、赔偿损失等民事责任。"

同时，停止侵害的禁令式责任须综合考量多种因素而作出。《最高人民法院关于生态环境侵权案件适用禁止令保全措施的若干规定》（法释〔2021〕22 号）第 5 条规定："被申请人污染环境、破坏生态行为具有现实而紧迫的重大风险，如不及时制止将对申请人合法权益或者生态环境造成难以弥补损害的，人民法院应当综合考量以下因素决定是否作出禁止令：（一）被申请人污染环境、破坏生态行为被行政主管机关依法处理后仍继续实施；（二）被申请人污染环境、破坏生态行为对申请人合法权益或者生态环境造成的损害超过禁止被申请人一定行为对其合法权益造成的损害；（三）禁止被申请人一定行为对国家利益、社会公共利益或者他人合法权益产生的不利影响；（四）其他应当考量的因素。"

第二节　损害赔偿

损害赔偿又称"赔偿损失"，指行为人支付一定的金钱或者实物赔偿因其侵权行为给他人造成的损害。赔偿的损失包括财产上损失与非财产上损失。按照侵权行为侵害的客体不同，赔偿损失又可以分为侵害财产权的损害赔偿、侵害人身权的损害赔偿。其中侵害人身权经常发生精神损害赔偿的法律后果。

一、损害赔偿的原则

（一）全面赔偿原则

全面赔偿又称"完全赔偿"，指加害人承担赔偿责任的范围应与受害人的损害范围相当。全面赔偿是侵权责任的补偿功能的必然要求。这一原则体现在以下几个方面。

首先，除了法律另有规定外，法官不能适用惩罚性赔偿。

其次，法律一般不规定损害赔偿的额度，侵权损害赔偿范围以受害人全部的损害为标准，既包括了财产损害又包括了非财产损害。财产损害包括所受损失和所失利益。即便法律规定了损害赔偿的计算方法及额度，如果实际发生的损失超出法律规定，也应予以赔偿。例如法律本已规定了护理期限、辅助器具费给付年限或者残疾赔偿金的计算年限，但按照《人身损害赔偿司法解释》(法释〔2022〕14号)第19条的规定，超过确定的护理期限、辅助器具费给付年限或者残疾赔偿金给付年限，赔偿权利人向人民法院起诉请求继续给付护理费、辅助器具费或者残疾赔偿金的，人民法院应予受理。赔偿权利人确需继续护理、配制辅助器具，或者没有劳动能力和生活来源的，人民法院应当判令赔偿义务人继续给付相关费用五至十年。

再次，全面赔偿不等于完全赔偿受害人主观上承认的损害，为了合理确定损害的数额，法律往往更多地需要采取客观的标准并综合各种因素确定损害的数额。例如，丧葬费须按照受诉法院所在地上一年度职工月平均工资标准，以6个月总额计算。又如，为确定精神损害赔偿的范围，法官必须考虑以下因素：侵权人的过错程度，侵害的手段、场合、行为方式等具体情节，侵权行为所造成的后果，侵权人的获利情况，侵权人承担责任的经济能力，受诉法院所在地平均生活水平等。

最后，全面赔偿不等于无限制的赔偿，为了平衡加害人与受害人之间的利益，法律规定了一些限制赔偿的原则或者规则，例如与有过失原则、损益相抵原则等。

【案例6-2-1】甲夜里偷取小区污水井盖。不久，乙驾车(因路况熟悉未打开车灯)经过井盖时，前轮坠入井内，致使车翻人伤。乙除请求甲赔偿财产损失5万元、精神损失1万元，还请求法院判处甲承担惩罚性赔偿10万元。

在该案中，由于法律并未规定此种情形下行为人须承担惩罚性赔偿，因此，乙要求甲承担惩罚性赔偿的请求不能得到法院的支持。但甲应对给乙造成的财产损害和非财产损害予以赔偿，因此，乙有权请求甲赔偿财产损失5万元、精神损失1万元。同时，乙因路况熟悉未打开车灯主观上存在过失，对因乙自己过失造成的部分损失，甲无须承担赔偿责任。

(二)与有过失原则

与有过失又称“过失相抵”，指受害人对损害的发生或者扩大也有过错的，须减少或者免除加害人的损害赔偿，而并非指双方的过失相互抵销。《民法典》第1173条明确规定：“被侵权人对同一损害的发生或者扩大有过错的，可以减轻侵权人的责任。”依此规定，与有过失的法律效果是：法院得依职权减轻加害人的赔偿责任;法院对受害人过错在何种程度上加以斟酌是法院的自由裁量权,一般应考虑过错的大小、原因力的强弱等因素。与有过失原则在过错责任、过错推定责任、无过错责任中均可适用。同时,其既适用于财产上的损害赔偿,也适用于非财产上的损害赔偿。

与有过失的构成要件为:(1)被侵权人须有过失,一般而言,被侵权人不仅对自己的过失负责,还要对使用其物品的使用人的过失负责;(2)赔偿权利人的行为须与损害的发生或者扩大之间有相当因果关系。

【案例 6-2-2】甲骑着乙的自行车载着乙逆行,与迎面而来的丙的大货车相撞,甲、乙在事故中遭受重伤。经鉴定,甲占事故原因的 70%、丙占事故原因的 30%。现甲、乙主张丙承担赔偿责任。

在该案中,甲是乙自行车的使用人,乙需要对甲的过失负责,因甲的行为与损害的发生有相当因果关系,因此,乙主张丙承担无过错责任时,也应该适用与有过失原则,减轻丙的赔偿责任。

(三)损益相抵原则

损益相抵又称“损益同销”,指受害人基于损失发生的同一原因而受有利益时,应在其损害额中扣除其所受有的利益部分。适用损益相抵原则,赔偿义务人仅就损害额与受有利益间的差额予以赔偿。我国法上没有明确规定损益相抵规则,但是在理论和司法实务上承认这一规则。

损益相抵的法理依据存在争议,一为利益说,二为禁止得利说。利益说认为,损害本质上是以受害人的财产状况之差额为准,所谓“财产状况”,一是指损害事故如未发生,被害人财产应有之状况;二是指损害事故发生后,被害人财产应有之状况。其计算应将被害人所受损害与所得利益全部计列相抵始可求得。依此规则被害人因一损害原因而受有利益者,该利益应列入。禁止得利说认为,损害赔偿旨在填补损害,故赔偿应与损害大小相一致,基于此原则,赔偿损害之结果,被害人不得较无损害事故发生时更为优越。凡因一损害原因受损害又受到利益者,计算损害应扣除利益额。

损益相抵的要件包括:(1)加害人须承担损害赔偿责任。(2)受害人受有利益。一般地讲只有因损害而引起的新生利益,才能进行损益相抵。[①] 通常情形下,所得利益须脱离损害而独立才有损益相抵的必要,如果利益仍为被害人原有权利或者物的一部分,则权利人在让与基于物的所有权或者基于其权利对于第三人之请求权后获得全额赔偿即可,而没有损益相抵的必要。(3)利益与损

① 参见曾世雄:《损害赔偿法原理》,中国政法大学出版社 2001 年版,第 253~254 页。

害事实之间存在因果关系。所谓"因果关系"指受法规意旨制约的相当因果关系。这意味着:首先,这种利益须于加害行为中获得而非加害完全结束后发生的利益。其次,受害人所获得利益并非由于受害人特别努力而产生的。最后,损害的结果与利益紧密相关,从而依生活经验将二者视为一体,但是如依法律政策考量,不得相抵者除外。

【案例 6-2-3】甲将乙价值 5 万元的汽车撞毁,致乙的汽车报废,乙处理报废车得款 1000 元。

【案例 6-2-4】G 国球迷甲在世界杯看球期间与 E 国球迷乙发生冲突,乙将甲的腿打伤,造成 10 万英镑的损失。此事见报后,G 国设立专门账户为乙进行募捐,乙获得 30 万英镑的收益。

在【案例 6-2-3】中,乙处理报废车所得的款项是因车被甲撞毁所受利益,适用损益相抵规则,可依甲造成的 5 万元车辆价值的损害中扣除 1000 元来确定甲的赔偿范围。而在【案例 6-2-4】中,乙获得的募捐与其损失不能进行损益相抵。因为乙获得的利益是基于 G 国国民捐助所得,如果将募捐所得与乙的损失相抵,甲无须承担侵权责任,就难以实现侵权法的制裁功能。

若损害与利益均为一金钱数额,或者损害虽应恢复原状而利益则为一金钱数额时,实行损益相抵较为容易:前者应自赔偿金额中扣除利益额,后者则应将利益金额交出;当利益为物或者权利,为恢复原状,赔偿义务人往往需要赔偿同样的物,而权利人需要将物的残体交付赔偿义务人;或者按照赔偿代位原则处理,而不能仅给付两者之间的差额。①

关于损害赔偿计算中是先进行过失相抵还是损益相抵的问题,存在过失相抵前扣除说与过失相抵后扣除说两说。过失相抵前扣除说的理由为:损益相抵属于确定有无损害的问题,过失相抵属于损害分配的问题,由于必须先有损害而后才能分配,因此损益相抵应先于过失相抵进行。过失相抵前扣除说较有利于受害人。过失相抵后扣除说的理由是:不应该因为有保险(受益)存在而增加受害人的赔偿额,导致加害人与受害人之间的不公平;劳灾保险等可作为补充地位存在但并非处于双重填补地位;过失相抵前扣除说将加重加害人的负担,而这部分负担本来应是受害人的过失;过失相抵前扣除说在受害人死亡的场合将导致各继承人分配上的不合理。日本实务通说采过失相抵后扣除说。

(四)司法衡量原则

司法衡量原则指在坚持全面赔偿原则的前提下,法官可以综合考虑当事人

① 参见曾世雄:《损害赔偿法原理》,中国政法大学出版社 2001 年版,第 258 页。

的经济状况、加害人的过错程度等因素对损害赔偿范围以及损害赔偿的方式进行适当的调整。司法衡量原则是法官自由裁量权的体现，其包括以下几层含义：

第一，须以全面赔偿原则为前提。全面赔偿原则是确定侵权损害赔偿范围的首要原则，司法衡量原则应以该原则为前提。

第二，司法衡量原则不等于与有过失原则、损益相抵原则，后两者是法律所规定的必须根据受害人的过错、受益情况对损害赔偿范围进行的调整，前者须由法官根据个案情形，综合当事人的经济状况、加害人的过错程度等因素对损害赔偿进行适当的调整。

第三，司法衡量原则在确定损害赔偿的方式以及范围上均可起到一定的作用。在确定损害赔偿的方式时，只有坚持司法衡量原则法官才能决定是否采用预付赔偿、分期赔偿。在确定损害赔偿范围尤其是所失利益赔偿以及非财产损害赔偿时，司法衡量原则也可以发挥重要的作用。

二、损害赔偿的类型

（一）补偿性损害赔偿与惩罚性损害赔偿

按照损害赔偿范围与实际损害的关系，损害赔偿可分为补偿性损害赔偿与惩罚性损害赔偿。

补偿性损害赔偿是对受害人的损害全面予以赔偿以达到权益未受侵害的状态的赔偿。补偿性损害赔偿是民事赔偿的基本类型，是实现侵权法的补偿功能的基本手段。

惩罚性损害赔偿，又称“示范性的赔偿”或者“报复性的赔偿”，指在特定情况下，责任人赔偿的总额超出实际损害数额的赔偿。惩罚性损害赔偿在惩罚和遏制不法行为方面具有优越于补偿性损害赔偿的功能，但惩罚性损害赔偿也以补偿性损害赔偿为基础。补偿性损害赔偿责任尚且应当坚持法定主义，将责任维持在行为人可预期的范围内，避免对自由的过度限制。惩罚性赔偿虽规定于私法内部却肩负公法职能，不仅填补损失还强调惩戒、预防，超出了行为人之理性预期；要兼顾原生损害及次生损害填补，有效抵消维权成本，形成了独特的归责思路，更应该予以严格法定。其主要适用于产品侵权、环境污染、知识产权侵权等场合，并呈现出适用领域不断扩大的趋势，只有坚持法定主义才能防止因为惩罚性赔偿及其扩张而侵蚀私法的校正正义、恢复原状原则，防止体系紊乱。我国《民法典》除总则编确立了惩罚性赔偿的一般条款外，分则编还规定了适用惩罚性赔偿的具体类型：知识产权侵权、产品侵权、环境和生态侵权。对惩罚性赔偿适用严格的构成要件，主观上须为故意，其中产品侵权和环境生态侵权虽为无过错责任，但并不影响对其适用惩罚性赔偿时限定故意的主观要件。[①] 产品侵权中没有采取召回警示措施造成严重后果的，直接被认定为故意。客观上要存在严重的情节、严重的后果、死亡或者健康严重受损。[②]

(二)预付赔偿与现实赔偿

按照赔偿义务人是否需要预先支付赔偿金，损害赔偿可分为预付赔偿与现实赔偿。

预付赔偿指损害发生后赔偿义务人在赔偿关系确定前先行支付给受害人部分或者全部赔偿金，预付赔偿应从最终赔偿额中扣除。预付赔偿的一般特征为：(1)赔偿的给付发生于损害事实后，赔偿关系确定前。预付赔偿与损害赔偿额的预定不同，后者适用于损害尚未发生而仅处于预想状态时[③]；所谓"赔偿关系确定前"，既可指损害赔偿数额尚未最终确定，又可指损害赔偿关系未经法定判决产生既判力。(2)预付赔偿的主体只能是真正的赔偿义务人，而其他主体的预付行为一般按照无因管理行为处理。

预付赔偿可分为非经裁判程序的预付赔偿和经裁判程序的预付赔偿(即先予执行)两种。前者可以再分为法定预付赔偿及意定预付赔偿。法定预付赔偿指依照法律规定赔偿义务人必须在损害赔偿额确定前支付部分赔偿金，例如《道路交通安全法》第 75 条规定："……肇事车辆参加机动车第三者责任强制保险的，由保险公司在责任限额范围内支付抢救费用；抢救费用超过责任限额的，未参加机动车第三者责任强制保险或者肇事后逃逸的，由道路交通事故社会救助基金先行垫付部分或者全部抢救费用，道路交通事故社会救助基金管理机构有权向交通事故责任人追偿。"意定预付赔偿指赔偿义务人自愿地或者经权利人请求在最终责任确定前或者赔偿义务履行期之前的赔偿金给付行为。经裁判程序的预付赔偿是先予执行制度中的一种，指法院对特定的民事案件作出终审判决前，为解决当事人一方的生产或者生活的紧迫需要，根据其申请，裁定另一方当事人给付申请人一定的钱物的行为。《民法通则》及其司法解释并未对

---

① 参见王利明：《论我国民法典中侵害知识产权惩罚性赔偿的规则》，《政治与法律》2019 年第 8 期；冉克平：《论汽车经销商的缔约欺诈及惩罚性赔偿》，《广东社会科学》2020 年第 2 期。

② 参见张平华：《〈民法典〉的制度传承、宏观模式与重要创新》，《山东大学学报》(哲学社会科学版) 2020 年第 5 期。

③ 参见史尚宽：《债法总论》，中国政法大学出版社 2000 年版，第 323 页。

预付赔偿作出明确规定[①],民事诉讼法的先予执行制度规定了预付赔偿制度。[②]

（三）一次性赔偿与分期赔偿

按照赔偿义务人是否需要一次性赔付的标准,损害赔偿可分为一次性赔偿与分期赔偿。

一次性赔偿指赔偿义务人在规定的时间与地点内,一次全额给付应赔偿的金钱或者实物数额的损害赔偿方式。为保障受害人的利益,损害赔偿以一次性赔偿为原则。[③] 即便法院判决赔偿义务人可以分期赔偿的,一审法庭辩论终结前已经发生的费用、死亡赔偿金以及精神损害抚慰金,也应当一次性给付。一般地讲,对未来的损害一次性赔偿则应当扣除合理的法定孳息。义务人在不能一次性赔偿时,赔偿权利人可以申请强制执行或者请求义务人承担迟延履行责任,也可以通过裁判或者当事人之间协商进行延期支付或转化为分期赔偿。对于非财产上损害,为达到惩罚与抚慰的目的,一般只能结合义务人的财产状况适用一次性赔偿的方式,而不能适用分期赔偿方式。[④]

分期赔偿,又称"定期金赔偿",是指赔偿义务人在规定的时间与地点内,分多次按期给付应赔偿的金钱或实物数额的损害赔偿方式。按照《人身损害赔偿司法解释》(法释〔2022〕14 号)第 20 条的规定,赔偿义务人请求以定期金方式给付残疾赔偿金、辅助器具费的,应当提供相应的担保。人民法院可以根据赔偿义务人的给付能力和提供担保的情况,确定以定期金方式给付相关费用。但是,一审法庭辩论终结前已经发生的费用、死亡赔偿金以及精神损害抚慰金,应当一次性给付。分期赔偿制度具有下列特点:(1)适用范围上的补充性,损害赔偿以一次性赔偿为原则。分期赔偿一般是针对未来消极利益的赔偿,主要适用于受害人劳动能力降低或者死亡而需要支付抚养金的场合,一般适用于财产损害赔偿而不适用于非财产损害赔偿。(2)分期赔偿具备经济上的优越性及灵活

---

① 《最高人民法院关于贯彻执行〈中华人民共和国民法通则〉若干问题的意见(试行)》(法〔办〕发〔1988〕6 号,已失效)第 162 条规定:"在诉讼中遇有需要停止侵害、排除妨碍、消除危险的情况时,人民法院可以根据当事人的申请或者依职权先行作出裁定。"该条规定了对于停止侵害、排除妨碍、消除危险的先行裁定的情形,而没有预付赔偿的规定。

② 《民事诉讼法》(2023 修正)第 108 条规定,申请有错误的,申请人应当赔偿被申请人因保全所遭受的损失。第 109 条规定,人民法院对下列案件,根据当事人的申请,可以裁定先予执行:(1)追索赡养费、扶养费、抚养费、抚恤金、医疗费用的;(2)追索劳动报酬的;(3)因情况紧急需要先予执行的。

③ 《最高人民法院关于审理人身损害赔偿案件适用法律若干问题的解释》(法释〔2003〕20 号,已失效)第 31 条规定:"人民法院应当按照民法通则第一百三十一条以及本解释第二条的规定,确定第十九条至第二十九条各项财产损失的实际赔偿金额。前款确定的物质损害赔偿金与按照第十八条第一款规定确定的精神损害抚慰金,原则上应当一次性给付。"

④ 参见曾世雄:《损害赔偿法原理》,中国政法大学出版社 2001 年版,第 393～394 页。

性。分期赔偿避免了加害人因一次性支付过多的赔偿金而破产或者支付不能；避免了通货膨胀等给受害人带来的可能不利；避免受害人（尤其是受害人的监护人）提前花费赔偿金而使其未来生活发生重大困难；避免了受害人的近亲属获得重大不当得利。在分期赔偿中权利人死亡，则分期赔偿义务消灭，如分期支付期间有关统计数据发生变化的，给付金额应当适时进行相应调整。因此，例如，受害人在判决生效后很短时间内因其他原因死亡，而判决确定的是一次性支付20年的残疾赔偿金，则对加害人不公平而受害人的近亲属借此可获得重大不当得利。分期赔偿就可以避免这种情形。

（四）金钱赔偿与实物赔偿

按照损害赔偿的方式不同，损害赔偿又可以分为金钱赔偿与实物赔偿。

金钱赔偿指将受害人的损失折算成金钱进行赔偿的方式。采用金钱赔偿，便于义务人履行赔偿义务，当事人所受损失很容易获得补救。金钱赔偿不仅适用于财产上损失，也适用于非财产上损失。其缺陷是，计算损害不一定正确，且属于间接赔偿，未必能达到损害赔偿的目的。

实物赔偿指通过用同种类、同等质量的实物赔偿受害人的损害。例如毁损他人手表，侵权行为人可以通过购置同种类的手表予以赔偿。当然如果被毁损的财产为已经使用过的财产，则赔偿义务人在用实物赔偿时，应当考虑被毁损财产的实际折旧情况。实物赔偿常发生“以新换旧”的问题，从恢复原状的角度言，如果仅以金钱赔偿，可能难以达到损害赔偿的目的，因为此一金额会根本无法购置新物，因此义务人则应该负担再购买新物的费用。“以新换旧”需要考虑的不仅仅是减轻加害人的责任的问题，而且需要在受害人与加害人之间进行综合衡量。

三、损害赔偿的范围

（一）财产损害赔偿

侵害他人财产的，财产损失按照损失发生时的市场价格或者其他合理方式计算。（《民法典》第1184条）由此，财产损失的计算方式有以下要求：其一，起算时点为损失发生时而不是侵害发生时；其二，价格参照标准为市场价格而不是主观价格；其三，损失计算方式可以包括评估确定等合理方式；其四，财产损失包括所受损害和所失利益。

所受损害又称“积极损害”“实际损失”，指受害人遭受的现有财产的减少或者费用的支出。例如物品被毁损、因治伤支出的医疗费等。实际损失包括财产的一部分或者全部丧失，财产外部变形，财产数量减少导致的价值降低或者失去，财产的变质、破损导致其价值降低或者失去。

所失利益又称“消极损害”，指因加害行为导致受害人本可获得的利益的丧失，如营业收入减少、利息损失、因劳动能力丧失导致的工资减少。一般而言，所失利益可以分为三类：(1)确实可以获得之利益而未获得[①]，例如已收受买卖价款，因加害人将标的物盗走，致使不能获得的利益。(2)依通常情形可得预期的利益，即任由事物之自然趋势，本可取得的利益，如未能取得时，即为所失利益。例如一个钳工每天可收入 50 元；如该钳工因被甲打伤住院，导致 10 天的时间不能工作，则 10 天的工资损失（500 元）即为所失利益。再如，依法从事货物运输、旅客运输等经营性活动的车辆，因无法从事相应经营活动所产生的合理停运损失。[《道路交通事故损司法解释》（法释〔2020〕17 号）]（3）依通常情形下未必取得的利益但因特别情事却可能取得，因加害行为的发生未取得而丧失的利益。所谓“特别情事”主要包括计划或者设备等情形，所谓“计划”主要指有效的出卖、出租合同等。所失利益也必须具有客观确定性，若仅属于一种希望或者可能，则不得视为所失利益。[②]

【案例 6-2-5】经营性车辆停运损失的赔偿应以依法营运为前提。[③] 鄂某号大型普通客车，行驶证、道路运输证等均登记在鄂州市交通发展有限公司武汉某某分公司（以下简称“某某公司”）名下，欧阳某某提供租赁承包合同书一份，主张其承包了案涉客车。根据合同约定，某某公司将有关车辆营运的合法有效手续（营运证、行驶证、线路牌、保险凭证、进站证）提供给欧阳某某，而欧阳某某本身并不具备道路运输经营的资格。欧阳某某上缴某某公司纯利 6 万元，另外包括修理费、保险费等共计上缴 9 万余元。在此情形下，欧阳某某主张停运损失，法院是否应当支持？

法院认为，某某公司将营运证、行驶证、线路牌、保险凭证、进站证以租赁的形式提供给不能从事道路运输经营的欧阳某某，欧阳某某以某某公司名义从事旅客运输，明显违反了法律法规的规定，对其主张的停运损失不应支持。

在有关停运损失赔偿案件中，当事人请求侵权人赔偿经营性车辆因无法从事相应经营活动所产生的合理停运损失，人民法院应予支持。但该赔偿的前提是停运车辆必须依法从事货物运输、旅客运输等经营性活动，应排除违法经营

---

① 参见曾隆兴：《详解损害赔偿法》，中国政法大学出版社 2004 年版，第 414 页。

② 参见郑玉波：《民法债编总论》（修订第 2 版），中国政法大学出版社 2004 年版，第 229 页。

③ 欧阳某某与宁波市鄞州某汽车服务有限公司等机动车交通事故责任纠纷上诉案，浙江省衢州市中级人民法院（2013）浙衢民终字第 315 号民事判决书。

的情形。

（二）人身损害赔偿

人身损害指侵害他人的物质性人格权所造成的损害，包括一般伤害、伤残、死亡三种形态。侵害人身既可产生财产损害又可产生非财产损害即精神损害，这里主要论及侵害人身产生的财产损害赔偿范围。

侵害他人造成人身损害的，应当赔偿医疗费、护理费、交通费、营养费、住院伙食补助费等为治疗和康复支出的合理费用，以及因误工减少的收入。造成残疾的，还应当赔偿辅助器具费和残疾赔偿金；造成死亡的，还应当赔偿丧葬费和死亡赔偿金。特别指出的是，《民法典》第 1179 条相比原条文新增营养费、住院伙食补助费两项赔偿事项，但是未将被扶养人生活费列入其中。根据《人身损害赔偿司法解释》（法释〔2022〕14 号）第 16 条、《最高人民法院关于适用〈中华人民共和国侵权责任法〉若干问题的通知》（法发〔2010〕23 号）第 4 条的规定：“被扶养人生活费计入残疾赔偿金或死亡赔偿金。”

1.一般伤害的赔偿范围

一般伤害是损害程度较轻尚未达到残疾程度的损害。依据《民法典》及其相关规定，医疗费、护理费、交通费、营养费、住院伙食补助费等为治疗和康复支出的合理费用，以及因误工减少的收入，赔偿义务人应当予以赔偿。

（1）医疗费。医疗费是为使受侵害的人身机体得以复原，或者为维持物质机体的正常功能与活动所需的全部费用，包括诊断费、化验费、手术费、检查费、医药费、住院费等。医疗费根据医疗机构出具的医药费、住院费等收款凭证，结合病历和诊断证明等相关证据确定。赔偿义务人对治疗的必要性和合理性有异议的，应当承担相应的举证责任。医疗费的赔偿数额按照一审法庭辩论终结前实际发生的数额确定。器官功能恢复训练所必要的康复费、适当的整容费以及其他后续治疗费，赔偿权利人可以待实际发生后另行起诉。但根据医疗证明或者鉴定结论确定必然发生的费用，可以与已经发生的医疗费一并予以赔偿。

（2）误工费。误工费指因误工减少的收入，是可得利益损失，即所失利益。误工费根据受害人的误工时间和收入状况确定。误工时间根据受害人接受治疗的医疗机构出具的证明确定。受害人因伤致残持续误工的，误工时间可以计算至定残日前一天。受害人有固定收入的，误工费按照实际减少的收入计算。受害人无固定收入的，按照其最近 3 年的平均收入计算；受害人不能举证证明其最近 3 年的平均收入状况的，可以参照受诉法院所在地相同或者相近行业上一年度职工的平均工资计算。

（3）护理费。护理费指除医护人员外，为使受害人的生活得到正常的保障，由受害人的亲属或雇佣护工对其进行非医务护理所应支出的费用。护理费根据护理人员的收入状况和护理人数、护理期限确定。护理人员有收入的，参照误工费的规定计算；护理人员没有收入或者雇佣护工的，参照当地护工从事同等级别护理的劳务报酬标准计算。护理人员原则上为一人，但医疗机构或者鉴定机构有明确意见的，可以参照确定护理人员人数。护理期限应计算至受害人恢复生活自理能力时止。受害人因残疾不能恢复生活自理能力的，可以根据其年龄、健康状况等因素确定合理的护理期限，但最长不超过20年。受害人定残后的护理，应当根据其护理依赖程度并结合配制残疾辅助器具的情况确定护理级别。

(4)交通费。交通费指受害人及其必要的陪护人员因就医或者转院治疗发生的合理的运输费用。交通费根据受害人及其必要的陪护人员因就医或者转院治疗实际发生的费用计算。交通费应当以正式票据为凭；有关凭据应当与就医地点、时间、人数、次数相符合。

(5)住院伙食补助费。住院伙食补助费指受害人本人及其陪护人员因住院发生的伙食费用。住院伙食补助费可以参照当地国家机关一般工作人员的出差伙食补助标准予以确定。受害人确有必要到外地治疗，因客观原因不能住院，受害人本人及其陪护人员实际发生的住宿费和伙食费，其合理部分应予赔偿。

(6)营养费。营养费指受害人为恢复身体机能而增加营养所支出的合理费用。营养费必须与治疗有关，否则由受害人自己承担。为限制营养费的范围，营养费应根据受害人伤残情况参照医疗机构的意见确定。

2.致人伤残的赔偿范围

残疾指人身损害程度较重，以至于受害人不能完全恢复人身物质机体的正常功能的人身损害。致人残疾的，其赔偿范围除一般伤害的赔偿范围外，还包括以下几项：

(1)残疾赔偿金。残疾赔偿金指受害人因伤残丧失劳动能力而导致应得收入的减少。按照《人身损害赔偿司法解释》(法释〔2022〕14号)第12条的规定，残疾赔偿金根据受害人丧失劳动能力程度或者伤残等级，按照受诉法院所在地上一年度城镇居民人均可支配收入标准，自定残之日起按二十年计算。但六十周岁以上的，年龄每增加一岁减少一年；七十五周岁以上的，按五年计算。受害人因伤致残但实际收入没有减少，或者伤残等级较轻但造成职业妨害严重影响其劳动就业的，可以对残疾赔偿金作相应调整。

(2)残疾辅助器具费。残疾辅助器具费指为辅助受害人的日常生活而必须购买的各种器具所支出的费用。包括因为断腿、断臂而装设的假肢的费用,购买拐杖、轮椅的费用等。残疾辅助器具费按照普通适用器具的合理费用标准计算。伤情有特殊需要的,可以参照辅助器具配制机构的意见确定相应的合理费用标准。辅助器具的更换周期和赔偿期限参照配制机构的意见确定。

3.致人死亡的赔偿范围

死亡是侵害他人身体产生的最为严重的损害后果,直接导致受害人生命权的丧失。按照《人身损害司法解释》(法释〔2003〕20 号,已失效)第 17 条第 3 款的规定,受害人死亡的,赔偿义务人除应当按照一般伤害的赔偿范围根据抢救治疗情况赔偿相关费用外,还应当赔偿丧葬费、死亡赔偿金以及受害人亲属办理丧葬事宜支出的交通费、住宿费和误工损失等其他合理费用。

(1)丧葬费。丧葬费指按照一般惯例安葬实体所支出的全部费用,包括尸体保管与运送费、火化费、骨灰盒购置与存放费、死者寿衣费、土葬时的墓碑费与人工费。按照《人身损害赔偿司法解释》(法释〔2022〕14 号)第 14 条的规定,丧葬费按照受诉法院所在地上一年度职工月平均工资标准,以六个月总额计算。

(2)死亡赔偿金。死亡赔偿金指受害人因死亡而导致应得收入的减少。按照《人身损害赔偿司法解释》(法释〔2022〕14 号)第 15 条的规定,死亡赔偿金按照受诉法院所在地上一年度城镇居民人均可支配收入标准,按二十年计算。但六十周岁以上的,年龄每增加一岁减少一年;七十五周岁以上的,按五年计算。

(3)其他合理费用,主要包括受害人亲属办理丧葬事宜支出的交通费、住宿费和误工损失等其他合理费用。

(三)非财产损害赔偿

非财产上的损害,又称“精神损害”“无形损害”,指无法折算为金钱或者说不具有财产价值的损害。

1.精神损害赔偿的适用范围

如前所述,非财产损害赔偿的适用具有适用范围有限性、适用条件的严格性、严格的人身依附性等特点。按照《民法典》、《精神损害赔偿司法解释》(法释〔2020〕17 号)、《人身损害赔偿司法解释》(法释〔2022〕14 号)等相关法律的规定,精神损害赔偿的适用范围为:

(1)自然人因人格权遭受侵害可主张精神损害赔偿。人格权包括人格权利与人格权益,其中人格权利包括:生命权、健康权、身体权;姓名权、肖像权、名誉权、荣誉权、隐私权。除上述人格权利外,自然人享有基于人身自由、人格尊严产生的其他人格权益。

(2)自然人因身份权遭受侵害可主张精神损害赔偿。这里的身份权主要包括监护权、亲属权、配偶权。按照《精神损害赔偿司法解释》(法释〔2020〕17号)第2条的规定,非法使被监护人脱离监护,导致亲子关系或者近亲属间的亲属关系遭受严重损害,监护人可以向人民法院起诉请求赔偿精神损害。按照《民法典》第1091条的规定,因为重婚、有配偶者与他人同居、实施家庭暴力、虐待、遗弃家庭成员或有其他重大过错而导致离婚的,无过错方有权请求损害赔偿。其中的损害赔偿包括物质损害赔偿和精神损害赔偿。

(3)死者的延伸人格利益受到侵害,死者近亲属因侵权行为遭受精神损害的,可以主张精神损害赔偿。这些侵害形式包括:以侮辱、诽谤、贬损、丑化或者违反社会公共利益、社会公德的其他方式,侵害死者姓名、肖像、名誉、荣誉;非法披露、利用死者隐私,或者以违反社会公共利益、社会公德的其他方式侵害死者隐私;非法利用、损害遗体、遗骨,或者以违反社会公共利益、社会公德的其他方式侵害遗体、遗骨。

(4)具有人身意义的特定纪念物品,因侵权人的故意或重大过失而永久性灭失或者毁损,物品所有人可以主张请求精神损害赔偿。

【案例6-2-6】原告甲、乙将一卷拍摄了两原告(甲和乙)婚礼活动的彩色胶卷交给被告丙彩色扩印服务部冲印。后因被告保管不善将胶卷遗失。原告向被告提出精神损害赔偿5000元。

在该案中,拍摄原告婚礼活动的彩色胶卷具有人格象征意义,由于被告丙遗失胶卷导致永久性灭失,因此法院应该支持原告向被告提出的精神损害赔偿请求。

(5)侵害客体严格限定于自然人"人身权益"而不包括法人,且须"造成严重精神损害的"。

2.精神损害赔偿范围的确定

按照《精神损害赔偿司法解释》(法释〔2020〕17号)第5条的规定,精神损害的赔偿数额根据以下因素确定:(1)侵权人的过错程度,但是法律另有规定的除外;(2)侵权行为的目的、方式、场合等具体情节;(3)侵权行为所造成的后果;(4)侵权人的获利情况;(5)侵权人承担责任的经济能力;(6)受理诉讼法院所在地的平均生活水平。

(四)侵害他人人身权益造成财产损失

《侵权责任法》第20条规定,侵害他人人身权益造成财产损失的,按照被侵权人因此受到的损失赔偿;被侵权人的损失难以确定,侵权人因此获得利益的,按照其获得的利益赔偿;侵权人因此获得的利益难以确定,被侵权人和侵权人就赔偿数额协商不一致，向人民法院提起诉讼的，由人民法院根据实际情况确定赔偿数额。而《民法典》第1182条对其作出修正：侵害他人人身权益造成财产损失的，按照被侵权人因此受到的损失或者侵权人因此获得的利益赔偿；被侵权人因此受到的损失以及侵权人因此获得的利益难以确定，被侵权人和侵权人就赔偿数额协商不一致，向人民法院提起诉讼的，由人民法院根据实际情况确定赔偿数额。可见，《民法典》更加重视按照获得利益赔偿，从侵权责任法的三层次赔偿方案改为两层次。

他人包括法人、非法人组织。

【案例6-2-7】北京某某光电科技有限公司（以下简称"某某公司"）、黄某某诉赵某名誉权纠纷案。[①] 赵某在与黄某某发生纠纷后，通过微信号在双方共同居住的小区两个业主微信群发布的信息中使用了"傻×""精神分裂"等明显带有侮辱性的言论，并使用了黄某某的照片作为配图，而对于某某公司使用了"美容师不正规""讹诈客户"等贬损性言辞。赵某将上述不当言论发至有众多该小区住户的两个微信群，涉案言论确易引发对黄某某、某某公司经营的美容店的猜测和误解，损害小区公众对某某公司的信赖，对二者产生负面认识并造成黄某某个人及某某公司产品或者服务的社会评价降低，赵某的行为符合侵犯名誉权的要件，已构成侵权。

法院认为，关于某某公司名誉权被侵犯产生的经济损失，某某公司提供的证据不能证明实际经济损失数额，但某某公司在涉诉小区经营美容店，赵某在有众多该小区住户的微信群中发表不当言论势必会给某某公司的经营造成不良影响，故对某某公司的该项请求，综合考虑赵某的过错程度、侵权行为内容与造成的影响、侵权持续时间、某某公司实际营业情况等因素酌情确定。关于黄某某主张的精神损害抚慰金，亦根据上述因素酌情确定具体数额。

第三节　多数人侵权责任

《民法典》建立了合理的多数人侵权法律适用机制：原则上适用按份责任，例外情形下承担连带责任，对连带责任适用法定主义。侵权连带责任是多数人侵权的制度核心，对应于共同加害行为、共同危险行为、教唆帮助侵权等基本类型，侵权补充责任是多数人侵权责任的过渡类型。各种责任类型都存在一些值

① 参见北京某某光电科技有限公司、黄某某诉赵某名誉权纠纷案，最高人民法院（2018）京03民终725号民事判决书。

得重视的解释适用问题。《民法典》完善了追偿权体系，有助于实现多数人侵权责任的内部均衡。

多数人侵权是单独侵权的对称，具备广泛的含义、复杂的类型，于责任效果上包括按份责任、连带责任、补充责任、不真正连带责任等；在责任构成上又包括共同加害行为、共同危险行为、无意思联络的数人侵权等。问题是，按份责任和连带责任是什么关系，由此导致何种法律适用机制？连带责任对应哪些侵权基本类型，相关法律又该如何解释适用？侵权补充责任具有什么样的特征和类型？多数人侵权建立了何种内部均衡机制？本书试立足于《民法典》进行体系观察，初步回答上述问题。

一、多数人侵权的适用原则

按照自己责任原则，多数人侵权原则上适用按份责任，例外情形下才承担连带责任。

（一）按份责任的原则性

尽管在法典位置上按份责任位居连带责任之后，但在法律适用时应先予以考虑。《民法典》第 1172 条基本照搬了《侵权责任法》第 12 条，只是将难以确定责任大小时“平均承担赔偿责任”改为“平均承担责任”，立法上更为简明，也对于按份责任适用多元化责任方式预留了一定的空间。此外，值得强调的有：

1.按份责任对应于不承担连带责任的多数人侵权

按份责任以每一主体都实施了侵权为前提。否则，不发生数人侵权，自然也没有承担按份责任的问题。按份责任不是单独责任的简单拼凑，要求责任构成上具备起码的整体性。也就是说，数人须在大体一致的时空背景下导致“同一损害”，其行为与损害之间存在松散的因果关系组合，明显有原因力之区分，这与共同侵权中的整体性因果关系明显不同。当然，如果每位加害人实施的侵权均足以导致同一损害的，可构成聚合因果关系，不产生按份责任而是连带责任，以避免出现不合道德的现象。[①]

本来多数人侵权未构成共同侵权，就一定发生按份责任，连带责任和按份责任是非此即彼的关系。但是，随着法律的发展，人们在两者之间又创设了补充责任、部分连带责任等新的责任形态，增加了法律判断的复杂性。关于补充责任，后文将予以详述。所谓“部分连带责任”指部分加害人的侵权行为足以导

---

① 参见[美]哈特、奥诺尔：《法律中的因果关系》，张绍谦、孙战国译，中国政法大学出版社 2006 年版，第 213 页。

致全部损害；部分加害人的侵权行为仅导致部分损害的，其中重叠部分导致连带责任，非重叠部分为按份或单独责任。这一责任类型未明确规定于《民法典》，但已得到审判实践的认可，如《环境侵权司法解释》(法释〔2020〕17号，已失效)第3条第3款规定的环境污染侵权，且通说认为这种部分连带责任也可以类推适用于其他侵权。[①]

2.按份责任的份额确定因素多样化

按份责任中能够确定责任大小的，各自承担相应的责任；难以确定责任大小的，平均承担赔偿责任。无论是"能够确定"还是"难以确定"都指向了多样化的实体方式，例如，当事人的事先事后约定，依据过错程度、原因力等因素确定责任大小等；也要求当事人按照证明责任履行举证义务。此外，法律有特别规定的依其规定，例如，《民法典》第1231条规定了环境污染和生态破坏的按份责任份额的确定因素。[②]

(二)连带责任的例外性

1.总则编

《民法典》第178条对连带责任作出一般规定，主体内容与《侵权责任法》第13条、第14条一致，主要贡献为：一是明确了连带责任的发生根据是"法律规定"或"当事人约定"，建立了连带责任的两大基本类型，对于侵权连带责任坚持严格的法定原则。[③] 二是赋予了权利人对部分或全部连带责任人享有请求权。三是建立了连带责任人内部责任确定规则，所谓按照"各自责任大小"主要取决于过错程度或原因力。四是确认了追偿权是独立于连带债务的请求权，追偿之诉是独立的诉，尽管其和连带责任之诉存在牵连性。

2.合同编

《民法典》合同编于第518～521条设置了连带债务的一般规定，内容涉及："连带债务的对外效力""连带债务的发生根据""连带债务的内部关系""连带债

---

① 参见杨立新：《〈最高人民法院关于审理医疗损害责任纠纷案件适用法律若干问题的解释〉条文释评》，《法律适用》2018年第1期；陶盈：《民法总则与侵权责任编责任形态规定的对接》，《河南财经政法大学学报》2017年第5期。

② 《民法典》第1231条规定："两个以上侵权人污染环境、破坏生态的，承担责任的大小，根据污染物的种类、浓度、排放量，破坏生态的方式、范围、程度，以及行为对损害后果所起的作用等因素确定。"

③ 《第十二届全国人民代表大会法律委员会关于〈中华人民共和国民法总则(草案修改稿)〉修改意见的报告》(2017年3月14日)："四、草案修改稿第一百七十八条对连带责任作了规定。有的代表提出，连带责任是两个或者两个以上的债务人共同向债权人承担民事责任，是一种较为严厉的责任方式，除当事人有约定外，宜由法律作出规定。法律委员会赞成上述意见，建议在这一条增加一款作为第三款：连带责任，由法律规定或者当事人约定。"(草案建议表决稿第一百七十八条第三款)

务的绝对效力和相对效力”等。由于《民法典》不设债法总则，合同编发挥了实质债法总则的作用，规定于该编的连带债务一般规定应适用于整个债法，侵权行为也属于债的发生原因。合同编从债法的角度重申了多数人之债原则上应当是按份之债，强调仅在法律有规定或当事人有约定的情形下才成立连带之债。合同编尤其是从连带之债的履行角度作出了规定①，其创新有：(1)明确了追偿权的范围。实际承担债务超过自己份额的连带债务人，有权针对上述超出部分向其他连带债务人追偿，而其他连带债务人承担追偿责任的范围是未履行的份额范围。(2)规定了代位权，承担债务超过自己份额的连带债务人相应地享有债权人的权利。须强调的有：一是代位权的法理依据是法定债权让与，而基于从随主法则，相关债务人不仅会承受主债权也会承受其从权利。二是其他连带债务人不因为发生法定债权让与而地位下降，因此其对债权人的抗辩，可以继续向代位权人主张。三是代位权不得损害债权人的利益。特别是，当债权人未得到全部清偿时，享有继续向其他债务人求偿的权利；同时，履行的债务人超额履行后，在超额范围内享有对其他债务人的代位权。此时，债权人的履行请求权应当优先于代位权。(3)依据连带债务人的相互担保性规定了分担请求权，即“被追偿的连带债务人不能履行其应分担份额的，其他连带债务人应当在相应范围内按比例分担”。(4)侵权连带责任未必都适用连带债务，例如，从侵权责任的惩罚性角度而言，基于故意的侵权连带责任不具备可让与性，一般不得抵销、免除。

（三）侵权连带责任法定性

基于按份责任为原则、连带责任为例外的法律机制，侵权连带责任须坚持法定主义立法技术，其发生原因、基本类型都取决于法律的明确规定。所谓“法律有基本法和特别法之分”，其中的基本法首先指《民法典》侵权责任编。共同加害行为、共同危险行为、教唆帮助侵权……为侵权连带责任的基本类型，这些基本类型可以同时适用一般侵权、过错侵权。共同加害行为可视为单独加害行为的升级版，是侵权连带责任基本类型中的核心，教唆帮助侵权无非是共同加害的特殊表现；共同危险行为旨在化解加害人不明的现实难题；聚合因果关系则用于校正常规归责可能发生的道德悖论。侵权补充责任、不真正连带责任居于连带责任的外围，对侵权连带责任构成补充，在一定意义上松动了连带责任的刚性。特殊侵权连带责任规定于侵权法分则(《民法典》侵权责任编第 3～10

---

① 参见王利明：《论民法典合同编发挥债法总则的功能》，《法学论坛》2020 年第 4 期。

章)和特别法,主要适用于特殊侵权、无过错侵权。[1] 为加强管制、分散风险,《民法典》针对存在多个交易环节或者多个管理主体领域,规定了特殊侵权连带责任。

1.网络侵权连带责任

网络服务提供者未采取必要措施,知道或者应当知道网络用户利用其网络服务侵害他人民事权益的,可导致连带责任。对比《侵权责任法》,《民法典》的网络侵权规则更为细化,尤其是于"避风港规则"中增加了转通知、反通知规则;"红旗规则"的适用范围包括了网络服务提供者"知道或应当知道"的一切情形。

2.机动车致害连带责任

挂靠人和被挂靠人对机动车发生交通事故致害承担连带责任。买卖、转让拼装或者报废机动车的,由转让人和受让人承担连带责任。其中,挂靠人和被挂靠人连带责任是《民法典》新增类型。由于是否需要承担责任还须依法进一步判断,故以上连带责任规范并非完全独立的裁判依据,而只是责任归属规范。

3.物件致害中的连带责任

《民法典》规定了遗失、抛弃高度危险物致害中所有人与管理人的连带责任,非法占用高度危险物致害中所有人、管理人与非法占有人的连带责任,以及建筑物倒塌致害中建设单位与施工单位的连带责任。值得指出的是,《民法典》为建筑物倒塌致害连带责任增设免责事由,规定建设单位与施工单位能够证明不存在质量缺陷的免责。这是《民法典》作出的重大调整,该调整使制度设计更加均衡。

二、侵权连带责任基本类型之解释适用

《民法典》规定的侵权连带基本类型法律规范用语抽象,存在一些解释适用难题。

(一)共同加害行为的解释适用

关于共同侵权的构成特点,我国立法上存在"《民法通则》不明确构成要件——《人身损害赔偿司法解释》主客观结合式构成——《侵权责任法》强调主观构成"的发展历程,2009 年颁行《侵权责任法》后,我国审判实践主要采用主观

---

① 参见张平华:《侵权连带责任的现实类型》,《法学论坛》2012 年第 2 期;张平华:《连带责任的弹性不足及其克服》,《中国法学》2015 年第 5 期。

共同说判断共同侵权。[①] 关于共同加害行为,《民法典》完全照搬《侵权责任法》,明显具有主观共同的倾向,于第 1168 条规定:二人以上共同实施侵权行为,造成他人损害的,应当承担连带责任。然而,共同实施侵权行为的基本教义并不明确,审判实践中的做法也不一,厘清共同实施侵权行为对于《民法典》生效后的解释适用仍有参考价值。

1.共同加害的具体形态

(1)意思联络。在"南京某某时装有限公司与周某某、南京某某制衣有限公司侵害商标权纠纷上诉案"中,法院认为,"南京某某时装公司并未提供证据证明南京某某制衣公司与周某某存在共同侵权的意思联络和行为",故不支持连带责任的诉讼请求。[②] 至于什么是"意思联络",有的着眼于意思联络的发生机理,从侵害的积极性、故意性加以认定[③];也有的不做细分,而将其直接等同于共同故意[④]。

(2)共同过错。在"天津某某阀门有限公司诉天津某某阀门销售有限公司等侵害商标权及不正当竞争纠纷案"中,法院对共同侵权采取"共同过错说"而不限于"意思联络说"。所谓"共同过错"包括共同故意和共同过失行为[⑤]、共同的意思联络或存在明知或者应知的主观过错[⑥]。应该说,从侵害的事理常态上看,共同故意最为常见、容易理解,而共同过失则比较少见。

(3)推定共同过错。共同实施的含义不仅可以从意思联络扩及共同过错,而且特殊情形下,原告对共同过错无须承担严格的举证责任,在事实上存在对共同过错的推定。这就使共同实施侵权行为的含义更为宽泛。其一,合同合意。合同是双方合意的产物,该合意旨在实施合法行为,但如果这种合意助成

---

① 参见钟某某等诉何某等机动车交通事故责任纠纷案,江苏省常州市中级人民法院(2018)苏 04 民终 38 号民事判决书。

② 参见南京某某时装有限公司与周某某、南京某某制衣有限公司侵害商标权纠纷上诉案,江苏省高级人民法院(2012)苏知民终字第 0218 号民事判决书。

③ 参见吉林市某某担保集团有限公司诉中国某某资产管理股份有限公司吉林省分公司等公司债权人利益责任纠纷案,最高人民法院(2017)最高法民终 181 号民事判决书。

④ 参见苏州市某某眼镜有限责任公司与上海某某(集团)有限公司等商标权侵权及不正当竞争纠纷上诉案,江苏省高级人民法院(2009)苏民三终字第 0181 号民事判决书;王某某诉张某某、江苏省某某高等职业学校、某某银行股份有限公司南京分行、某某银行股份有限公司信用卡中心侵权纠纷案,《最高人民法院公报》2008 年第 10 期(总第 144 期);某某品牌有限公司等诉肖某某等侵害商标权纠纷案,上海市第二中级人民法院知识产权(2010)沪二中民五(知)初字第 31 号判决书。

⑤ 参见某某市公路局诉陈某某等机动车交通事故责任纠纷案,湖北省高级人民法院(2018)鄂民申 124 号民事裁定书。

⑥ 参见天津某某阀门有限公司诉天津某某阀门销售有限公司等侵害商标权及不正当竞争纠纷案,天津市滨海新区人民法院(2014)滨民初字第 1503 号民事判决书。

甚至意在侵害他人,则基于合同合意可以推定存在共同过错。[①] 合同合意又多样化:当事人基于共同一体关系而承担连带责任,无论这种责任是违约还是侵权责任。例如,《民法典》第932条规定:"两个以上的受托人共同处理委托事务的,对委托人承担连带责任。"业务上的分工协作起码预示着行为实施前后行为人之间存在某种意思上的一致,可以构成共同过错的特殊形式。[②] 例如,当事人约定经各方审查同意后才能拍摄电视剧,后来电视剧存在剧本侵权的,构成共同侵权。[③] 其二,刑法上的意思联络。撇开责任能力等方面的差异,单就共同过错的认定宽严度而言,刑法上的共同过错至少不比民法上的共同过错宽松。[④] 如果刑法上认定被告存在意思联络,可以进一步认定被告也构成共同侵权。其三,由团伙组织行为推定共同过错。[⑤] 团体是民商事活动中的普遍现象,如果用于正面经营可构成法人、非法人组织;用于实施违法行为的,可以构成团伙侵权。其中,侵权人事先存在一定的组织,往往具备一定的财产、相对完备的组织制度,乃至于可以成为一个开展正常经营的团体。与一般的共同加害行为不同,加入团伙的意思是构成团伙侵权的决定性因素,可以从组织行为推定共同侵权的过错。团伙成员须对整个团伙的侵权承担责任,在团伙侵权中,损害与团伙整体行为有因果关系,团伙成员所作出的下列抗辩无效:自身没有实施加害行为或者"即使没有他的参与,损害也会发生"。[⑥]

2.承认基于客观共同的共同加害行为

将共同实施侵权行为解读为某种形式的主观共同,这是否意味着共同实施侵权就不存在基于客观共同的共同加害行为?现实并非如此。这在《民法典》生效后解释适用时也应引起足够的重视。

(1)基于整体性产生的共同加害行为。数个行为主体或行为载体具有高度

---

① 参见张平华:《侵权连带责任的现实类型》,《法学论坛》2012年第2期。

② 当然,业务上的分工协作不能替代共同过错,未必产生连带责任。参见孙某某诉高某某等生命权纠纷案,山东省威海市环翠区人民法院(2016)鲁1002民初3756号民事判决书。

③ 参见陈某与余某等侵害著作权纠纷上诉案,北京市高级人民法院(2015)高民(知)终字第1039号民事判决书。

④ 参见[日]曾根威彦:《刑法学基础》,黎宏译,法律出版社2005年版,第250页。

⑤ 《荷兰民法典》第6:166条中首次对团伙成员承担连带责任作了规定:"如果一个团伙成员不法造成损害,如果没有其集合行为则可以避免造成损害的危险之发生,如果该集合行为可以归责于这一团伙,则这些成员承担连带责任。"由中国社会科学院法学研究所主持起草的《中国民法典侵权行为编草案建议稿》第12条、杨立新教授领导的课题组起草的《中国民法典:侵权行为法编(草案)(专家建议稿)》第17条都规定了团伙侵权。《民法典》未规定团伙侵权。

⑥ 参见[德]克里斯蒂安·冯·巴尔:《欧洲比较侵权行为法》上卷,张新宝译,法律出版社2004年版,第81、86页。

的一体性、无法简明区分彼此，须对外承担侵权连带责任。例如，挂靠人和被挂靠人的连带责任，共有人对外承担的连带责任等。

(2)基于行为直接结合的侵权连带责任。所谓“直接结合”要求多个行为的整体性，可以指事实上的整体性，例如，“多个行为之间因客观上结合的紧密程度造成无法判断每一个侵权行为与损害后果之间原因力的大小和因果关系的程度从而无从划分过错比例”[①]……也可以是基于政策考量而认定的整体性，例如，“即便经交警部门认定，肇事货车一方和客车一方对损害存在不同的份额，但为对受害人进行特殊保护、考虑到交通事故致害的整体性，也可以让双方对死者承担连带责任”[②]。

(二)教唆帮助侵权的解释适用

教唆、帮助他人实施违法行为是常见的生活事实，人们在立法上采取了不同的规范模式。德国、日本、我国台湾地区采取“拟制”的立法技术，将教唆、帮助侵权归为“视为”共同侵权。[③] 瑞士、奥地利、葡萄牙、阿根廷等则将教唆、帮助行为和实施行为同等视之，教唆帮助行为无非是共同侵权的具体行为而已。我国采取后一做法。[④] 关于教唆帮助侵权，解释适用时存在下列问题：

1.关于教唆、帮助的内涵

教唆可否为过失行为？刑法学界通说否定基于过失的教唆可成立犯罪，不过，按照《最高院关于审理交通肇事刑事案件应用法律若干问题的解释》(法释〔2000〕33号)第7条的规定[⑤]，主观上具有监督过失或管理过失者也可构成教唆犯罪。我们认为，为防止连带责任之滥用，过失教唆不构成教唆型共同侵权，而只是构成无意思联络的数人侵权，原则上产生按份责任。

帮助行为应该是实施行为之外的行为，在侵权后果中起着辅助性作用。然而，帮助和教唆在文义上可以明确区分，但在实践中完全可以成为连贯而统一的整体进程。切实有效的帮助完全可以进一步发展为教唆。[⑥] 帮助又可分为物

① 高某与某某市市政工程管理处人身损害赔偿纠纷上诉案，贵州省高级人民法院(2007)黔高民一终字第34号民事判决书。

② 赵某某等诉烟台市某某区汽车运输公司卫某某等机动车交通事故责任纠纷案，最高人民法院指导案例19号。

③ 参见林诚二：《民法债编总论——体系化解说》，中国人民大学出版社2003年版，第166页。

④ 《民法典》第1169条第1款规定：教唆、帮助他人实施侵权行为的，应当与行为人承担连带责任。

⑤ 《最高人民法院关于审理交通肇事刑事案件应用法律若干问题的解释》(法释〔2000〕33号)第7条规定，单位主管人员、机动车辆所有人或者机动车辆承包人指使、强令他人违章驾驶造成重大交通事故，可具有本解释第二条规定情形之一的，以交通肇事罪定罪处罚。

⑥ 参见尕某某等故意伤害案，新疆维吾尔自治区高级人民法院(2017)新40刑终299号刑事附带民事裁定书。

质性和精神性帮助[1],精神上的帮助更类似"教唆",而与真正意义上的"帮助"存在较大的差别。

只有教唆帮助行为与损害后果之间存在相当因果关系的,才成立教唆帮助型侵权。严格要求因果关系、充分发挥因果关系在归责中的决定作用,可以有效防止因为教唆、帮助的模糊性可能导致的归责上的泛滥。按照相当因果关系理论,只有被教唆人或被帮助人实施的侵权行为正是教唆的内容或者帮助的对象,才构成共同侵权。虽有教唆、帮助,但"实行过限"的,行为人自己另外实施的,不构成教唆、帮助侵权。因为教唆、帮助而新增损害、加重损害的,教唆帮助人只对新增或加重部分承担侵权责任。

2.关于教唆、帮助无限制民事行为能力人的侵权责任

教唆或帮助无民事行为能力人、限制民事行为能力人实施侵权行为,教唆人或帮助人当然要承担第一位的侵权责任。考虑到无民事行为能力人或限制民事行为能力人是在他人教唆或帮助的情形下实施侵权行为的,如果一概要求监护人也承担责任,显然过于苛刻。故此,《民法典》第 1169 条第 2 款规定,只有当监护人没有尽到监护责任的,才应当承担相应的责任。所谓"相应的责任"指依据监护人的过错程度来确定的责任。如果监护人的过错程度很大,例如对于被监护人不闻不问,任由其在社会上混,结果导致被监护人在他人的教唆下从事了侵权行为,此时监护人有可能要与教唆人就全部损害承担连带责任。如果监护人平时对被监护人严加管教,但是仍然出现被监护人由于他人的教唆或帮助而损害他人的情形,此时监护人只需要在其未尽职责范围内与教唆人、帮助人共同承担责任。若监护人先行支付赔偿费用超过自己相应责任的部分,可以向教唆人、帮助人追偿。(《民法典侵权责任编司法解释》第 12 条)

(三)共同危险行为的解释适用

《民法典》第 1170 条完全承受《侵权责任法》第 10 条,规定了共同危险行为。共同危险行为在多数人侵权中具有基础性地位,其采取举证责任倒置等法律技术手段使不确定的归责状态转化为连带责任,化解了诉讼上的"僵局"。既充分保护了受害人的利益,也有利于在受害人和加害人之间实现均衡,在立法或审判实践中具有广泛的适用空间。对此,有的特别立法对特殊侵权中的共同危险行为予以明确支持,例如,《道路交通事故损害赔偿司法解释》(法释〔2020〕17 号)第 10 条包含了基于共同危险的侵权连带责任。有的立法虽未承认共同危险行为,但不意味着在相关情形中就不能适用。例如,《环境侵权司法解释》

[1] 参见王泽鉴:《侵权行为》,北京大学出版社 2009 年版,第 365 页。

(法释〔2015〕12 号,已失效)未明确共同危险行为。理由是:由于共同危险行为不适用加害部分不明的情形,加之环境污染实行因果关系推定规则,故此产生择一因果关系的多人环境污染损害案件的可能性很小。[①] 我们认为,尽管审判实践中罕见共同危险行为型环境侵权,但不排除这种可能。环境污染的因果关系推定规则、共同危险行为中因果关系举证责任倒置规则二者可以合二为一共同发挥作用。共同危险行为的核心要件、举证责任等规定较为抽象,须作出进一步解释。

1.关于共同危险行为的共同性

只有"二人以上实施危及他人人身、财产安全的行为",才可能构成共同危险行为。所谓"实施"并不限于作为,不作为同样可以构成共同危险行为,其组合形态多样,可以都是作为、都是不作为,也可以是作为和不作为的结合。[②] "实施"也不意味着必须是人的行为,即便是物的行为、动物的行为,也可以构成共同危险行为。共同危险行为既可以适用于一般侵权,也可以存在于特殊侵权当中,或者是一般侵权和特殊侵权的组合。问题是,毕竟"共同危险行为"中自带"共同"一语,在现有规范下,如何解释"共同"? 显然不应该严格要求每个致害行为在时间、空间上都完全一致,但必须在物理上、事实上具有紧密关联。不要求行为具有主观上的共同计划或意思联络,但要求侵害对象一致,即每个行为人都确知其行为都指向受害人。既然是"实施"而不是"共同实施",当然就不要求行为人之间存在共同过错,无须构成共同加害行为。

共同危险行为的因果关系不明指造成损害事实可能存在多个原因,所有的加害人都实施了危及损害的危险行为,而不知谁是真正的加害人的状态。由于至少一人之行为造成了损害,故又构成"择一因果关系"。德国、日本判例除了加害人不明还适用于加害份额不明。数人都参与损害的发生,但无法确定是否其中有的造成了全部损害,有的只是对部分损害负责。[③] 实务中,我国有的案例则对此适用按份责任,而不发生基于共同危险行为的连带责任。因为"行为人承担连带责任的条件之一为加害人不明,即不能明确数人中谁的行为实际造成损害结果,其事实难以认定。而本案中侵权人以及侵权事实均能确定,仅因红色车辆逃逸,难以确定两车的责任大小。故一审法院认定苏某某和红色车辆驾

---

① 参见程啸:《多人环境污染损害中的因果关系形态及责任承担》,《暨南学报》(哲学社会科学版)2014 年第 2 期。

② 有的学者认为,共同危险行为的数人行为必须是具有相同危险性的作为,而不可能是相同的不作为。参见方益权:《共同加害行为与共同危险行为之区分》,《华东政法大学学报》2006 年第 2 期。

③ 参见[日]田山辉明:《日本侵权行为法》,顾祝轩、丁相顺译,北京大学出版社 2011 年版,第 158 页。

驶员各承担50%的赔偿责任,并无不当”[①]。

2.关于共同危险行为中的举证责任

根据《人身损害赔偿司法解释》(法释〔2003〕20号,已修改)与《最高人民法院关于民事诉讼证据的若干规定》的规定,共同危险行为中被告须证明自己行为与损害无因果关系。[②] 而立法者认为,《民法典》第1170条已修改了共同危险行为诉讼之免责事由[③],从被告仅须证明自己行为与损害无因果关系,修改为不仅须证明自己行为与损害无因果关系,而且须确定实际加害人。[④] 实务中也接受了被告需要对谁是损害后果的加害人承担举证责任的做法。[⑤]

三、侵权补充责任:多数人侵权责任中的过渡类型

侵权补充责任将两个或两个以上责任人整合起来共同承担所致损害,又明确不同责任人的顺位,实现对不同责任人的区别对待,属于介于连带责任、按份责任之间的过渡型责任。按份责任、连带责任都假定多数责任人处于同一阶层,其中整体性强的承担连带责任,反之应适用按份责任。然而,补充责任适用于多数侵权人并不处于同一阶层的情形。以违反安全保障义务的侵权为例,第三人和安全保障义务人分别是直接侵权、间接侵权,故意、过失,作为和不作为,并非处于同一位阶上,可以适用补充责任。正是因此,补充责任人的应受谴责性要明显低于先顺位责任人。

(一)侵权补充责任的一般特征

1.补充责任的候补性

补充责任人是第二顺位的责任人,只在前顺位责任人不能承担责任时或者不能承担责任的范围内承担责任。问题是,这种顺位差别是否意味着补充责任人享有先诉抗辩权?由于《民法典》未予以明确,而一般保证属于债法上典型的

---

① 张某某等与苏某某等机动车交通事故责任纠纷上诉案,江苏省无锡市中级人民法院(2017)苏02民终5391号民事判决书。

② 《最高人民法院关于审理人身损害赔偿案件适用法律若干问题的解释》(法释〔2003〕20号)第4条第2句规定,共同危险行为人能够证明损害后果不是由其行为造成的,不承担赔偿责任。《最高人民法院关于民事诉讼证据的若干规定(2008调整)》(已修改)第4条第1款第7项规定:“因共同危险行为致人损害的侵权诉讼,由实施危险行为的人就其行为与损害结果之间不存在因果关系承担举证责任。”

③ 《民法典》第1170条规定:“……能够确定具体侵权人的,由侵权人承担责任;不能确定具体侵权人的,行为人承担连带责任。”

④ 参见王胜明:《〈中华人民共和国侵权责任法〉条文解释与立法背景》,人民法院出版社2010年版,第54～55页。

⑤ 参见林某某诉厦门某某道路工程有限公司、厦门某某建设集团有限公司等地面施工损害责任纠纷案,福建省厦门市中级人民法院(2013)厦民终字第3295号民事判决书。

补充责任发生原因,可予以类推适用。法律还应对补充责任的范围作进一步的限缩。审判实践中,限缩补充责任的做法不同:一是依据过错程度,将补充责任限定为一定比例以下的损害赔偿责任。二是由法官酌定。三是过错程度加酌定。我们认为,基于不同的立法目的,不同类型的补充责任应有不同的责任范围。① 为防止法官滥用自由裁量权,法律应明确规定特定比例,考虑到补充责任人和先顺位责任人并不处于同一位阶,实务上往往将补充责任确定为 50%以下。

2.补充责任人享有追偿权

连带责任人处于同一阶层,过错程度可等同视之,即便如此,比较法都承认连带责任人的追偿权。按照举重以明轻原则,既然连带责任中责任人应享有追偿权,与先顺位责任人不处于同一阶层的补充责任人也应该享有追偿权。②《民法典》明确了补充责任人的追偿权,例如,违反安全保障义务型侵权中经营者、管理者或者组织者的追偿权。(第 1198 条)幼儿园、学校或者其他教育机构的追偿权。(第 1201 条)

3.补充责任的法定性

由于补充责任构造起了阶层化的责任,使应受谴责性较低者也要候补性地承担责任,为避免对补充责任人不公,补充责任应坚持法定主义,只有法律有明确规定的情形,限于特定主体范围才能承担补充责任。③ 对此,《人身损害赔偿司法解释》(法释〔2003〕20 号,已修改)所规定的违反安全保障义务型的补充责任,对责任人的范围并无限制,一切经营活动或社会活动都可适用违反安全保障义务的侵权补充责任。《侵权责任法》明确列举了侵权补充责任的类型,废止了违反安全保障义务的补充责任的兜底条款,采用限定列举的方式。④ 值得肯定的是,《民法典》扩大了安全保障义务制度的适用范围、责任主体,于第 1198 条针对违反安全保障义务的侵权,明确将公共场所扩及“经营场所、公共场所”,并在“宾馆、商场、银行、车站、娱乐场所”的基础上增加“机场、体育场馆”;将管

---

① 为了保护交易安全,基于主体的补充责任可以采取无限制的补充责任和有限制的补充责任,例如,主体独立性不强的合伙企业应承担无限制的补充责任,但主体独立性强的公司法人,出资人只应在认缴出资额度内承担有限制的补充责任。

② 参见张平华、王圣礼:《侵权补充责任的独立地位及其体系化》,《烟台大学学报》(哲学社会科学版)2015 年第 6 期。

③ 《侵权责任法》(第二稿)本来设有侵权补充责任的一般规定:“损害是由第三人造成的,第三人应当承担侵权责任。法律规定有关单位或者个人承担补充责任或者相应责任的,依照其规定。”上述规定虽未生效,但其明确承认是否适用补充责任取决于法律的规定,确立了侵权补充责任的严格法性格。

④ 参见《人身损害赔偿司法解释》(法释〔2003〕20 号,已修改)第 6 条、《侵权责任法》第 37 条。

理人扩充为“经营者、管理者”。

(二)侵权补充责任的类型

1.《民法典》上补充责任类型的变动

依法条明示,侵权责任编仅有两处规定了补充责任:一是因第三人的行为造成他人损害时,经营者、管理者或者组织者未尽到安全保障义务的补充责任(第1198条第2款);二是教育机构中第三人侵害非完全民事行为能力人时,教育机构未尽管理职责的补充责任(第1201条)。[①] 其中安全保障义务人责任为典型的侵权补充责任,该责任类型可以和合同编中的一般保证人责任相呼应,构成法定、意定二元的补充责任体系。教育机构侵权补充责任实际上是安全保障义务责任的具体适用。

《民法典》第1191条第2款将《侵权责任法》第34条第2款规定的劳务派遣单位的补充责任改为相应的责任。[②] 所谓的“相应责任”应该是按份责任而不是补充责任,派遣单位将不享有先诉抗辩权、赔偿限额等,责任承担分量加强也更加简明。

2.补充责任的扩张适用

按照法定原则的要求,对于《民法典》未明确规定的多数人责任,应尽量解释为按份责任而不是补充责任。例如,《民法典》第1010条第2款规定了单位对性骚扰的注意义务[③],不能当然解释为补充责任。

由于安全保障义务人的补充责任是侵权补充责任的基本模板,其他类型须与其在理论上维持一贯。《民法典》可以扩充其适用范围,例如,按照《民法典》第1254条的规定,在高楼抛掷物导致他人损害的,如果物业服务企业等建筑物管理人违反安全保障义务、未采取必要的安全保障措施的,应当依法承担侵权责任,《民法典侵权责任编司法解释》第24条进一步明确了该侵权责任的补充责任性质。此外,特别法也可以参照这一模板,创设新型补充责任。[④]

值得重视的是,在多数人侵权中,如果不同责任人不在同一阶层,如果所有

---

① 参见《人身损害赔偿司法解释》(法释〔2003〕20号,已修改)第6条第2款、第7条第2款;《侵权责任法》第34条第2款、37条第2款、第40条第2款。

② 《民法典》第1191条第2款规定,劳务派遣期间,被派遣的工作人员因执行工作任务造成他人损害的,由接受劳务派遣的用工单位承担侵权责任;劳务派遣单位有过错的,承担相应的责任。

③ 《民法典》第1010条第2款规定:“机关、企业、学校等单位应当采取合理的预防、受理投诉、调查处置等措施,防止和制止利用职权、从属关系等实施性骚扰。”

④ 《最高人民法院关于审理旅游纠纷案件适用法律若干问题的规定》(法释〔2010〕13号)第7条规定了旅游经营者、旅游辅助服务者未尽安全保障义务的相应补充责任。《最高人民法院关于审理铁路运输人身损害赔偿纠纷案件适用法律若干问题的解释》第13条规定了铁路运输企业的补充赔偿责任。

人是故意的，承担连带责任；是过失的承担补充责任。例如，《民法典》第 222 条规定：当事人提供虚假材料申请登记，造成他人损害的，应当承担赔偿责任。因登记错误，造成他人损害的，登记机构应当承担赔偿责任。登记机构赔偿后，可以向造成登记错误的人追偿。登记机构承担什么性质的责任？《民法典》或者《物权法》及相关司法解释都不明确。① 较为合理的做法是参照《最高人民法院关于审理涉及公证活动相关民事案件的若干规定》（法释〔2020〕20 号）第 5 条的规定，区分责任人主观状态而异其责任。②

四、追偿权：多数人侵权责任的内部均衡机制

《民法典》建立了多样化的追偿权体系，具有明显的进步意义。《民法典》侵权连带责任的追偿权范围更加明确，增设代位权、分担请求权，追偿结果之实现更有保障。侵权补充责任也增设了追偿权制度。追偿权可以有效实现内部责任均衡、共同分担风险，使对外承担连带责任、补充责任、不真正连带责任者免除后顾之忧，多数人侵权责任制度的运行更为顺畅。

（一）明确了替代责任中的追偿权

替代责任强调对外责任承担上责任主体和行为主体的区分，但这不意味着对内部追偿权的否定。《侵权责任法》曾一厢情愿地寄希望于由用人单位内部解决追偿问题，《民法典》改变了这一做法，明确规定对工作人员的追偿权，使内外责任衔接（第 1191 条、第 1192 条），使替代责任整体制度设计更为合理。

（二）规定了不真正连带责任的追偿权

（1）生产者、销售者享有基于不真正连带责任的追偿权。产品责任中，产品缺陷由生产者造成的，销售者赔偿后，有权向生产者追偿。因销售者的过错使产品存在缺陷的，生产者赔偿后，有权向销售者追偿。（《民法典》第 1203 条）

（2）第三人过错导致产品责任的，第三人承担追偿责任。因运输者、仓储者等第三人的过错使产品存在缺陷，造成他人损害的，第三人并不是“不真正连带责任人”，但产品的生产者、销售者承担“不真正连带责任”后，有权向第三人追

---

① 按照司法解释，登记机构似乎承担的是按份责任。《最高人民法院关于审理房屋登记案件若干问题的规定》（法释〔2010〕15 号）第 12 条规定，申请人提供虚假材料办理房屋登记，给原告造成损害，房屋登记机构未尽合理审慎职责的，应当根据其过错程度及其在损害发生中所起作用承担相应的赔偿责任。

② 《公证机构司法解释》第 5 条规定：当事人提供虚假证明材料申请公证致使公证书错误造成他人损失的，当事人应当承担赔偿责任。公证机构依法尽到审查、核实义务的，不承担赔偿责任；未依法尽到审查、核实义务的，应当承担与其过错相应的补充赔偿责任；明知公证证明的材料虚假或者与当事人恶意串通的，承担连带赔偿责任。

偿。(《民法典》第 1204 条)

(3)医疗产品责任中的追偿权。医疗产品是特殊的产品,其归责机理与一般的产品责任相同。就其追偿权而言,不同有三:其一,追偿权的发生根据不限于医疗产品缺陷,还包括输入不合格的血液造成患者损害的,患者向医疗机构请求赔偿的,医疗机构赔偿后享有追偿权;其二,医疗产品的销售者不是不真正连带责任人,也不是追偿责任人;其三,追偿责任人包括药品上市许可持有人、生产者、血液提供机构,比较起《侵权责任法》,明确增加"药品上市许可持有人"作为赔偿主体,适应了上市许可持有人和生产许可持有人相分离的改革现实。(《民法典》第 1223 条)

与连带责任、补充责任不同,不真正连带责任无须坚持法定原则。由于实务常常淡化连带责任、不真正连带责任的区别,或者说将不真正连带责任按照连带责任处理,这就事实上削弱了连带责任的刚性[①],使连带责任有假借不真正连带责任滥用的危险。此时,从制度设计上明确不真正连带责任的追偿权,有利于内部分担责任,化解不真正连带责任人的责任风险,具有十分重要的现实意义。

(三)规定了垫付责任追偿权

基于无因管理或者法律的明确规定,法定责任人以外的人可以替代责任人支付相关费用或履行相关义务。垫付可以按照第三人履行产生责任的消灭,相应的垫付人享有追偿权、代位权。《民法典》侵权责任编上的垫付责任追偿权主要有:

(1)盗抢机动车发生交通事故时,保险人在机动车强制保险责任限额范围内垫付抢救费用后,享有向交通事故责任人追偿的权利。(《民法典》第 1215 条)

(2)当机动车驾驶人发生交通事故后逃逸,机动车不明、该机动车未参加强制保险或者抢救费用超过机动车强制保险责任限额时,道路交通事故社会救助基金须垫付被侵权人人身伤亡的抢救、丧葬等费用。垫付后,其管理机构有权向交通事故责任人追偿。(《民法典》第 1216 条)

(3)从建筑物中抛掷物品或者从建筑物上坠落的物品造成他人损害的,经调查难以确定具体侵权人的,除能够证明自己不是侵权人的外,由可能加害的建筑物使用人给予补偿。可能加害的建筑物使用人补偿后,有权向侵权人追偿。(《民法典》第 1254 条第 1 款)这里的补偿责任实际上是垫付责任。

---

① 参见张平华:《连带责任的弹性不足及其克服》,《中国法学》2015 年第 5 期。

(四)规定了第三人致害的追偿权

第三人致害是一个复杂的侵权现象,可以视为“多因一果”的组合情形,衍生出按份责任、连带责任、补充责任等。问题是,基于多个致害原因耦合在一起可以产生不真正连带责任,这种责任本来无须坚持法定原则,但我国立法现实中却反其道而行之,多直接规定“法定不真正连带责任”,例如缺陷产品致害责任、医疗产品致害责任等。依此而形成立法惯例,如果立法未明确规定不真正连带责任的,责任主体不能任意扩及第三人。前述产品责任中的运输者、仓储者不承担不真正连带责任而只承担追偿责任,即为适例。类似的还有:(1)环境污染和生态破坏责任中侵权人对第三人的追偿权。(《民法典》第1233条)(2)动物致害责任中动物饲养人或管理人对第三人的追偿权。(《民法典》第1250条)(3)建筑物倒塌致害责任中建设单位、施工单位对第三人的追偿权。(《民法典》第1252条)(4)建筑物脱落致害责任中所有人、管理人对其他责任人的追偿权。(《民法典》第1253条)